21世纪统计学系列教材

统计学

双色印刷

——基于SPSS（第5版）

贾俊平　编著

Statistics with SPSS

中国人民大学出版社
·北京·

总　序

教育是国之大计、党之大计。习近平总书记指出：“‘两个一百年’奋斗目标的实现、中华民族伟大复兴中国梦的实现，归根到底靠人才、靠教育。”

改革开放以来，高等统计教育有了很大的发展。作为培养我国统计专门人才的摇篮，中国人民大学统计学院自 1952 年创建以来，始终坚持理论与应用相结合的办学方向，着力培养能够理论联系实际、解决实际问题的高层次人才。为了更好地服务教学，中国人民大学统计学院组织并与统计学界同仁共同编写，于 2000 年首次出版了国内较早、成体系的一套丛书——21 世纪统计学系列教材。本系列教材，历经 20 余年的建设，适应统计教育的发展变化，不断修订完善，得到了社会的广泛认可，已成为全国统计学高等教育最有影响力的系列教材之一。系列教材中既有普通高等教育“十一五”国家级规划教材或“十二五”普通高等教育本科国家级规划教材，又有教育部高等学校统计学类专业教学指导委员会推荐用书。在 2021 年首届全国教材建设奖评选中，《统计学（第 7 版）》获评全国优秀教材（高等教育类）。

随着时代的发展和高等教育的变化，系列教材也要与时俱进，及时反映新时代的要求，为此，我们对系列教材不断改版更新。一方面，深入学习贯彻习近平新时代中国特色社会主义思想，紧扣立德树人的根本任务，密切结合中国实际，大量融入中国案例和数据，使学生进一步坚定中国特色社会主义道路自信、理论自信、制度自信、文化自信。另一方面，深刻把握统计学科的专业特点，面对大数据时代的新形势，突出统计理论方法与计算机实现技术的结合，强调方法与技术在实际领域中的应用，同时，精心打造配套的新形态和立体化教学资源，助力现代化教学实践。

感谢所有关注我们的同仁，他们本着对统计学科的热情和提高统计教育水平的愿望，帮助我们不断改进这套教材。感谢参与教材编写的同行专家、统计学院的教师。愿大家的辛勤劳动能够结出丰硕的果实。我们期待着与统计学界的同仁共同创造统计学科辉煌的明天。

王晓军

中国人民大学统计学院

前　言

在大数据时代，每天不仅产生大量的数据，也需要处理和分析这些数据。作为数据分析方法的统计学自然会受到越来越多的关注，也会越来越广泛地应用于各个领域。难以想象，不使用计算机或统计软件将如何处理和分析这些海量数据。

SPSS 是最早引入国内的优秀统计分析软件之一，以其视窗操作、易于使用和输出结果直观易懂等特点被多数人广泛使用。本书是一本完全基于 SPSS 实现全部计算的统计学教材，书中例题的解答给出了 SPSS 的详细操作步骤。考虑到多数读者使用上的方便，本书使用的是 SPSS 26 中文版。全书内容共 11 章，包括数据的描述性分析方法、推断方法以及实际中常用的一些统计方法等。每章均从一个实际问题入手引入本章要介绍的内容。在写法上完全立足于统计应用，避免统计公式的推导，力求通俗易懂。

第 5 版对第 4 版做了全面修订，其中第 2 章和第 11 章重新编写，更新了例题和习题数据，其他章节做了部分修订。SPSS 26 中的部分汉化词语不够确切，但为便于读者对照，未做任何改动。

本书配备有丰富的教学和学习资源，包括 PPT、教学大纲、例题和习题数据、习题答案等。本书可作为高等院校经济管理类专业本科生统计学课程的教材使用，也可作为其他文科专业及部分理、工、农、林、医、药专业的教材或参考书，对广大实际工作者也极具参考价值。由于作者水平有限，书中难免错误之处，希望读者在使用中对本书的不足之处多提宝贵意见，以便进一步修改和完善。

贾俊平

2025 年 3 月

统计学课程
思政建设的总体目标

《统计学——基于 SPSS》（第 5 版）以习近平新时代中国特色社会主义思想为指导，全面贯彻党的二十大精神，根据教育部《高等学校课程思政建设指导纲要》的要求，把立德树人作为根本任务。

统计学既是方法课，也是应用课。课程思政建设的侧重点应放在应用层面。将统计方法的应用与中国实际问题相联系，紧密结合中国社会建设的成就讲授统计方法的应用是思政建设的核心主题。具体应从以下几个方面入手。

● 树立正确的统计价值观，将统计应用与中国特色社会主义建设的理论和实践相结合

统计学是一门应用性很强的学科。在内容讲授过程中，应注意对学生正确统计理念的塑造，这就需要将思政建设的内容与课程内容和知识传授的理念相结合，其中的关键是授课教师应加强自身的政治素养和正确理念的提升，通过知识传授将正确的价值观传递给学生，引导学生科学合理地应用统计解决实际问题。

● 树立正确的统计理念，将统计方法与实事求是的理念相结合

统计学课程的内容涵盖数据收集、处理、分析并得出结论。要树立正确的统计理念，就应始终本着实事求是的态度，实事求是地收集数据，避免弄虚作假。在数据分析中应科学合理地使用统计方法，避免主观臆断。在数据分析结果的解释和结论陈述中，应保持客观公正，避免为一己私利而违背科学和实事求是的理念。

● 牢记统计服务于社会的使命，将统计应用与以人民为中心的发展思想相结合

统计学作为一门通识课，学生学习的主要目的是应用统计方法解决实际问题。在课程内容的讲授过程中，应牢记统计服务于社会、服务于生活、服务于管理、服务于科学研究的使命，坚持以人民为中心的发展思想。鼓励学生将统计方法应用于分析和研究中国特色社会主义建设成就，应用于反映人民生活水平变化，应用于反映社会主义制度的优越性。

贾俊平

目　录

第 1 章

数据与统计学

问题与思考：怎样理解统计结论？

每天我们都会看到各种统计数字或统计研究的某些结论。下面就是一些有趣的统计结论：

● 吸烟对健康是有害的，吸烟的男性的寿命会减少 2 250 天。

● 不结婚的男性的寿命会减少 3 500 天，不结婚的女性的寿命会减少 1 600 天。

● 身体超重 30%会使寿命减少 1 300 天。

● 每天摄取 500 毫克维生素 C，生命可延长 6 年。

● 身高较高的父亲，其子女的身高也较高。

● 一项研究表明：杰出科学家做出重大贡献的最佳年龄区间是 25～45 岁，其最佳峰值年龄和首次贡献的最佳成名年龄随着时代的变化而逐渐增大。

● 学生们在听了莫扎特钢琴曲 10 分钟后的推理，要比他们听 10 分钟其他娱乐性曲目后的推理做得更好。

● 上课坐在前面的学生的平均考试分数比坐在后面的学生高。

● 中国科学院空间环境研究预报中心的专家称，在神舟七号载人航天飞行期间，飞船遭遇空间碎片的概率在百万分之一以下。

这些结论是怎样得出的？你相信这些结论吗？你相信或不相信的理由是什么？要看懂这些结论似乎并不难，但要合理解释这些结论就需要具备一定的统计学知识。统计结论是一种归纳推理，这意味着不能肯定统计结论就是正确的。

在日常生活中，经常会接触到统计数据或一些统计研究结果。比如，在电视、报纸、网络等各种媒体中就会经常看见一些报道使用统计数据、图表等。作为一门科学，统计学主要研究什么呢？怎样获得所需的统计数据呢？这就是本章将要介绍的内容。

1.1 统计学及其应用

每个人都离不开统计，了解一些统计学知识对每个人都是必要的。比如，在外出旅游时，你需要关心一段时间内详细的天气预报；在投资股票时，你需要了解股票市场的价格信息，了解与某只特定股票有关的财务信息；在观看足球比赛时，除了关心进球数的多少，你还要知道各支球队的技术统计；等等。要正确阅读并理解统计数据或统计结论，就需要具备一些统计学知识。

1.1.1 什么是统计学

在日常工作或管理中，总会面对各种各样的数据。如果不去分析这些数据，那么它们也仅仅是一堆数据，没有太多价值。如何分析这些数据，用什么方法分析这些数据，并从分析中得出某些结论以帮助我们做出决策，这正是统计学要解决的问题。简言之，**统计学**（statistics）是收集、处理、分析、解释数据并从数据中得出结论的原则和方法。统计学所提供的是一系列有关数据收集、处理和分析的方法。

数据收集就是获得所需要的数据。数据的收集方法可分为两大类：一是观察方法，二是实验方法。观察方法是通过调查或观测来获得数据；实验方法则是在控制实验条件下通过实验来获得数据。

数据处理是对所获得的数据进行加工和处理，包括数据的计算机录入、筛选、分类和汇总等，以符合进一步分析的需要。

数据分析是利用统计方法对数据进行分析。数据分析所用的方法大体上可分为**描述统计**（descriptive statistics）和**推断统计**（inferential statistics）两大类。描述统计主要利用图表形式对数据进行展示，计算一些简单的统计量（诸如比例、比率、平均数、标准差等）进行分析。推断统计主要研究如何根据样本信息来推断总体的特征，内容包括参数估计和假设检验两大类。参数估计是利用样本信息推断所关心的总体特征，假设检验则是利用样本信息判断对总体的某个假设是否成立。比如，从一批灯泡中随机抽取少数几只灯泡作为样本，测出它们的使用寿命，然后根据样本灯泡的平均使用寿命估计这批灯泡的平均使用寿命，或者检验这批灯泡的使用寿命是否等于某个假定值，这就是推断统计要解决的问题。

数据解释是对分析的结果进行说明，包括结果的含义、从分析中得出的结论等。

统计学是一门关于数据的科学，它研究的是来自各领域的数据，提供的是一套通用于所有学科领域的获取数据、分析数据并从数据中得出结论的原则和方法。统计方法是通用于所有学科领域的，而不是为某个领域的特定问题而构造的。当然，统计方法和技术并不是一成不变的，使用者在给定的情况下必须根据所掌握的专门知识选择使用这些方法，而且，如果需要，还要进行必要的修正。

正如有的学者所指出的那样："统计学基本上是寄生的，靠研究其他领域内的工作而生存。这不是对统计学的轻视，这是因为对很多寄主来说，如果没有寄生虫就会死。对有的动物来说，如果没有寄生虫，就不能消化它们的食物。因此，人类奋斗的很多领域，如果没有统计学，虽然不会死亡，但一定会变得很弱。"① 这看上去似乎将统计边缘化了，但实际上正说明了统计在各学科领域的独特地位和作用，也表明了统计作为一门独立的学科所具有的特点。

1.1.2　统计学的应用

说出哪些领域应用统计，这很困难，因为几乎所有领域都用统计；说出哪些领域不用统计，同样也很困难，因为几乎找不到一个不用统计的领域。可以说，统计是适用于所有学科领域的通用数据分析方法，是一种通用的数据分析语言。只要有数据的地方就会用到统计方法。

1. 统计学的应用领域

统计学广泛应用于各个学科领域，对各学科的发展做出了重要贡献。这里，我们不列举统计学的应用领域，只通过几个简单的例子说明统计学的应用。

例 1－1

用统计识别作者。1787—1788 年，三位作者 Alexander Hamilton、John Jay 和 James Madison 为了说服纽约人认可宪法，匿名发表了著名的 85 篇论文。这些论文的作者大多数已经得到了识别，但是，其中 12 篇论文的作者身份引起了争议。通过对这些论文中不同单词的频数进行统计分析，得出的结论是，James Madison 最有可能是这 12 篇论文的作者。现在，对于这些存在争议的论文，认为 James Madison 是原创作者的说法占主导地位，而且几乎可以肯定这种说法是正确的。

例 1－2

用简单的描述统计量得到一个重要发现。R. A. Fisher 在 1952 年的一篇文章中举了一个例子，说明如何由基本的描述统计量的知识引出一个重要的发现。20 世纪早期，哥本哈根卡尔堡实验室的 J. Schmidt 发现不同地区所捕获的同种鱼类的脊椎骨和鳃线的数量有很大不同，甚至在同一海湾内不同地点所捕获的同种鱼类也存在这样的倾向。然而，鳗鱼的脊椎骨的数量变化不大。J. Schmidt 从欧洲各地、亚速尔群岛以及尼罗河等几乎分离的水域里所捕获的鳗鱼的样本中，计算发现了几乎一样的均值和标准偏差值。由此，

① C. R. 劳. 统计与真理——怎样运用偶然性. 北京：科学出版社，2004：105.

J. Schmidt 推断所有各个不同水域里的鳗鱼是由海洋中某公共场所繁殖的。后来名为“戴纳”（Dana）的科学考察船在一次远征中发现了这个场所。

例 1-3

挑战者号航天飞机失事预测。1986 年 1 月 28 日上午，载有 7 名航天员的挑战者号进入发射状态。发射几分钟后，航天飞机发生爆炸，机上的航天员全部遇难。在此次失事前，该航天飞机 23 次发射成功。将航天飞机送入太空的两个固体燃料推进器由 6 个 O 型项圈密封，在几次飞行中，曾发生过 O 型项圈被腐蚀或气体泄漏事故。这类事故与气温是否有关系呢？本次发射时天气预报预测温度为−0.56℃。表 1-1 是 23 次飞行中 O 型项圈发生腐蚀或气体泄漏事故损坏的个数（因变量 y）及发射时火箭连接处的温度（自变量 x）数据。

表 1-1　挑战者号航天飞机 23 次飞行中损坏的 O 型项圈个数和发射时的温度

飞行频数	O 型项圈的损坏个数	温度（℃）	飞行频数	O 型项圈的损坏个数	温度（℃）
1	2	11.7	13	1	21.1
2	1	13.9	14	1	21.1
3	1	14.4	15	0	22.2
4	1	17.2	16	0	22.8
5	0	18.9	17	0	23.9
6	0	19.4	18	2	23.9
7	0	19.4	19	0	24.4
8	0	19.4	20	0	25.6
9	0	20.0	21	0	26.1
10	0	20.6	22	0	27.2
11	0	21.1	23	0	24.4
12	0	21.1			

根据表 1-1 的数据进行线性回归得到的回归方程为 $\hat{y}=2.177\,1-0.085\,6x$ 。由此得到当温度为−0.56℃时，O 型项圈发生事故的预计个数为 2.225 个。结果显示连接处的温度与 O 型项圈事故之间有一定的相关性。如果当时管理者看到了回归的预测结果，延迟发射也许会成为最佳选择。

上面三个例子中，前两个是统计得以应用并取得成效的例子，后一个是统计结果未被采纳而酿成惨剧的例子。不管怎样，它们都表明统计在许多领域都有广泛的应用。

2. 统计的误用与滥用

统计常常被人们有意或无意地滥用，比如，错误的统计定义、错误的图表展示、不合理的样本、数据的篡改或造假等。这些误用有些是常识性的，有些是技术性的，有些则是故意的。用于从数据中寻找事实的统计，却被有些人变成了歪曲事实的工具。你也许常常看到这样的产品质检报告：某产品的抽样合格率是 80%。乍看没什么问题，但如果事实上只抽查了 5 件产品，有 4 件合格，这样的合格率能说明什么问题呢？在马路上随便采访几个人，他们的看法能代表大多数人的观点吗？调查结果表明……调查了多少个人？是随机调查的吗？样本是怎样选取的？这看上去是在用事实说话，实际上却成了统计陷阱。

在管理领域，统计也往往被作为两个极端使用。一个极端是复杂问题简单化，一些不懂或不太懂统计的人认为统计没什么用，他们因为不懂统计而瞧不起统计，他们不用或几乎不用统计方法分析数据，即使做一些统计分析，也往往是表面上的。走入这一极端的人，他们决策的依据就是自己的大脑——一些杂乱无章的信息组合出的某种直觉。如果他们的决策是正确的，更增加了他们的自信，更感到不用统计也挺好；如果他们的决策出了问题，便会找出一大堆推脱的理由：市场难测、环境突变、竞争激烈、需求疲软、价格下跌、管理不善、成本上升、出口下降……另一个极端是把简单问题复杂化，特别是在管理领域，一些管理者把本来可以用简单方法解决的问题故意复杂化，他们不用简单的分析方法，而是用复杂的分析方法；他们为了证明管理的科学性，建立一个别人看不懂的模型，编写一大堆程序，输出一大堆数字和符号；他们得出用统计语言陈述的结论，提出一些似是而非的建议……这样的分析往往脱离了管理问题，对实际决策也未必有用。在统计应用中，这两个极端都是不可取的。管理决策中不用统计几乎不可想象；把简单问题复杂化对管理决策也未必有用。从统计的实际应用来看，简单的方法不一定没用，复杂的方法也不一定有用。统计应该被恰当地应用到它能起作用的地方。不能把统计神秘化，更不能歪曲统计，把统计作为掩盖事实的陷阱。

曲解统计是一种常见现象。在有些人看来，使用统计就是寻找支持：他们心目中可能有了某种结论性的东西，或者说他们希望看到符合他们需要的某种结论，而后找些数据来支持他们的结论。如果数据分析的结果与他们预期的结论一致，他们就会宣扬自己是用科学方法得到的结论；如果与预期的结论不一致，他们要么篡改数据，要么将统计弃而不用。这恰恰歪曲了数据分析的本质。数据分析的真正目的是从数据中找出结论，从数据中寻找启发，而不是寻找支持。真正的数据分析事先是没有结论的，通过对数据的分析才能得出结论。

1.2 数据及其来源

统计分析离不开数据，没有数据，统计方法就成了无米之炊。数据是什么？怎样获得所需的数据？这就是本节将要介绍的内容。

1.2.1 变量、数据及其分类

观察一个企业的销售额，你会发现这个月和上个月有所不同；观察股票市场上涨股票的支数，今天的数量与昨天不一样；观察一个班学生的月生活费支出，一个人和另一个人的不一样；掷一颗骰子观察其出现的点数，这次投掷的结果和下一次也不一样。这里的“企业的销售额”“上涨股票的支数”“学生月生活费支出”“掷一颗骰子出现的点数”等就是变量。简言之，**变量**（variable）是描述观察对象某种特征的概念，其特点是从一次观察到下一次观察可能会出现不同的结果。变量的观测结果就是**数据**（data）。

根据观测结果的特征，变量可以分为类别变量和数值变量两种。

类别变量（categorical variable）是取值为事物属性或类别以及区间值的变量，也称**分类变量**（classified variable）或**定性变量**（qualitative variable）。比如，观察人的性别、公司所属的行业、用户对商品的评价时，得到的结果就不是数字，而是事物的属性。例如，性别观测的结果是“男”或“女”，公司所属的行业为“建造业”“零售业”“旅游业”等，用户对商品的评价为“很好”“好”“一般”“差”“很差”。人的性别、公司所属的行业、用户对商品的评价等作为变量取的值不是数值，而是事物的属性或类别。此外，考虑学生月生活费支出的档次可能分为 1 000 元以下、1 000～1 500 元、1 500～2 000 元、2 000 元以上 4 档，作为变量的“学生月生活费支出的档次”的 4 档取值也不是普通的数值，而是数值区间，因而也称为**区间值类别变量**。人的性别、公司所属的行业、用户对商品的评价、学生月生活费支出的档次等都是类别变量。

类别变量根据取值是否有序通常分为两种：**名义**（nominal）**值类别变量**和**顺序**（ordinal）**值类别变量**。名义值类别变量也称**无序类别变量**，其取值是不可以排序的。例如，“公司所属的行业”这一变量取值为“建造业”“零售业”“旅游业”等，这些取值之间不存在顺序关系。再比如，“商品的产地”这一变量的取值为甲、乙、丙、丁，这些取值之间也不存在顺序关系。顺序值类别变量也称**有序类别变量**，其取值可以排序。例如，“用户对商品的评价”这一变量的取值为“很好”“好”“一般”“差”“很差”，这 5 个值之间是有序的。取区间值的变量当然是有序类别变量。当类别变量只取两个值时，也称为**二值**（binary）**类别变量**，例如“性别”这一变量取值为男和女。二值类别变量可以看作名义值类别变量，也可以看作有序类别变量。

类别变量的观测结果称为**类别数据**（categorical data）。类别数据也称为分类数据或定性数据。与类别变量相对应，类别数据分为名义值类别数据和顺序值类别数据两种。其中只取两个值的类别数据也称为**二值类别数据**。

数值变量（metric variable）是取值为数字的变量，也称为**定量变量**（quantitative variable）。例如，“企业的销售额”“上涨股票的支数”“学生月生活费支出”“掷一颗骰子出现的点数”等变量的取值可以用数字来表示，因此它们都属于数值变量。数值变量的观察结果称为**数值数据**（metric data）或**定量数据**。

数值变量根据其取值的不同，可以分为**离散型变量**（discrete variable）和**连续型变量**（continuous variable）。离散型变量是只能取有限个值的变量，而且其取值是离散的，可以列举，如“企业数”“产品数量”等就是离散型变量。连续型变量是可以在一个或多个区间中取任何值的变量，其取值是连续的，不能一一列举，如“年龄”“温度”“零件尺寸的误差”等都是连续型变量。当离散型变量的取值很多时，也可以将离散型变量当作连续型变量来处理。

图 1-1 显示了变量的基本分类。

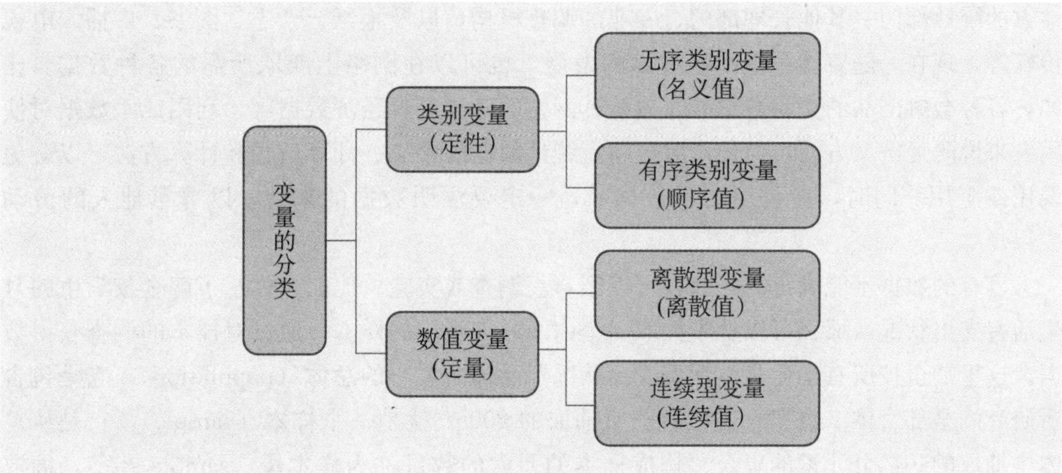

图 1-1 变量的基本分类

上面介绍的是变量的基本分类。当然，也可以从其他角度进行分类，比如随机变量、经验变量和理论变量等。随机变量是用数值来描述特定实验一切可能出现的结果，它的取值事先不能确定，具有随机性。经验变量所描述的是周围环境中可以观察到的事物。理论变量则是由统计学家用数学方法构造出来的一些变量，比如后面的有些章节中将要用到的 z 统计量、t 统计量、χ^2 统计量、F 统计量等都是理论变量。

数据也可以从其他角度进行分类。比如，按照数据的收集方法可分为**观测数据**（observational data）和**实验数据**（experimental data）。观测数据是通过调查或观测收集到的数据，这类数据是在没有对事物进行人为控制的条件下得到的，有关社会经济现象的数据几乎都是观测数据。实验数据则是在实验中控制实验对象而收集到的数据，比如，对一种新药疗效的实验数据，对一种新的农作物品种的实验数据。自然科学领域的大多数数据都是实验数据。按照描述的现象与时间的关系，可以将数据分为**截面数据**（cross-sectional data）和**时间序列数据**（time series data）。截面数据是在相同或近似相同的时间点上收集的数据，这类数据通常是在不同的空间上获得的，用于描述现象在某一时刻的变化情况，比如，2024 年我国各地区的生产总值数据就是截面数据。时间序列数据是在不同时间点上收集的数据，这类数据是按时间顺序收集到的，用于描述现象随时间变化的情况，比如 2000—2024 年我国的国内生产总值（GDP）数据就是时间序列数据。

区分数据的类型是必要的，因为对于不同类型的数据，需要采用不同的统计方法来处理和分析。比如，对类别数据通常进行比例和比率分析、列联表分析和 χ^2 检验等；对数值数据可以用更多的方法来进行分析，如计算各种统计量、进行参数估计和检验等。

1.2.2 数据的来源

从哪里获得所需的数据呢？对大多数使用者来说，亲自做调查或实验往往是不可能的。所使用的数据大多数是别人调查或科学实验的数据，对使用者来说就是二手数据。

二手数据主要是公开出版或公开报道的数据，这类数据主要来自各研究机构、国家和地方的统计部门、其他管理部门、专业的调查机构，以及报纸、杂志、图书、广播、电视传媒等。现在，随着计算机网络技术的发展，也可以在网络上获取所需的各种数据。比如，各种金融产品的交易数据、官方统计网站的各种宏观经济数据等。利用二手数据对使用者来说既经济又方便，但使用时应注意统计数据的含义、计算口径和计算方法，以避免误用或滥用。同时，在引用二手数据时，一定要注明数据的来源，以尊重他人的劳动成果。

已有的数据不能满足需要时，可以亲自去调查或实验。比如，你想了解全校学生的月生活费支出状况，那么可以从中抽取一个由 200 人组成的样本，通过对样本的调查获得数据。这里“全校所有学生月生活费支出状况”是你所关心的**总体**（population），它是包含所研究的全部个体（数据）的集合。所抽取的 200 人就是一个**样本**（sample），它是从总体中抽取的一部分元素的集合。构成样本的元素的数目称为**样本量**（sample size），抽取 200 人组成一个样本，样本量就是 200。

怎样获得一个样本呢？要在全校学生中抽取 200 人组成一个样本，如果全校学生中每个学生被抽中与否完全是随机的，并且每个学生被抽中的概率是已知的，这样的抽样方法称为**概率抽样**（probability sampling）。概率抽样方法包括简单随机抽样、分层抽样、系统抽样、整群抽样等。

简单随机抽样（simple random sampling）是从含有 N 个元素的总体中，抽取 n 个元素组成一个样本，使得总体中的每个元素都有相同的机会（概率）被抽中。采用简单随机抽样时，如果抽取一个个体记录下数据后，再把这个个体放回原来的总体中参加下一次抽选，则称为**有放回抽样**（sampling with replacement）；如果抽中的个体不再放回，再从剩下的个体中抽取第二个元素，直到抽取 n 个个体为止，则称为**无放回抽样**（sampling without replacement）。当总体数量很大时，无放回抽样可以视为有放回抽样。由简单随机抽样得到的样本称为**简单随机样本**（simple random sample）。大多数统计推断都是以简单随机样本为基础的。

分层抽样（stratified sampling）也称分类抽样，是在抽样之前先将总体元素划分为若干层（类），然后从各层中抽取一定数量的元素组成一个样本。比如，要研究学生的月生活费支出，可先将学生按地区进行分类，然后从各类中抽取一定数量的学生组成一个样本。分层抽样的优点是可以使样本分布在各个层内，从而使样本在总体中的分布比较均匀，从而降低抽样误差。

系统抽样（systematic sampling）也称等距抽样，是先将总体各元素按某种顺序排列，并按某种规则确定一个随机起点，然后每隔一定的间隔抽取一个元素，直至抽取 n 个元素组成一个样本。比如，要从全校学生中抽取一个样本，可以找到全校学生的花名册，按花名册中的学生顺序，用随机数找到一个随机起点，然后依次抽取就得到了一个样本。

整群抽样（cluster sampling）是先将总体划分成若干群，然后以群作为抽样单元从中抽取部分群组成一个样本，再对抽中的每个群中包含的所有元素进行观察。比如，可以把每个学生宿舍看作一个群，从全校学生宿舍中抽取一定数量的宿舍，然后对抽中的宿舍中的每个学生都进行调查。整群抽样的误差相对要大一些。

下面通过一个例子说明从总体中抽取随机样本的过程。

例 1-4

表 1-2 是一个班级 50 个学生的名单，采用简单随机抽样方法分别抽出 10 个学生和 30%的学生组成随机样本。

表 1-2　某班级 50 个学生的名单

学生编号	姓名	学生编号	姓名
1	张　松	26	姜　洋
2	王　翔	27	隗　佳
3	田　雨	28	于　静
4	徐丽娜	29	李　华
5	张志杰	30	高　云
6	赵　颖	31	金梦迪
7	王智强	32	徐海涛
8	宋　媛	33	张　洋
9	袁　方	34	李冬茗
10	张建国	35	李宗洋
11	李　佳	36	刘皓天
12	马凤良	37	刘文涛
13	陈　风	38	卢　阳
14	杨　波	39	马　强
15	孙学伟	40	孟子铎
16	林　丽	41	潘　凯
17	谭英键	42	邱　爽
18	欧阳飞	43	邵海阳
19	吴　迪	44	王浩波
20	周　祥	45	孙梦婷
21	刘晓军	46	唐　健
22	李国胜	47	尹　韩
23	蒋亚迪	48	王　迪
24	崔　勇	49	王　倩
25	黄向春	50	王思思

解　下面的文本框给出了 SPSS 抽取随机样本的操作步骤。

使用【选择个案】抽取随机样本

第 1 步：选择【数据】→【选择个案】。

第 2 步：在【选择】下点击【随机个案样本】→【样本】。

第 3 步：在【样本大小】→【大约】后写入要抽取的个案百分比（比如要抽取全部记录的 30%的样本，则输入 30）。若要抽取指定样本量的一个随机样本，则在【正好为】后写入指定的样本量；在【来自前】后写入指定从前若干个记录中抽取。比如，要从 50 人中抽取 10 人，在【正好为】后写入 10，在【来自前】后写入 50。点击【继续】返回主对话框。单击【确定】。

从 50 个学生中随机抽取 10 个学生的抽样结果如表 1－3 所示。

表 1－3　从 50 个学生中随机抽取 10 个学生的抽样结果（部分显示）

	学生编号	姓名	filter_$
1	1	张　松	1
~~2~~	2	王　翔	0
~~3~~	3	田　雨	0
~~4~~	4	徐丽娜	0
5	5	张志杰	1
~~6~~	6	赵　颖	0
~~7~~	7	王智强	0
~~8~~	8	宋　媛	0
9	9	袁　方	1
10	10	张建国	1
11	11	李　佳	1
12	12	马凤良	1
~~13~~	13	陈　风	0
~~14~~	14	杨　波	0
~~15~~	15	孙学伟	0

表 1－3 中标号栏内画有斜杠“/”的标记表示个案未被选中，同时系统会自动生成一个名为“filter_$”的筛选指示变量，被选中的记录取值 1，未被选中的记录取值 0。

表 1－4 列出了指定抽取 10 个学生的抽样结果。①

表 1－4　指 定抽取 10 个学生的抽样结果

姓名					
		频率	百分比	有效百分比	累积百分比
有效	蒋亚迪	1	10.0	10.0	10.0
	李国胜	1	10.0	10.0	20.0
	林　丽	1	10.0	10.0	30.0
	刘皓天	1	10.0	10.0	40.0

① 该表的生成过程请参考第 2 章中例 2－1。

	卢　阳	1	10.0	10.0	50.0
	孙学伟	1	10.0	10.0	60.0
	唐　健	1	10.0	10.0	70.0
	于　静	1	10.0	10.0	80.0
	张建国	1	10.0	10.0	90.0
	周　祥	1	10.0	10.0	100.0
	总计	10	100.0	100.0	

表 1-5 列出了抽取大约 30%的学生的抽样结果。

表 1-5　抽取大约 30%的学生的抽样结果

姓名					
		频率	百分比	有效百分比	累积百分比
有效	高　云	1	5.6	5.6	5.6
	黄向春	1	5.6	5.6	11.1
	李　佳	1	5.6	5.6	16.7
	李宗洋	1	5.6	5.6	22.2
	刘皓天	1	5.6	5.6	27.8
	卢　阳	1	5.6	5.6	33.3
	宋　媛	1	5.6	5.6	38.9
	孙梦婷	1	5.6	5.6	44.4
	田　雨	1	5.6	5.6	50.0
	王　倩	1	5.6	5.6	55.6
	吴　迪	1	5.6	5.6	61.1
	徐海涛	1	5.6	5.6	66.7
	徐丽娜	1	5.6	5.6	72.2
	杨　波	1	5.6	5.6	77.8
	袁　方	1	5.6	5.6	83.3
	张　松	1	5.6	5.6	88.9
	张建国	1	5.6	5.6	94.4
	赵　颖	1	5.6	5.6	100.0
	总计	18	100.0	100.0	

1.3 统计学与统计软件

实际分析中数据量通常很大，有些统计方法的计算也十分复杂，不用计算机处理和分析数据是很难实现应用的。在计算机时代到来前，计算问题使数据分析方法的应用受到极大限制。在计算机普及的今天，各种统计分析软件的出现使数据分析变得十分容易，只要理解统计方法的基本原理和应用条件，就很容易使用统计软件进行数据分析。

统计软件大致可分为商业类软件和非商业类软件两大类。商业类软件种类繁多，较有代表性的有 SAS、SPSS、Minitab、Stata 等。多数人较熟悉的 Excel 虽然不是统计软件，但也提供了一些常用的统计函数，并提供了常用的数据分析工具，其中包含一些基本的数据分析方法，可供非专业人员做一些简单的数据分析。商业类软件虽有不同的侧重点，但功能大同小异，基本上能满足大多数人做数据分析的需要。商业类软件使用相对简单，容易上手，但其主要问题是价格不菲，多数人难以承受。此外，商业类软件更新速度较慢，难以提供最新方法的解决方案。

非商业类软件则不存在价格问题。目前较为流行的软件有 R 和 Python，二者都是免费的开源平台。

R 是一种优秀的统计软件，它是一种统计计算语言。R 不仅支持各个主要计算机系统（在 CRAN 网站 http://www. r-project. org/上可以下载 R 的各种版本，包括 Windows、Linux 和 macOS 版本），还有诸多优点，比如，更新速度快，可以包含最新方法的解决方案；提供丰富的数据分析和可视化技术，功能十分强大。此外，R 软件中的包（package）和函数均由统计专家编写，函数中参数的设置也更符合统计和数据分析人员的思维方式与逻辑，并有强大的帮助功能和多种范例，即使是初学者也很容易上手。

Python 则是一种面向对象的解释型高级编程语言，并拥有丰富而强大的开源第三方库，也具有强大的数据分析和可视化功能。Python 与 R 的侧重点略有不同，R 的侧重点是数据分析和可视化，且功能强大，多数分析都可以由 R 提供的函数实现，不需要太多的编程，代码简单，容易上手。Python 的侧重点则是编程，具有很好的普适性，但数据分析并不是其侧重点，虽然从理论上讲都可以实现，但往往需要编写很长的代码，帮助功能也不够强大，这对数据分析的初学者来说可能显得麻烦，但仍然不失为一种有效的数据分析工具。

总之，商业类软件不仅价格不菲，而且相对呆板，对于较新的分析方法（如机器学习）也难以实现，已经不是未来的趋势，不推荐使用或应避免使用。相反，作为免费开放平台的 R 和 Python 则是未来的发展趋势，它们不仅功能强大，而且更有利于数据分析者理解统计方法的实现过程，加深对数据分析结果的理解和认识。此外，R 和 Python 不仅具有自助抽样、机器学习等新方法的解决方案，而且可以根据需要编写程序实现所需的分析。推荐读者使用语言分析数据，而不是相对呆板的商业软件。

思维导图

统计方法分类与本书框架①

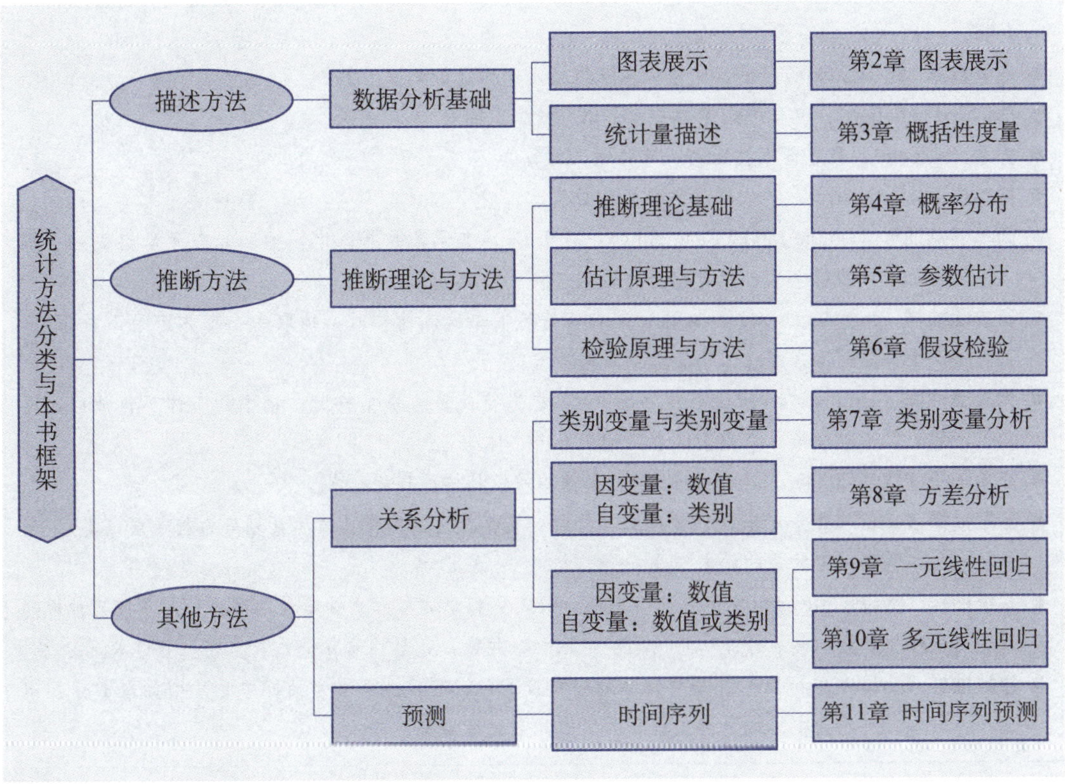

主要术语

- **统计学**（statistics）：收集、处理、分析、解释数据并从数据中得出结论的原则和方法。
- **描述统计**（descriptive statistics）：研究数据收集、处理和描述的统计方法。
- **推断统计**（inferential statistics）：研究如何利用样本数据来推断总体特征的统计方法。
- **变量**（variable）：描述观察对象某种特征的概念。
- **类别变量**（categorical variable）：取值为事物属性或类别以及区间值的变量，也称**分类变量**（classified variable）或**定性变量**（qualitative variable）。
- **二值**（binary）**类别变量**：只取两个值的类别变量。
- **名义**（nominal）**值类别变量**：取值不可以排序的类别变量，也称无序类别变量。

① 本分类只针对本书所包括的内容，并不代表严格的统计方法分类体系。事实上，很多方法可同时归于不同的类别，很难严格分类。

- **顺序**（ordinal）**值类别变量**：变量的值可以排序的类别变量，也称有序类别变量。
- **数值变量**（metric variable）：取值为数字的变量，也称为**定量变量**（quantitative variable）。
- **类别数据**（categorical data）：观察类别变量得到的数据。类别数据也称为分类数据或定性数据。类别数据分为名义值类别数据和顺序值类别数据两种。其中只取两个值的类别数据也称为二值类别数据。
- **数值数据**（metric data）：数值变量的观察结果，也称定量数据。
- **总体**（population）：包含所研究的全部个体（数据）的集合。
- **样本**（sample）：从总体中抽取的一部分元素的集合。
- **样本量**（sample size）：构成样本的元素的数目。
- **简单随机抽样**（simple random sampling）：从含有 N 个元素的总体中，抽取 n 个元素组成一个样本，使得总体中的每个元素都有相同的机会（概率）被抽中。
- **有放回抽样**（sampling with replacement）：在进行简单随机抽样时，抽取一个个体记录下数据后，再把这个个体放回原来的总体中参加下一次抽样。
- **无放回抽样**（sampling without replacement）：在进行简单随机抽样时，抽中的个体不再放回，再从剩下的个体中抽取第二个元素，直到抽取 n 个个体为止。
- **简单随机样本**（simple random sample）：由简单随机抽样得到的样本。
- **分层抽样**（stratified sampling）：也称分类抽样，在抽样之前先将总体元素划分为若干层（类），然后从各层中抽取一定数量的元素组成一个样本。
- **系统抽样**（systematic sampling）：也称等距抽样，先将总体各元素按某种顺序排列，并按某种规则确定一个随机起点，然后每隔一定的间隔抽取一个元素，直至抽取 n 个元素组成一个样本。
- **整群抽样**（cluster sampling）：先将总体划分成若干群，然后以群作为抽样单元从中抽取部分群组成一个样本，再对抽中的每个群中包含的所有元素进行观察。

思考与练习

一 思考题

1.1 请举出几个统计应用的例子。

1.2 请举出几个应用统计的领域。

1.3 你怎样理解统计的研究内容？

1.4 举例说明类别变量和数值变量。

1.5 获得数据的概率抽样方法有哪些？

二 练习题

1.1 指出下面的变量类型。

(1) 年龄。

(2) 性别。

(3) 汽车产量。

(4) 员工对企业某项改革措施的态度（赞成、中立、反对）。

(5) 购买商品时的支付方式（现金、信用卡、支票）。

1.2 一家研究机构从信息技术（IT）从业者中随机抽取1 000人作为样本进行调查，其中60%的人回答他们的月收入在5 000元以上，50%的人回答他们的消费支付方式是用信用卡。

(1) 这一研究的总体是什么？样本是什么？样本量是多少？

(2)“月收入”是名义值类别变量、顺序值类别变量还是数值变量？

(3)“消费支付方式”是名义值类别变量、顺序值类别变量还是数值变量？

1.3 一项调查表明，消费者每月在网上购物的平均花费是200元，他们选择在网上购物的主要原因是价格便宜。

(1) 这一研究的总体是什么？

(2)“消费者在网上购物的原因”是名义值类别变量、顺序值类别变量还是数值变量？

1.4 某大学的商学院为了解毕业生的就业倾向，分别从会计专业抽取50人、市场营销专业抽取30人、企业管理专业抽取20人进行调查。

(1) 这种抽样方式是分层抽样、系统抽样还是整群抽样？

(2) 样本量是多少？

1.5 下面是我国31个地区（不含港、澳、台）的名称及编号。

编号	地区	编号	地区
1	北京市	17	湖北省
2	天津市	18	湖南省
3	河北省	19	广东省
4	山西省	20	广西壮族自治区
5	内蒙古自治区	21	海南省
6	辽宁省	22	重庆市
7	吉林省	23	四川省
8	黑龙江省	24	贵州省
9	上海市	25	云南省
10	江苏省	26	西藏自治区
11	浙江省	27	陕西省
12	安徽省	28	甘肃省
13	福建省	29	青海省
14	江西省	30	宁夏回族自治区
15	山东省	31	新疆维吾尔自治区
16	河南省		

(1) 随机抽取30%的地区作为样本。

(2) 指定随机抽取5个地区作为样本。

第 2 章 数据的描述性分析：图表展示

问题与思考：怎样用图表看数据？

2022 年 2 月在北京市和张家口市联合举办的第 24 届冬季奥林匹克运动会上，获得金牌前 6 名的国家的奖牌数的分布状况如下所示。

排名	国家	金牌	银牌	铜牌	合计
1	挪威	16	8	13	37
2	德国	12	10	5	27
3	中国	9	4	2	15
4	美国	8	10	7	25
5	瑞典	8	5	5	18
6	荷兰	8	5	4	17

显然，用这样的一张表格来表示奖牌的分布就要比用文字来叙述更清晰。但是，如果我们用某种图形来表示这些数据，将会更加直观易懂。根据上面的数据，你认为可以选择哪些图形来展示这 6 个国家所获得的奖牌的情况？你选择这些图形的理由是什么？学完本章的图表展示技术，这样的问题就会迎刃而解。

一堆数据摆在你面前时，你可能会感到束手无策，不知道从哪里开始分析。首先需要弄清楚你要用这些数据做什么，你关心这些数据的哪些特征。一堆杂乱的数据看不出它有什么特征，也很难用它说明问题。当你对这些数据"无从下手"时，可以先从图表开始观察，或许会从中找到一些分析的线索。比如，你可以对企业历年的销售额绘制折线图来观察其走势，对企业所有员工的工资绘制直方图来观察其分布状况，等等。本章将介绍如何使用图表来展示数据。

2.1 生成频数分布表

频数分布表（frequency distribution table）是对类别数据计数或数值数据类别化（分组）后计数生成的表格，用于展示数据的**频数分布**（frequency distribution），其中，落在某一特定类别的数据个数称为**频数**（frequency）。频数分布表本身也是数据的一种呈现形式。

2.1.1 类别数据的频数分布表

由于类别数据本身就是用文字表达的类别，因此，只要先把所有的类别都列出来，然后计算出每一类别的频数，即可生成一张频数分布表。根据观察变量的多少，可以生成简单频数表、二维列联表等。

1. 简单频数表

只涉及一个类别变量时，这个变量的各类别（取值）可以放在频数分布表中"行"的位置，也可以放在"列"的位置，将该变量的各类别及其相应的频数列出来就是一个简单频数表，也称为一维列联表。

用频数分布表可以观察不同类型数据的分布特征。比如，通过不同品牌产品销售量的分布可以了解市场占有率；通过一所大学不同学院学生人数的分布可以了解该大学的学生构成；通过社会中不同收入阶层的人数分布可以了解收入的分布状况；等等。下面通过一个例子说明简单频数表的生成过程。

例 2－1

为研究人们对不同类型软饮料的偏好情况，一家调查公司在某超市随机调查了 50 名消费者。表 2－1 是消费者性别及其所偏好的饮料类型记录。生成频数分布表，观察不同性别的消费者及其所偏好的饮料类型的分布状况。

表 2－1　消费者性别及其所偏好的饮料类型

性别	饮料类型	性别	饮料类型
女	碳酸饮料	女	茶类饮料
男	茶类饮料	男	矿泉水

续表

性别	饮料类型	性别	饮料类型
男	矿泉水	女	茶类饮料
女	矿泉水	女	碳酸饮料
男	碳酸饮料	女	矿泉水
男	矿泉水	男	其他饮料
女	碳酸饮料	男	碳酸饮料
女	茶类饮料	女	果汁
男	果汁	男	矿泉水
男	碳酸饮料	女	其他饮料
女	矿泉水	女	碳酸饮料
女	其他饮料	女	其他饮料
男	碳酸饮料	女	果汁
男	茶类饮料	男	茶类饮料
男	碳酸饮料	女	果汁
女	其他饮料	女	碳酸饮料
男	矿泉水	女	果汁
女	碳酸饮料	男	矿泉水
男	茶类饮料	女	碳酸饮料
男	其他饮料	女	茶类饮料
女	碳酸饮料	女	其他饮料
男	茶类饮料	女	果汁
男	茶类饮料	男	茶类饮料
女	碳酸饮料	女	其他饮料
男	碳酸饮料	女	矿泉水

解 这里涉及两个变量：一个是消费者性别，另一个是偏好的饮料类型。我们可以生成两张简单频数表来观察它们各自的分布状况。

下面的文本框给出了 SPSS 生成简单频数表的操作步骤。

生成一个类别变量的频数分布表

第 1 步：选择【分析】→【描述统计-频率】。

第 2 步：将要生成频数分布表的变量选入【变量】。点击【确定】。

（注：若需要绘制图形，点击【图表】，可以绘制条形图、饼图等。）

生成两个类别变量的列联表（交叉频数分布表）

第 1 步：选择【分析】→【描述统计-交叉表】。

第 2 步：将一个类别变量选入【行】，将另一个类别变量选入【列】（行和列可以互换）。点击【确定】。

（注：若需要对列联表进行描述性分析，点击【单元格】。在【百分比】下选中需要计算的百分比，如【行】【列】【总计】等；若需要绘制图形，点击【显示簇状条形图】。）

根据上述步骤生成的简单频数表如表 2-2 和表 2-3 所示。

表 2-2 消费者性别的简单频数表

性别					
		频率	百分比	有效百分比	累积百分比
有效	男	22	44.0	44.0	44.0
	女	28	56.0	56.0	100.0
	总计	50	100.0	100.0	

表 2-3 饮料类型的简单频数表

饮料类型					
		频率	百分比	有效百分比	累积百分比
有效	茶类饮料	11	22.0	22.0	22.0
	果汁	6	12.0	12.0	34.0
	矿泉水	10	20.0	20.0	54.0
	其他饮料	8	16.0	16.0	70.0
	碳酸饮料	15	30.0	30.0	100.0
	总计	50	100.0	100.0	

表 2-2 和表 2-3 中的类别是按拼音字母升序排列的（也可以按降序排列）。表中给出了频数（Frequency）、相应的百分比（Percent）、有效百分比（Valid Percent）、累积百分比（Cumulative Percent）等。由于不存在缺失值，表中的百分比和有效百分比完全相同。

2. 二维列联表

涉及两个类别变量时，通常将一个变量的各类别放在“行”的位置，另一个变量的各类别放在“列”的位置（行和列可以互换）生成频数分布表，这样的表格称为二维**列联表**（contingency table），简称列联表或**交叉表**（cross table）。列联表主要用于反映两个类别变量的交叉频数分布状况。

以例 2-1 为例，由 SPSS 生成的消费者性别及其所偏好的饮料类型的列联表如表 2-4 所示。

表 2-4 消费者性别和饮料类型的列联表

性别 * 饮料类型 交叉表							
计数							
		饮料类型					总计
		茶类饮料	果汁	矿泉水	其他饮料	碳酸饮料	
性别	男	7	1	6	2	6	22
	女	4	5	4	6	9	28
总计		11	6	10	8	15	50

对于类别数据，除了用频数分布表进行描述外，还可以使用比例、百分比、比率等统计量进行描述。**比例**（proportion）也称构成比，它是一个样本（或总体）中各类别的频数与全部频数之比，通常用于反映样本（或总体）的构成或结构。将比例乘以 100 得到的数值称为**百分比**（percentage），用%表示。**比率**（ratio）是样本（或总体）中各不同类别频数之间的比值。由于比率不是部分与整体之间的对比关系，因而比值可能大于 1。将各类别的百分比逐级累加的结果就是累积百分比。

在使用 SPSS 生成列联表时，若需要对列联表进行描述性分析，点击【单元格】，在【百分比】下选中需要的百分比，如【行】【列】【总计】等，即可得到各单元格的百分比结果，如表 2-5 所示。

表 2-5　饮料类型和消费者性别的列联表及其分析

性别 * 饮料类型 交叉表								
			饮料类型					总计
			茶类饮料	果汁	矿泉水	其他饮料	碳酸饮料	
性别	男	计数	7	1	6	2	6	22
		占 性别 的百分比	31.8%	4.5%	27.3%	9.1%	27.3%	100.0%
		占 饮料类型的百分比	63.6%	16.7%	60.0%	25.0%	40.0%	44.0%
		占总计的百分比	14.0%	2.0%	12.0%	4.0%	12.0%	44.0%
	女	计数	4	5	4	6	9	28
		占 性别 的百分比	14.3%	17.9%	14.3%	21.4%	32.1%	100.0%
		占 饮料类型的百分比	36.4%	83.3%	40.0%	75.0%	60.0%	56.0%
		占总计的百分比	8.0%	10.0%	8.0%	12.0%	18.0%	56.0%
总计		计数	11	6	10	8	15	50
		占 性别 的百分比	22.0%	12.0%	20.0%	16.0%	30.0%	100.0%
		占 饮料类型的百分比	100.0%	100.0%	100.0%	100.0%	100.0%	100.0%
		占总计的百分比	22.0%	12.0%	20.0%	16.0%	30.0%	100.0%

2.1.2　数值数据的频数分布表

生成数值数据的频数分布表时，需要先将其类别化，即转化为类别数据，再生成频数分布表。类别化的方法是将原始数据分成不同的组，比如，将一个班学生的考试分数分成 60 以下、60～70、70～80、80～90、90～100 几个区间，通过分组将数值数据转化成了有序类别数据。类别化后再统计出各组别的数据频数，即可生成频数分布表。

下面结合具体例子说明数据分组和生成频数分布表的过程。

例 2-2

某电商平台连续 120 天的销售额数据如表 2-6 所示。生成频数分布表观察销售额的分布特征。

表 2-6　某电商平台连续 120 天的销售额数据　　单位：元

272	197	225	183	200	217	210	205	191	186
181	236	172	195	222	253	205	217	224	238
225	198	252	196	201	206	212	237	204	216
199	196	187	239	224	248	218	217	224	234
188	199	216	196	202	181	217	218	188	199
240	200	243	198	193	207	214	203	225	235
191	172	246	208	203	172	206	219	222	220
204	234	207	199	261	207	215	207	209	238
192	161	243	252	203	216	265	222	226	196
212	254	167	200	218	205	215	218	228	233
194	171	203	238	235	209	233	226	229	206
241	203	224	200	208	210	216	223	230	243

解　数据分组的步骤大致如下。

首先，确定要分的组数。确定组数的方法有好几种。设组数为 K，根据 Sturges 给出的组数确定方法，$K=1+\lg n/\lg 2$。当然，这只是个大概数，具体的组数可根据需要适当调整。表 2-6 中共有 120 个数据，$K=1+\lg 100/\lg 2\approx 8$，因此，可以将数据大概分成 8 组。当然，这只是个大概数，实际分组时，可根据需要适当调整。

其次，确定各组的组距（组的宽度）。组距可根据全部数据的最大值和最小值及所分的组数来确定，即组距＝(最大值－最小值)÷组数。表 2-6 中数据的最小值为 161，最大值为 272，则组距＝(272－161)/8≈14，因此组距可取 14。为便于理解，本例取组距＝10（使用者根据分析的需要确定一个大概数即可）。

最后，统计出各组的频数即得频数分布表。在统计各组频数时，恰好等于某一组上限的变量值一般不算在本组内，而算在下一组，即一个组的数值 x 满足 $a\leqslant x<b$。

下面的文本框给出了 SPSS 生成数值数据频数分布表的两种方法的操作步骤。

使用【可视分箱】命令生成频数分布表

第 1 步：点击【转换】→【可视分箱】。

第 2 步：将变量选入【要分箱的变量】，单击【继续】。

第 3 步：在【分箱化变量】后输入离散后要保存的变量名称，如“所属组别”。单击【生成分割点】。在【第一个分割点位置】后输入第一组的上限值，如 169（注意：默认为【包含】，计数时每个组包含下限值和上限值，即 $a\leqslant x\leqslant b$；如果输入上限值为 170，则应该在【上端点】下选择【排除<】）；在【分割点数】后输入要分的组数，如 12；在【宽度】后输入分组的组距，如 10。单击【应用】返回主对话框，并单击【生成标签】。单击【确定】（此时“所属组别”变量会保存在 SPSS 的【数据视图】窗口中）。

第 4 步：单击【分析】→【描述统计】→【频率】。将“所属组别”变量选入【变量】。单击【确定】(注：在【频率】中选择【图表】可以绘制条形图，修改条形图的宽度至 100%即为直方图)。

使用【重新编码为不同变量】命令生成频数分布表

第 1 步：选择【转换】→【重新编码为不同变量】。

第 2 步：将要分组的变量选入【输入变量→输出变量】。在【输出变量】→【名称】后写入输出变量的名称，比如“分组表”。点击【旧值和新值】。

第 3 步：在【旧值】下单击【范围】，并写入分组区间的下限值和上限值（注意：系统在计数时每组包含下限值和上限值，即 $a \leqslant x \leqslant b$），比如 160－169（注：如果数据有小数，可以输入 160－169.999，等等）。

单击【输出变量是字符串】。在【新值】后输入分组的区间，如 160－169（注：为了和传统的统计分组相适应，不包含上限值，也可以在形式上输入“160－170”这样的区间。本例由于销售额是连续型变量，各分组区间形式上应连续，不能间断，因此在【新值】后输入的是 160－170 这样的分组区间，但系统在计数时并不包含上限值 170。当然，如果是离散型变量，也可以输入 160－169、170－179 等这样的区间)，并单击【增加】。重复上一步，直至将所有分组区间增加完毕。单击【继续】。单击【确定】(此时“分组区间”变量会保存在 SPSS 的【数据视图】窗口中)。

第 4 步：单击【分析】→【描述统计】→【频率】。将“分组区间”变量选入【变量】。单击【确定】(注：在【频率】中选择【图表】可以绘制条形图，修改条形图的宽度至 100%即为直方图。或者将数值变量（如销售额）选入【变量】，选择【图表】中的【直方图】直接绘制直方图)。

本例可将数据分成 12 组，每组的组距为 10。使用【可视分箱】命令生成的频数分布表如表 2－7 所示。

表 2－7　某电商平台连续 120 天的销售额的频数分布表

销售额　（分箱化）					
		频率	百分比	有效百分比	累积百分比
有效	<= 170	2	1.7	1.7	1.7
	171 - 180	4	3.3	3.3	5.0
	181 - 190	7	5.8	5.8	10.8
	191 - 200	17	14.2	14.2	25.0
	201 - 210	27	22.5	22.5	47.5
	211 - 220	20	16.7	16.7	64.2
	221 - 230	16	13.3	13.3	77.5
	231 - 240	13	10.8	10.8	88.3
	241 - 250	7	5.8	5.8	94.2
	251 - 260	4	3.3	3.3	97.5
	261 - 270	2	1.7	1.7	99.2
	271 - 280	1	.8	.8	100.0
	总计	120	100.0	100.0	

表 2－7 显示，销售额主要集中在 200 万～210 万之间，共有 27 天，占总天数的 22.5％。

数据分组后掩盖了各组内的数据分布状况，为反映各组数据的一般水平，通常用组中值作为该组数据的一个代表值。**组中值**（class midpoint）是每组数据的下限值和上限值之间的中点值，即组中值＝(下限值＋上限值)÷2。使用组中值代表一组数据时有一个必要的假定条件，即各组数据在本组内呈均匀分布或在组中值两侧对称分布。如果实际数据的分布不符合这一假定，那么用组中值作为一组数据的代表值会有一定的误差。

2.2 用图形展示类别数据

数据可视化就是将数据用图形展示出来，它是数据分析的基础，也是数据分析的重要组成部分。可视化本身既是对数据的展示过程，也是对数据信息的再提取过程。它不仅可以帮助我们理解数据，探索数据的特征和模式，而且可以提供从数据本身难以发现的额外信息。对使用者而言，可视化分析需要明确三个基本问题，即数据类型、分析目的和实现工具。数据类型决定你可以画出什么图形；分析目的决定你需要画出什么图形；实现工具决定你能够画出什么图形。本节主要介绍类别数据的可视化图形。对于类别数据，主要是观察各类别的频数分布，或各类别频数占总频数的百分比。适用于类别数据的图形主要有条形图、饼图等。

2.2.1 条形图

条形图（bar chart）是用一定宽度的条形来表示各类别频数的图形，用于观察不同类别频数的多少或分布状况。绘制时，各类别可以放在横轴，也可以放在纵轴，将各类别放在横轴绘制的条形图也称为**柱形图**（column chart）。只有一个类别变量时，可以绘制简单条形图和帕累托图；有两个类别变量时，可以绘制簇状条形图或堆积条形图。

1. 简单条形图

简单条形图是根据一个类别变量绘制的，用于描述该变量的各类别的频数分布状况。其中的各个类别既可以放在横轴，也可以放在纵轴。下面用一个例子说明条形图的绘制及解读。

以例 2－1 为例，使用 SPSS 的【图形】→【旧对话框】→【条形图】→【简单】→【个案组摘要】，将性别和饮料类型选入【类别轴】，绘制的简单条形图如图 2－1（a）和（b）所示。

将饮料类型（或性别）选入【面板划分依据】的【行】（或【列】），可以绘制出按性别（或饮料类型）分组的面板条形图，如图 2－2 所示。

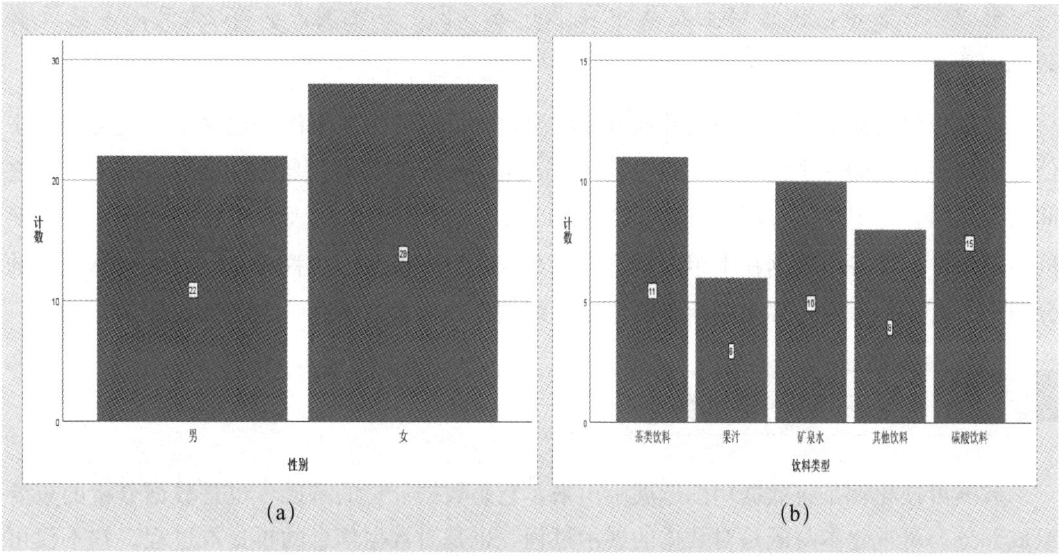

图 2-1　消费者性别和饮料类型的简单条形图

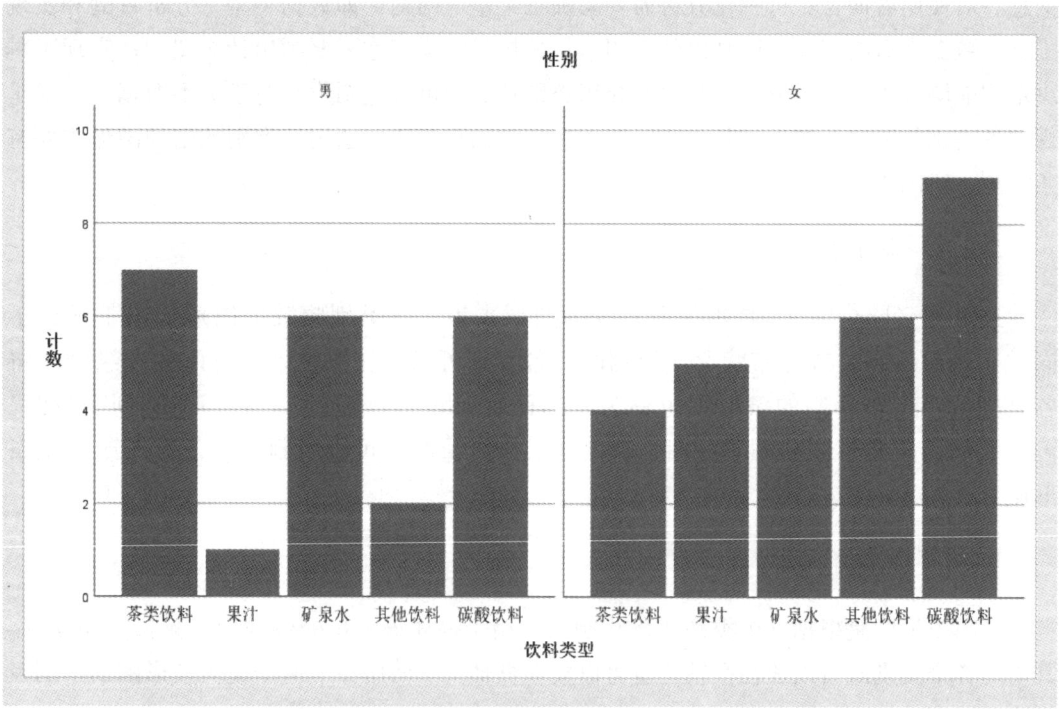

图 2-2　按性别分组的饮料类型的面板条形图

2. 帕累托图

帕累托图（Pareto plot）是以意大利经济学家 V. Pareto 的名字命名的，它是按各类别的频数多少降序排列后绘制的条形图。帕累托图可以看作简单条形图的一个变种，利用该图可以很容易地看出哪类频数出现得多，哪类频数出现得少。以例 2－1 为例，使用 SPSS 的【分析】→【质量控制】→【帕累托图】→【简单】→【个案组的计数或总和】，将饮料类型（或性别）选入【类别轴】，绘制的帕累托图如图 2－3 所示。

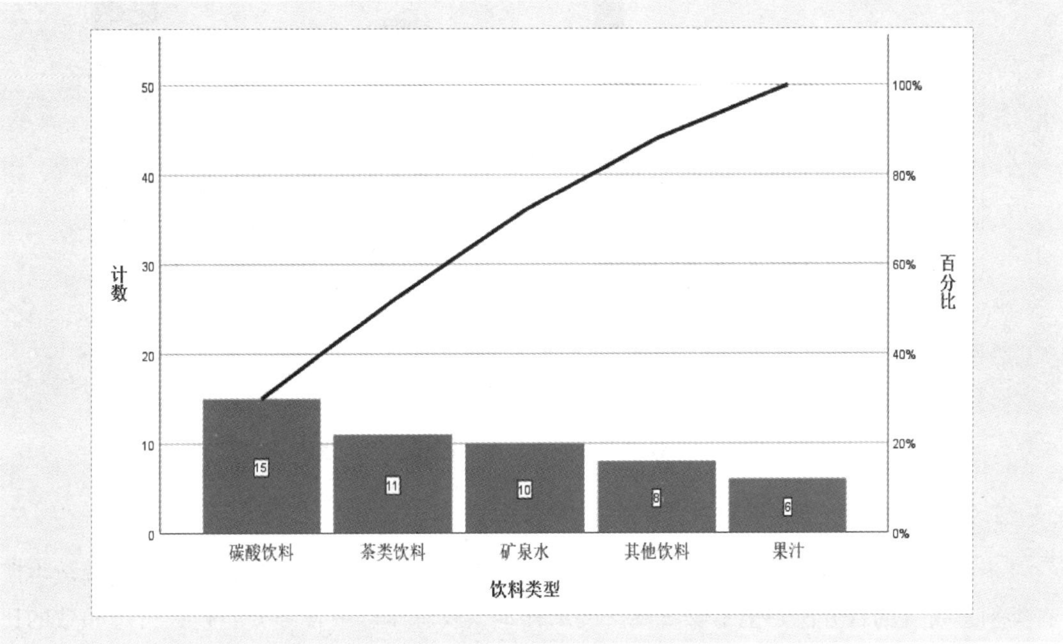

图 2－3　不同饮料类型的帕累托图

图 2－3 中左侧的纵轴给出了频数（计数），右侧的纵轴给出了频数累积百分比。图中的折线反映的是频数累积百分比的变化。

3. 簇状条形图和堆积条形图

当有两个类别变量时，可以将两个变量的条形图以簇状或堆积的方式绘制，这就是簇状条形图和堆积条形图。簇状条形图中，一个类别变量作为坐标轴，另一个类别变量各类别频数的条形并列摆放；在堆积条形图中，一个类别变量作为坐标轴，另一个类别变量各类别的频数按比例堆叠在同一个条中。

以例 2－1 为例，使用 SPSS 的【图形】→【旧对话框】→【条形图】→【簇状】（或【堆积】）→【个案组摘要】，将饮料类型（或性别）选入【类别轴】，将性别（或饮料类型）选入【聚类定义依据】，绘制的簇状条形图和堆积条形图如图 2－4（a）和（b）所示。

图 2－4（a）为簇状条形图，不同性别的条并列在横轴上，条的高度表示人数的多少。图 2－4（b）为堆积条形图，每个条的高度表示不同饮料类型的频数，条中所堆积的矩形高度与不同性别的人数成正比。

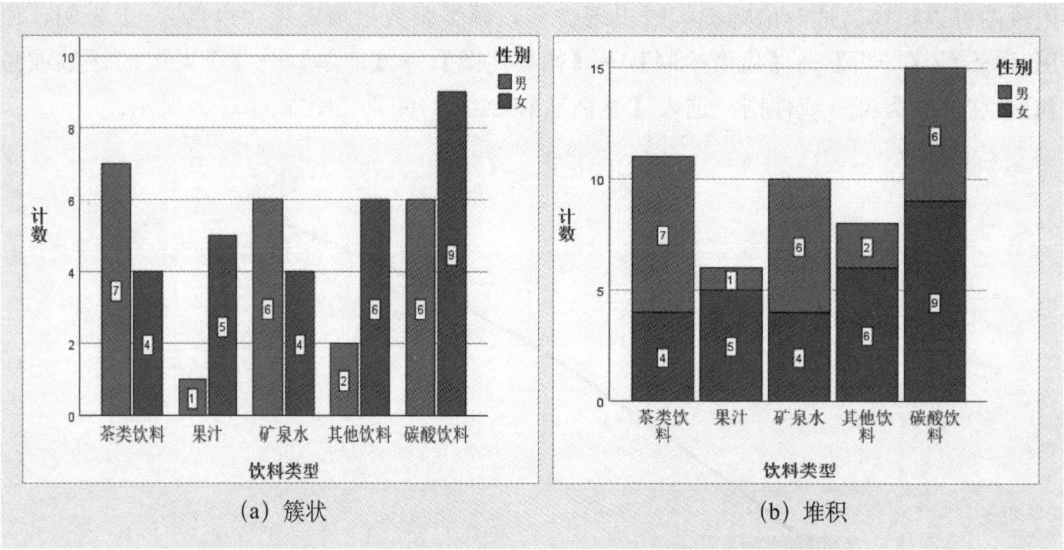

图 2-4　饮料类型的簇状条形图和堆积条形图

2.2.2　饼图

条形图主要用于展示各类别频数绝对值的多少，虽然也可以用于展示各类别频数占所有类别总频数的百分比，但不够直观。展示样本（或总体）中各部分的频数占总频数的比例通常使用饼图或环形图。

饼图（pie chart）是用圆形及圆内扇形的角度来表示一个样本（或总体）中各类别的频数占总频数的比例的图形，对于研究结构性问题十分有用。

以例 2-1 为例，使用 SPSS 的【图形】→【旧对话框】→【饼图】→【个案组摘要】→【个案百分比】，将性别和饮料类型选入【分区定义依据】，绘制的不同性别的人数和不同饮料的类型构成的饼图如图 2-5（a）和（b）所示。

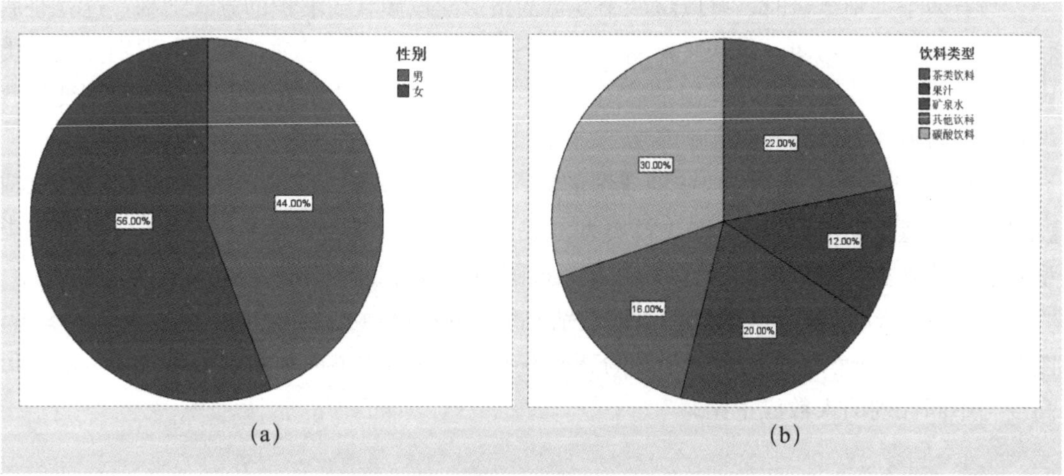

图 2-5　性别和饮料类型构成的饼图

将性别选入【面板划分依据】的【列】（或【行】），可以绘制出按性别分组的面板饼图，如图 2－6 所示。

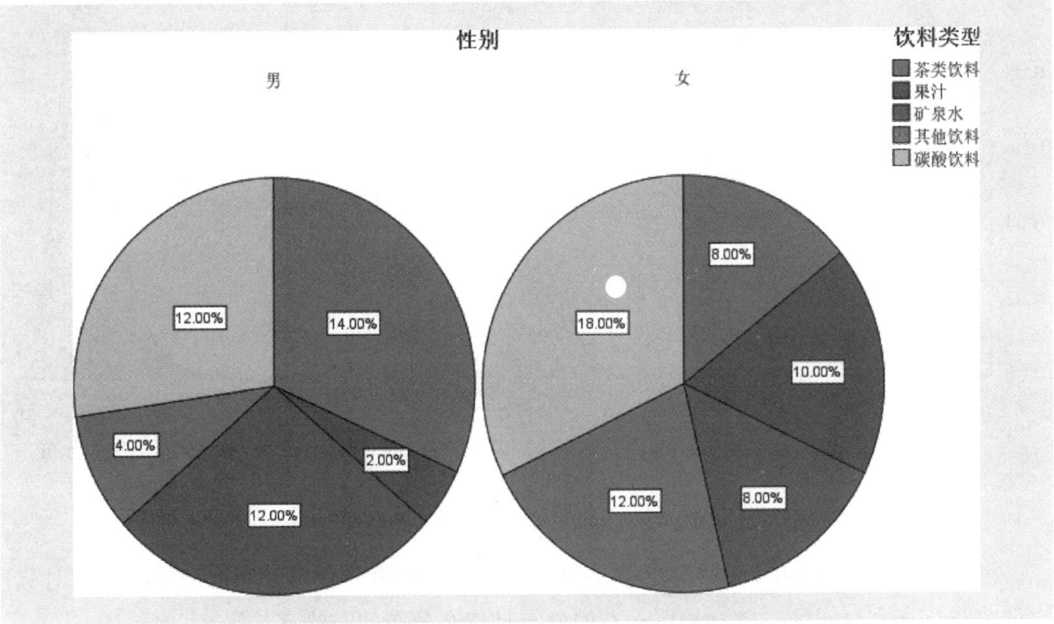

图 2－6　按性别分组的饮料类型的面板饼图

图 2－6 分别展示了男性和女性消费者所偏好的饮料类型的构成。

2.3 用图形展示数值数据

展示数值数据的图形有多种。对于只有一个样本或一个变量的数值数据，主要用直方图展示其分布的特征，比如，分布的形状是否对称、是否存在长尾等；对于多个变量的数据，主要用散点图观察变量之间的关系；对于多个样本和多个变量的数据，主要用雷达图、平行坐标图对各样本分布的特征或相似性进行比较；对于时间序列数据，则主要用折线图或面积图来观察其变化特征和变化模式。

2.3.1 展示数据分布

展示数据分布的图形主要有**直方图**（histogram）、**茎叶图**（stem-and-leaf plot）和**箱线图**（box plot）等。用这些图形可以观察数据的分布形状是否对称，是否存在长尾或离群点等。

1. 直方图

直方图是用于展示数值数据分布的一种常用图形，它用矩形的宽度和高度来表示频数分布。通过直方图可以观察数据分布的大体形状，如分布是否对称。图 2－7 展示了几种不同分布形状的直方图。

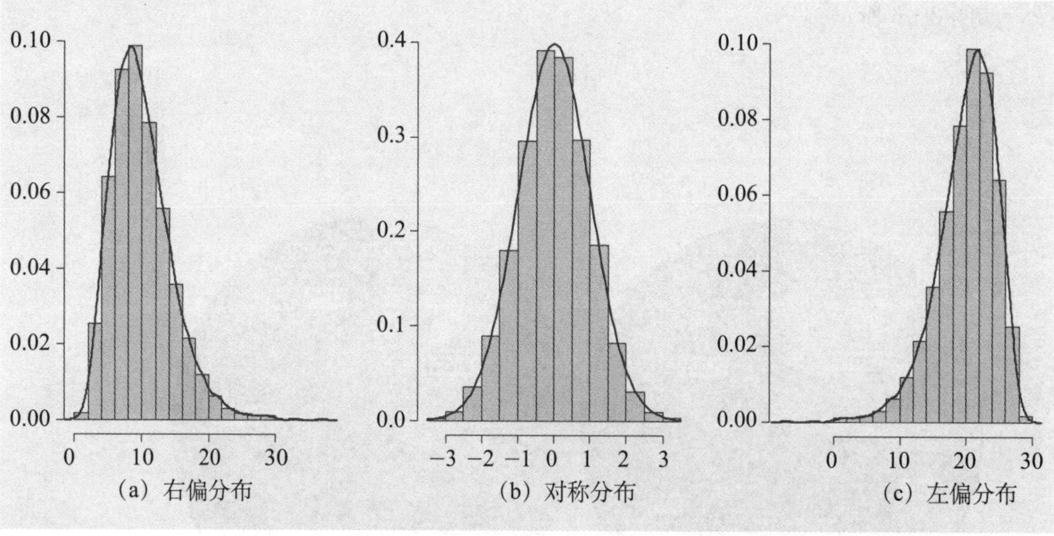

图 2－7　几种不同分布形状的直方图

图 2－7 中，分布曲线的最高处就是分布的峰值。对称分布是以峰值为中心两侧对称；右偏分布是指在分布的右侧有长尾；左偏分布是指在分布的左侧有长尾。

绘制直方图时，用横轴表示数据的分组区间，纵轴表示各组的频数，通过区间宽度和相应的频数画出一个矩形，多个矩形并列起来就是直方图。由于数据的分组是连续的，所以各矩形连续排列，彼此之间不能留有间隔。

使用 SPSS 可以直接根据原始数据绘制直方图，而不必将数据分组。绘制出直方图后，再根据需要修改直方图的分组数和每组的区间宽度即可。下面的文本框给出了直接根据原始数据用 SPSS 绘制直方图的操作步骤。

使用【图形】命令绘制直方图

第 1 步：选择【图形-旧对话框】→【直方图】。

第 2 步：将要绘制直方图的变量选入【变量】。单击【确定】。

第 3 步：（如果需要对直方图做修改）双击直方图，再双击直方图中的任意条，在【分箱化】→【X 轴】下单击【定制】，并在【区间数量】中输入希望划分的组数，比如 12，点击【应用】。再双击 X 轴的刻度，在弹出的对话框中点击【刻度】；在【范围】下可以修改【最小值】【最大值】，在【主增量】后输入区间的宽度（即组距），比如 10，点击【应用】（如果想要在直方图中增加正态分布曲线，点击【显示分布曲线】图标即可）。

（注：利用【分析】→【描述统计】→【探索】→【图】也可以绘制直方图）。

以例 2－2 为例，绘制的直方图如图 2－8 所示。

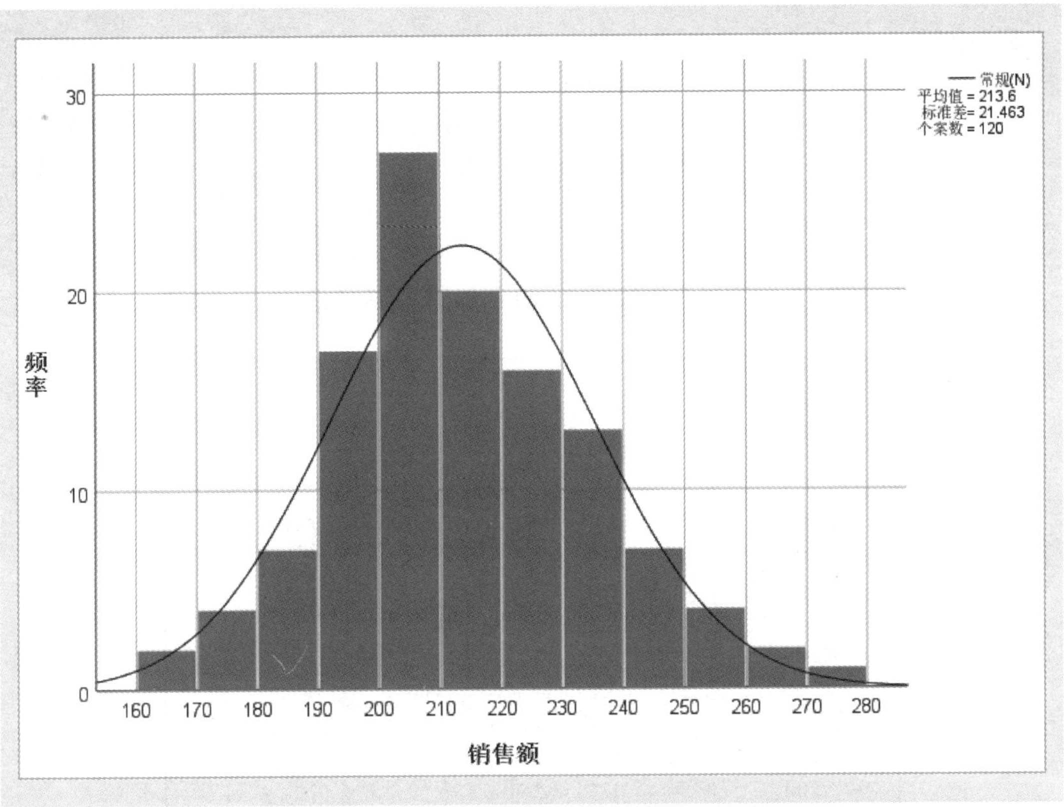

图 2－8　某电商平台连续 120 天的销售额的直方图

图 2－8 显示，销售额的分布基本上是对称的。从拟合的正态分布曲线来看，可以初步认为销售额近似服从正态分布（注：判断数据是否近似服从正态分布的常用图形是正态 Q-Q 图或 P-P 图，见第 4 章）。

2. 茎叶图

茎叶图是通过长在茎上的叶子来观察数据分布特征的一种图形。茎叶图不仅可以显示数据的分布，还能保留原始数据的信息。当数据量较少时，用茎叶图更容易观察数据的分布。

茎叶图由“茎”和“叶”两部分构成，绘制时，首先把一个数字分成两部分，通常是以该组数据的高位数值作为树茎，而且叶上只保留该数值的最后一个数字。例如，125 分成 12｜5，12 分成 1｜2，1.25 分成 12｜5（单位：0.01），等等。前部分是茎，后部分是叶。茎一经确定，叶就自然地长在相应的茎上了，叶子的长短代表了数据的分布。数据量较大时，不宜使用茎叶图。

下面的文本框给出了 SPSS 绘制茎叶图的操作步骤。

制作茎叶图

第 1 步：选择【分析】→【描述统计】→【探索】。

第 2 步：将变量选入【因变量列表】；点击【图】。在对话框中选择【茎叶图】（这是系统的默认选项。根据需要可选【直方图】以绘制直方图）；点击【继续】回到主对话框。点击【确定】（上述操作也可给出一组数据的箱线图）。

以例 2－2 为例，绘制的销售额数据的茎叶图如图 2－9 所示。

```
销售额 茎叶图

  频率          Stem & 叶

  2.00          16.  17
  4.00          17.  1222
  7.00          18.  1136788
 17.00          19.  11234566667889999
 27.00          20.  000012333334455566677778899
 20.00          21.  00224556666777788889
 16.00          22.  0222344445556689
 13.00          23.  0334455678889
  7.00          24.  0133368
  4.00          25.  2234
  2.00          26.  15
  1.00 极值          (>=272)

主干宽度：        10
每个叶：        1 个案
```

图 2－9　某电商平台连续 120 天的销售额的茎叶图

图 2－9 的下面列出了销售额中的一个极端值（系统自动将＞＝272 的数值定义为极端值），茎的宽度（主干宽度）为 10，每个叶代表一个数据（案例）。图 2－9 显示，销售额主要集中在 200 万～210 万元之间，共有 27 天。茎叶图类似于横置的直方图，它所反映的分布特征也与直方图基本一致。

3. 箱线图

箱线图也称箱形图，它不仅可用于反映一组数据分布的特征，比如，分布是否对称，是否存在**离群点**（outlier）等，还可以对多组数据的分布特征进行比较，这也是箱线图的主要用途。绘制箱线图的步骤大致如下。

首先，找出一组数据的**中位数**（median）和两个**四分位数**[①]（quartile），并画出箱子。中位数是一组数据排序后处在 50%位置上的数值。四分位数是一组数据排序后处在 25%位置和 75%位置上的两个分位数值，分别用 $Q_{25\%}$ 和 $Q_{75\%}$ 表示。$Q_{75\%}-Q_{25\%}$ 称为**四分位差**（quartile deviation）或**四分位距**（interquartile range），用 IQR 表示。用两个四分位数画出箱子（四分位差的范围），并画出中位数在箱子里的位置。

其次，计算出内围栏和相邻值，并画出须线。**内围栏**（inner fence）是与 $Q_{25\%}$ 和 $Q_{75\%}$ 的距离等于 1.5 倍四分位差的两个点，其中，$Q_{25\%}-1.5\times\text{IQR}$ 称为下内围栏，$Q_{75\%}+1.5\times\text{IQR}$ 称为上内围栏。上下内围栏一般不在箱线图中显示，只是作为确定离群点的界限。[②]然后找出上下内围栏之间的最大值和最小值（即非离群点的最大值和最小值），称为**相邻值**（adjacent value），其中 $Q_{25\%}-1.5\times\text{IQR}$ 范围内的最小值称为下相邻值，$Q_{75\%}+1.5\times\text{IQR}$ 范围内的最大值称为上相邻值。用直线将上下相邻值分别与箱子连接，称为**须线**（whiskers）。

最后，找出离群点，并在图中单独标出。**离群点**是大于上内围栏或小于下内围栏的数值，也称**外部点**（outside value），在图中用"○"单独标出。

箱线图的一般形式如图 2－10 所示。

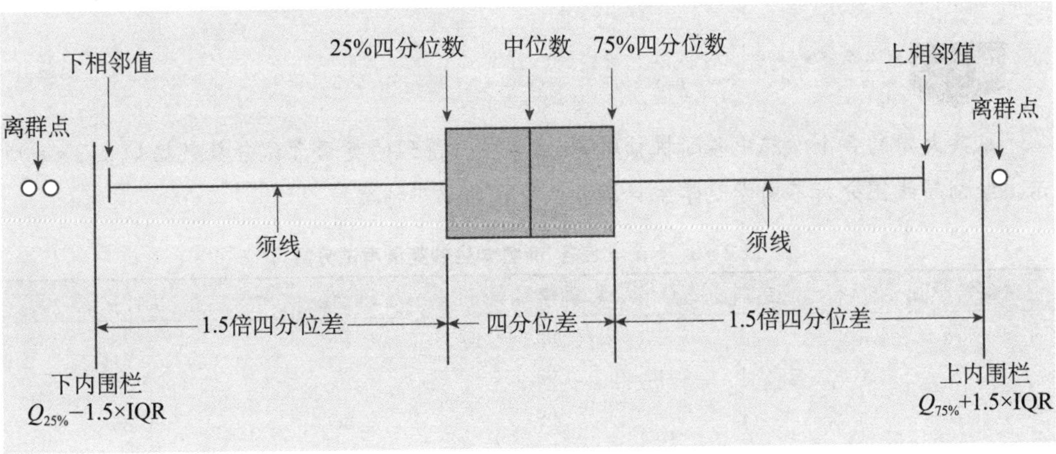

图 2－10 箱线图的示意图

通过箱线图的形状可以看出数据分布的特征。图 2－11 显示了几种不同的箱线图与其所对应的分布形状。

① 这些统计量将在第 4 章详细介绍。

② 也可以设定 3 倍的四分位差作为围栏，称为外围栏（outer fence），其中 $Q_{25\%}-3\times\text{IQR}$ 称为下外围栏，$Q_{75\%}+3\times\text{IQR}$ 称为上外围栏。外围栏也不在箱线图中显示。在外围栏之外的数据也称为**极值**（extreme）。Excel 默认根据内围栏确定相邻值。

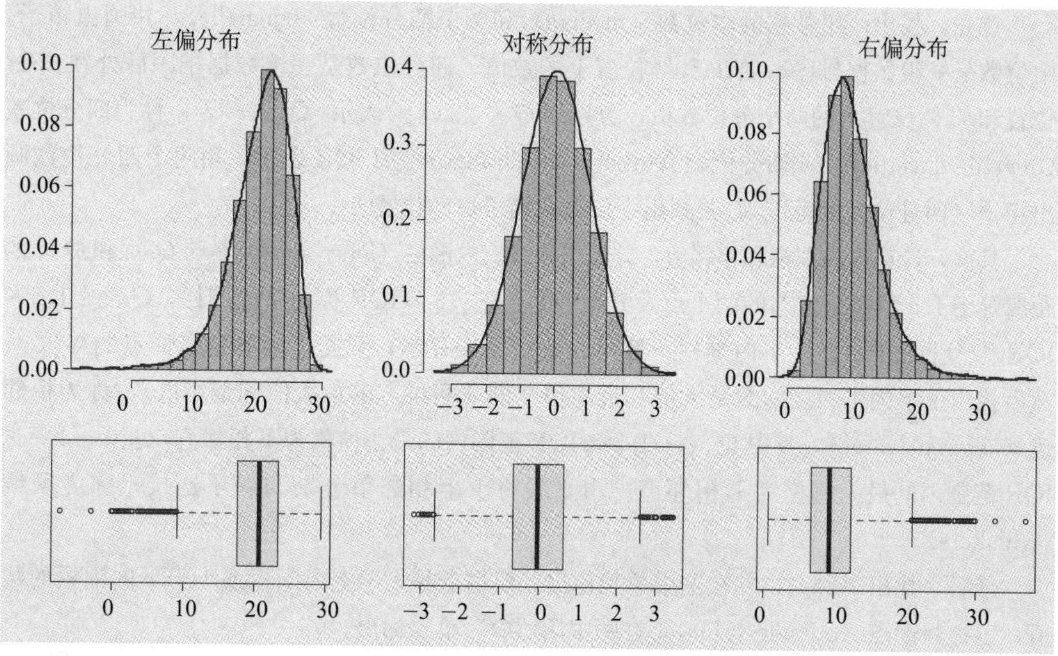

图 2-11 不同分布对应的箱线图

例 2-3

从某大学的 5 个学院中各随机抽取 30 名学生，得到的英语考试分数数据如表 2-8 所示。绘制箱线图分析不同学院学生英语考试分数的分布特征。

表 2-8 5 个学院各 30 名学生的英语考试分数

经济学院	法学院	商学院	理学院	统计学院
74	83	90	70	78
77	81	95	73	74
78	71	95	80	86
84	68	91	75	66
85	77	60	60	80
72	71	87	75	91
83	62	84	79	78
92	68	81	69	79
55	75	70	76	85
72	78	92	75	76
76	82	82	64	73
76	78	83	77	91
84	75	90	76	87
78	76	96	78	78

续表

经济学院	法学院	商学院	理学院	统计学院
74	74	87	76	86
85	70	88	65	71
79	74	86	81	68
81	79	91	79	74
80	71	85	74	90
58	73	86	66	76
81	79	95	74	80
80	82	82	73	77
87	67	92	80	86
81	76	78	76	75
74	77	85	67	79
85	76	93	83	72
69	75	86	72	89
77	66	78	73	84
81	76	92	70	69
79	69	83	90	84

解 使用 SPSS 的【图形】→【旧对话框】→【箱图】→【简单】→【单独变量的摘要】，将要绘制箱线图的变量选入【箱表示】。绘制的箱线图如图 2-12 所示。

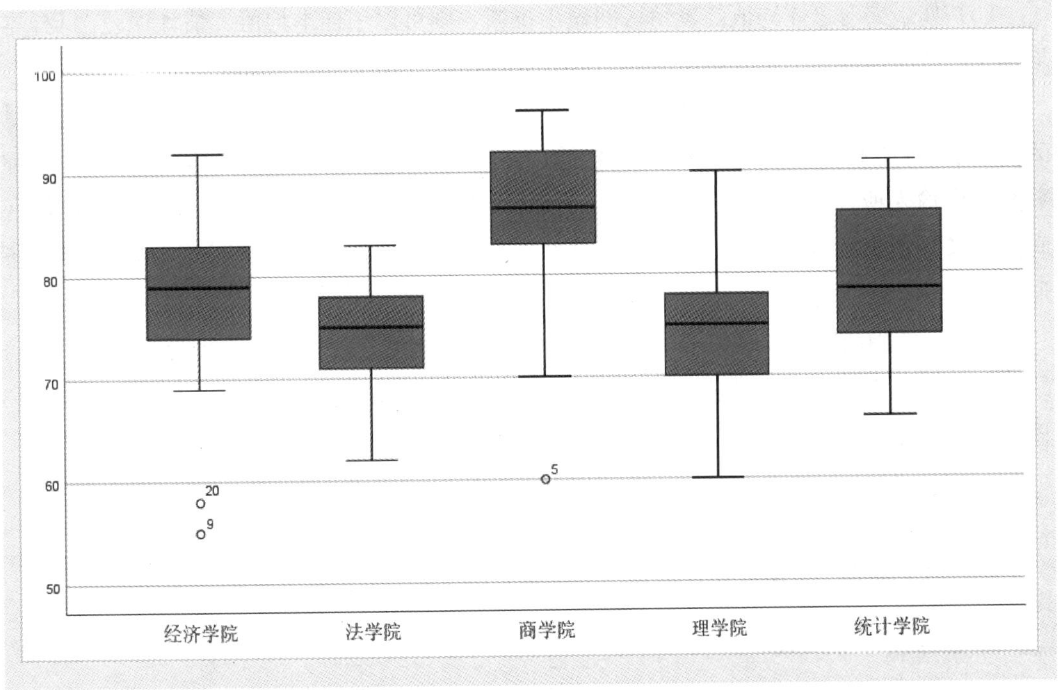

图 2-12　5 个学院各 30 名学生英语考试分数的箱线图

图 2－12 中，“O”和对应的数字表示离群点的位置及其数值。图 2－12 显示，英语考试分数的整体水平（中位数或平均数）最高的是商学院，其次是经济学院和统计学院（二者差异不大），较低的是法学院和理学院（二者差异不大）。从分布形状看，除统计学院外，其他 4 个学院的平均数都低于中位数，表明这 4 个学院的英语考试分数呈现一定的左偏分布，其中，经济学院的箱线图中出现了 2 个离群点，商学院出现了 1 个离群点（通过添加数据标签可观察其结果），统计学院的英语考试分数则大致对称分布。

4. 误差条形图

误差条形图（error bar）可用于展示多个样本数据以均值为中心的分布状况或离散状况。它是以均值为中心，加减一定误差范围绘制而成的。其中，误差范围可以是样本均值±样本标准差（standard deviation，SD），也可以是样本均值±标准误差（standard error，SE），还可以是样本均值±估计误差（error of estimate，E）。添加何种误差线取决于分析目的。

（1）如果要分析样本数据的离散程度，可以用均值加减一定倍数的样本标准差，通常为 1 个标准差（根据需要，也可以是 2 个标准差）。

（2）如果要分析样本均值的离散程度，则可以用样本均值±标准误差（$SD/\sqrt{n}$），由于均值的标准误差小于样本标准差，因此均值±标准误差的范围小于均值±样本标准差的范围。

（3）如果要对总体均值的置信区间做出推断，则可以用样本均值±估计误差。（样本均值±估计误差即为一定置信水平下的置信区间，见第 5 章。）

使用 SPSS 的【图形】→【旧对话框】→【误差条形图】→【简单】→【单独变量的摘要】，将所有变量选入【误差条形图】。在【条形表示】下选择【标准差】，在【乘数】框内输入所需的标准差倍数（默认为 2），根据需要，也可以选择【均值的置信区间】或【平均值标准误差】。图 2－13 是 5 个学院各 30 名学生英语考试分数的误差条形图。

图 2－13 中的圆点表示每个学院英语考试分数的均值，上下的延伸线为均值上下 2 倍的标准差。均值加减标准差形成的区间越短，表明数据越集中，反之则越分散。图 2－13 显示，法学院的平均分数较低，离散程度也相对较小。

2.3.2 展示变量间的关系

对于两个或多个数值变量，可以用散点图展示变量间的关系。

1. 散点图及其解读

描述变量间关系的一种常用工具就是**散点图**（scatter diagram）。对于两个变量 x 和 y，

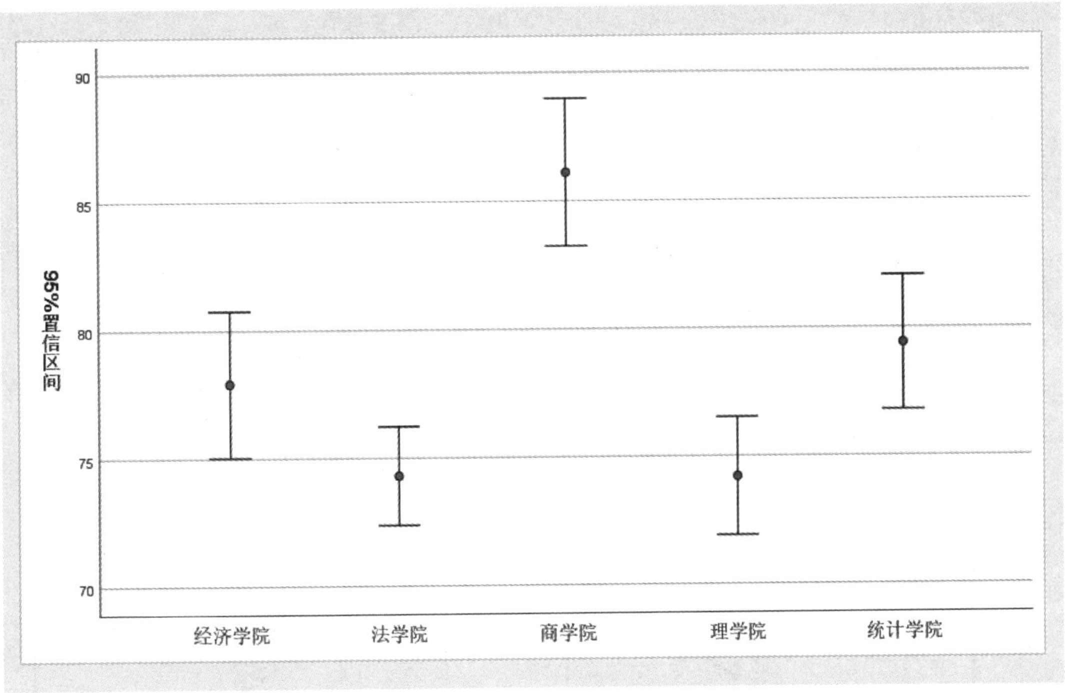

图 2-13　5 个学院各 30 名学生英语考试分数的误差条形图

散点图是在二维坐标系中画出它们的 n 对数据点 (x_i, y_i)，并通过 n 个点的分布、形状等判断两个变量之间有没有关系、有什么样的关系及大体的关系强度等。

为了更好地理解散点图所表达的变量间关系的信息，图 2-14 展示了不同形态的散点图。

图 2-14 显示，图（a）和图（b）是典型的线性相关关系形态，两个变量的观测点分布在一条直线周围。图（a）表明一个变量的数值增加，另一个变量的数值也随之增加，因而称为正线性相关；图（b）表明一个变量的数值增加，另一个变量的数值则随之减少，因而称为负线性相关。图（c）和图（d）表明两个变量的观测点完全落在一条直线上，称为完全线性相关（这实际上就是函数关系），其中，图（c）中的线性相关关系称为完全正线性相关，图（d）中的线性相关关系称为完全负线性相关。图（e）表明两个变量之间是非线性相关关系。图（f）中的观测点很分散，无任何规律，表明变量之间没有相关关系。

2. 散点图和矩阵散点图

只分析两个变量之间的关系时，可以绘制简单散点图；如果要分析多个变量两两之间的关系，则可以绘制矩阵散点图，它是将多个简单散点图用紧凑的方式绘制成矩阵的形式，以节省空间和便于比较分析。下面通过一个例子说明简单散点图和矩阵散点图的绘制方法。

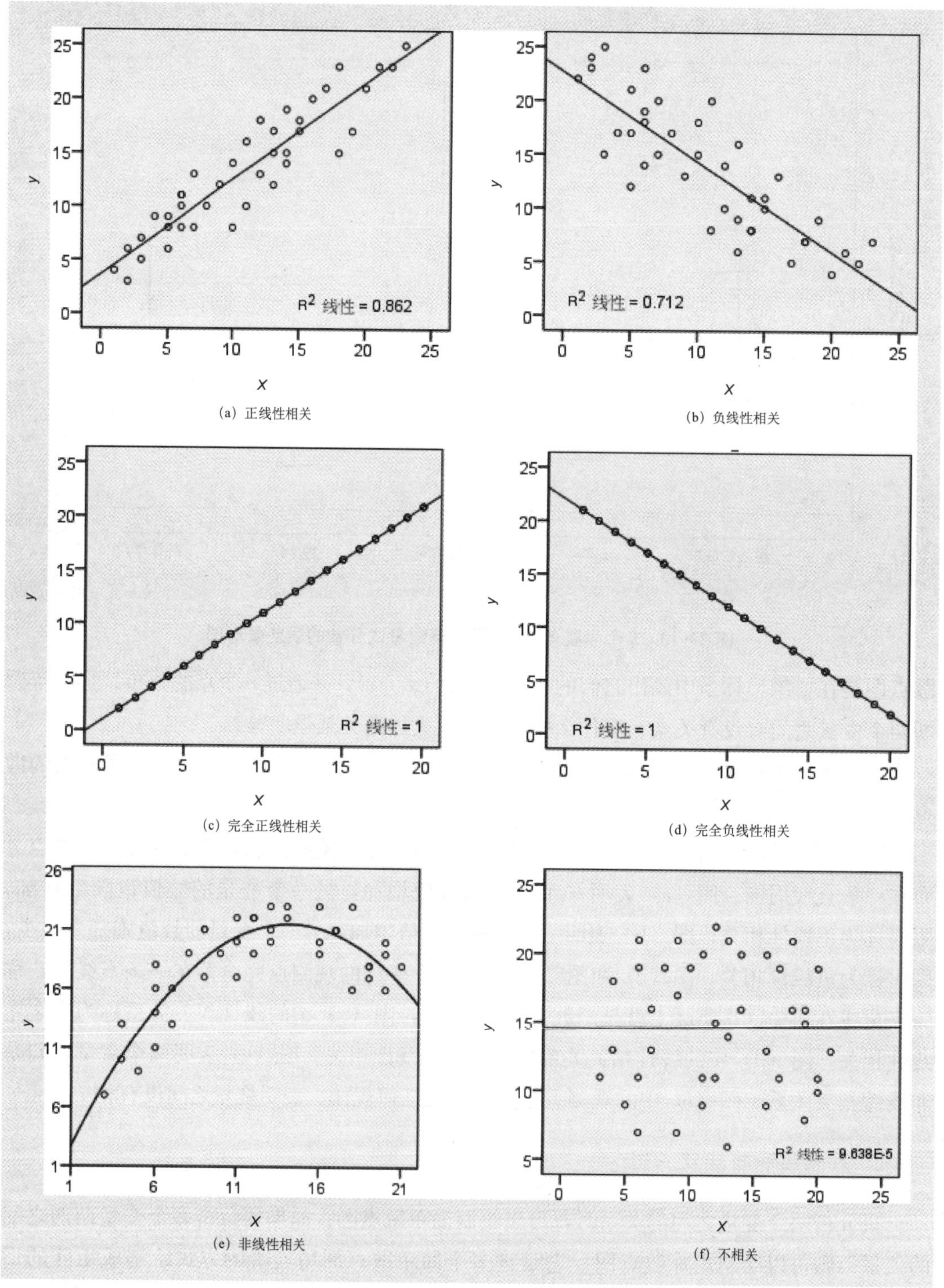

(a) 正线性相关
(b) 负线性相关
(c) 完全正线性相关
(d) 完全负线性相关
(e) 非线性相关
(f) 不相关

图 2-14　不同形态的散点图

例 2－4

表 2－9 展示了 2022 年全国 31 个地区（不含港、澳、台）的居民人均消费支出数据。绘制食品烟酒支出和居住支出的简单散点图以及 8 项消费支出的矩阵散点图。

表 2－9 2022 年全国 31 个地区的居民人均消费支出

单位：元

地区	食品烟酒	衣着	居住	生活用品及服务	交通通信	教育文化娱乐	医疗保健	其他用品及服务
北京	9 223.2	1 860.8	17 170.3	2 193.3	4 129.3	3 008.0	3 981.5	1 116.8
天津	9 313.1	1 630.4	7 468.1	1 789.0	3 888.6	2 546.0	3 555.5	1 132.9
河北	6 227.6	1 350.9	4 810.5	1 314.5	2 820.8	1 864.3	2 017.3	484.3
山西	5 058.2	1 208.7	3 960.8	1 034.2	2 078.2	1 809.0	1 943.6	444.0
内蒙古	6 269.4	1 546.5	4 836.3	1 225.4	3 457.8	2 111.1	2 262.7	589.3
辽宁	7 140.0	1 477.2	4 702.1	1 249.7	2 855.8	2 303.7	2 192.3	682.9
吉林	5 466.9	1 158.8	3 636.5	871.5	2 389.6	1 848.0	2 067.9	458.4
黑龙江	6 362.6	1 358.9	3 969.2	948.5	2 618.2	2 103.9	2 524.9	525.8
上海	12 653.0	1 716.7	17 073.5	2 128.0	4 529.2	3 099.6	3 616.5	1 229.0
江苏	9 138.7	1 769.8	9 073.0	1 954.1	4 586.9	2 778.5	2 564.0	983.1
浙江	10 931.5	2 098.1	10 557.7	2 312.6	5 823.3	3 549.1	2 533.5	1 165.4
安徽	7 678.8	1 413.3	4 925.1	1 354.4	2 483.8	2 416.5	1 749.6	520.3
福建	9 629.1	1 469.5	8 636.8	1 586.9	3 345.6	2 807.2	1 904.7	661.9
江西	6 946.2	1 107.0	5 057.4	1 252.0	2 624.1	2 447.5	1 856.0	417.9
山东	6 267.5	1 485.9	4 811.5	1 668.2	3 356.1	2 566.2	2 014.6	470.3
河南	5 466.9	1 323.3	4 143.5	1 202.9	2 355.9	2 180.1	1 920.1	426.8
湖北	7 519.5	1 453.6	5 385.2	1 386.4	3 432.8	2 794.1	2 299.9	556.4
湖南	7 046.6	1 366.4	5 038.4	1 490.6	3 135.3	3 250.3	2 295.7	459.5
广东	11 025.8	1 178.3	8 406.2	1 636.0	4 174.3	3 196.3	1 783.0	768.8
广西	5 873.0	662.4	3 892.6	970.1	2 438.5	2 396.4	1 803.3	306.5
海南	8 282.9	700.1	5 045.7	900.3	2 704.5	2 129.7	1 372.9	364.3
重庆	8 599.9	1 698.0	4 782.7	1 656.6	3 078.2	2 585.0	2 350.5	620.2
四川	7 738.3	1 316.5	4 361.8	1 465.4	2 806.4	2 005.7	2 105.4	502.4
贵州	5 607.1	1 117.1	3 414.3	1 108.8	2 729.8	2 216.2	1 373.7	371.8
云南	6 116.9	939.6	4 111.1	1 008.1	2 556.4	2 028.0	1 825.2	365.4
西藏	5 747.4	1 305.1	3 321.4	1 092.0	2 519.7	792.8	726.5	380.8
陕西	5 594.6	1 171.3	4 524.9	1 254.9	2 455.8	2 001.1	2 400.3	445.5
甘肃	5 364.2	1 137.6	3 918.5	1 000.1	2 322.2	1 775.7	1 612.6	358.5
青海	5 874.3	1 211.9	3 318.2	953.4	2 526.9	1 175.2	1 768.3	432.5
宁夏	5 643.9	1 260.8	3 681.8	1 220.0	2 719.0	2 129.8	2 067.2	413.8
新疆	5 765.3	1 186.0	3 303.4	1 009.2	2 357.0	1 495.4	1 968.5	842.3

●● 解 下面的文本框给出了 SPSS 绘制散点图的操作步骤。

使用【图形】命令绘制散点图

第 1 步：选择【图形-旧对话框】→【散点图/点图】。

第 2 步：如果绘制两个变量的简单散点图，点击【简单散点图】，点击【定义】。在出现的对话框中将两个变量分别选入【Y 轴】和【X 轴】，点击【确定】。

如果要绘制重叠散点图，点击【重叠分布】，点击【定义】。在对话框中将所要配对的变量依次选入【Y-X 对】中的【Y 变量-X 变量】。点击【确定】。

如果要绘制矩阵散点图，点击【矩阵散点图】，将几个变量同时选入【矩阵变量】，点击【确定】。

如果要绘制三维散点图，点击【三维散点图】，将 3 个变量分别选入 Y 轴、X 轴和 Z 轴，点击【确定】。

食品烟酒支出和居住支出的简单散点图如图 2-15 所示。

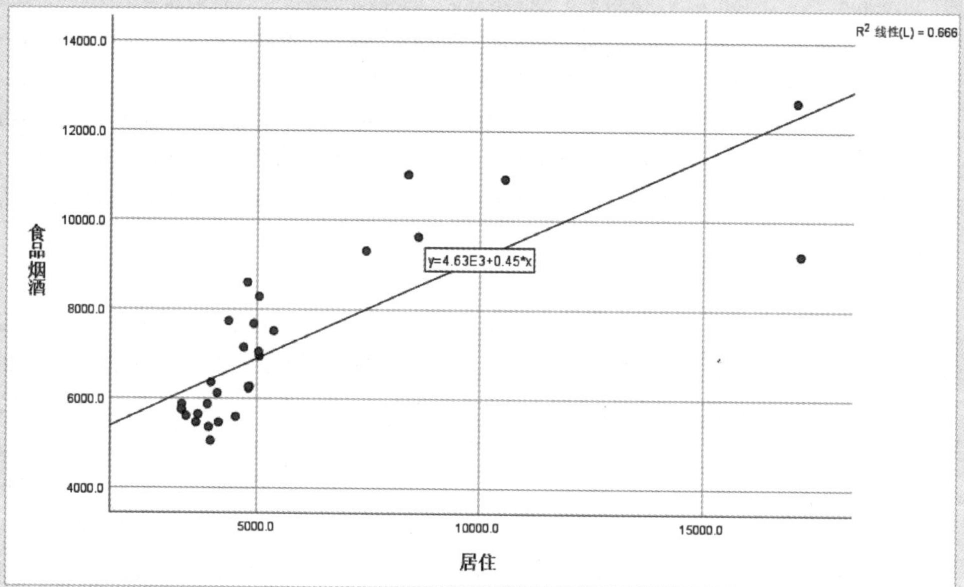

图 2-15　食品烟酒支出和居住支出的简单散点图

图 2-15 中的直线是对所有观测点拟合的回归直线并给出了回归方程（见第 9 章）。图 2-15 显示，食品烟酒支出和居住支出的散点大致在一条直线周围随机分布，表明二者之间具有正的线性相关关系，且关系较为密切。

8 项消费支出的矩阵散点图如图 2-16 所示。图 2-16 展示了 8 项消费支出两两之间的关系，图形显示，8 项消费支出之间均为正的线性相关关系，且关系较为密切。

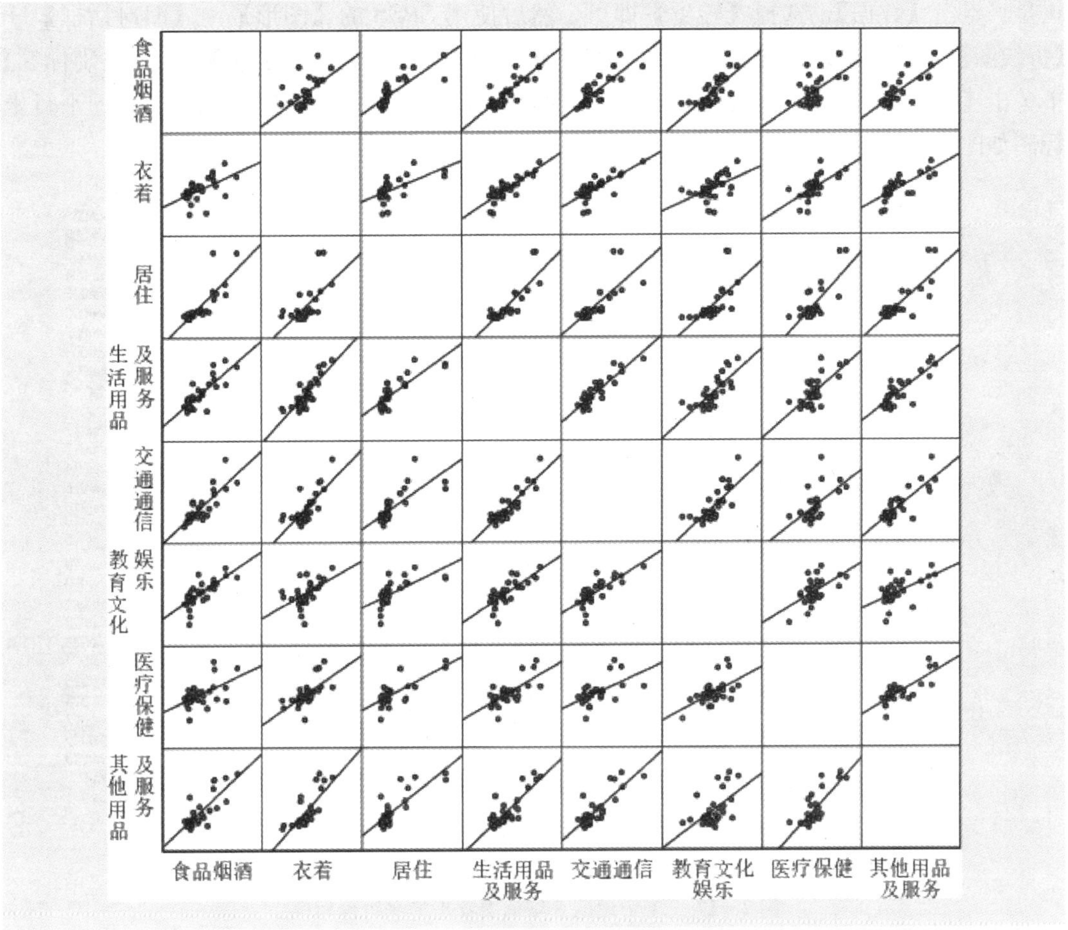

图 2-16　8 项消费支出的矩阵散点图

2.3.3　展示样本的相似性

假定一家公司在 10 个地区有销售分公司，每家分公司都有销售人员数、销售额、销售利润、所在地区的人口数、当地的人均收入等数据。如果你想知道 10 家分公司在上述几个变量上的差异或相似程度，该用什么图形进行展示呢？这里涉及 10 个样本的 5 个变量，可以使用平行坐标图和雷达图来比较多个样本的相似性。由于 SPSS 未提供绘制雷达图的选项，这里只介绍平行坐标图。

平行坐标图（parallel coordinate plot）也称多线图或**轮廓图**（outline plot），它用 x 轴表示各变量，用 y 轴表示变量的数值（x 轴和 y 轴可以互换），将同一样本在不同变量上的观测值用折线连接起来就是平行坐标图。观察平行坐标图中各折线的形状及其排列方式，可以比较各样本在多个变量上取值的相似性及差异。我们先看下面的例子。

以例 2-4 为例，为绘制所需的图形，在绘图前，需要将原始数据做转置处理（根据需要，也可以不做转置处理，绘制出的每条线表示一个支出项目的平行坐标图），具体方法是：点击【数据】，选择【转置】即可。然后使用 SPSS 的【图形】→【旧对话框】→【折线图】→【多线】→【单个个案的值】，将绘图变量选入【折线表示】，在【类别标签】下单击【变量】，在框内选入类别变量（本例为支出项目）。点击【确定】。绘制的平行坐标图如图 2－17 所示。

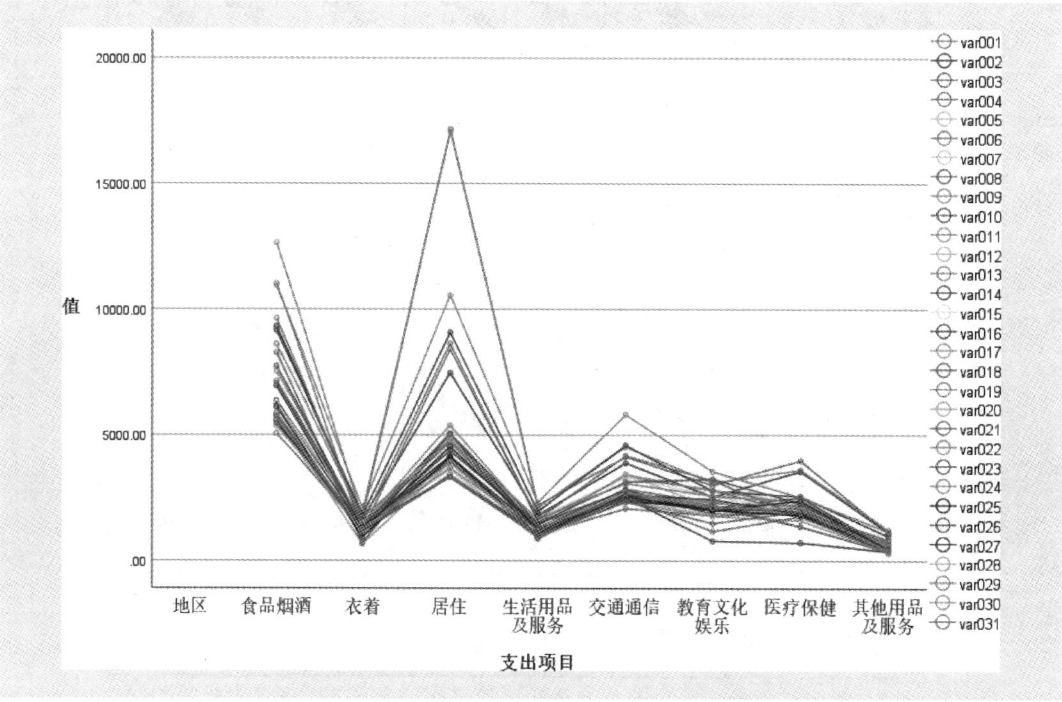

图 2－17　31 个地区 8 项消费支出的平行坐标图

图 2－17 中的 var001～var031 分别表示 31 个地区（与原始数据的顺序一致）。图 2－17 显示，除北京和上海的居住支出明显偏高外，31 个地区有以下几个共同特征。(1) 在 8 项消费支出中，食品烟酒支出在各项支出中占比最高，接下来依次是居住、交通通信、教育文化娱乐、医疗保健、衣着、生活用品及服务，其他用品及服务排在最后，而衣着、生活用品及服务、其他用品及服务的消费支出相差不大。(2) 各地区的居住支出差异较大。北京和上海明显高于其他地区，属于第一集群，从居住角度看，可视为一线地区；浙江、天津、广东、江苏、福建等 5 个地区属于第二集群，可视为二线地区；其他地区差异不大，属于第三集群，可视为三线地区。(3) 图 2－17 中各条折线的整体形状极其相似，说明 31 个地区虽然消费支出金额有差异，但消费结构十分相似。

2.3.4　展示时间序列

时间序列（time series）是一种常见的数据形式，它是在不同时间点上记录的一组数据，如各年份的 GDP 数据、各月份的居民消费价格指数（CPI）数据、一年中各交易日的股票价格指数收盘数据等。通过可视化，可以观察时间序列的变化模式和特征。时间序列的可视化图形有多种，其中最基本的是**折线图**（line chart）和**面积图**（area graph）。

1. 折线图

折线图是描述时间序列最基本的图形，它主要用于观察和分析时间序列随时间变化的形态和模式。折线图的 x 轴是时间，y 轴是变量的观测值。

例 2-5

2000—2023 年我国城镇居民和农村居民的人均可支配收入如表 2-10 所示。绘制折线图分析居民消费水平的变化特征。

表 2-10　2000—2023 年我国城镇居民和农村居民的人均可支配收入　　单位：元

年份	城镇居民人均可支配收入	农村居民人均可支配收入	年份	城镇居民人均可支配收入	农村居民人均可支配收入
2000	6 256	2 282	2012	24 127	8 389
2001	6 824	2 407	2013	26 467	9 430
2002	7 652	2 529	2014	28 844	10 489
2003	8 406	2 690	2015	31 195	11 422
2004	9 335	3 027	2016	33 616	12 363
2005	10 382	3 370	2017	36 396	13 432
2006	11 620	3 731	2018	39 251	14 617
2007	13 603	4 327	2019	42 359	16 021
2008	15 549	4 999	2020	43 834	17 131
2009	16 901	5 435	2021	47 412	18 931
2010	18 779	6 272	2022	49 283	20 133
2011	21 427	7 394	2023	51 821	21 691

解 使用 SPSS 的【图形】→【旧对话框】→【折线图】→【多线】→【单个个案的值】，将绘图变量选入【折线表示】，在【类别标签】下单击【变量】，在框内选入类别变量（本例为年份），点击【确定】。绘制的折线图如图 2-18 所示。

图 2-18 显示，2000—2023 年，无论是城镇居民还是农村居民，人均可支配收入都有逐年增长的趋势，而城镇居民人均可支配收入各年均高于农村居民，并且随着时间的推移，二者的差距有进一步扩大的趋势。

2. 面积图

面积图是在折线图的基础上绘制的，它将折线与 x 轴之间的区域用颜色填充，填充的区域即为面积。面积图不仅美观，而且能更好地展示时间序列变化的特征和模式。将多个时间序列绘制在一幅图中时，序列数不宜太多，否则图形之间会相互遮盖，看起来会很凌乱。当序列数较多时，可以将每个序列单独绘制成一幅图。

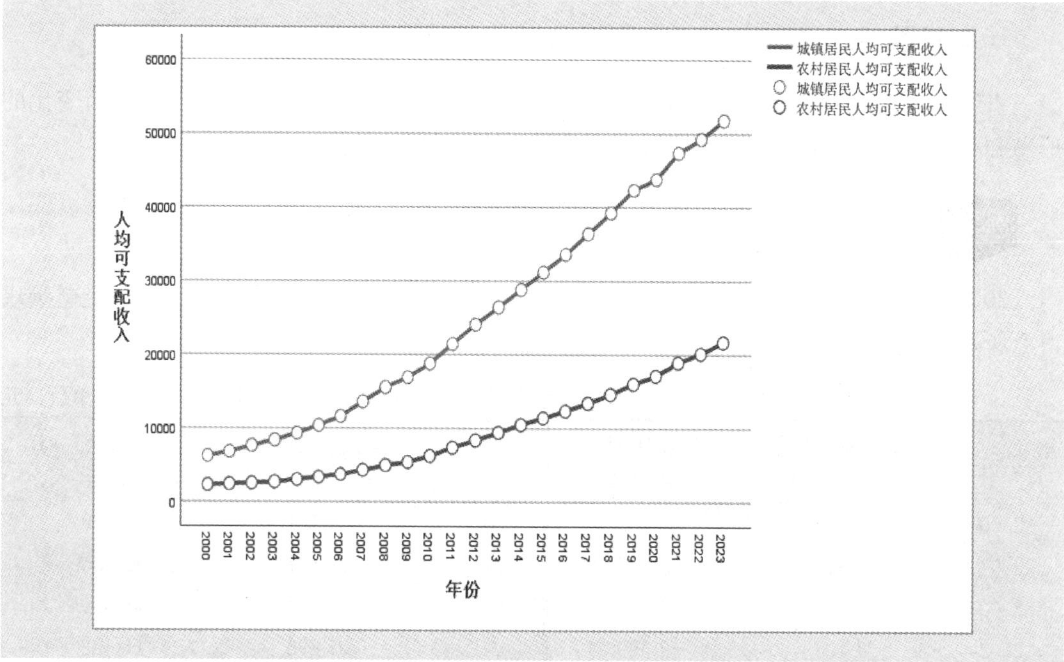

图 2-18　2000—2023 年我国城镇居民和农村居民人均可支配收入的折线图

以例 2-5 为例，使用 SPSS 的【图形】→【旧对话框】→【面积图】→【堆积】→【单个个案的值】，将绘图变量选入【折线表示】，在【类别标签】下单击【变量】，在框内选入类别变量（本例为年份），点击【确定】。绘制的面积图如图 2-19 所示。

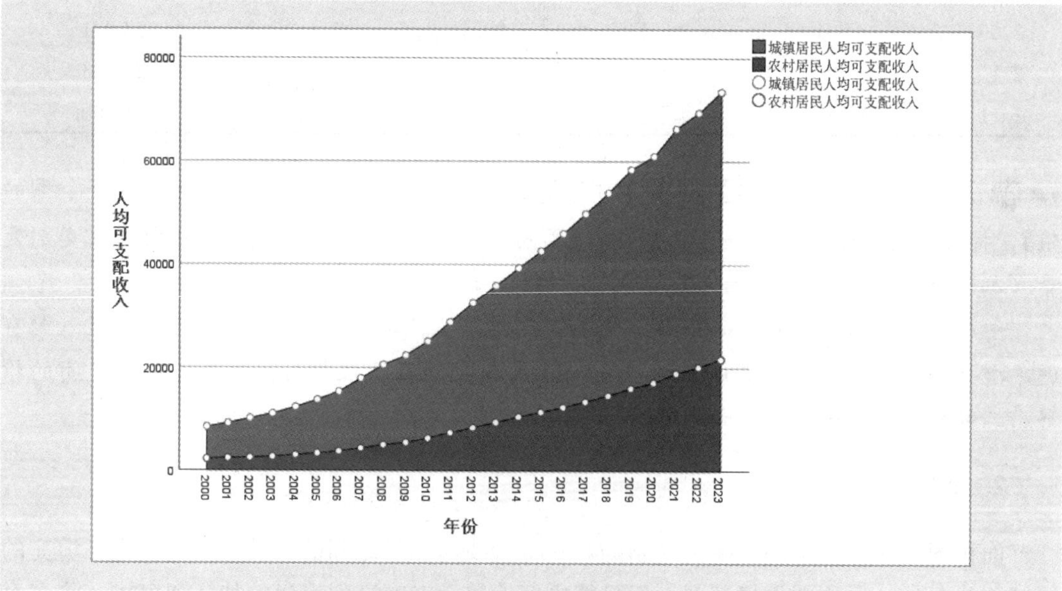

图 2-19　2000—2023 年我国城镇居民和农村居民人均可支配收入的面积图

图 2-19 中的面积大小与相应的数据大小成正比。

2.4 使用图表的注意事项

图表是展示数据的有效方式。在日常生活中，阅读网络文献和报纸杂志、看电视时都能看到各种各样的图表，学术论文和其他出版物中也经常用图表来展示数据或数据的分析结果。显然，看图表要比看枯燥的数字更有趣，也更容易理解。一幅精心设计的图表可以有效地把数据呈现出来，使数据更容易理解，但设计和使用不当也会造成对数据的疑惑和误解。图形应尽可能简洁合理，以能够清晰地展示数据、合理地表达分析目的为依据。在可视化过程中，规范地使用图形也十分必要。图形设计既要追求美观，也应避免一切不必要的修饰，过分修饰往往会使人注意图形本身，而掩盖了图形所要表达的信息。本节主要介绍可视化分析中应注意的一些基本事项。

2.4.1 图形标题

标题（title）是图形中不可或缺的重要元素，没有标题的图形是不可取的。图形标题包括主标题、副标题、坐标轴标题（标签）、图例标题等。主标题是指一幅图的总标题，它主要用于注释图形的内容，一般包括图中数据所属的时间（when）、地点（where）和内容（what）3 个要素。阅读一幅图时，只看主标题就应大概知道图形要表达的信息，比如，“2022 年北京市的地区生产总值”就包含了时间（2022 年）、地点（北京市）和内容（地区生产总值）3 个要素，缺少其中的任何一个要素都可能会产生疑惑。此外，使用多幅图时，主标题还应包括必要的图形编号。主标题可以放在图的上方，也可放在图的下方。

坐标轴标题也称坐标轴标签，用于说明坐标轴代表的变量名称，以便于阅读和理解，没有坐标轴标题的图形是无法理解的。坐标轴标题除给出变量名称外，还应给出数据的计量单位（主要针对数值变量）。如果在上下文中给出了原始数据及其计量单位的信息，那么为了使图形更简洁，也可以省略计量单位，否则，数据的计量单位就是必需的。下面通过一个例子来说明规范使用主标题和坐标轴标题的必要性。

图 2-20 是 2022 年北京、天津、上海和重庆的地区生产总值条形图。

图 2-20（a）有两个问题：一是主标题只有编号，没有内容；二是没有坐标轴标题。虽然表示类别的 x 轴没有标题可以看懂，但 y 轴标题必须有，否则就不知道这幅图表达的是什么。

图 2-20（b）也有两个问题：一是主标题没有给出时间和地点信息，不知道是哪个地区的地区生产总值，也不知道是什么时间的地区生产总值；二是 y 轴标题没有计量单位，无法理解数据的含义。

图 2-20（c）同样有两个问题：一是主标题只给出了地区信息，未给出时间信息，不知道是什么时间的地区生产总值；二是 y 轴标题没有计量单位，同样难以理解。

图 2-20（d）是一幅完整的规范图形。主标题给出了时间、地点和内容信息，y 轴标题给出了计量单位，这样的图形就很容易理解。

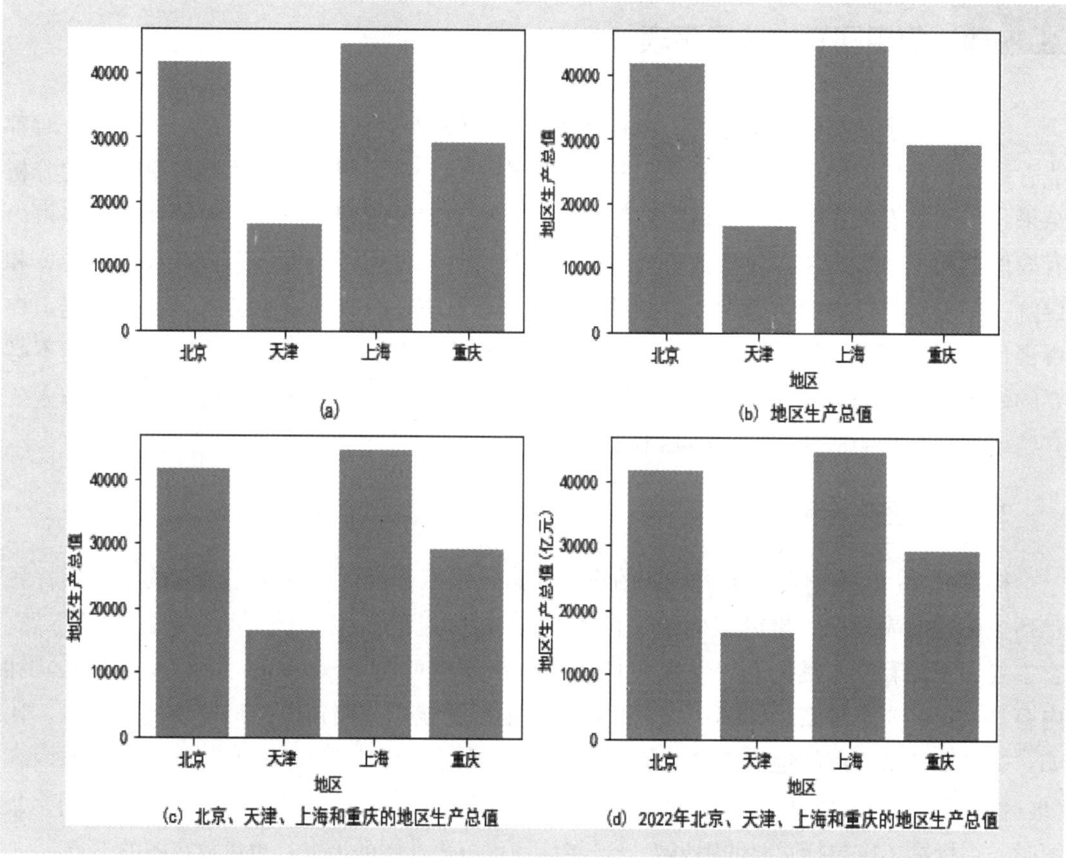

图 2-20　2022 年北京、天津、上海和重庆的地区生产总值条形图

2.4.2　坐标轴刻度起点

可视化中最常用的坐标轴标尺（刻度）是线性标尺，有时也会使用非线性标尺（如对数标尺）。如果使用线性标尺的坐标轴绘图，数轴的数值起点应从 0 开始，尤其是在绘制条形图时，数轴的刻度必须从 0 开始，否则可能会放大数值间的差异，导致视觉差异和理解错误。但有些图形的数轴刻度不一定从 0 开始，比如，时间序列的折线图和面积图等，如果时间序列的波动范围较小，从 0 开始则不宜观测时间序列的波动。

图 2-21 是某地区 2023 年 1—12 月的居民消费价格指数（上年同月＝100）的折线图，其中图 2-21（a）的 y 轴刻度起点是 0，图 2-21（b）的 y 轴刻度起点是 90，图 2-21（c）的 y 轴刻度起点是 99。

图 2-21（a）的 y 轴刻度起点是 0，结果显示居民消费价格指数的波动看起来很小。图 2-21（b）的 y 轴刻度起点是 90，结果显示居民消费价格指数的下降幅度看上去更合理。图 2-21（c）的 y 轴刻度起点是 99，结果显示居民消费价格指数的下降幅度看上去很大。坐标轴刻度的起点不同，会产生完全不同的视觉误差，这可能会造成误导。因此，在时间序列可视化中，确定适当的坐标轴刻度起点是十分必要的，这要根据数据的特点和分析需要灵活掌握，不能教条化。

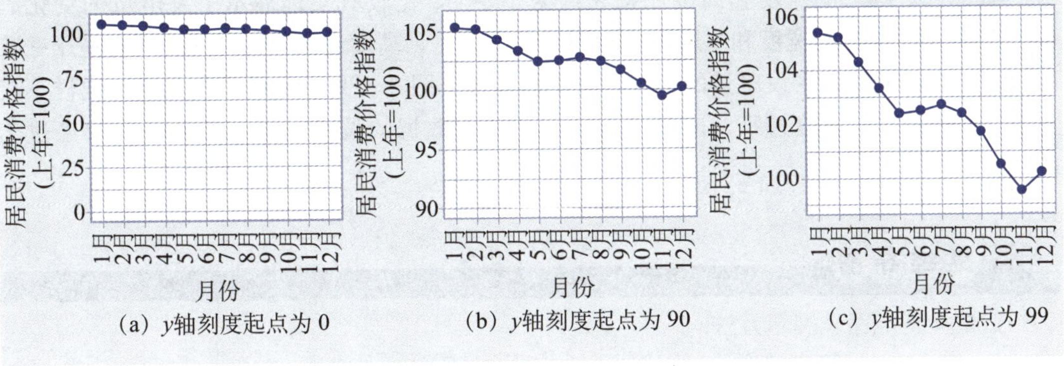

(a) y轴刻度起点为 0　(b) y轴刻度起点为 90　(c) y轴刻度起点为 99

图 2-21　某地区 2023 年 1—12 月居民消费价格指数的折线图

在可视化分析中，合理确定坐标轴刻度起点是非常必要的。当数据的波动范围较小时，坐标轴刻度起点太小会压缩数据的波动幅度，坐标轴刻度起点太大则会放大数据的波动幅度，这都可能导致对图形的视觉误差。在使用统计软件绘制折线图时，系统会自动设置坐标轴刻度起点，如果不能满足分析的需要，则可以自行设置坐标轴刻度起点，但不能为达到某种目的而刻意为之。如果坐标轴刻度的起点不合理，就可能会误导别人对数据的理解。

2.4.3　图形比例

在直角坐标系中绘制的二维图形是由 4 个点构成的一个矩形（有些图形也可以画成正方形，如散点图），如果把 x 轴定义为宽度（width），y 轴定义为高度（height），图形宽度和高度的比例大致为 10∶7 或 4∶3。从视觉效果上看，这样的图形比例能够更合理地展示数据，也易于对图形的解读。过宽或过高的图形都有可能歪曲数据，给人留下错误的印象。

图 2-22 是 2000—2023 年我国发电量（单位：亿千瓦时）的折线图。

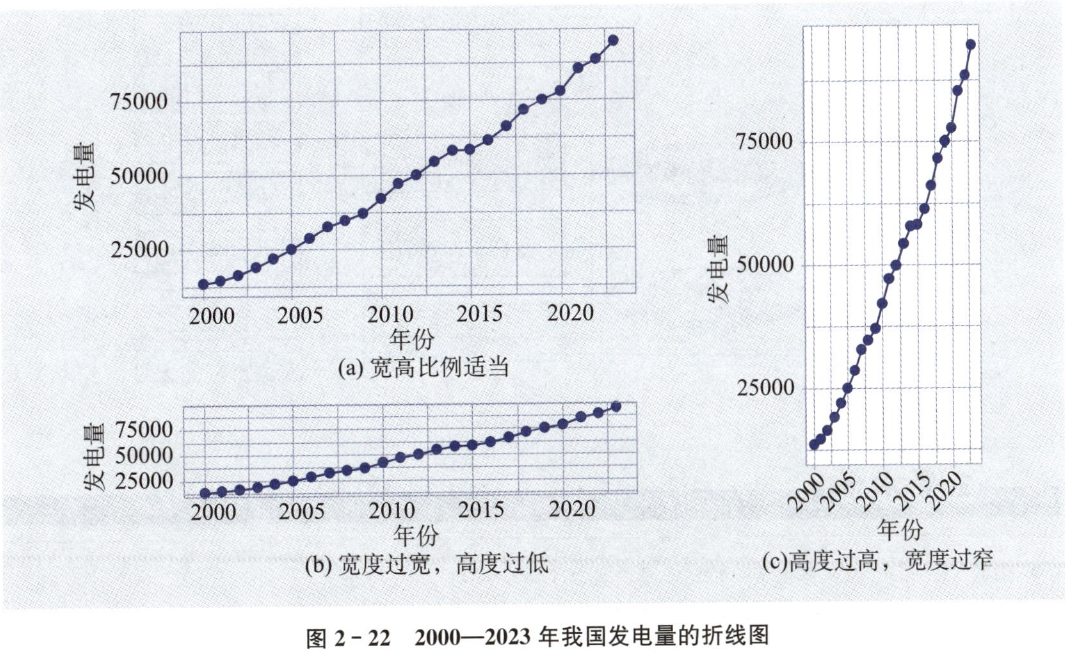

(a) 宽高比例适当　(b) 宽度过宽，高度过低　(c)高度过高，宽度过窄

图 2-22　2000—2023 年我国发电量的折线图

图 2-22（a）的宽度和高度比例大约为 10∶7，比较真实地展示了发电量的变化趋势。图 2-22（b）的宽度和高度不成比例，宽度过宽，高度过低，这样的图形容易压缩数据的波动，看起来似乎发电量的上升趋势不够明显。图 2-22（c）的宽度和高度同样不成比例，高度过高，宽度过窄，这样的图形容易放大数据的波动，使上升趋势看起来过于陡峭。

思维导图

数据类型与图表展示方法

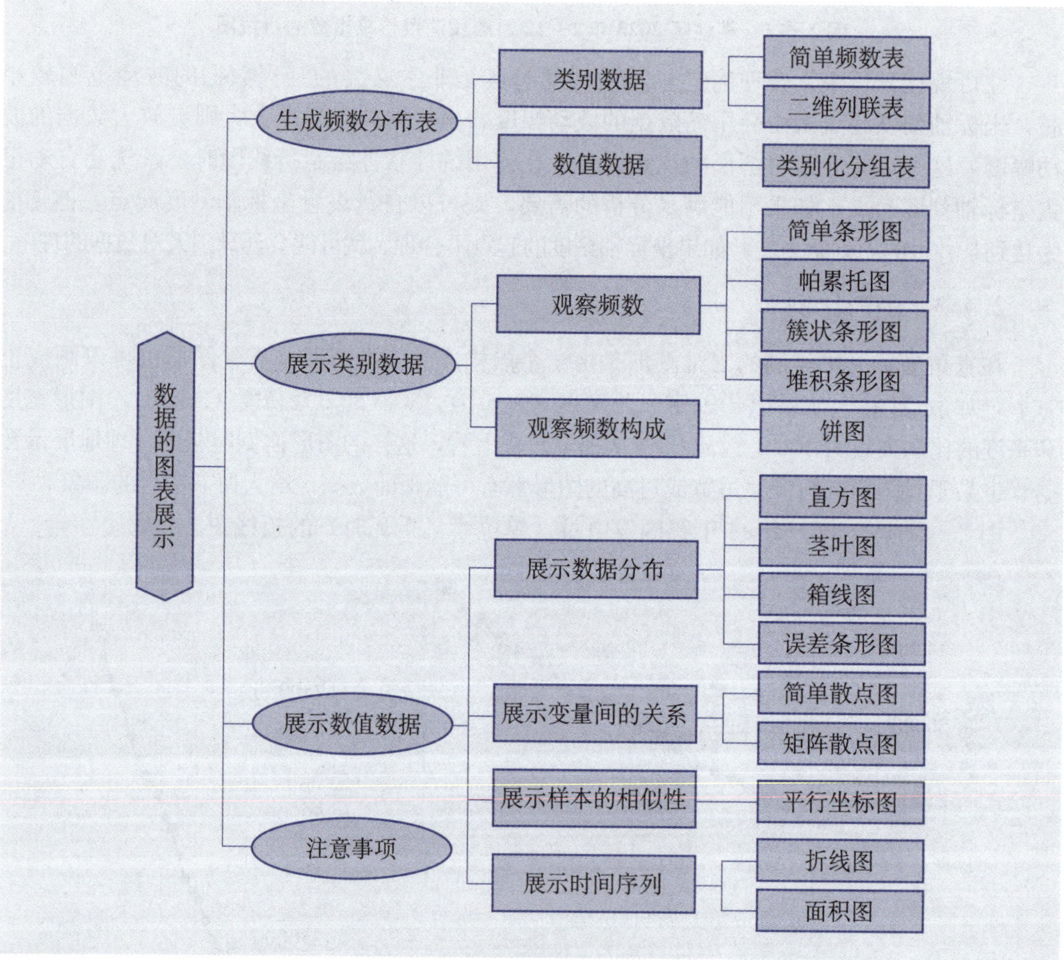

主要术语

- **频数**（frequency）：落在某一特定类别的数据个数。
- **频数分布**（frequency distribution）：变量的取值及其相应的频数形成的分布。

- **列联表**（contingency table）：也称**交叉表**（cross table），由两个类别变量交叉分类的频数分布表。
- **比例**（proportion）：一个样本（或总体）中各类别的频数占全部频数的比值。
- **比率**（ratio）：一个样本（或总体）中各不同类别频数之间的比值。

思考与练习

一　思考题

2.1　条形图和饼图各有什么用途？

2.2　反映数值数据分布特征的图形有哪些？

2.3　茎叶图与直方图相比有什么优点？它们的应用场合是什么？

2.4　箱线图的主要用途是什么？

2.5　散点图和平行坐标图各有什么用途？

2.6　使用图表应注意哪些问题？

二　练习题

2.1　为评价家电行业售后服务的质量，随机抽取由 100 个家庭构成的一个样本。服务质量的等级分别表示为：A. 很好；B. 较好；C. 一般；D. 较差；E. 很差。调查结果如下。

B	E	C	C	A	D	C	B	A	E
D	A	C	B	C	D	E	C	E	E
A	D	B	C	C	A	E	D	C	B
B	A	C	D	E	A	B	D	D	C
C	B	C	E	D	B	C	C	B	C
D	A	C	B	C	D	E	C	E	B
B	E	C	C	A	D	C	B	A	E
B	A	C	D	E	A	B	D	D	C
A	D	B	C	C	A	E	D	C	B
C	B	C	E	D	B	C	C	B	C

（1）制作频数分布表，观察服务质量等级的分布状况。

（2）绘制条形图，反映评价等级的分布。

（3）绘制饼图，反映评价等级的构成。

2.2　为分析灯泡的使用寿命（单位：小时），从一批灯泡中随机抽取 100 只进行测试，所得数据如下。

700	716	728	719	685	709	691	684	705	718
706	715	712	722	691	708	690	692	707	701
708	729	694	681	695	685	706	661	735	665
668	710	693	697	674	658	698	666	696	698
706	692	691	747	699	682	698	700	710	722
694	690	736	689	696	651	673	749	708	727
688	689	683	685	702	741	698	713	676	702
701	671	718	707	683	717	733	712	683	692
693	697	664	681	721	720	677	679	695	691
713	699	725	726	704	729	703	696	717	688

(1) 将数据分为 10 组生成频数分布表。

(2) 绘制直方图说明数据分布的特点。

(3) 绘制茎叶图，并与直方图进行比较。

2.3 按人均收入水平从低到高排列，将所有调查户平均分为五等份，处于最低 20%的收入家庭为低收入组，依此类推，依次为中间偏下收入组、中间收入组、中间偏上收入组、高收入组。下表是 2019—2023 年不同收入组家庭的居民人均可支配收入（单位：元）。

指标	2019 年	2020 年	2021 年	2022 年	2023 年
低收入组家庭	7 380	7 869	8 333	8 601	9 215
中间偏下收入组家庭	15 777	16 443	18 446	19 303	20 442
中间收入组家庭	25 035	26 249	29 053	30 598	32 195
中间偏上收入组家庭	39 230	41 172	44 949	47 397	50 220
高收入组家庭	76 401	80 294	85 836	90 116	95 055

绘制以下图形并进行分析：

(1) 绘制各年不同收入组居民人均可支配收入的简单条形图、簇状条形图、堆积条形图。

(2) 绘制各年居民人均可支配收入的饼图。

(3) 绘制不同收入组的平行坐标图，比较不同收入组人均可支配收入的差异。

2.4 下面是随机调查的 40 名学生及其父母的身高数据（单位：cm）。

子女身高	父亲身高	母亲身高	子女身高	父亲身高	母亲身高
171	166	158	155	165	157
174	171	158	161	182	165
177	179	168	166	166	156
178	174	160	170	178	160
180	173	162	158	173	160
181	170	160	160	170	165

续表

子女身高	父亲身高	母亲身高	子女身高	父亲身高	母亲身高
159	168	153	160	171	150
169	168	153	162	167	158
170	170	167	165	175	160
170	170	160	168	172	162
175	172	160	170	168	163
175	175	165	153	163	152
178	174	160	156	168	155
173	170	160	158	174	155
181	178	165	160	170	162
164	175	161	162	170	158
167	163	166	163	173	160
168	168	155	165	172	161
170	170	160	166	181	158
170	172	158	170	180	165

(1) 绘制子女身高的直方图，分析其分布特征。

(2) 绘制子女身高、父亲身高和母亲身高的箱线图，分析其分布特征。

(3) 绘制子女身高、父亲身高、母亲身高的矩阵散点图，说明它们之间的关系。

第3章 数据的描述性分析：概括性度量

问题与思考：如何分析空气质量？

空气质量由空气质量指数（air quality index，AQI）来描述，其数值越大，说明空气污染越严重。参与空气质量评价的主要污染物有细颗粒物（PM2.5）、可吸入颗粒物（PM10）、二氧化硫（SO_2）、一氧化碳（CO）、二氧化氮（NO_2）、臭氧（O_3）等6项。根据AQI可将空气质量分为6级——优（0～50）、良（51～100）、轻度污染（101～150）、中度污染（151～200）、重度污染（201～300）、严重污染（300以上），分别用绿色（green）、黄色（yellow）、橙色（orange）、红色（red）、紫色（purple）、褐红色（maroon）表示。下面是2024年3月1日—3月31日北京市的空气质量数据。

日期	AQI	质量等级	日期	AQI	质量等级
2024/3/1	37	优	2024/3/17	43	优
2024/3/2	75	良	2024/3/18	108	轻度污染
2024/3/3	56	良	2024/3/19	70	良
2024/3/4	56	良	2024/3/20	55	良
2024/3/5	77	良	2024/3/21	83	良
2024/3/6	46	优	2024/3/22	65	良
2024/3/7	50	优	2024/3/23	77	良
2024/3/8	40	优	2024/3/24	84	良
2024/3/9	61	良	2024/3/25	80	良
2024/3/10	113	轻度污染	2024/3/26	110	轻度污染
2024/3/11	70	良	2024/3/27	142	轻度污染
2024/3/12	49	优	2024/3/28	199	中度污染
2024/3/13	61	良	2024/3/29	98	良
2024/3/14	62	良	2024/3/30	50	优
2024/3/15	109	轻度污染	2024/3/31	83	良
2024/3/16	95	良			

如何分析这些数据呢？我们可以用直方图、茎叶图或箱线图等来描述AQI的分布状况，比如，分布是否对称等。除此之外，还可以做哪些分析？你认为可以用哪些统计量来描述空气质量？这些统计量的用途是什么？选择这些统计量的理由是什么？本章介绍的描述性分析方法就将解决这些问题。

利用图表可以对数据分布的形状和特征有一个大致的了解。但要进一步了解数据分布的一些数值特征，就需要用统计量进行描述。一般来说，一组样本数据分布的数值特征可以从三个方面进行描述：一是数据的水平（也称为集中趋势或位置度量），反映全部数据的数值大小；二是数据的差异，反映各数据间的离散程度；三是分布的形状，反映数据分布的偏态和峰态。本章主要介绍描述样本特征值的统计量①的计算方法、特点及其应用场合。

3.1 水平的描述

数据的水平是指其取值的大小。描述数据水平的统计量主要有平均数、分位数以及众数等。

3.1.1 平均数

平均数（mean）是一组数据相加后除以数据的个数得到的结果，也称均值。设一组样本数据为 x_1，x_2，…，x_n，样本量（样本数据的个数）为 n，样本平均数用 $\bar{x}$（读作 x-bar）表示，计算公式为②：

$$\bar{x}=\frac{x_1+x_2+\cdots+x_n}{n}=\frac{\sum_{i=1}^{n}x_i}{n} \tag{3.1}$$

式（3.1）也称为**简单平均数**（simple mean）。

为了说明平均数的计算方法，我们举一个简单的例子。实际应用时无论数据量的大小，都是由软件直接计算的。

例 3－1

在某年级中随机抽取 30 名学生，得到每名学生的统计学考试分数如表 3－1 所示。计算 30 名学生考试分数的平均数。

表 3－1　30 名学生的统计学考试分数

85	97	83	61	67	86
55	92	70	86	81	75
91	55	96	86	89	91
66	87	72	92	50	82
79	90	90	85	95	66

① 有关统计量的详细介绍见第 4 章。

② 如果有总体的全部数据 x_1，x_2，…，x_N，总体平均数用 μ 表示，计算公式为 $\mu=\frac{\sum_{i=1}^{N}x_i}{N}$。实际中，总体平均数往往是不知道的，都是根据样本平均数来推断的。

解 根据式（3.1）得：

$$\bar{x}=\frac{85+97+\cdots+95+66}{30}=80$$

3.1.2 分位数

一组数据从小到大排序后，可以找出排在某个位置上的数值，该数值可以代表数据水平的高低。这些位置上的数值就是相应的**分位数**（quantile）。常用的分位数有中位数、四分位数、百分位数等。

1. 中位数

中位数（median）是一组数据排序后处在中间位置上的数值，用 M_e 表示。中位数是用一个点将全部数据等分成两部分，每部分包含50%的数据，一部分数据比中位数大，另一部分比中位数小。中位数用中间位置上的值代表数据的水平，其特点是不受极端值的影响，在研究收入分配时很有用。

计算中位数时，要先将 n 个数据从小到大排序，然后确定中位数的位置，最后计算中位数的具体数值。

设一组数据 x_1，x_2，…，x_n 从小到大排序后为 $x_{(1)}$，$x_{(2)}$，…，$x_{(n)}$，则中位数就是 $(n+1)/2$ 位置上的值。计算公式为：

$$M_e=\begin{cases}x_{\left(\frac{n+1}{2}\right)}, & n\text{ 为奇数}\\ \frac{1}{2}\left\{x_{\left(\frac{n}{2}\right)}+x_{\left(\frac{n}{2}+1\right)}\right\}, & n\text{ 为偶数}\end{cases}\tag{3.2}$$

例 3-2

沿用例 3-1。计算 30 名学生考试分数的中位数。

解 先将考试分数排序，然后确定中位数的位置。中位数的位置是 $(30+1)\div2=15.5$，中位数是排序后的第 15 个数值（85）和第 16 个数值（85）的平均数，即 $M_e=85$。

2. 四分位数

四分位数（quartile）是一组数据排序后处在25%和75%位置上的数值。它用 3 个点将全部数据等分为 4 部分，其中每部分包含25%的数据。很显然，中间的四分位数就是中位数，因此通常所说的四分位数是指处在25%位置上和75%位置上的两个数值。

与中位数的计算方法类似，计算四分位数时，首先将数据排序，然后确定四分位数所在的位置，该位置上的数值就是四分位数。与中位数不同的是，四分位数位置的确定方法有多种，每种方法得到的结果可能会有一定差异，但差异不会很大（一般相差不会超过一个位次）。由于不同软件使用的计算方法可能不一样，因此对同一组数据用不同软件得到的四分位数结果可能也会有差异，但不会影响分析的结论。

设 25%位置上的四分位数为 $Q_{25\%}$，75%位置上的四分位数为 $Q_{75\%}$，SPSS 给出的分位数位置的计算公式为：

$$
\begin{aligned}
Q_{25\%}\text{位置} &= \frac{n+1}{4} \\
Q_{75\%}\text{位置} &= \frac{3(n+1)}{4}
\end{aligned}
\tag{3.3}
$$

如果是在整数位置上，四分位数就是该位置对应的数值；如果是在整数加 0.5 的位置上，则取该位置两侧数值的平均数；如果是在整数加 0.25 或 0.75 的位置上，则四分位数等于该位置前面的数值加上按比例分摊的位置两侧数值的差值。

例 3-3

沿用例 3-1。计算 30 名学生考试分数的四分位数。

解 先将 n 个数据从小到大排序，然后计算四分位数的位置和相应的数值。

$Q_{25\%}\text{位置}=\frac{n+1}{4}=\frac{30+1}{4}=7.75$，即 $Q_{25\%}$ 在第 7 个数值（67）和第 8 个数值（70）之间 0.75 的位置上，因此，$Q_{25\%}=67+0.75\times(70-67)=69.25$。

$Q_{75\%}\text{位置}=\frac{3(n+1)}{4}=\frac{3\times(30+1)}{4}=23.25$，即 $Q_{75\%}$ 在第 23 个数值（90）和第 24 个数值（91）之间 0.25 的位置上，因此，$Q_{75\%}=90+0.25\times(91-90)=90.25$。

$Q_{25\%}$ 和 $Q_{75\%}$ 之间大约包含了 50%的数据。就上面 30 个学生的考试分数而言，可以说大约有一半学生的考试分数在 69.25～90.25 分之间。

3. 百分位数

百分位数（percentile）是用 99 个点将数据分成 100 等份，处在各分位点上的数值就是百分位数。百分位数提供了各项数据在最小值和最大值之间分布的信息。

与四分位数类似，百分位数也有多种算法，每种算法的结果不尽相同，但差异不会很大。设 $P_{i\%}$ 为第 i 个百分位数，SPSS 给出的第 i 个百分位数位置的计算公式为：

$$
P_{i\%}\text{位置} = \frac{i}{100}\times(n+1) \tag{3.4}
$$

如果位置是整数，百分位数就是该位置对应的数值；如果位置不是整数，百分位数等于该位置前面的数值加上按比例分摊的位置两侧数值的差值。显然，中位数就是第 50 个百分位数 $P_{50\%}$，$Q_{25\%}$ 和 $Q_{75\%}$ 就是第 25 个百分位数 $P_{25\%}$ 和第 75 个百分位数 $P_{75\%}$。

例 3-4

沿用例 3-1。计算 30 名学生考试分数的第 10 个和第 90 个百分位数。

解 根据式（3.4）有：$P_{10\%}$位置$=\frac{10}{100}\times(30+1)=3.1$。该百分位数在第 3 个数值（55）和第 4 个数值（61）之间 0.1 的位置上，因此$P_{10\%}=55+0.1\times(61-55)=55.6$。

$P_{90\%}$位置$=\frac{90}{100}\times(30+1)=27.9$。该百分位数在第 27 个数值（92）和第 28 个数值（95）之间 0.9 的位置上，因此 $P_{90\%}=92+0.9\times(95-92)=94.7$。其他百分位数的计算方法类似。

下面的文本框给出了用 SPSS 计算各分位数的操作步骤。

计算分位数

第 1 步：选择【分析】→【描述统计-频率】。

第 2 步：在出现的对话框中，将要分析的变量（如分数）选入【变量】，然后点击【统计】。

第 3 步：在出现的对话框中，若只计算中位数和四分位数，选中【四分位数】即可；若要计算其他百分位数，在【百分位数】框内写入要计算的百分位数（如要计算第 10 个百分位数，则输入 10；要计算第 90 个百分位数，则输入 90；等等），并依次单击【增加】。其他统计量可根据需要选择。然后点击【继续】，点击【确定】。

（注：如果选中【分割点】，在框内输入要分割的分位点（默认按 10 进行等分），可以得到各分位数。）

根据例 3-1 的数据，按上述步骤计算的 10%分位数、25%分位数、50%分位数（中位数）、75%分位数和 90%分位数如表 3-2 所示。

表 3-2　30 名学生考试分数的分位数

统计		
分数		
个案数	有效	30
	缺失	0
中位数		85.00
百分位数	10	55.60
	25	69.25
	50	85.00
	75	90.25
	90	94.70

除平均数和分位数外，有时也会用众数作为数据水平的度量。**众数**（mode）是一组数据中频数最多的数值，用 M_o 表示。众数主要用于描述类别数据的频数，通常不用于数值数据。比如，赞成的人数为 100，反对的人数为 30，保持中立的人数为 70，众数就是“赞成”。对于数值数据，只有在数据量较大时众数才有意义。从数值数据分布的角度看，众数是一组数据分布的峰值点所对应的数值。如果数据的分布没有明显的峰值，众数也可能不存在；如果有两个或多个峰值，也可以有两个或多个众数。

3.1.3　水平代表值的选择

平均数、中位数和众数是描述数据水平的 3 个主要统计量，要理解它们并不困难，但要合理使用则需要了解它们的不同特点和应用场合。用哪个统计量来代表一组数据的水平呢？平均数易被多数人理解和接受，实际中用得也较多，但其缺点是易受极端值的影响，对于严重偏态分布的数据，平均数的代表性较差。中位数和众数提供的信息不像平均数那样多，但它们也有优点，比如不受极端值的影响，具有统计上的稳健性，当数据为偏态分布，特别是偏斜程度较大时，可以考虑选择中位数或众数，这时它们的代表性要比平均数好。

从分布角度看，平均数是全部数据的算术平均，中位数是处于一组数据中间位置上的值，而众数则始终是一组数据分布的峰值。因此，对于具有单峰分布的大多数数据而言，如果数据的分布是对称的，平均数（$\bar{x}$）、中位数（M_e）和众数（M_o）必定相等；如果数据是明显的左偏分布（分布在左侧有长尾），说明数据存在极小值，必然拉动平均数向极小值一方靠近，而众数和中位数由于是位置代表值，不受极端值的影响，此时有 $\bar{x}<M_e<M_o$；如果数据是明显的右偏分布（分布在右侧有长尾），说明数据存在极大值，必然拉动平均数向极大值一方靠近，则有 $M_o<M_e<\bar{x}$。一般来说，数据分布对称或接近对称时，建议使用平均数；数据分布明显偏斜时，可考虑使用中位数或众数。

3.2　差异的描述

怎样评价平均数、中位数和众数对一组数据的代表性呢？假定有甲、乙两个地区，甲地区的年人均收入为 18 000 元，乙地区的年人均收入为 15 000 元。你如何评价两个地区的收入状况？如果年平均收入的多少代表了该地区的生活水平，你能否认为甲地区所有人的平均生活水平就高于乙地区呢？要回答这些问题，首先需要搞清楚这里的年平均收入是否能代表大多数人的收入水平。如果甲地区有少数几个富翁，而大多数人的收入都很低，虽然平均收入很高，但多数人的生活水平仍然很低。相反，如果乙地区多数人的年平均收入都在 15 000 元左右，虽然年平均收入看上去不如甲地区，但多数人的生活水平却比甲地区高，原因是甲地区的年人均收入离散程度大于乙地区。这个例子表明，仅仅知道数据取值的大小是远远不够的，还必须考虑数据之间的差异有多大。数据之间的差异称为数据的离散程度。数据的离散程度越大，各描述统计量对该组数据的代表性就越差；离散程度越小，其代表性就越好。

描述样本数据离散程度的统计量主要有极差、四分位差、方差和标准差以及测度相对离散程度的变异系数等。

3.2.1　极差和四分位差

极差（range）是一组数据的最大值与最小值之差，也称全距，用 R 表示。比如，根据例 3－1 中的数据，计算 30 名学生考试分数的极差为 $R=97-50=47$。由于极差只利用了一组数据两端的信息，因此容易受极值的影响，不能全面反映差异状况。虽然极差在实际中很少单独使用，但它总是作为分析数据离散程度的一个参考值。

四分位差（quartile deviation）是一组数据 75％位置上的四分位数与 25％位置上的四分位数之差，也称为**内距**或**四分位距**（interquartile range），用 IQR 表示，其计算公式为：

$$\mathrm{IQR}=Q_{75\%}-Q_{25\%} \tag{3.5}$$

四分位差反映了中间 50％的数据的离散程度。其数值越小，说明中间的数据越集中；数值越大，说明中间的数据越分散。四分位差不受极值的影响。此外，由于中位数处于数据的中间位置，因此，四分位差的大小在一定程度上也说明了中位数对一组数据的代表程度。例如，根据例 3－1 计算的 30 名学生考试分数的四分位差为 $\mathrm{IQR}=90.25-69.25=21$。

3.2.2 方差和标准差

如果考虑每个数据 x_i 与其平均数 $\bar{x}$ 之间的差异，以此作为一组数据离散程度的度量，结果就要比极差和四分位差更为全面和准确。这就需要求出每个数据 x_i 与其平均数 $\bar{x}$ 离差的平均数。但由于 $x_i-\bar{x}$ 之和等于 0，因此需要进行一定的处理。一种方法是将离差取绝对值，求和后再平均，这一结果称为**平均离差**（mean deviation）或**平均绝对离差**（mean absolute deviation）；另一种方法是将离差平方后再求平均数，这一结果称为**方差**（variance）。方差开方后的结果称为**标准差**（standard deviation），它是一组数据与其平均数相比平均相差的数值。方差（或标准差）是实际中应用最广泛的测度数据离散程度的统计量。

设样本方差为 s^2，根据原始数据计算样本方差的公式为：

$$s^2=\frac{\sum_{i=1}^{n}(x_i-\bar{x})^2}{n-1} \tag{3.6}$$

样本标准差的计算公式为：

$$s=\sqrt{\frac{\sum_{i=1}^{n}(x_i-\bar{x})^2}{n-1}} \tag{3.7}$$

与方差不同的是，标准差具有量纲，它与原始数据的计量单位相同，其实际意义要比方差更清楚。因此，在对实际问题进行分析时多使用标准差。

例 3－5

沿用例 3－1。计算 30 名学生考试分数的方差和标准差。

解 根据式（3.6）得：

$$s^2=\frac{(85-80)^2+(97-80)^2+\cdots+(95-80)^2+(66-80)^2}{30-1}=174.621$$

标准差为：

$$s=\sqrt{174.621}=13.214$$

结果表明，30 名学生的考试分数与其平均数相比平均相差 13.214 分。

3.2.3　变异系数

标准差是反映数据离散程度的绝对值，其数值的大小受原始数据取值大小的影响，数据的观测值越大，标准差的值通常也就越大。此外，标准差与原始数据的计量单位相同，采用不同计量单位计量的数据，其标准差的值也就不同。因此，对于不同组别的数据，如果原始数据的观测值相差较大或计量单位不同，就不能用标准差直接比较其离散程度，这时就需要计算变异系数。

变异系数（coefficient of variation，CV）也称离散系数，它是一组数据的标准差与其相应的平均数之比。由于变异系数消除了数据取值大小和计量单位对标准差的影响，因而可以反映一组数据的相对离散程度。其计算公式为：

$$\mathrm{CV}=\frac{s}{\bar{x}} \tag{3.8}$$

变异系数主要用于比较不同样本数据的离散程度。变异系数越大，说明数据的相对离散程度越大；变异系数越小，说明数据的相对离散程度越小。①

例 3-6

为分析不同行业上市公司每股收益的差异，在互联网和机械制造板块各随机抽取 10 家上市公司，得到某年度的每股收益数据如表 3-3 所示。计算变异系数，比较两类上市公司每股收益的离散程度。

表 3-3　不同行业上市公司的每股收益　　单位：元

互联网公司	机械制造公司
0.46	0.98
0.68	0.62
1.28	0.40
1.40	0.04
1.25	0.60
1.57	0.35
1.05	0.95
1.38	0.42
1.38	0.03
0.91	0.85

① 当平均数接近零时，离散系数的值趋于无穷大，此时必须慎重解释。

解 如果互联网公司和机械制造公司的平均每股收益相等或差异很小，则可以直接比较标准差的大小，否则需要计算变异系数。

下面的文本框给出了 SPSS 计算变异系数的操作步骤。

用【CFVAR】函数计算个案的变异系数

计算变异系数前，需要将原始数据做转置处理，具体方法是：点击【数据】，选择【转置】即可。然后按下列步骤操作。

第 1 步：选择【转换】→【计算变量】。

第 2 步：在出现的对话框中，在【目标变量】框后写入要输出的变量名称，如“变异系数”。在【函数组】下点击【统计】，在【函数和特殊变量】下双击【Cfvar】函数。

第 3 步：在【数字表达式】CFVAR(numexpr,numexpr,……）中选入要计算的个案（本例为互联网公司和机械制造公司的每股收益），个案的变量之间用逗号“,”隔开。本例函数表达式的形式为：CFVAR(var001, var002, var003, var004, var005, var006, var007, var008, var009,var010)。点击【确定】。

（注：SPSS 的【统计量】函数组中还提供了其他一些常用统计量的函数，如平均数函数 MEAN、中位数 MEDIAN、方差函数 VARIANCE、标准差函数 SD，等等。其操作步骤与上述类似。）

互联网公司和机械制造公司每股收益的平均数、标准差和变异系数如表 3－4 所示。

表 3－4　互联网公司和机械制造公司每股收益的平均数、标准差和变异系数

	平均数	标准差	变异系数
1	1.1360	.3550	.3125
2	.5240	.3408	.6504

表 3－4 显示，虽然互联网公司每股收益的标准差大于机械制造公司，但变异系数小于机械制造公司，表明互联网公司每股收益的离散程度小于机械制造公司。

3.2.4　标准分数

有了平均数和标准差之后，可以计算一组数据中每个数值的标准分数（standard score），也称标准化值或 z 分数。它可以用于测度每个数值在该组数据中的相对位置，并可以用来判断一组数据中是否有离群点。比如，全班的平均考试分数为 80 分，标准差为 10 分，而你的考试分数是 90 分，与平均分数相差多大？显然，差距是 1 个标准差。这里的“1”就是你考试成绩的标准分数。标准分数指的是某个数据与平均数相比相差多少个标准差，它是某个数据与其平均数的离差除以标准差后的值。设标准分数为 z，计算公式为：

$$z_i = \frac{x_i - \bar{x}}{s} \tag{3.9}$$

式（3.9）也是统计上常用的标准化公式，在对多个具有不同量纲的变量进行处理时，常常需要对各变量的数据进行标准化处理，也就是把一组数据转化成平均数为 0、标准差为 1 的新数据。实际上，标准分数只是将原始数据进行了线性变换，并没有改变某个数值在该组数据中的位置，也没有改变该组数据分布的形状。

例 3 - 7

沿用例 3 - 1。计算 30 名学生考试分数的标准分数。

解 下面的文本框给出了 SPSS 计算标准分数的操作步骤。

用 SPSS 计算标准分数

第 1 步：选择【分析】→【描述统计】→【描述】。

第 2 步：在出现的对话框中，将需要标准化的变量选入【变量】，然后选中【将标准化值另存为变量】。点击【确定】(SPSS 会将标准分数变量以“Z”开头存放在“数据视图”工作表中)。

30 名学生考试分数的标准分数如表 3 - 5 所示。

表 3 - 5　30 名学生考试分数的标准分数

0.378 4	1.286 5	0.227 0	−1.437 8	−0.983 8	0.454 0
−1.891 9	0.908 1	−0.756 7	0.454 0	0.075 7	−0.378 4
0.832 4	−1.891 9	1.210 8	0.454 0	0.681 1	0.832 4
−1.059 4	0.529 7	−0.605 4	0.908 1	−2.270 2	0.151 3
−0.075 7	0.756 7	0.756 7	0.378 4	1.135 1	−1.059 4

第一个学生的标准分数为 0.378 4，表示这个学生的考试分数与平均分数（80 分）相比高出 0.378 4 个标准差；第二个学生的标准分数为−1.891 9，表示考试分数与平均分数相比低 1.891 9 个标准差，其余数据的含义类似。

根据标准分数可以判断一组数据中是否存在离群点。经验表明：当一组数据对称分布或接近对称分布时，约有 68%的数据在平均数加减 1 个标准差的范围内，约有 95%的数据在平均数加减 2 个标准差的范围内，约有 99%的数据在平均数加减 3 个标准差的范围内。可以想象，一组数据中低于或高于平均数 3 倍标准差的数值是很少的，因此，通常将 3 个标准差之外的数据确定为离群点。

经验法则适用于对称分布的数据。如果一组数据不对称分布，则需要使用切比雪夫不等式（Chebyshev's inequality）来判别。对任意分布形状的数据，根据切比雪夫不等式，至少有 $1-1/k^2$ 的数据落在 k 个标准差之内。其中 k 是大于 1 的任意值，但不一定是整数。对于 $k=2$，3，4，该不等式的含义是：至少有 75%的数据落在平均数加减 2 个标准差的范围内，至少有 89%的数据落在平均数加减 3 个标准差的范围内，至少有 94%的数据落在平均数加减 4 个标准差的范围内。

3.3 分布形状的描述

通过直方图和茎叶图等就可以看出数据的分布是否对称。对于不对称的分布，要想知道不对称的程度，则需要计算相应的描述统计量。偏度系数和峰度系数就是对分布对称程度和峰值高低的一种度量。

3.3.1 偏度系数

偏度（skewness）是指数据分布的不对称性，这一概念由统计学家 K. Pearson 于 1895 年首次提出。测度数据分布不对称性的统计量称为**偏度系数**（coefficient of skewness），记为 SK。

设 $m_r=\frac{1}{n}\sum_{i=1}^{n}(x_i-\bar{x})^r$ 为样本的 r 阶中心矩，偏度系数有以下 3 种算法。

算法 1：计算公式为：

$$SK_1=\frac{m_3}{m_2^{3/2}}=\frac{\frac{1}{n}\sum_{i=1}^{n}(x_i-\bar{x})^3}{\left[\frac{1}{n}\sum_{i=1}^{n}(x_i-\bar{x})^2\right]^{\frac{3}{2}}} \tag{3.10}$$

式中，m_3 为样本的三阶中心矩，m_2 为样本的二阶中心矩。该算法是传统教材中的定义。

算法 2：计算公式为：

$$SK_2=SK_1\times\frac{\sqrt{n(n-1)}}{n-2}=\frac{m_3}{m_2^{3/2}}\times\frac{\sqrt{n(n-1)}}{n-2} \tag{3.11}$$

该算法是 SPSS 软件中的默认算法，也是 Python、SAS、Excel 等软件中的默认算法。

算法 3：计算公式为：

$$SK_3=\frac{m_3}{s^3}=SK_1\left(\frac{n-1}{n}\right)^{3/2}=\frac{m_3}{m_2^{3/2}}\left(\frac{n-1}{n}\right)^{3/2} \tag{3.12}$$

式中，s 是样本标准差。该算法是 R 软件 e1071 包和 Minitab 软件中的默认算法。

当数据对称分布时，偏度系数等于 0。偏度系数越接近 0，偏斜程度就越低，也就越接近对称分布。如果偏度系数明显不等于 0，表示分布是不对称的。若偏度系数大于 1 或小于 −1，视为严重偏斜分布；若偏度系数在 0.5～1 或 −1～−0.5 之间，视为中等偏斜分布；若偏度系数小于 0.5 或大于 −0.5，视为轻微偏斜分布。其中，负值表示左偏分布（在分布的左侧有长尾），正值则表示右偏分布（在分布的右侧有长尾）。例如，根据例 3-1 计算的偏度系数为−0.831，表示考试分数的分布为中等左偏分布。

3.3.2 峰度系数

峰度（kurtosis）是指数据分布峰值的高低，这一概念由统计学家 K. Pearson 于 1905 年首次提出。测度一组数据分布峰值高低的统计量是**峰度系数**（coefficient of kurtosis），记作 K。

设 $m_r=\frac{1}{n}\sum_{i=1}^{n}(x_i-\bar{x})^r$ 为样本的 r 阶中心矩，峰度系数有以下 3 种算法。

算法 1：计算公式为：

$$K_1=\frac{m_4}{(m_2)^2}-3 \tag{3.13}$$

该算法是传统教材中的定义。

算法 2：计算公式为：

$$K_2=[(n+1)K_1+6]\times\frac{n-1}{(n-2)(n-3)} \tag{3.14}$$

该算法是 SPSS 中的默认算法，也是 Python、SAS、Excel 等软件中的默认算法。

算法 3：计算公式为：

$$K_3=\frac{m_4}{s^4}-3=(K_1+3)\left(1-\frac{1}{n}\right)^2-3 \tag{3.15}$$

式中，s 是样本标准差。该算法是 R 软件 e1071 包和 Minitab 软件中的默认算法。

峰度通常是与标准正态分布相比较而言的。由于标准正态分布的峰度系数为 0，当 $K>0$ 时，为尖峰分布，数据分布的峰值比标准正态分布高，数据相对集中；当 $K<0$ 时，为扁平分布，数据分布的峰值比标准正态分布低，数据相对分散。例如，根据例 3－1 计算的峰度系数为－0.351，表示考试分数分布的峰值比标准正态分布的峰值要略低一些。

3.4 数据的综合描述

在实际分析中，通常需要对所分析的变量一次计算出多个描述统计量，进而做出全面的描述。虽然可以使用 SPSS 的函数计算所需的某个统计量，但显然比较麻烦。实际上，SPSS 的【分析】功能可以很容易地计算各种统计量。

下面的文本框给出了 SPSS 计算描述统计量的操作步骤。

计算描述统计量

第 1 步：选择【分析】→【描述统计-频率】。

第 2 步：将用于描述的变量选入【变量】；点击【统计】，选择所需要的描述统计量。点击【继续】回到主对话框。点击【确定】。

（注：使用【分析】→【描述统计-描述】或【分析】→【描述统计-探索】也可以得到所需的描述统计量。几种方式输出的统计量略有差异。）

下面通过几个例子说明对数据进行综合描述的基本思路。

例 3－8

沿用例 3－6。计算互联网公司和机械制造公司每股收益的描述统计量，并进行综合分析。

解 由 SPSS 的【描述统计-频率】得到的结果如表 3－6 所示。

表 3－6 互联网公司和机械制造公司每股收益的描述统计量

统计			
		互联网公司	机械制造公司
个案数	有效	10	10
	缺失	0	0
平均值		1.1360	.5240
中位数		1.2650	.5100
众数		1.38	.03[a]
标准 偏差		.35500	.34082
偏度		-.876	-.120
偏度标准误差		.687	.687
峰度		-.179	-1.051
峰度标准误差		1.334	1.334
范围		1.11	.95
最大值		1.57	.98
总和		11.36	5.24
百分位数	25	.8525	.2725
	50	1.2650	.5100
	75	1.3850	.8750

a. 存在多个众数。显示了最小的值。

表 3－6 给出了本章介绍的一些主要描述统计量。互联网公司的平均每股收益高于机械制造公司，虽然从标准差来看，互联网公司大于机械制造公司，但从变异系数（互联网公司为 0.312 5，机械制造公司为 0.650 4）来看，互联网公司每股收益的离散程度却小于机械制造公司。从数据分布的形状来看，两类上市公司的偏度系数均为负值，呈现左偏分布，而且互联网公司每股收益的偏斜程度大于机械制造公司。从分布的峰值来看，两类上市公司每股收益的峰值均低于标准正态分布，即呈现扁平状态。

例 3－9

在某大学随机抽取 60 名大学生，调查得到他们的性别、家庭所在地和月生活费支出

（单位：元）的数据如表3-7所示。对调查数据进行综合分析。

表3-7　60名大学生的调查数据

性别	家庭所在地	月生活费支出	性别	家庭所在地	月生活费支出
女	中小城市	1 500	女	乡镇地区	1 850
男	大型城市	2 000	女	乡镇地区	2 000
男	大型城市	1 800	女	中小城市	1 700
女	中小城市	1 600	女	大型城市	1 800
女	中小城市	2 000	男	中小城市	1 860
女	大型城市	2 100	男	乡镇地区	1 950
男	大型城市	1 100	女	中小城市	1 900
男	大型城市	1 780	男	中小城市	2 000
女	中小城市	1 550	女	乡镇地区	1 870
女	乡镇地区	1 300	女	中小城市	1 900
男	大型城市	2 000	女	大型城市	2 400
男	大型城市	1 700	女	大型城市	2 000
女	中小城市	1 400	女	中小城市	2 360
女	大型城市	1 500	女	中小城市	2 050
男	大型城市	1 400	女	大型城市	2 200
男	大型城市	1 480	男	大型城市	2 000
女	中小城市	2 350	女	中小城市	1 750
女	中小城市	1 450	女	中小城市	2 250
男	大型城市	1 500	女	大型城市	2 800
男	大型城市	1 760	女	大型城市	1 900
男	中小城市	1 300	男	大型城市	2 000
男	中小城市	1 600	男	乡镇地区	1 900
女	中小城市	1 680	女	中小城市	2 200
男	中小城市	1 850	女	乡镇地区	1 800
男	乡镇地区	1 500	女	乡镇地区	1 900
女	中小城市	1 600	男	乡镇地区	1 500
男	大型城市	1 300	男	大型城市	2 000
女	大型城市	1 800	男	大型城市	1 900
女	大型城市	1 550	女	大型城市	2 300
男	中小城市	1 350	女	中小城市	1 900

解　首先，我们画出60名大学生月生活费支出的直方图，观察月生活费支出的分布状况，如图3-1所示。

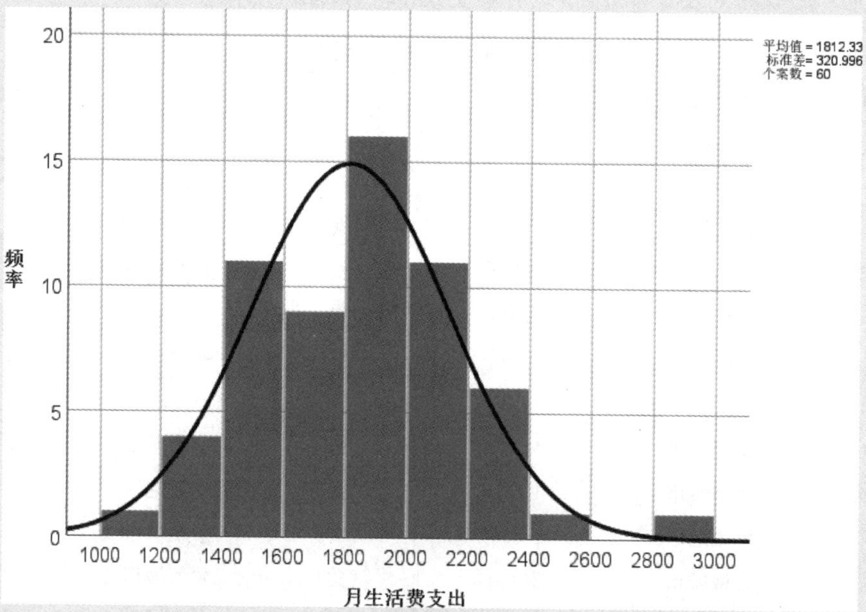

图 3－1　60 名大学生月生活费支出的直方图

图 3－1 显示，大学生月生活费支出的分布基本上是对称的，即以均值为中心，两侧依次减少，这基本上符合大学生月生活费支出的特点。

其次，我们可以分别按性别和家庭所在地分类，描述不同性别和不同家庭所在地的大学生月生活费支出的特征，看看性别和家庭所在地对生活费支出是否有影响。

下面的文本框给出了 SPSS 进行分类描述的操作步骤。

用【均值】过程进行分类描述

第 1 步：选择【分析】→【比较平均值-平均值】。

第 2 步：在出现的对话框中，将月生活费支出变量选入【因变量列表】；将性别和家庭所在地选入【自变量列表】。点击【选项】，将所需的描述统计量从【统计】列表中选入【单元格统计】。点击【继续】回到主对话框。点击【确定】。

表 3－8 和表 3－9 分别是按性别和家庭所在地分类汇总得到的一些描述统计量。

表 3－8　60 名大学生按性别汇总的描述统计量

月生活费支出 * 性别							
月生活费支出							
性别	平均值	个案数	标准 偏差	最小值	最大值	范围	偏度
男	1701.20	25	275.489	1100	2000	900	-.549
女	1891.71	35	331.152	1300	2800	1500	.503
总计	1812.33	60	320.996	1100	2800	1700	.316

表 3-9　60 名大学生按家庭所在地汇总的描述统计量

月生活费支出 * 家庭所在地							
月生活费支出							
家庭所在地	平均值	个案数	标准 偏差	最小值	最大值	范围	偏度
大型城市	1848.85	26	364.135	1100	2800	1700	.321
乡镇地区	1757.00	10	236.034	1300	2000	700	-1.053
中小城市	1795.83	24	308.657	1300	2360	1060	.269
总计	1812.33	60	320.996	1100	2800	1700	.316

从表 3-8 可以看出男女学生月生活费支出之间的差异。女生月生活费支出的均值高于男生，同时，女生月生活费支出的标准差和全距也都大于男生，相应的变异系数$CV_{女}=0.175>CV_{男}=0.162$，说明女生月生活费支出的离散程度大于男生。从分布形态看，女生月生活费支出的偏度系数是 0.503，为右偏分布，而男生的偏度系数是−0.549，则为左偏分布。

表 3-9 显示，不同家庭所在地的学生月生活费支出也有差异。大型城市的学生月生活费支出的均值高于中小城市和乡镇地区。从标准差看，乡镇地区的标准差最小。从变异系数看，$CV_{大型城市}=0.197>CV_{中小城市}=0.172>CV_{乡镇地区}=0.134$，乡镇地区的学生月生活费支出的离散程度最小，而大型城市则最大。从分布形态看，乡镇地区学生月生活费支出的偏度系数为−1.053，为严重的左偏分布，而大型城市和中小城市学生的月生活费支出则为轻微的右偏分布。

使用【分析】→【描述统计-探索】也可以得到分类汇总的描述统计量和图形，操作步骤如下面的文本框所示。

用【探索】分析进行分类描述

第 1 步：选择【分析】→【描述统计-探索】。

第 2 步：在出现的对话框中，将月生活费支出变量选入【因变量列表】；将性别和家庭所在地选入【因子列表】。点击【绘制】选择所需的图形。点击【确定】。

按上述步骤可以得到按性别和家庭所在地分类汇总的各描述统计量、分类茎叶图、直方图和箱线图等。为节省篇幅，这里仅列出按性别和家庭所在地分类的箱线图，如图 3-2 所示。

图 3-2（a）显示，女生的月生活费支出高于男生，且比较分散。图 3-2（b）显示，不同家庭所在地的学生月生活费支出的差异不大，但来自大型城市的学生的支出差异程度较大，而来自乡镇地区的学生的支出差异最小。

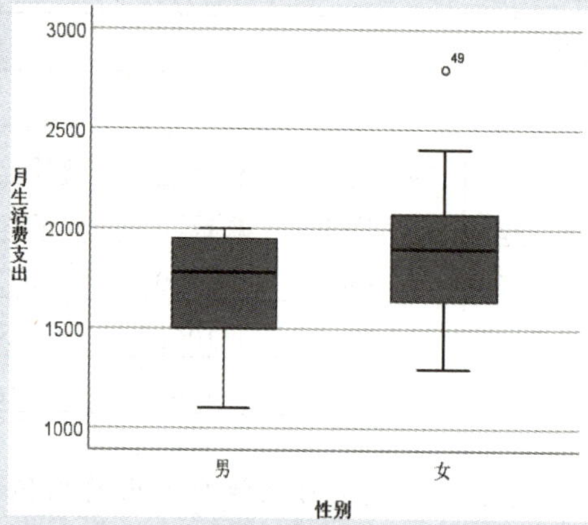

（a）按性别分类

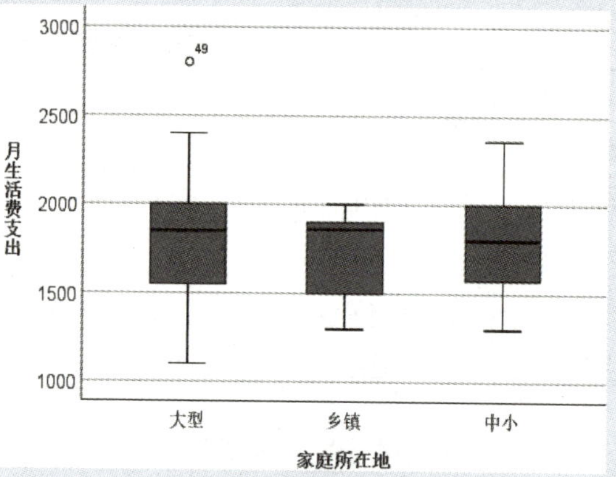

（b）按家庭所在地分类

图 3－2　按性别和家庭所在地分类的月生活费支出的箱线图

思维导图

数据分布特征与描述统计量

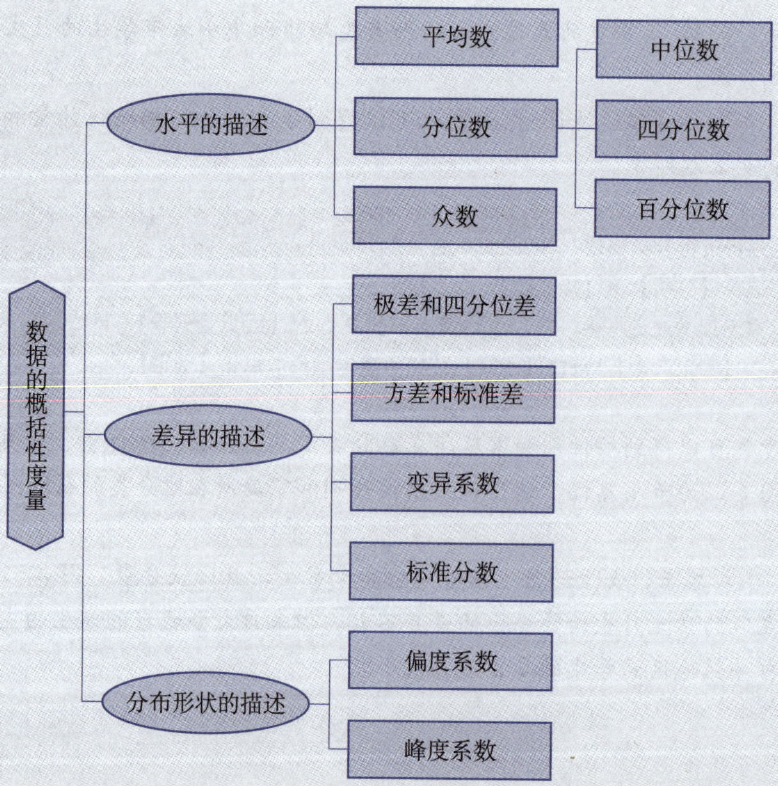

主要术语

- **平均数**（mean）：又称均值，它是一组数据相加后除以数据的个数得到的结果。
- **中位数**（median）：一组数据排序后处在中间位置上的数值，用 M_e 表示。
- **四分位数**（quartile）：一组数据排序后处在 25%和 75%位置上的数值。
- **众数**（mode）：一组数据中出现频数最多的数值，用 M_o 表示。
- **极差**（range）：也称全距，一组数据的最大值与最小值之差。
- **四分位差**（quartile deviation）：75%位置上的四分位数与 25%位置上的四分位数之差。
- **方差**（variance）：各数据与其平均数离差平方的平均数。
- **标准差**（standard deviation）：方差的平方根。
- **变异系数**（coefficient of variation）：一组数据的标准差与其平均数之比。
- **标准分数**（standard score）：也称标准化值或 z 分数，某个数据与其平均数的离差除以标准差后的值。

思考与练习

一　思考题

3.1　一组数据分布的数值特征可以从哪几个方面进行描述？

3.2　说明平均数、中位数和众数的特点及应用场合。

3.3　为什么要计算变异系数？

3.4　标准分数有哪些用途？

二　练习题

3.1　随机抽取 25 名网络用户，得到他们的年龄数据如下（单位：岁）。

19	15	29	25	24
23	21	38	22	18
30	20	19	19	16
23	27	22	34	24
41	20	31	17	23

计算网络用户年龄的描述统计量，并对网络用户年龄的分布特征进行综合分析。

3.2　某银行为缩短顾客到银行办理业务等待的时间，准备采用两种排队方式进行实验。一种是所有顾客都进入一个等待队列；另一种是顾客在 3 个业务窗口处列队 3 排等待。为比较哪种排队方式使顾客等待的时间更短，两种排队方式各随机抽取 9 名顾客，得到第一种排队方式的平均等待时间为 7.2 分钟，标准差为 1.97 分钟，第二种排队方式的等待时间（单位：分钟）如下。

5.5	6.6	6.7	6.8	7.1	7.3	7.4	7.8	7.8

（1）计算第二种排队方式等待时间的平均数和标准差。

（2）比较两种排队方式等待时间的离散程度。

（3）如果让你选择一种排队方式，你会选择哪一种？试说明理由。

3.3 一家公司在招收职员时，首先要通过两项能力测试。在 A 项测试中，其平均分数是 100 分，标准差是 15 分；在 B 项测试中，其平均分数是 400 分，标准差是 50 分。一位应试者在 A 项测试中得了 115 分，在 B 项测试中得了 425 分。与平均分数相比，该应试者的哪项测试更为理想？

3.4 一种产品需要人工组装，现有 3 种可供选择的组装方法。为检验哪种方法更好，随机抽取 15 名工人，让他们分别用 3 种方法组装。下面是 15 名工人分别用 3 种方法在相同的时间内组装的产品数量（单位：个）。

方法 A	方法 B	方法 C
164	129	125
167	130	126
168	129	126
165	130	127
170	131	126
165	130	128
164	129	127
168	127	126
164	128	127
162	128	127
163	127	125
166	128	126
167	128	116
166	125	126
165	132	125

（1）你准备用哪些统计量来评价组装方法的优劣？

（2）如果让你选择一种方法，你会做出怎样的选择？试说明理由。

第 4 章 随机变量的概率分布

问题与思考：彩票中奖的概率有多大?

一名打工者为了碰运气，半个小时花去了 1 000 元钱，购买了 500 张即开型福利彩票，结果也没开出大奖。和他同来的小马说，他俩是来北京打工的，一个月只挣 1 000 多元，本想买几张彩票碰碰运气，可工友却较上了劲，非想中个大奖。

曾有一位女士玩彩，让人心惊肉跳。她全部随机选号，一下子花了 2 万多元，开奖后那一期特奖和一等奖都没有中出。

对于多数人来说，彩票只是一种数字游戏，是社会筹集闲散资金的一种方式，而不是一种投资，更不是赌博。虽然只有 7 位数，但排列组合却多达几百万种，所以一次买彩票 20 注与 200 注的中奖概率并没有太大差别。有人做过统计，最赚钱的彩票，中彩的概率最高是 1/5 000 000，有的甚至达到 1/10 000 000。博彩者千万不能贪心，不要幻想一次交易就成为一个富翁，要认真谨慎地对待每一次投注，切不可陷入“贪心不足蛇吞象”的误区。量力而行，限额投注，用极少的资金投注，用平常心等待大奖的光临，才是真正的幸运。赢彩的人总是少数，法国就有这样的谚语：“中彩的机会比空难还少。”学一点儿概率知识，你就不会跟彩票较劲了。

当你购买彩票时，希望自己中大奖，但能否中奖是不确定的。当你投资股票时，预期得到较高的收益，但你不可能确切地知道收益。在现实生活中，有很多这类事情，能否成功具有不确定性。比如，一笔新投资盈利的可能性有多大，一项工程按期完成的可能性有多大，等等，这种不确定性可以用概率来度量。考虑到后面几章学习推断统计的需要，本章主要介绍几种常用的概率分布模型以及样本统计量的概率分布。

4.1 什么是概率

明天降雨的可能性有多大？你购买一只股票明天上涨的可能性有多大？这种对事件发生可能性大小的度量就是**概率**（probability）。比如天气预报说：明天降雨的概率是 80%，这里的 80%就是对降雨这一事件发生的可能性大小的一种数值度量。

概率是介于 0 和 1 之间的一个值。获得一个事件发生的概率有几种途径。如果事件是等可能发生的，则可以通过重复实验来获得。当实验的次数很多时，事件 A 发生的概率 $P(A)$ 可以由所观察到的事件 A 发生的频率 p 来逼近。假定在相同条件下，重复进行 n 次实验，事件 A 发生了 m 次，则事件 A 发生的概率可表示为：

$$P(A)=\frac{\text{事件}A\text{发生的次数}}{\text{重复实验次数}}=\frac{m}{n}=p \tag{4.1}$$

比值 m/n 越大表示事件 A 发生得越频繁，也就意味着在一次实验中事件 A 发生的可能性（即概率）越大。事实上，随着实验次数 n 的增大，比值 m/n 将围绕某一频率 p 上下波动，并且其波动的幅度将随着实验次数 n 的增大而减小，进而趋于稳定，这个稳定的频率 p 就是事件 A 发生的概率。比如，抛一枚硬币，观察其出现的是正面还是反面，如果定义事件 A=出现正面，则这一事件发生的概率 $P(A)=1/2$ 。这里的 $P(A)=1/2$ 并不意味着抛多次硬币恰好有一半正面朝上，而是指在连续多次的抛掷中，可以认为出现正面的次数接近一半。比值 1/2 是对抛一次硬币观察到正面朝上的可能性的度量。注意：抛掷完成后，其结果就是一个数据，要么一定是正面，要么一定是反面，就不是概率问题了。

尽管可以将事件的概率设想成大量重复实验中该事件出现次数的比例，但有些实验是不能重复的。比如，投资 50 万元开设一家餐馆，那么这家餐馆将生存 5 年的概率就是一个未知的值，而且不可能重复实验把这个概率估计出来，这个事件发生的概率是一个常数，但并不知道。不过，可以用已经生存了 5 年的类似餐馆所占的比例作为所求概率的一个近似值。在现实生活中，有很多事情都是依据它发生的可能性大小做出决策的。比如，根据自己的判断，明天这只股票上涨的可能性为 80%，这就是一个主观概率。主观概率往往是基于个人所掌握的信息、所具有的某种知识等得出的。

4.2 概率分布

现实生活中，有时需要研究一项实验结果的某些取值。比如，抽查 100 个产品，观察

其中的次品数 X；国庆长假一个旅游景点的游客人数 X；等等。这里，X 取哪些值以及 X 取这些值的概率又是多少，事先都是不知道的。但是，如果知道了一个随机变量的概率分布模型，就能很容易地确定一系列事件发生的概率。

4.2.1　随机变量及其概括性度量

1. 什么是随机变量?

在很多领域，研究工作主要依赖于某个样本数据，而这些样本数据通常是由某个变量的一个或多个观测值组成的。比如，调查 500 名消费者，考察他们对饮料的偏好，并记录下喜欢某一特定品牌饮料的人数 X；调查一座写字楼，记录下每平米的出租价格 X；等等。这样的一些观察也就是统计上所说的实验。由于记录某次实验结果时事先并不知道 X 取哪个值，因此称 X 为**随机变量**（random variable）。

随机变量是用数值来描述特定实验一切可能出现的结果，它的取值事先不能确定，具有随机性。例如抛一枚硬币，其结果就是一个随机变量 X，因为在抛之前并不知道出现的是正面还是反面，若用数值 1 表示正面朝上，0 表示反面朝上，则 X 可能取 0，也可能取 1。

有些随机变量只能取有限个值，称为**离散型随机变量**（discrete random variable）。有些则可以取一个或多个区间中的任何值，称为**连续型随机变量**（continuous random variable）。将随机变量的取值设想为数轴上的点，每次实验结果对应一个点。如果一个随机变量仅限于取数轴上有限个孤立的点，它就是离散型的；如果一个随机变量是在数轴上的一个或多个区间内取任意值，它就是连续型的。比如，在由 500 名消费者组成的样本中，喜欢某一特定品牌饮料的人数 X 只能取 0，1，2，…，500 这些数值之一；检查 100 件产品，合格品数 X 的取值可能为 0，1，2，…，100；一家餐馆营业一天，顾客人数 X 的取值可能为 0，1，2，…。这些 X 只能取有限的数值，所以称 X 为离散型随机变量。相反，每平米写字楼的出租价格 X 在理论上可以取大于 0 的无穷多个数值中的任何一个；检测某产品的使用寿命，产品使用的时长 X 的取值可以为 $X \geqslant 0$；某电话用户每次通话时长 X 的取值可以为 $X>0$。这些都是连续型随机变量。

当总体内个体数目很多时，一般近似认为简单随机抽样是有放回抽样；单独一次抽样的分布服从相同的分布；抽取的每个样品值可能是连续型随机变量，而且简单随机抽样样品值相互独立。总体通常被认为是随机变量。

若 $f(x)$ 是取非负值的函数，对于每一对常数 $a<b$ 满足 $P(a \leqslant X \leqslant b)=\int_a^b f(x)\mathrm{d}x$，则称 $f(x)$ 是连续型随机变量 X 的概率密度函数，易见 $P(a \leqslant X \leqslant b)$ 是概率密度函数曲线下方的面积。

2. 随机变量的概括性度量

与第 3 章介绍的均值和方差类似，对于随机变量也可以用类似的量来描述其取值水平和离散程度。描述随机变量水平的统计量称为**期望值**（expected value），而描述其离散程度的统计量称为方差。它们是对随机变量的概括性度量。

离散型随机变量 X 的期望值是 X 所有可能的取值 $x_i(i=1, 2, \cdots)$ 与其相应的概率 $p_i(i=1, 2, \cdots)$ 的乘积之和，用 μ 或 $E(X)$ 表示，即

$$\mu = E(X) = \sum_i x_i p_i \tag{4.2}$$

离散型随机变量 X 的方差等于 $(x_i-\mu)^2$ 与其相应的概率 p_i 的乘积之和，用 σ^2 或 $D(X)$ 表示，即

$$\sigma^2 = D(X) = \sum_i (x_i-\mu)^2 p_i \tag{4.3}$$

随机变量 X 的标准差等于其方差的平方根，用 σ 或 $\sqrt{D(X)}$ 表示。

例 4-1

一家手机制造商声称，它所生产的 100 部手机中的次品数 X 及相应的概率如表 4-1 所示。求该手机次品数的期望值和标准差。

表 4-1 每 100 部手机中的次品数及概率分布

次品数（$X=x_i$）	0	1	2	3
概率（p_i）	0.75	0.12	0.08	0.05

解 根据表 4-1 中的数据得：

$$\mu = E(X) = \sum_i x_i p_i = 0\times 0.75+1\times 0.12+2\times 0.08+3\times 0.05 = 0.43$$

$$\begin{aligned}\sigma^2 = D(X) &= \sum_i (x_i-\mu)^2 p_i \\ &= (0-0.43)^2\times 0.75+(1-0.43)^2\times 0.12+(2-0.43)^2\times 0.08+(3-0.43)^2\times 0.05 \\ &= 0.705\ 1\end{aligned}$$

相应地，标准差 $\sigma=0.839\ 7$。

对于概率密度函数为 $f(x)$ 的连续型随机变量，期望值为：

$$\mu = E(X) = \int_{-\infty}^{+\infty} x f(x)\mathrm{d}x \tag{4.4}$$

方差为：

$$\sigma^2 = D(X) = \int_{-\infty}^{+\infty} (x-\mu)^2 f(x)\mathrm{d}x \tag{4.5}$$

4.2.2 常用概率分布

随机变量取哪些值？取这些值的概率有多大？这就是随机变量的**概率分布**（probability distribution）。常用的离散型概率分布有**二项分布**（binomial distribution）、**泊松分布**（Poisson distribution）和**超几何分布**（hypergeometric distribution）等；连续型概率分布有**正态分布**（normal distribution）、**均匀分布**（uniform distribution）和**指数分布**（exponential distribution）等。本章主要介绍后面会用到的二项分布和正态分布。

1. 二项分布

离散型随机变量 X 只取有限个可能的值 x_1，x_2，…，而且是以确定的概率取这些值，即 $P(X=x_i)=p_i\,(i=1, 2, \cdots)$。因此，可以列出 X 的所有可能取值 x_1，x_2，…，以及取每个值的概率 p_1，p_2，…，这就是离散型随机变量的概率分布。离散型概率分布具有以下性质：(1) $p_i \geqslant 0$；(2) $\sum_i p_i = 1\,(i=1, 2, \cdots)$。假定知道一个离散型随机变量的概率分布，并能用一定的公式表达出来，就能根据这一分布计算出离散型随机变量任意一个取值的概率。

二项分布是建立在伯努利实验基础上的。n 重伯努利实验满足下列条件：

(1) 一次实验只有两个可能的结果，即“成功”和“失败”。这里的“成功”是指感兴趣的某种特征。比如，产品分为“合格品”与“不合格品”，如果对“合格品”感兴趣，则“成功”就表示“合格品”。

(2) 一次实验“成功”的概率为 p，“失败”的概率为 $q=1-p$，而且概率 p 对每次实验都是相同的。

(3) 实验是相互独立的，且可以重复进行 n 次。

在 n 次实验中，“成功”的次数对应一个离散型随机变量 X。这样，在 n 次伯努利实验中，出现“成功”的次数的概率分布就是**二项分布**，记为 $X \sim B(n, p)$。n 次实验中成功次数为 x 的概率可表示为：

$$P(X=x)=C_n^x p^x q^{n-x}, x=0, 1, 2, \cdots, n \tag{4.6}$$

二项分布的期望值和方差分别为：

$$\mu=E(X)=np, \sigma^2=D(X)=npq \tag{4.7}$$

例 4-2

已知一批产品的次品率为 6%，从中有放回地抽取 5 个。求 5 个产品中：(1) 没有次品的概率；(2) 恰好有 1 个次品的概率；(3) 有 3 个及 3 个以下次品的概率。

解 抽取一个产品相当于一次实验，因此 $n=5$。由于是有放回地抽取，所以每次实验是独立的，每次抽取的次品率都是 6%。设 X 为抽取的次品数，显然 $X \sim B(n, p)$。

下面的文本框给出了 SPSS 函数计算二项分布概率的操作步骤。

用【PDF. BINOM】函数计算二项分布 $P(X=x)$ 的概率

第 1 步：选择【转换】→【计算变量】。

第 2 步：在出现的对话框中，在【目标变量】框后写入要输出的变量名称，如“概率”。在【函数组】下点击【PDF 与非中心 PDF】，在【函数和特殊变量】下双击【PDF. BINOM】函数。

第 3 步：在【数字表达式】PDF. BINOM(quant,n,prob) 中输入相应的参数（quant 为实验成功的次数；n 为实验总次数；prob 为每次实验成功的概率）。点击【确定】。

（注：若要计算二项分布 $P(X\leqslant x)$ 的累积概率，则选择【CDF 与非中心 CDF】中的【CDF. BINOM(quant，n，prob)】函数，参数的含义同上。）

由 SPSS 函数【PDF. BINOM(quant，n，prob)】得：PDF. BINOM(0，5，0. 06)＝0. 733 904，PDF. BINOM(1,5,0. 06)＝0. 234 225。

由 SPSS 函数【CDF. BINOM(quant，n，prob)】得：CDF. BINOM(3，5，0. 06)＝0. 999 938。

2. 正态分布

正态分布最初是由 C. F. 高斯（Carl Friedrich Gauss，1777—1855）作为描述误差相对频数分布的模型提出来的。令人惊讶的是，这条曲线竟然为许多不同领域的数据的相对频数提供了一个恰当的模型，因而得到了十分广泛的应用。在现实生活中，有许多现象都可以用正态分布来描述，甚至当一个连续总体的分布未知时，我们总尝试假设该总体服从正态分布来进行分析。其他一些分布（如二项分布）可以利用正态分布来近似计算，而且由正态分布也可以导出其他一些重要的统计分布，如 t 分布、χ^2 分布、F 分布等。

如果随机变量 X 的概率密度函数为：

$$f(x)=\frac{1}{\sqrt{2\pi\sigma^2}}\mathrm{e}^{-\frac{1}{2\sigma^2}(x-\mu)^2},-\infty<x<+\infty \tag{4.8}$$

则称 X 为正态随机变量，或称 X 服从参数为 μ、σ^2 的正态分布，记作 $X\sim N(\mu,\sigma^2)$。

式（4.8）中，μ 是正态随机变量 X 的均值，它可为任意实数，σ^2 是 X 的方差，且 $\sigma>0$，$\pi=3.141\ 592\ 6$，$\mathrm{e}=2.718\ 28$。

不同的 μ 值和不同的 σ 值对应于不同的正态分布，其概率密度函数所对应的曲线如图 4-1 所示。

从图 4-1 中可以看出正态曲线具有如下性质：

（1）正态曲线的图形是关于 $x=\mu$ 对称的钟形曲线，且峰值在 $x=\mu$ 处。

（2）正态分布的两个参数 μ 和 σ 一旦确定，正态分布的具体形式也就唯一确定，不同参数取值的正态分布构成一个完整的正态分布族。其中均值 μ 决定正态曲线的具体位置，标准差 σ 相同而均值不同的正态曲线在坐标轴上体现为水平位移。标准差 σ 决定正态曲线的陡峭或扁平程度。σ 越大，正态曲线越扁平；σ 越小，正态曲线越陡峭。

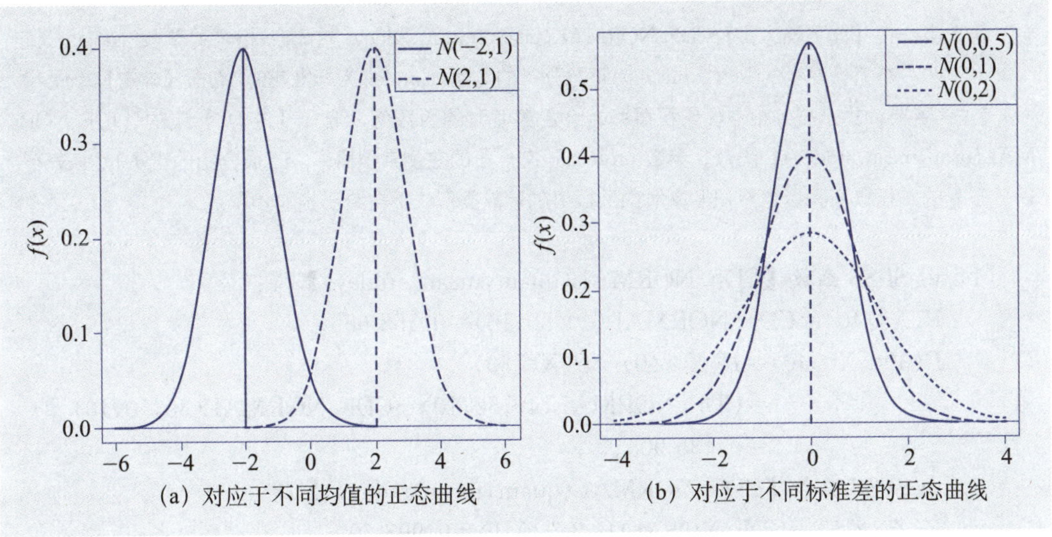

图 4-1　不同均值和标准差对正态曲线的影响

（3）当 X 的取值朝横轴左右两个方向无限延伸时，正态曲线的左右两个尾端也无限渐近横轴，但理论上永远不会与之相交。

（4）正态随机变量取特定区间值的概率即为正态曲线下方对应的面积。正态曲线下方的总面积等于 1。

由于正态分布是一个分布族，对于任意一个服从正态分布的随机变量，通过 $Z=(x-\mu)/\sigma$ 标准化后的新随机变量服从均值为 0、标准差为 1 的**标准正态分布**（standard normal distribution），记为 $Z\sim N(0,1)$。

标准正态分布的概率密度函数用 $\varphi(x)$ 表示，有

$$\varphi(x)=\frac{1}{\sqrt{2\pi}}\mathrm{e}^{-\frac{1}{2}x^2},\ -\infty<x<+\infty \tag{4.9}$$

例 4-3

计算下列概率。

(1) $X\sim N(50,10^2)$，求 $P(X\leqslant 40)$ 和 $P(30\leqslant X\leqslant 40)$。

(2) $Z\sim N(0,1)$，求 $P(Z\leqslant 2.5)$ 和 $P(-1.5\leqslant Z\leqslant 2)$。

(3) 标准正态分布累积概率为 0.025 时的分位数值 z。

解 下面的文本框给出了 SPSS 函数计算正态分布累积概率的操作步骤。

用【CDF. NORMAL】函数计算正态分布的累积概率

第 1 步：选择【转换】→【计算变量】。

第 2 步：在出现的对话框中，在【目标变量】框后写入要输出的变量名称，如“概率”。在【函数组】下点击【CDF 与非中心 CDF】，在【函数和特殊变量】下双击【CDF. NORMAL】函数。

第 3 步：在【数字表达式】CDF. NORMAL(quant,mean,stddev) 中输入相应的参数（quant 为正态随机变量的取值，mean 为正态分布的均值，stddev 为标准差）。点击【确定】。

（注：若要计算正态分布左侧累积概率为给定数值时的函数值，选择【逆 DF】中的【IDF. NORMAL(prob,mean,stddev)】函数，参数 prob 为正态分布的左侧累积概率。下面介绍的 t 分布、F 分布、χ^2 分布等的累积概率和给定累积概率时的函数值的计算类似，不再给出操作步骤。）

（1）由 SPSS 函数【CDF. NORMAL(quant,mean,stddev)】得：

$P(X\leqslant 40)=$CDF. NORMAL(40,50,10)$=0.158\,655$。

$P(30\leqslant X\leqslant 40)=P(X\leqslant 40)-P(X\leqslant 30)$

$=$CDF. NORMAL(40,50,10)$-$CDF. NORMAL(30,50,10)

$=0.135\,905$。

（2）由 SPSS 函数【CDF. NORMAL(quant,mean,stddev)】得：

$P(Z\leqslant 2.5)=$CDF. NORMAL(2.5,0,1)$=0.993\,790$。

$P(-1.5\leqslant Z\leqslant 2)=P(Z\leqslant 2)-P(Z\leqslant -1.5)$

$=$CDF. NORMAL(2,0,1)$-$CDF. NORMAL(-1.5,0,1)

$=0.910\,443$。

（3）由 SPSS 函数【IDF. NORMAL(prob,mean,stddev)】得：

IDF. NORMAL(0.025,0,1)$=-1.959\,964$。

经验法则总结了正态分布在一些常用区间上的概率，其图形如图 4－2 所示。

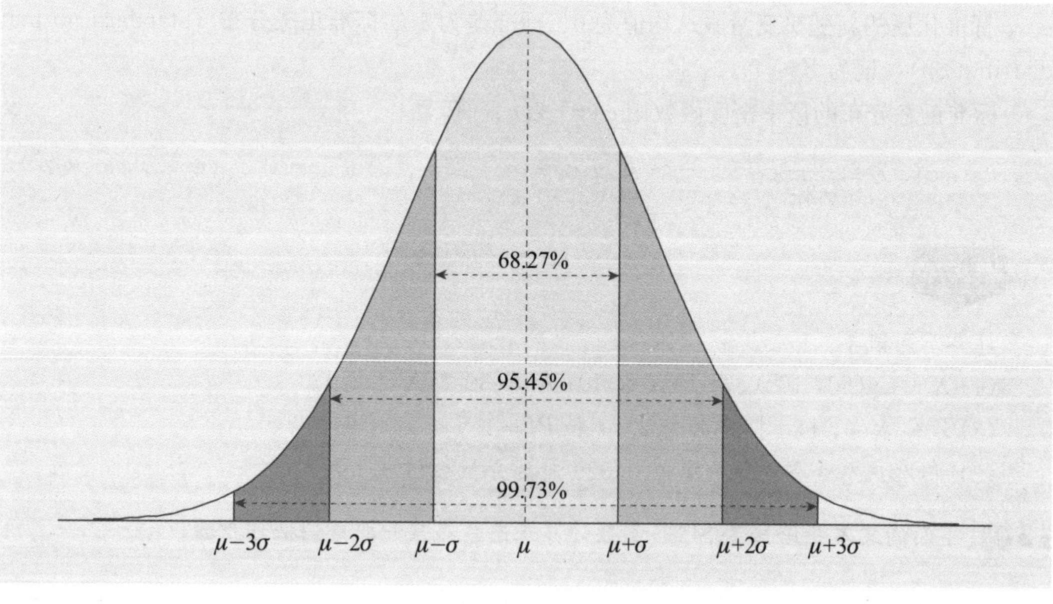

图 4－2　常用区间的正态概率值

图 4－2 显示，正态随机变量落入其均值左右各 1 个标准差内的概率是 68.27%，落入其均值左右各 2 个标准差内的概率是 95.45%，落入其均值左右各 3 个标准差内的概率是 99.73%。

3. 数据的正态性评估

在后面几章中，将学习如何利用样本信息对总体进行推断，其中多数推断都是以总体近似服从正态分布这一假定为前提的。因此，在进行推断之前，确定样本数据是否来自正态分布总体是很重要的。

判断数据是否服从正态分布的常用图形是**正态概率图**（normal probability plot）。正态概率图有两种画法，一种称为 **Q-Q 图**（quantile-quantile plot），一种称为 **P-P 图**（probability-probability plot）。Q-Q 图是根据样本数据的分位数与理论分布（如正态分布）的分位数的符合程度绘制的，有时也称为分位数-分位数图。P-P 图则是根据样本数据的累积概率与理论分布（如正态分布）的累积概率的符合程度绘制的。除用于正态分布检验外，Q-Q 图（或 P-P 图）也可以用于检验 t 分布、χ^2 分布、均匀分布、贝塔分布、伽马分布等。

以正态 Q-Q 图为例，说明正态概率图的绘制过程。对于一组样本数据，可以计算出任意一点的分位数，记为Q_o。如果要检验该数据是否服从正态分布，我们可以计算出相应的标准正态分布的分位数，称为理论分位数，记为Q_e。以 Q_e 作为 x 轴，Q_o 作为 y 轴（x 轴和 y 轴可以互换），可以绘制出多个分位数点（Q_e，Q_o）在坐标系中的散点图。如果实际数据服从正态分布，则所有分位数点应该落在截距为样本均值、斜率为样本标准差的直线上。如果各分位数点在这条直线周围随机分布，则越靠近直线，说明实际数据越近似服从正态分布；如果各分位数点的分布有明显的固定模式，则表示实际数据不服从正态分布。P-P 图的画法类似，只不过是根据累积概率绘制的。图 4－3 展示了不同分布的直方图和对应的正态 Q-Q 图。

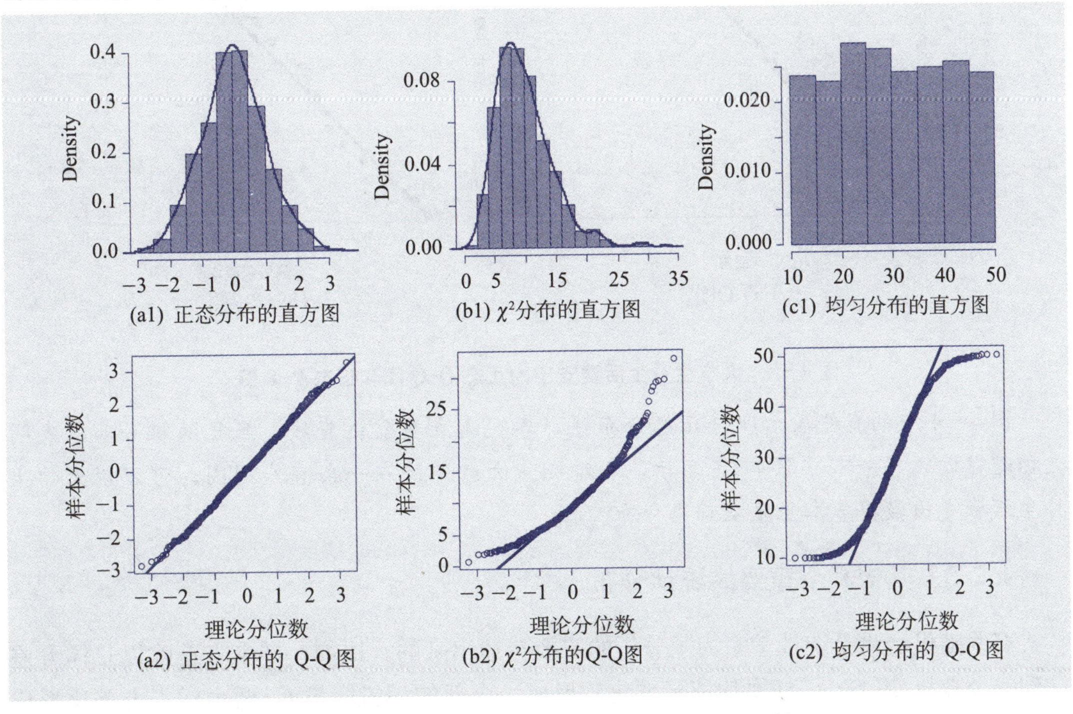

图 4－3　不同分布的直方图与正态 Q-Q 图的比较

在分析正态概率图时，最好不要用严格的标准去衡量数据点是否在理论直线上，只要各点近似在一条直线周围随机分布即可。当样本量较小时，正态概率图中的点很少，提供的正态性信息很有限，因此，使用 Q-Q 图时，样本量应尽可能大。

例 4-4

根据第 3 章例 3-9 中的数据绘制正态概率图，判断大学生的月生活费支出是否服从正态分布。

解 下面的文本框给出了 SPSS 绘制正态概率图的操作步骤。

绘制正态概率图

第 1 步：选择【分析】→【描述统计】→【Q-Q 图】（或选择【P-P 图】）。

第 2 步：在出现的对话框中，将绘图变量选入【变量】。点击【确定】。

SPSS 绘制的正态概率图如图 4-4 所示。

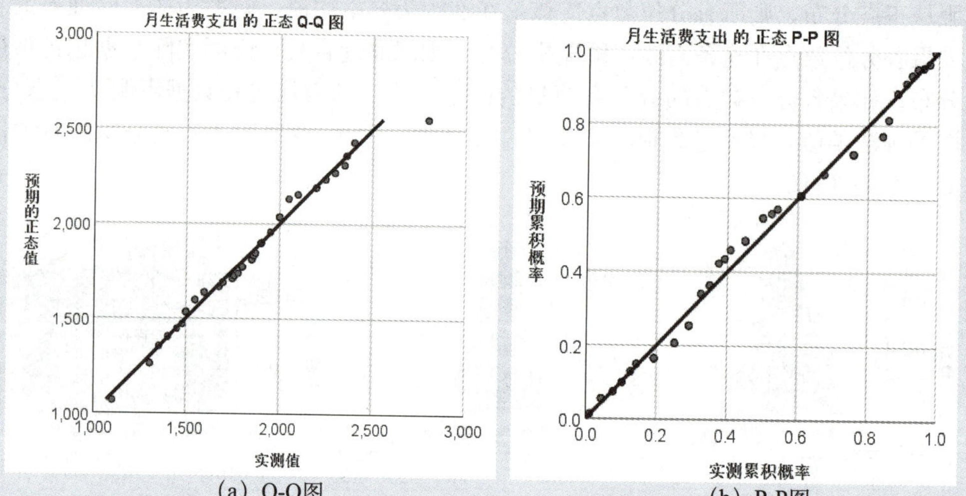

(a) Q-Q图　　(b) P-P图

图 4-4　大学生月生活费支出的正态 Q-Q 图和正态 P-P 图

图 4-4 中的直线表示理论正态分布线，各观测点越靠近直线，且呈随机分布，表明数据越接近正态分布。图 4-4 显示，各观测点大致围绕在一条直线周围，可以说大学生月生活费支出数据基本上服从正态分布。

4.2.3　其他几个重要的统计分布

有些随机变量是统计学家为了分析的需要构造出来的。比如，样本方差除以总体方差得到一个随机变量 χ^2，样本均值标准化后形成一个新的随机变量 t，两个样本方差比形成一个随机变量 F，等等。这些随机变量用 χ^2、t 和 F 来命名是因为它们分别服从 χ^2 分布、

t 分布和 F 分布，这些分布都是由正态分布推导而来的，它们在推断统计中具有独特的地位和用途。

1. χ^2 分布

χ^2 分布（chi-square distribution）由 Abbe 于 1863 年首先提出，后来由 Hermert 和 K. Pearson 分别于 1875 年和 1900 年推导出来。

n 个独立标准正态随机变量平方和的分布称为具有 n 个自由度的 χ^2 分布，记为 $\chi^2(n)$。设 Z 为标准正态随机变量，令 $X=Z^2$，则 X 服从自由度为 1 的 χ^2 分布，即 $X\sim\chi^2(1)$。一般，对于 n 个独立标准正态随机变量 Z_1^2，Z_2^2，…，Z_n^2，随机变量 $X=\sum_{i=1}^{n}Z_i^2$ 的分布为具有 n 个自由度的 χ^2 分布，记为 $X\sim\chi^2(n)$。

$\chi^2(n)$ 分布的形状取决于其自由度 n 的大小，通常为不对称的右偏分布，但随着自由度的增大逐渐趋于对称。绘制的不同自由度的 χ^2 分布曲线如图 4－5 所示。

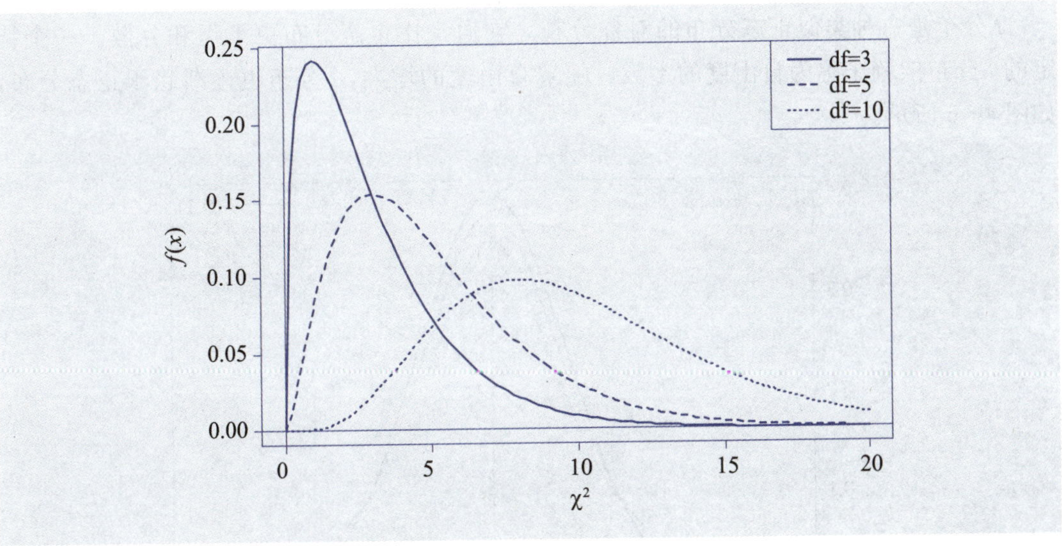

图 4－5 不同自由度的 χ^2 分布

总体方差的估计和非参数检验会用到 χ^2 分布。χ^2 分布的概率即为曲线下方的面积。利用 SPSS 函数，可以计算给定 χ^2 值和自由度 df 时 χ^2 分布的累积概率以及给定累积概率和自由度 df 时相应的 χ^2 值。

例 4－5

计算：(1) 自由度为 15，χ^2 小于 10 的概率；(2) 自由度为 15，χ^2 值大于 20 的概率；(3) 自由度为 15，χ^2 分布右尾概率为 0.05 时的分位数值（在估计和检验中称为临界值）。

解 （1）由 SPSS 函数【CDF. CHISQ（quant，df）】得：CDF. CHISQ（10，15）= 0.180 260。

（2）由 SPSS 函数【CDF. CHISQ(quant,df)】或函数【SIG. CHISQ(quant,df)】得：1−CDF. CHISQ(20,15)=SIG. CHISQ(20,15)=0.171 933。

（3）由 SPSS 函数【IDF. CHISQ(prob,df)】得：IDF. CHISQ(0.95,15)=24.995 790。

2. t 分布

t 分布（t-distribution）的提出者是 William Gosset，由于他经常用笔名"student"发表文章，用 t 表示样本均值经标准化后的新随机变量，因此称为 t 分布，也称为学生 t 分布（student's t）。

设随机变量 $Z \sim N(0,1)$，$X \sim \chi^2(n)$，且 Z 与 X 独立，则称 $T=\dfrac{Z}{\sqrt{X/n}}$ 服从自由度为 n 的 t 分布，记为 $T \sim t(n)$。

t 分布是一种类似正态分布的对称分布，它通常比正态分布更平坦和分散。一个特定的 t 分布依赖于称为自由度的参数，随着自由度的增大，t 分布也逐渐趋于正态分布，如图 4-6 所示。

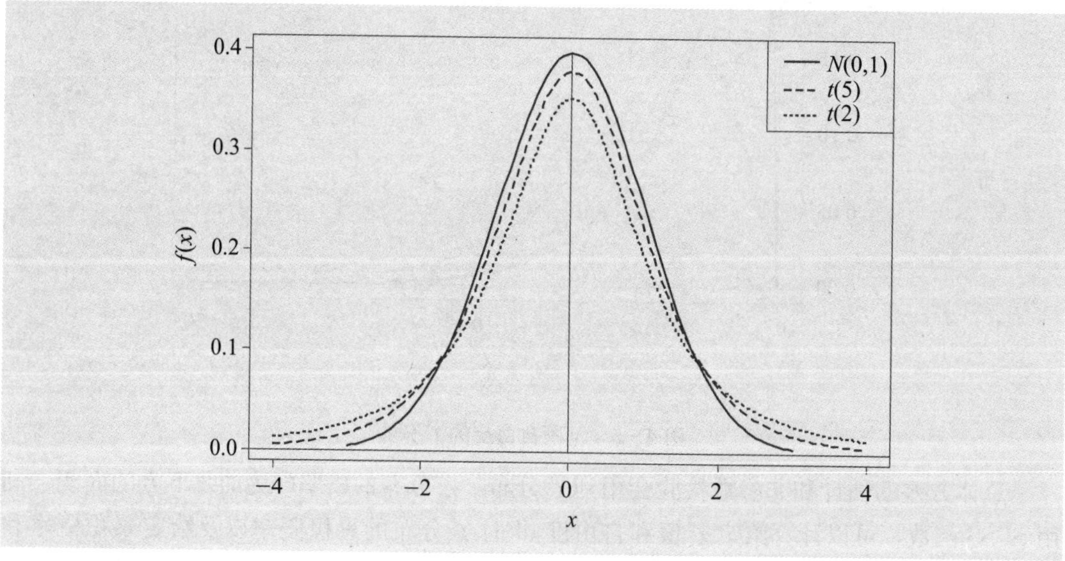

图 4-6　不同自由度的 t 分布与标准正态分布的比较

当正态总体的标准差未知时，在小样本条件下对总体均值的估计和检验要用到 t 分布。t 分布的概率即为曲线下方的面积。利用 SPSS 函数可以计算给定 t 值和自由度 df 时 t 分布的累积概率以及给定累积概率和自由度 df 时相应的 t 值。

例 4－6

计算：(1) 自由度为 10，t 值小于－2 的概率；(2) 自由度为 10，t 值大于 3 的概率；(3) 自由度为 10，t 分布双尾概率为 0.05 时的 t 值。

解 (1) 由 SPSS 函数【CDF. T(quant,df)】得：CDF. T(－2,10)＝0.036 694。

(2) 由 SPSS 函数【CDF. T(quant,df)】得：1－CDF. T(3,10)＝0.006 672。

(3) 由 SPSS 函数【IDF. T(prob,df)】得：IDF. T(0.025,10)＝－2.228 139。

3. F 分布

F 分布（F-distribution）是为纪念著名统计学家 R. A. Fisher 而以其姓氏的第一个字母命名的。它是两个 χ^2 分布变量的比。设 $U\sim\chi^2(n_1)$，$V\sim\chi^2(n_2)$，且 U 和 V 相互独立，则 $F=\frac{U/n_1}{V/n_2}$ 服从自由度为 n_1 和 n_2 的 F 分布，记为 $F\sim F(n_1,n_2)$。

F 分布的图形与 χ^2 分布类似，其形状取决于两个自由度，如图 4－7 所示。

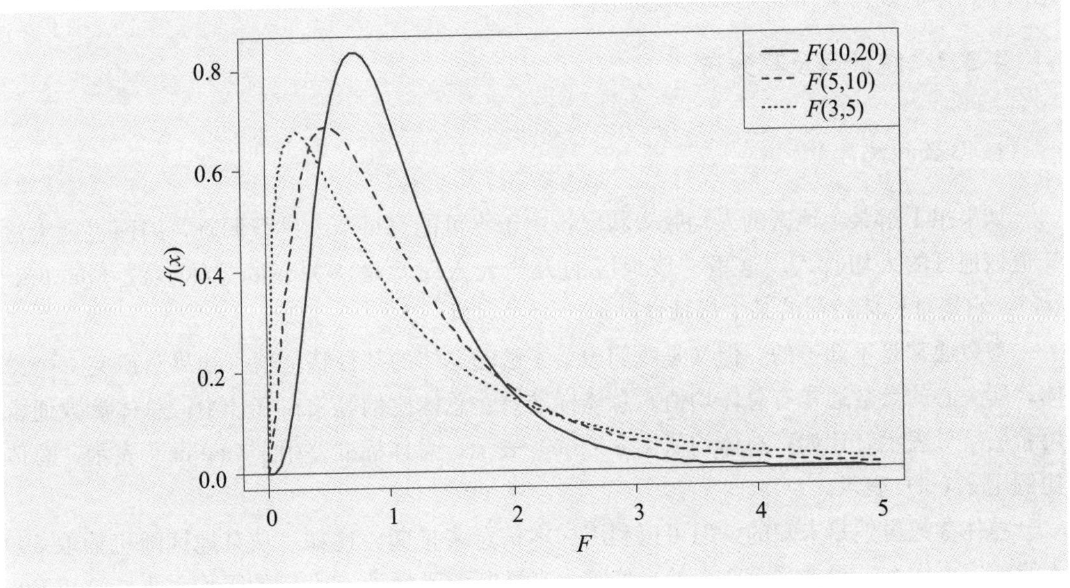

图 4－7　不同自由度的 F 分布

F 分布通常用于比较不同总体的方差是否有显著差异。F 分布的概率即为曲线下方的面积。利用 SPSS 函数，可以计算给定 F 值与自由度 df1 和 df2 时 F 分布的累积概率以及给定累积概率与自由度 df1 和 df2 时相应的 F 值。

例 4－7

计算：(1) 分子自由度为 10，分母自由度为 8，F 值小于 3 的概率；(2) 分子自由度为 10，分母自由度为 8，F 值大于 2.5 的概率；(3) 分子自由度为 10，分母自由度为 8，F

分布累积概率为 0.95 时的 F 值。

解 (1) 由 SPSS 函数【CDF. F(quant,df1,df2)】得：CDF. F(3,10,8)=0.933 549。

(2) 由 SPSS 函数【CDF. F(quant,df1,df2)】或函数【SIG. F(quant,df1,df2)】得：1−CDF. F(2.5,10,8)=SIG. F(2.5,10,8)=0.103 594。

(3) 由 SPSS 函数【IDF. F(prob,df1,df2)】得：IDF. F(0.95,10,8)=3.347 163。

4.3 样本统计量的概率分布

你可能关心某个地区所有家庭的平均收入是多少，但你不可能去调查每个家庭的收入，而只能抽取一部分家庭作为样本，获得样本家庭的收入数据，然后用样本平均收入去推断全部家庭的平均收入。当然，你也可能去推断所有家庭收入的方差是多少，低收入家庭的比例是多少。这就是抽样推断问题。那么，你做出这种推断的依据是什么？怎样才能让别人信服你的推断结果呢？这就必须知道用于推断的样本统计量（如样本均值 $\bar{x}$、样本比例 p、样本方差 s^2 等）是如何分布的。

4.3.1 统计量及其分布

1. 参数和统计量

如果想了解某个地区的人均收入状况，由于不可能对每个人进行调查，因而也就无法知道该地区的人均收入。这里“该地区的人均收入”就是所关心的总体**参数**（parameter），它是对总体特征的某个概括性度量。

参数通常是不知道的，但又是我们想要了解的总体的某种特征值。如果只研究一个总体，所关心的参数通常有总体均值、总体标准差、总体比例等。在统计中，总体参数通常用希腊字母表示，比如，总体均值用 μ（mu）表示，总体标准差用 σ（sigma）表示，总体比例用 π（pi）表示。

总体参数虽然是未知的，但可以利用样本信息来推断。比如，从某地区随机抽取 500 人组成一个样本，根据这 500 人的平均收入来推断该地区所有人口的平均收入。这里 500 人的平均收入就是一个**统计量**（statistic），它是根据样本数据计算的用于推断总体的某些量，是对样本特征的某个概括性度量。显然，统计量是样本的函数。由于统计量的取值会因样本不同而变化，因此样本统计量是一个随机变量。但在抽取一个具体的样本时，样本数据就是已知的，所以统计量的值总是可以计算出来的。

就一个样本而言，关心的统计量通常有样本均值、样本方差、样本比例等。样本统计量通常用英文字母来表示，比如，样本均值用 $\bar{x}$ 表示，样本方差用 s^2 表示，样本比例用 p 表示，等等。

2. 统计量的概率分布

虽然总体参数是未知的，但它不会随着样本的不同而变化。相反，样本统计量的值却完全依赖于所抽取的样本。既然统计量是一个随机变量，那么它就有一定的概率分布。样本统计量的概率分布也称为**抽样分布**（sampling distribution），它是由样本统计量的所有可能取值形成的相对频数分布。但由于现实中不可能将所有可能的样本都抽取出来，因此，统计量的概率分布实际上是一种理论分布。

既然统计量的取值是依据样本而变化的，那么根据统计量来推断总体参数就必然具有某种不确定性。幸运的是，我们可以给出这种推断的可靠性，而度量这种可靠性的依据正是统计量的概率分布，并且我们确知这种分布的某些性质。因此，统计量的概率分布提供了该统计量长远而稳定的信息，它构成了推断总体参数的理论基础。

4.3.2　样本均值的分布

设总体共有 N 个元素，从中抽取样本量为 n 的随机样本，在有放回抽样条件下，共有 N^n 个可能的样本，在无放回抽样条件下，共有 $C_N^n=\dfrac{N!}{n!(N-n)!}$ 个可能的样本。把所有可能的样本均值都算出来，由这些样本均值形成的分布就是样本均值的概率分布（或称抽样分布）。但现实中不可能将所有的样本都抽取出来，因此，样本均值的概率分布实际上是一种理论分布，但当样本量较大时，统计学家能够证明它近似正态分布。下面通过一个例子说明样本均值的概率分布。

例 4－8

设一个总体含有 5 个元素（个体），取值分别为：$x_1=2$，$x_2=4$，$x_3=6$，$x_4=8$，$x_5=10$。从该总体中采取重复抽样方法抽取样本量为 $n=2$ 的所有可能样本，写出样本均值 $\bar{x}$ 的概率分布。

解　总体为均匀分布，即x_i取每个值的概率都相同。总体的均值和方差分别为：

$$\mu=\frac{\sum_{i=1}^{5}x_i}{N}=\frac{30}{5}=6,\sigma^2=\frac{\sum_{i=1}^{5}(x_i-\mu)^2}{5}=\frac{40}{5}=8$$

从总体中采取重复抽样方法抽取容量为 $n=2$ 的随机样本，共有$5^2=25$ 个可能的样本。计算出每个样本的均值 $\bar{x}_i$，结果如表 4－2 所示。

表 4－2　25 个可能的样本及其均值 $\bar{x}$

样本序号	样本元素 1	样本元素 2	样本均值
1	2	2	2
2	2	4	3

续表

样本序号	样本元素 1	样本元素 2	样本均值
3	2	6	4
4	2	8	5
5	2	10	6
6	4	2	3
7	4	4	4
8	4	6	5
9	4	8	6
10	4	10	7
11	6	2	4
12	6	4	5
13	6	6	6
14	6	8	7
15	6	10	8
16	8	2	5
17	8	4	6
18	8	6	7
19	8	8	8
20	8	10	9
21	10	2	6
22	10	4	7
23	10	6	8
24	10	8	9
25	10	10	10

每个样本被抽中的概率相同，均为 1/25。设样本均值的均值（期望值）为$\mu_{\bar{x}}$，样本均值的方差为$\sigma_{\bar{x}}^2$。根据表 4－2 中的样本均值可得：

$$\mu_{\bar{x}}=\frac{\sum_{i=1}^{25}\bar{x}}{25}=6，\sigma_{\bar{x}}^2=\frac{\sum_{i=1}^{25}(\bar{x}-\mu_{\bar{x}})^2}{25}=4$$

与总体均值μ和总体方差σ^2相比，不难发现，$\mu_{\bar{x}}=\mu=6$，$\sigma_{\bar{x}}^2=\frac{\sigma^2}{n}=\frac{8}{2}=4$。由此可见，样本均值的均值（期望值）等于总体均值，样本均值的方差等于总体方差的 $1/n$。

样本均值的频数分布表如表 4－3 所示。

表 4－3　样本均值 $\bar{x}$ 的分布

样本均值					
		频率	百分比	有效百分比	累积百分比
有效	2	1	4.0	4.0	4.0
	3	2	8.0	8.0	12.0
	4	3	12.0	12.0	24.0
	5	4	16.0	16.0	40.0
	6	5	20.0	20.0	60.0
	7	4	16.0	16.0	76.0
	8	3	12.0	12.0	88.0
	9	2	8.0	8.0	96.0
	10	1	4.0	4.0	100.0
	总计	25	100.0	100.0	

表 4－3 中的第 1 列为 $\bar{x}$ 的取值。将 $\bar{x}$ 的分布绘成图，如图 4－8 所示。通过比较总体分布和样本均值的分布，不难看出它们的区别。尽管总体为均匀分布，但样本均值的分布在形状上却是近似正态的。

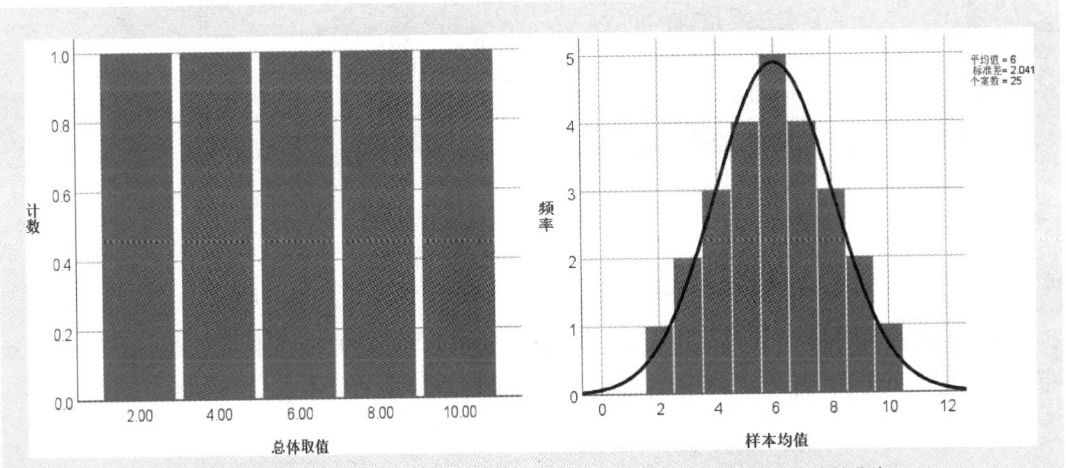

(a) 总体分布　　(b) 样本均值的分布

图 4－8　样本均值的分布与总体分布的比较

样本均值的分布与抽样所依据的总体的分布和样本量 n 的大小有关。统计证明，如果总体服从正态分布，那么无论样本量有多大，样本均值的分布都近似正态分布。如果总体不服从正态分布，就要看样本量的大小了。随着样本量 n 的增大（通常要求 $n \geqslant 30$），不论原来的总体是否服从正态分布，样本均值的概率分布都将趋于正态分布，其分布的期望值为总体均值 μ，方差为总体方差的 $1/n$。这就是统计上著名的**中心极限定理**（central limit theorem）。这一定理可以表述为：从均值为 μ、方差为 σ^2 的总体中抽取样本量为 n 的所有随机样本，当 n 充分大（通常要求 $n \geqslant 30$）时，样本均值近似服从期望值为 μ、方差为 $\sigma^2/$

n 的正态分布，即 $\bar{x} \sim N(\mu, \sigma^2/n)$。等价地，有 $\frac{\bar{x}-\mu}{\sigma/\sqrt{n}} \sim N(0, 1)$。

图 4－9 可以作为中心极限定理的佐证。从 0～100 均匀分布的总体和指数分布的总体中，分别抽取样本量为 2、10 和 30 的 5 000 个样本，样本均值的分布如图 4－9 所示。图中的 U 表示均匀分布，E 表示指数分布。可以看出，随着样本量的增大，样本均值的分布逐渐趋于正态分布。

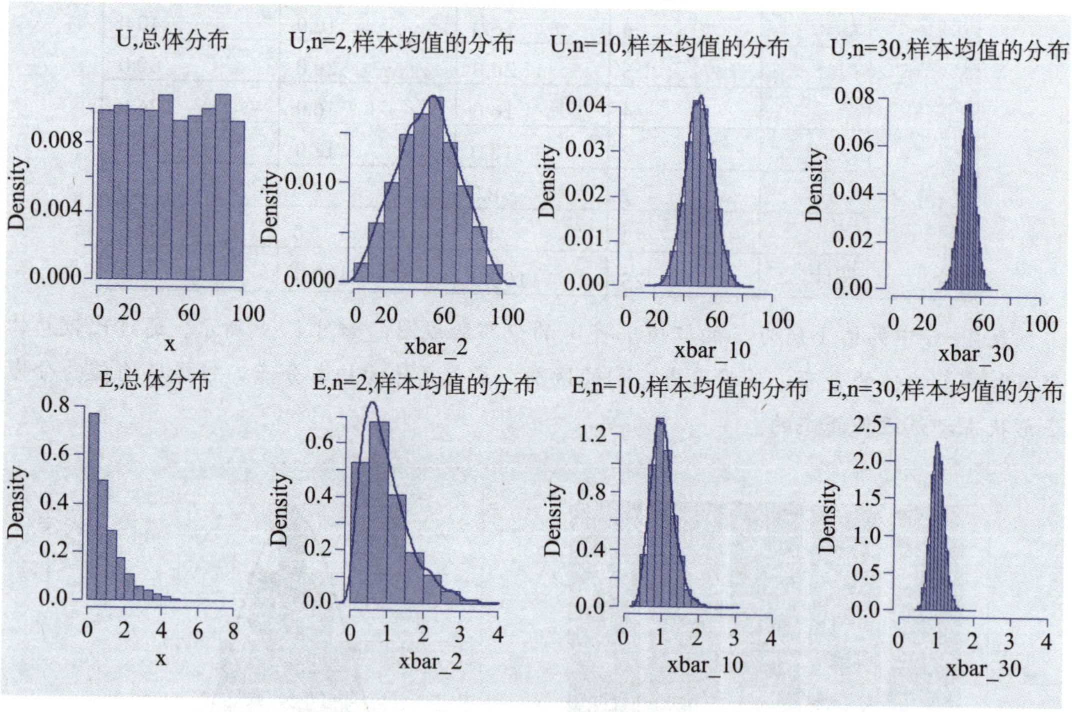

图 4－9　随着样本量的增大，样本均值的分布趋于正态分布

如果总体不服从正态分布，当 n 为小样本时（通常 $n<30$），样本均值则不服从正态分布。样本均值的分布与抽样所依据的总体的分布和样本量 n 的大小有关，如图 4－10 所示。

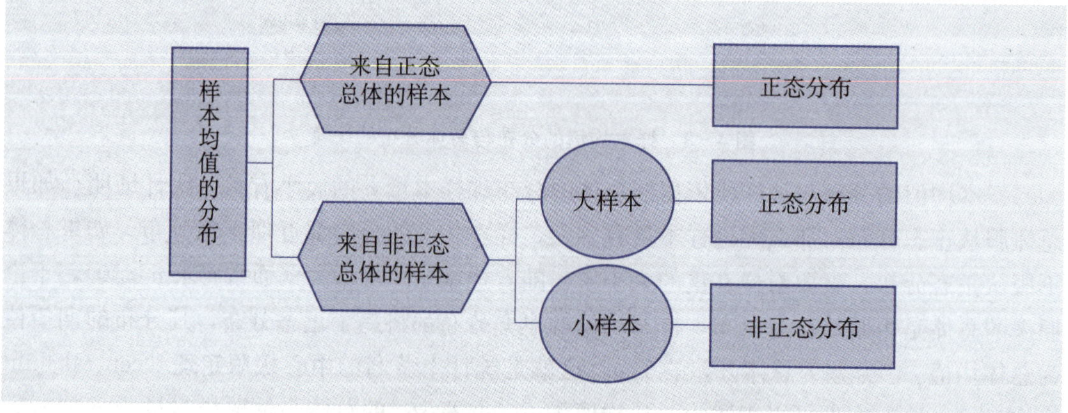

图 4－10　样本均值的分布与总体分布及样本量的关系

4.3.3　其他统计量的分布

在商务与经济管理中，许多情况下要进行比例估计。所谓**比例**（proportion），是指总体（或样本）中具有某种属性的个体与全部个体之和的比值。例如，一个班级的学生按性别分为男、女两类，男生人数与全班总人数之比就是比例，女生人数与全班总人数之比也是比例。再如，产品可分为合格品与不合格品，合格品（或不合格品）与全部产品总数之比就是比例。设总体有 N 个元素，具有某种属性的元素个数为N_0，具有另一种属性的元素个数为N_1，总体比例用 π 表示，则有 $\pi=N_0/N$，或$N_1/N=1-\pi$。相应地，样本比例用 p 表示，同样有 $p=n_0/n$，$n_1/n=1-p$。

从一个总体中重复抽取样本量为 n 的样本，由样本比例的所有可能取值形成的分布就是样本比例的概率分布。统计表明，当样本量很大时（通常要求 $np\geqslant 10$ 和 $n(1-p)\geqslant 10$），样本比例的分布可用正态分布近似，p 的期望值 $E(p)=\pi$，方差为$\sigma_p^2=\dfrac{\pi(1-\pi)}{n}$，即 $p\sim N\left(\pi,\dfrac{\pi(1-\pi)}{n}\right)$。等价地有$\dfrac{p-\pi}{\sqrt{\pi(1-\pi)/n}}\sim N(0,\ 1)$。

作为统计量的样本方差是如何分布的呢？统计证明，对于来自正态总体的简单随机样本，比值$\dfrac{(n-1)s^2}{\sigma^2}$服从自由度为 $n-1$ 的 χ^2 分布，即 $\chi^2=\dfrac{(n-1)s^2}{\sigma^2}\sim\chi^2(n-1)$。

如果要估计两个总体的参数，比如，两个总体均值之差 $\mu_1-\mu_2$、两个总体比例之差 $\pi_1-\pi_2$、两个总体的方差比 σ_1^2/σ_2^2，那么推断这些参数的统计量分别是两个样本均值之差 $\bar{x}_1-\bar{x}_2$、两个样本比例之差p_1-p_2、两个样本方差比s_1^2/s_2^2。这些样本统计量的分布也有所不同。$\bar{x}_1-\bar{x}_2$ 的分布取决于两个总体的分布和两个样本的样本量，p_1-p_2 在两个人样本的情况下近似服从正态分布，而 s_1^2/s_2^2 则服从 F 分布。

4.3.4　统计量的标准误差

统计量的**标准误差**（standard error）也称为标准误，它是指样本统计量分布的标准差。标准误差用于衡量样本统计量的离散程度，在参数估计和假设检验中，它是用于衡量样本统计量与总体参数之间差距的一个重要尺度。就样本均值而言，样本均值的标准误差用 SE 或 $\sigma_{\bar{x}}$ 表示，计算公式为：

$$\sigma_{\bar{x}}=\frac{\sigma}{\sqrt{n}} \tag{4.10}$$

当总体标准差 σ 未知时，可用样本标准差 s 代替，这时计算的标准误差称为**估计标准误差**（standard error of estimation）。由于在实际应用中，总体 σ 总是未知的，所计算的标准误差实际上都是估计标准误差，因此估计标准误差就简称标准误差（统计软件中给出的都是估计标准误差）。

相应地，样本比例的标准误差可表示为：

$$\sigma_p=\sqrt{\frac{\pi(1-\pi)}{n}} \tag{4.11}$$

同样，当总体比例的方差 $\pi(1-\pi)$ 未知时，可用样本比例的方差 $p(1-p)$ 代替。

注意：标准误差与第 3 章介绍的标准差（standard deviation）是两个不同的概念。标准差是根据原始观测值计算的，反映一组原始数据的离散程度。而标准误差是根据样本统计量计算的，反映统计量的离散程度。比如，样本均值的标准误差是根据多个样本的样本均值 $\bar{x}$ 计算的，反映样本均值的离散程度。

思维导图

随机变量的概率分布①

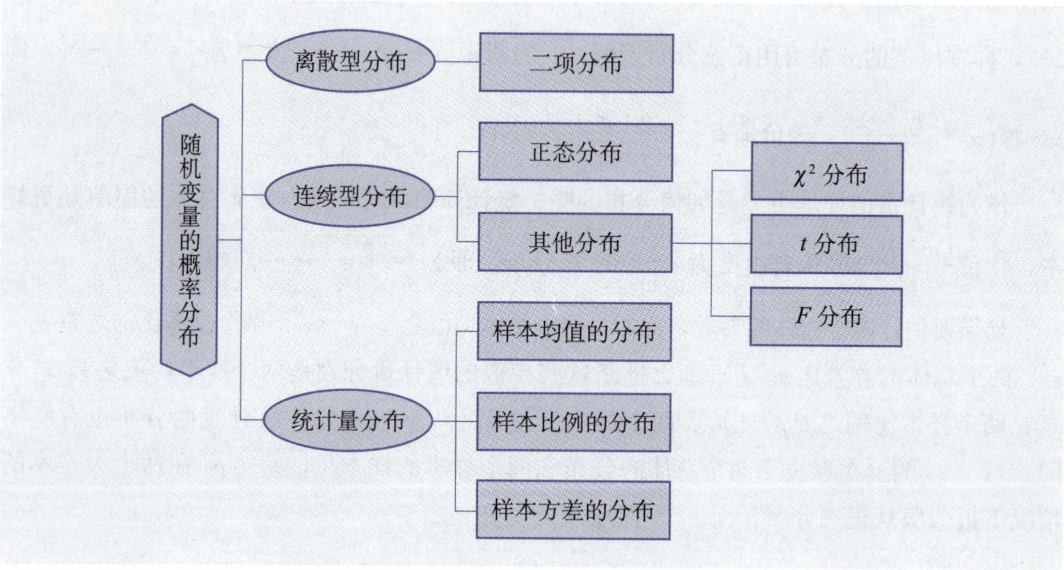

主要术语

- **概率**（probability）：对事件发生的可能性大小的度量。
- **随机变量**（random variable）：事先不能确定其取值的变量。
- **离散型随机变量**（discrete random variable）：只能取有限个值的随机变量。
- **连续型随机变量**（continuous random variable）：可以取一个或多个区间中任何值的随机变量。
- **期望值**（expected value）：随机变量的平均取值。
- **随机变量的方差**（variance）：随机变量的每一取值与期望值的离差平方的期望值。

① 本分类只针对本章所介绍的几种随机变量的概率分布，统计中还有很多重要的概率分布。

- **参数**（parameter）：对总体特征的某个概括性度量。
- **统计量**（statistic）：对样本特征的某个概括性度量，是样本的函数。
- **抽样分布**（sampling distribution）：样本统计量的概率分布，是由样本统计量的所有可能取值形成的相对频数分布。
- **标准误差**（standard error）：也称标准误，样本统计量分布的标准差，用于衡量样本统计量的离散程度。

思考与练习

一 思考题

4.1　举例说明离散型随机变量和连续型随机变量。

4.2　简述伯努利实验需满足的条件。

4.3　简述正态分布曲线的特点。

4.4　判断数据正态性的方法主要有哪些？

4.5　解释中心极限定理的含义。

4.6　χ^2 分布和 F 分布的图形各有什么特点？

4.7　解释样本统计量的概率分布。

4.8　什么是统计量的标准误差？它有什么用途？

二 练习题

4.1　消费者协会经过调查发现，某品牌空调有重要缺陷的产品数出现的概率分布如下。

X	0	1	2	3	4	5	6	7	8	9	10
P	0.041	0.130	0.209	0.223	0.178	0.114	0.061	0.028	0.011	0.004	0.001

根据以上数据分别计算：

（1）有 2～5 台（包括 2 台和 5 台）空调出现重要缺陷的概率。

（2）只有不到 2 台空调出现重要缺陷的概率。

（3）有超过 5 台空调出现重要缺陷的概率。

4.2　设 X 是参数为 $n=4$ 和 $p=0.5$ 的二项随机变量。求以下概率：

（1）$P(X=2)$；

（2）$P(X\leqslant 2)$。

4.3　求标准正态分布的概率：

（1）$P(0\leqslant Z\leqslant 1.2)$；

（2）$P(-0.48\leqslant Z\leqslant 0)$；

（3）$P(Z>1.33)$。

4.4　30 辆汽车构成一个随机样本，测得每百公里的耗油量数据如下（单位：升）。

9.19	10.01	9.60	9.27	9.78	8.82
9.63	8.82	10.50	8.83	9.35	8.65
10.10	9.43	10.12	9.39	9.54	8.51
9.70	10.03	9.49	9.48	9.36	9.14
10.09	9.85	9.37	9.64	9.68	9.75

绘制正态概率图，判断该种汽车的耗油量是否近似服从正态分布。

4.5　从均值为 200、标准差为 50 的总体中抽取 $n=100$ 的简单随机样本，用样本均值 $\bar{x}$ 估计总体均值。

（1）$\bar{x}$ 的期望值是多少？

（2）$\bar{x}$ 的标准差是多少？

（3）$\bar{x}$ 的概率分布是什么？

4.6　从 $\pi=0.4$ 的总体中抽取一个容量为 500 的简单随机样本。

（1）p 的期望值是多少？

（2）p 的标准差是多少？

（3）p 的概率分布是什么？

第5章 参数估计

问题与思考：科学家做出重大贡献时的最佳年龄是多少？

科学家在哪个年龄段易取得重大突破？有研究表明：杰出科学家做出重大贡献的最佳年龄区间为25～45岁，其最佳峰值年龄和首次贡献的最佳成名年龄随着时代的变化而逐渐增大。很多伟大的科学发现是由富有创造力的年轻人提出的。16世纪中叶至20世纪的12个重大科学突破的资料如下所示。

科学发现	科学家	年份	年龄（岁）
太阳中心论	哥白尼	1513	40
天文学的基本定律	伽利略	1600	36
运动定律、微积分、万有引力	牛顿	1665	23
电的本质	富兰克林	1746	40
燃烧即氧化	拉瓦锡	1774	31
进化论	达尔文	1858	49
麦克斯韦方程组	麦克斯韦	1864	33
留声机	爱迪生	1877	30
放射性	居里夫人	1902	34
量子论	普朗克	1900	43
相对论	爱因斯坦	1905	26
量子力学的数学基础	薛定谔	1926	39

如果我们把上述科学家看作一个随机样本，根据上面数据可得，16世纪中叶到20世纪有重大突破时科学家的平均年龄为35.33岁，95%的置信区间为30.65～40.01岁。这一年龄区间是如何计算出来的？如何理解95%的置信区间的含义？本章将要介绍的参数估计就将回答这些问题。

参数估计是在样本统计量概率分布的基础上，根据样本信息推断所关心的总体参数。本章首先讨论参数估计的基本原理，然后介绍总体参数的估计方法，最后介绍参数估计中样本量的确定问题。

5.1 参数估计的原理

参数估计（parameter estimation）是用样本统计量估计总体参数。比如，用样本均值 $\bar{x}$ 估计总体均值 μ，用样本比例 p 估计总体比例 π，用样本方差 s^2 估计总体方差 σ^2，等等。如果总体参数用 θ 表示，用于估计参数的统计量用 $\hat{\theta}$ 表示，当用 $\hat{\theta}$ 估计 θ 时，$\hat{\theta}$ 也称为**估计量**（estimator），根据一个具体的样本计算出来的估计量的数值称为**估计值**（estimated value）。比如，要估计软件行业从业人员的月平均收入，从所有从业人员中抽取一个随机样本，全行业从业人员的月平均收入就是参数，用 θ 表示，根据样本计算的月平均收入 $\bar{x}$ 就是一个估计量，用 $\hat{\theta}$ 表示。假定计算出来的样本月平均收入为 20 000 元，这个 20 000 元就是估计量的具体数值，称为估计值。

5.1.1 点估计与区间估计

参数估计的方法有点估计和区间估计两种。

1. 点估计

点估计（point estimation）是用估计量 $\hat{\theta}$ 的某个取值直接作为总体参数 θ 的估计值。比如，用样本均值 $\bar{x}$ 直接作为总体均值 μ 的估计值，用样本比例 p 直接作为总体比例 π 的估计值，用样本方差 s^2 直接作为总体方差 σ^2 的估计值，等等。比如，从某品牌的手机电池中抽取一个随机样本，计算出平均使用寿命为 15 000 小时，用 15 000 小时作为该品牌手机电池平均使用寿命的一个估计值，这就是点估计。再比如，要估计一批产品的合格率，根据样本计算的合格率为 98%，将 98%直接作为这批产品合格率的估计值，这也是点估计。

由于点估计无法得到估计的可靠性（因为一个点估计量的可靠性是由其抽样分布的标准误差来衡量的），也无法说出点估计值与总体参数真实值接近的程度，因此，我们不能完全依赖一个点估计值，而应围绕点估计值构造出总体参数的一个区间。

2. 区间估计

假定参数是射击靶上靶心的位置，一个点估计就相当于做一次射击，打在靶心位置上的可能性很小，但打在靶子上的可能性很大。围绕打在靶上的这个点画出一个区域，这个区域包含靶心的可能性就很大，区间估计要寻找的正是这样一个区域。

区间估计（interval estimation）是在点估计的基础上得到总体参数的一个估计区间，该区间通常是由样本估计量加减**估计误差**（error of estimate）得到的。与点估计不同，进行区间估计时，根据样本统计量的抽样分布，可以对估计量与总体参数的接近程度给出一个概率度量。

（1）区间估计的原理。

下面以总体均值的估计为例来说明区间估计的基本原理。

由样本均值的抽样分布可知，在重复抽样或无限总体抽样的情形下，样本均值的期望值等于总体均值，即 $E(\bar{x})=\mu$，样本均值的标准误差为$\sigma_{\bar{x}}=\sigma/\sqrt{n}$。由此可知，样本均值 $\bar{x}$ 落在总体均值 μ 的两侧各 1 个标准误差范围内的概率为 0.682 7，落在均值 μ 的两侧各 2 个标准误差范围内的概率为 0.954 5，落在均值 μ 的两侧各 3 个标准误差范围内的概率为 0.997 3。实际上，可以求出样本均值 $\bar{x}$ 落在总体均值 μ 的两侧任何倍数的标准误差范围内的概率。比如，样本均值 $\bar{x}$ 落在总体均值 μ 的两侧各 1.65 倍的标准误差、1.96 倍的标准误差和 2.58 倍的标准误差范围内的概率分别为 90%、95%和 99%，这意味着约有 90%、95%和 99%的样本均值会落在 μ 的两侧各 1.65 个标准误差、1.96 个标准误差和 2.58 个标准误差的范围之内。区间估计的示意图如图 5－1 所示。

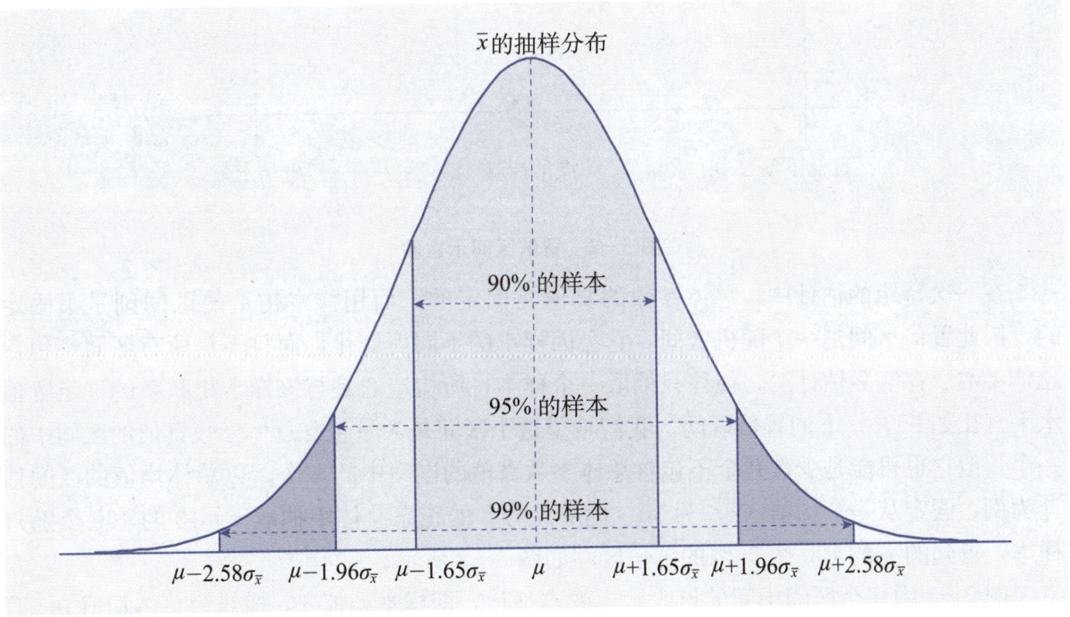

图 5－1　区间估计示意图

然而，实际估计时，情形恰好相反。$\bar{x}$ 是已知的，而 μ 是未知的，也正是要估计的。由于 $\bar{x}$ 与 μ 的距离是对称的，如果某个 $\bar{x}$ 落在 μ 的 1.96 个标准误差的范围之内，反过来，μ 也被包括在以 $\bar{x}$ 为中心、两侧各 1.96 个标准误差的范围之内，这意味着约有 95%的样本均值所构造的 1.96 个标准误差的区间会包括 μ。举例来说，如果抽取 100 个样本来估计总体均值，由 100 个样本均值所构造的 100 个区间中约有 95 个区间包含总体均值，而另外 5 个区间则不包含总体均值。

（2）置信区间与置信水平。

在区间估计中，由样本估计量构造出的总体参数在一定置信水平下的估计区间称为置信区间（confidence interval，CI），其中，区间的最小值称为置信下限，最大值称为置信上限。由于统计学家在某种程度上确信（有信心认为）这个区间会包含真正的总体参数，所以给它取名为置信区间。假定抽取 100 个样本构造出 100 个置信区间，这 100 个置信区间中有 95%的区间包含总体参数的真值，5%不包含，则 95%称为置信水平（confidence level）。一般，如果将构造置信区间的步骤重复多次，则置信区间中包含总体参数真值的次数所占的比例称为置信水平，也称为置信度或**置信系数**（confidence coefficient）。如果用某种方法构造的所有区间中有 95%的区间包含总体参数的真值，5%的区间不包含总体参数的真值，那么用该方法构造的区间称为置信水平为 95%的置信区间。同样，用其他置信水平构造的区间也可以用类似的方式进行表述。统计上常用的置信水平有 90%、95%和 99%。置信水平与置信区间的关系如图 5 - 2 所示。

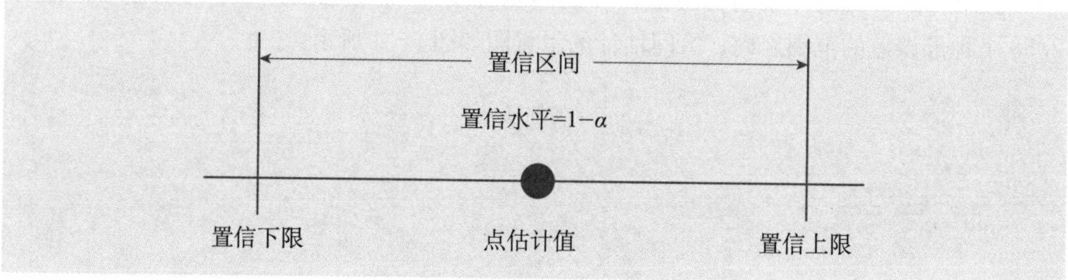

图 5 - 2　置信区间示意图

在一次特定的估计中，总体参数的真值是固定的，而用样本构造的区间则是不固定的，因此置信区间是一个随机区间，它会因样本的不同而变化，而且不是所有区间都包含总体参数。在实际估计时，往往只抽取一个样本，所构造的是与该样本相联系的一定置信水平（比如 95%）下的置信区间。我们希望这个区间是大量包含总体参数真值的区间中的一个，但它也可能是少数几个不包含总体参数真值的区间中的一个。以总体均值的区间估计为例，假定从一个均值（μ）为 50、标准差为 5 的正态总体中抽取 $n=10$ 的 100 个随机样本，得到的 μ 的 100 个 95%的置信区间如图 5 - 3 所示。

图 5 - 3 中每个区间中间的点表示 μ 的点估计，即样本均值 $\bar{x}$，横线为总体均值 μ。蓝色粗虚线表示未包含 μ 的置信区间。在重复构造的 100 个置信区间中，有 5 个区间未包含 μ。如果反复模拟，100 个置信区间也可能都包含 μ，也可能有更多的区间未包含 μ。因为 95%的置信区间是指反复抽取的多个样本中包含 μ 的区间的比例，而不是指任意一次抽取的 100 个样本中就恰好有 95 个区间包含 μ。对于一个特定的样本所构造的区间是一个常数区间，我们无法知道这个区间是否包含 μ，因为它可能是包含 μ 的 95 个区间中的一个，也可能是未包含 μ 的 5 个区间中的一个。因此，一个特定的区间总是“绝对包含”或“绝对不包含”参数的真值，不存在“以多大的概率包含总体参数”的问题。置信水平只是告诉我们在多次估计得到的区间中大概有多少个区间包含参数的真值，而不是针对抽取的这个样本所构建的区间而言的。

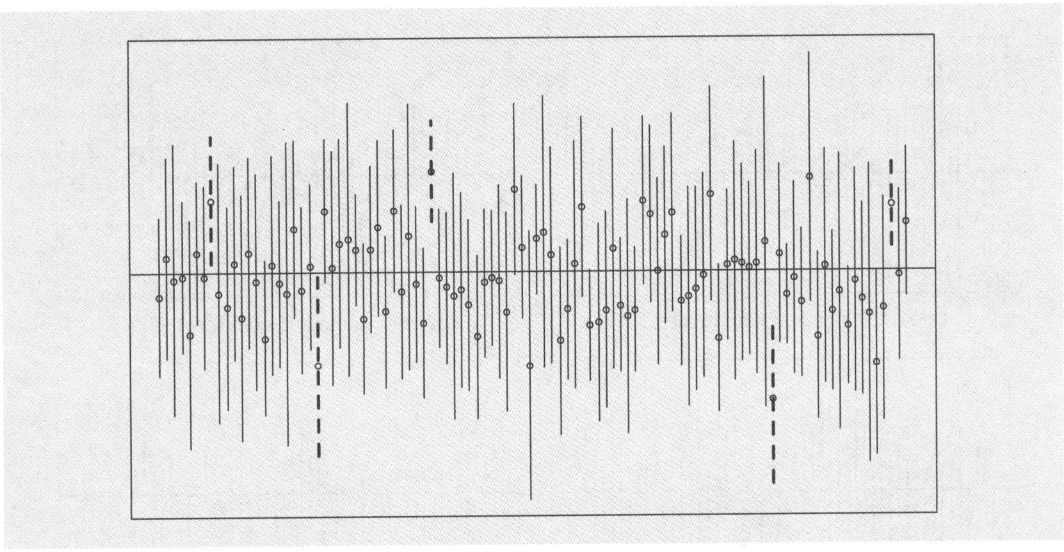

图 5-3 重复构造出的 μ 的 100 个 95%的置信区间

(3) 影响区间宽度的因素。

影响置信区间宽度的因素主要有置信水平、样本量和总体方差。首先，在其他条件不变时，置信区间宽度与置信水平成正比，这意味着一个较高的置信水平会得到一个较宽的置信区间。其次，在其他条件不变时，置信区间的宽度与样本量成反比，即用一个较大的样本会得到一个较准确（较窄）的置信区间。最后，置信区间的宽度与总体方差成正比，总体方差越大，说明数据越分散，得到的置信区间也就越宽。

很显然，较宽的置信区间会有更大的可能性包含参数。但实际应用中，过宽的置信区间往往没有实际意义。比如，天气预报"下一年的降雨量是 0～10 000mm"，虽然这很有把握，但有什么意义呢？另外，要求过于准确（过窄）的区间同样不一定有意义，因为过窄的区间虽然看上去很准确，但包含总体参数的可能性（把握程度）就会降低，除非无限增加样本量，但现实中样本量总是受限的。因此，区间估计总是要给结论留些余地。图 5-4 展示了置信水平、样本量和总体方差对置信区间的影响。

图 5-4 (a1) 和 (a2) 是样本量和标准差都相同（n=10，sigma=5）、置信水平不同（conf. level=95%和 conf. level=80%）时总体均值的置信区间。图形显示，样本量和标准差都相同时，置信水平越高，置信区间越宽。图 5-4 (b1) 和 (b2) 是样本量不同（n=10 和 n=20）、标准差和置信水平都相同（sigma=5，conf. level=90%）时总体均值的置信区间。图形显示，标准差和置信水平都相同时，样本量越大，置信区间越窄。图 5-4 (c1) 和 (c2) 是标准差不同（sigma=5 和 sigma=3）、样本量和置信水平都相同（n=10，conf. level=95%）时总体均值的置信区间。图形显示，样本量和置信水平都相同时，总体标准差越大，置信区间越宽。

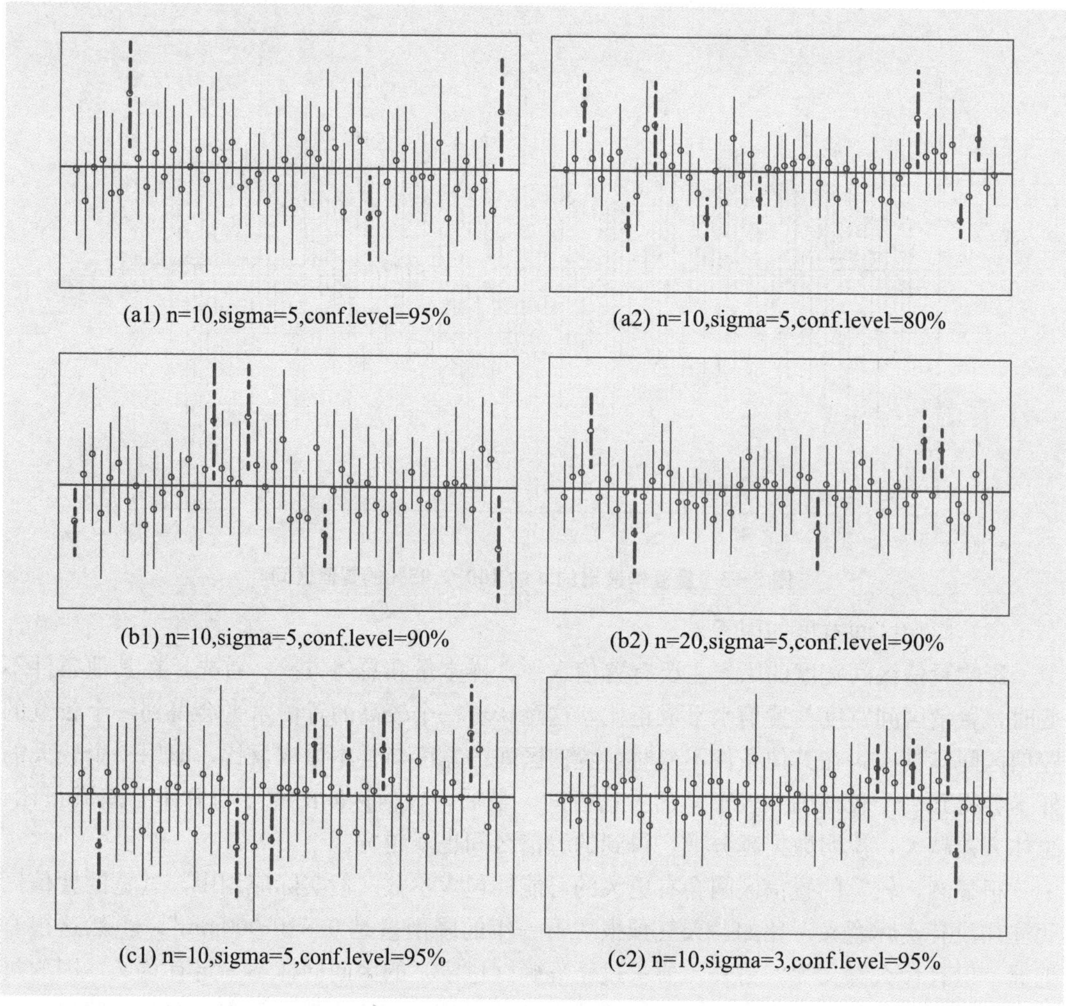

图 5-4　置信水平、样本量和总体方差对置信区间的影响

5.1.2　评价估计量的标准

用于估计总体参数θ的估计量$\hat{\theta}$可以有很多。比如，可以用样本均值作为总体均值的估计量，也可以用样本中位数作为总体均值的估计量，等等。那么究竟用哪种估计量作为总体参数的估计呢？自然要用估计效果比较好的那种估计量。什么样的估计量才算是一个好的估计量呢？这就需要有一定的评价标准。统计学家给出了评价估计量的一些标准，主要有以下几个。

1. 无偏性

无偏性（unbiasedness）是指估计量抽样分布的期望值等于被估计的总体参数。设总体参数为θ，所选择的估计量为$\hat{\theta}$，如果$E(\hat{\theta})=\theta$，则称$\hat{\theta}$是θ的无偏估计量。图5-5给出了估计量无偏和有偏的情形。

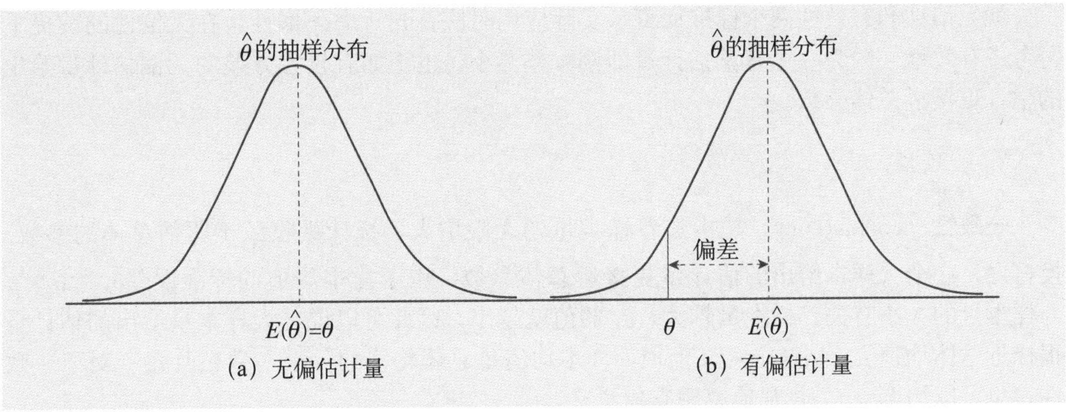

图 5-5　估计量无偏和有偏的情形

由样本均值的抽样分布可知，$E(\bar{x})=\mu$，$E(p)=\pi$，$E(s^2)=\sigma^2$，因此 $\bar{x}$、p、s^2 分别是总体均值 μ、总体比例 π、总体方差 σ^2 的无偏估计量。

2. 有效性

有效性（efficiency）是指估计量的方差大小。一个无偏估计量并不意味着它就非常接近被估计的总体参数，估计量与参数的接近程度是用估计量的方差（或标准误差）来度量的。对于同一总体参数的多个无偏估计量，有更小方差的估计量更有效。假定有两个用于估计总体参数的无偏估计量，分别用 $\hat{\theta}_1$ 和 $\hat{\theta}_2$ 表示，它们的方差分别用 $D(\hat{\theta}_1)$ 和 $D(\hat{\theta}_2)$ 表示，如果 $\hat{\theta}_1$ 的方差小于 $\hat{\theta}_2$ 的方差，即 $D(\hat{\theta}_1)<D(\hat{\theta}_2)$，就称 $\hat{\theta}_1$ 是比 $\hat{\theta}_2$ 更有效的一个估计量。在无偏估计的条件下，估计量的方差越小，估计就越有效。图 5-6 给出了两个无偏估计量 $\hat{\theta}_1$ 和 $\hat{\theta}_2$ 的抽样分布。可以看到，$\hat{\theta}_1$ 的方差比 $\hat{\theta}_2$ 的方差小，因此 $\hat{\theta}_1$ 的值比 $\hat{\theta}_2$ 的值更接近总体参数，表明 $\hat{\theta}_1$ 是比 $\hat{\theta}_2$ 更有效的估计量。

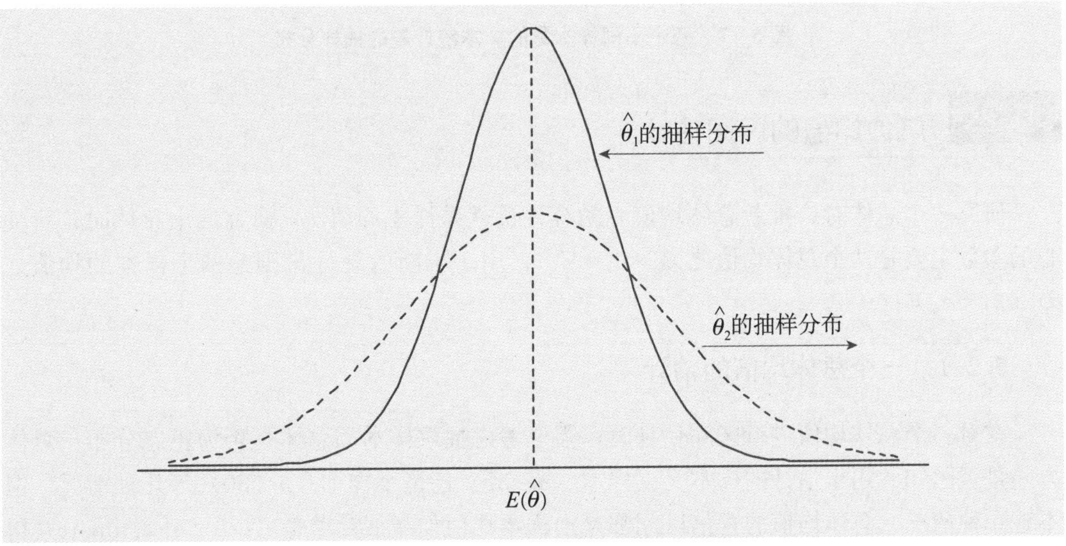

图 5-6　两个无偏估计量的抽样分布

就无偏性和有效性两个标准而言，实际应用时应首先考虑无偏性，在无偏性的前提下再考虑有效性。因为一个有偏估计量即使方差再小，也不如有较大方差的无偏估计量给出的估计更接近总体参数。

3. 一致性

一致性（consistency）是指随着样本量的无限增大，统计量收敛于所估总体的参数。换言之，一个大样本给出的估计量更接近总体参数。由于样本均值的标准误差$\sigma_{\bar{x}}=\sigma/\sqrt{n}$与样本量的大小有关，样本量越大，$\sigma_{\bar{x}}$的值就越小，因此可以说，大样本量给出的估计量很接近总体均值μ。从这个意义上说，样本均值是总体均值的一个一致估计量。对于一致性，也可以用图 5-7 直观地说明它的意义。

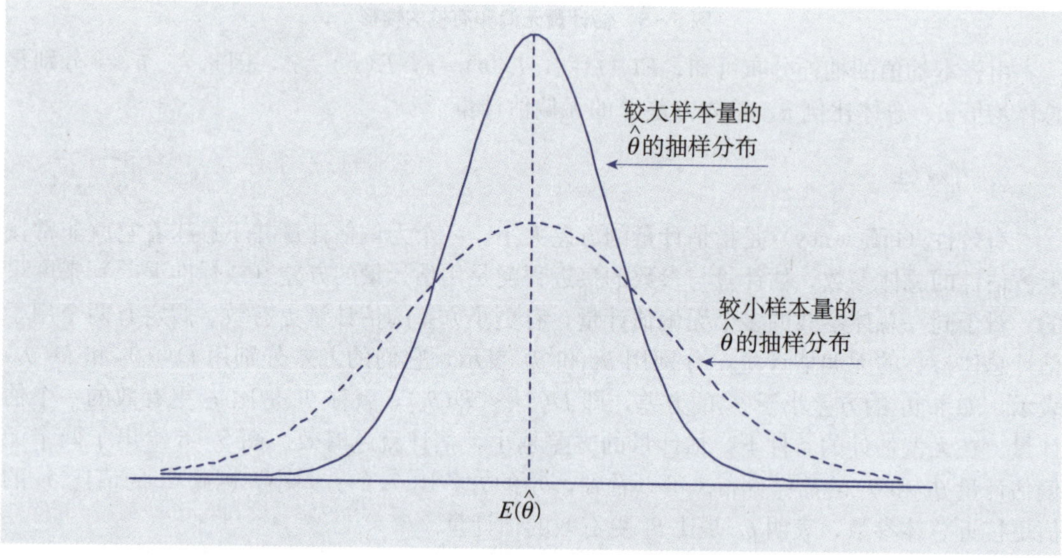

图 5-7　两个不同样本量的样本统计量的抽样分布

5.2 总体均值的区间估计

研究一个总体时，推断总体均值μ的统计量就是样本均值$\bar{x}$。研究两个总体时，所关心的参数主要是两个总体均值之差（$\mu_1-\mu_2$），用于推断的统计量则是两个样本的均值之差（$\bar{x}_1-\bar{x}_2$）。

5.2.1　一个总体均值的估计

在对一个总体均值进行区间估计时，需要考虑抽取样本的总体是否为正态分布、总体方差是否已知、用于估计的样本是大样本（$n\geqslant30$）还是小样本（$n<30$）等几种情况。但不管哪种情况，总体均值的置信区间都是由样本均值加减**估计误差**（error of estimate）得到的。那么怎样计算估计误差呢？估计误差由两部分组成：一是点估计量的标准误差，它取决于样本统计量的抽样分布；二是若估计所要求的置信水平为$1-\alpha$，统计量分布两侧面

积各为 $\alpha/2$ 时的分位数值，它取决于事先所要求的置信水平。因此，总体均值在 $1-\alpha$ 置信水平下的置信区间可一般地表示为：

$$\bar{x}\pm \text{分位数值}\times\bar{x}\text{ 的标准误差} \tag{5.1}$$

1. 大样本的估计

在大样本（$n\geqslant 30$）情形下，由中心极限定理可知，样本均值 $\bar{x}$ 近似服从期望值为 μ、方差为σ^2/n 的正态分布。而样本均值经过标准化后则服从标准正态分布，即 $z=\dfrac{\bar{x}-\mu}{\sigma/\sqrt{n}}\sim N(0,1)$。当总体标准差 σ 已知时，标准化时使用 σ；当 σ 未知时，则用样本标准差 s 代替。因此，可以由正态分布构建总体均值在 $1-\alpha$ 置信水平下的置信区间。

当总体方差 σ^2 已知时，总体均值 μ 在 $1-\alpha$ 置信水平下的置信区间为：

$$\bar{x}\pm z_{\alpha/2}\frac{\sigma}{\sqrt{n}} \tag{5.2}$$

式中，$\bar{x}-z_{\alpha/2}\dfrac{\sigma}{\sqrt{n}}$称为置信下限，$\bar{x}+z_{\alpha/2}\dfrac{\sigma}{\sqrt{n}}$称为置信上限；$\alpha$ 是一个事先确定的概率值，它是总体均值不包括在置信区间中的概率；$1-\alpha$ 称为置信水平；$z_{\alpha/2}$是标准正态分布两侧面积各为 $\alpha/2$ 时的 z 值；$z_{\alpha/2}\dfrac{\sigma}{\sqrt{n}}$是估计误差。

当总体方差 σ^2 未知时，式（5.2）中的 σ 可用样本标准差 s 代替，这时总体均值 μ 在 $1-\alpha$ 置信水平下的置信区间为：

$$\bar{x}\pm z_{\alpha/2}\frac{s}{\sqrt{n}} \tag{5.3}$$

例 5-1

一家保险公司收集到由 36 个投保人组成的随机样本，得到每个投保人的年龄（单位：岁）数据如表 5-1 所示。建立投保人年龄的 90%的置信区间。

表 5-1　36 个投保人的年龄数据

23	35	39	27	36	44
36	42	46	43	31	33
42	53	45	54	47	24
34	28	39	36	44	40
39	49	38	34	48	50
34	39	45	48	45	32

解 虽然总体方差未知，但收集到的样本为大样本，可用样本方差代替，用正态分布来构建置信区间。由 SPSS 函数【IDF. NORMAL(0.9,0,1)】得 $z_{\alpha/2}=1.645$。根据样本数

据计算的样本均值和标准差分别为：$\bar{x}=39.5$，$s=7.77$。根据式（5.3）得：

$$39.5\pm1.645\times\frac{7.77}{\sqrt{36}}=39.5\pm2.13$$

即（37.4，41.6），投保人平均年龄的 90%的置信区间为 37.4～41.6 岁。

2. 小样本的估计

在小样本（$n<30$）情形下，对总体均值的估计都是建立在假定总体服从正态分布的前提下的。[①] 如果正态总体的 σ 已知，样本均值经过标准化后仍然服从标准正态分布，此时可根据正态分布使用式（5.2）建立总体均值的置信区间。如果正态总体的 σ 未知，样本均值经过标准化后则服从自由度为 $n-1$ 的 t 分布，即 $t=\frac{\bar{x}-\mu}{s/\sqrt{n}}\sim t(n-1)$，这时需要使用 t 分布构建总体均值的置信区间。在 $1-\alpha$ 置信水平下，总体均值的置信区间为：

$$\bar{x}\pm t_{\alpha/2}\frac{s}{\sqrt{n}} \qquad (5.4)$$

例 5-2

一家食品生产企业以生产袋装食品为主，按规定每袋的标准重量应为 100 克。为检查每袋的重量是否符合要求，企业质检部门从某天生产的一批食品中随机抽取 25 袋，测得每袋的重量如表 5-2 所示。假定食品重量服从正态分布，估计该天生产的食品平均重量的置信区间，置信水平为 95%。

表 5-2　25 袋食品的重量

112.5	101.0	103.0	102.0	100.5
102.6	107.5	95.0	108.8	115.6
100.0	123.5	102.0	101.6	102.2
116.6	95.4	97.8	108.6	105.0
136.8	102.8	101.5	98.4	93.3

解 总体服从正态分布，但 σ 未知，由于是小样本，样本均值经标准化后服从自由度为 $n-1$ 的 t 分布，因此可按式（5.4）建立置信区间。由 SPSS 函数【IDF. T(0.95,24)】得 $t_{\alpha/2}=2.0639$。由样本数据计算的样本均值为 $\bar{x}=105.36$，标准差 $s=9.6545$。根据式（5.4）得：

$$105.36\pm2.0639\times\frac{9.6545}{\sqrt{25}}=105.36\pm3.985$$

① 在估计之前，首先应对总体的正态性进行检验，可以用直方图、茎叶图、P-P 图或 Q-Q 图进行初步评估，也可以使用 χ^2 检验或非参数方法中的 K-S 检验。

即（101.375，109.345），该天生产的食品的平均重量的 95%的置信区间为 101.375～109.345 克。（该天生产的食品的平均重量是否在 101.375～109.345 克之间？请读者自己思考。）

上述计算仅为演示方法的计算过程，以帮助读者更好地理解估计方法。实际应用中，可直接由 SPSS 得到有关结果。下面的文本框给出了操作步骤。

求一个总体均值的置信区间（小样本）

第 1 步：选择【分析】→【比较平均值-单样本 T 检验】，进入主对话框。

第 2 步：将变量选入【检验变量】；在【选项】中选择所需的置信水平（默认值为 95%）。点击【确定】。

（注：选择【分析】→【描述统计-探索】，将变量选入【因变量列表】，点击【统计】，在【均值的置信区间】后输入所需的置信水平（默认值是 95%），点击【继续】。点击【确定】，可以得到相同的置信区间。）

SPSS 输出的结果如表 5-3 所示。

表 5-3　食品重量的 95%的置信区间

单样本检验						
	检验值 = 0					
					差值 95% 置信区间	
	t	自由度	Sig.（双尾）	平均值差值	下限	上限
食品重量	54.565	24	.000	105.3600	101.375	109.345

5.2.2　两个总体均值之差的估计

设两个总体的均值分别为 μ_1 和 μ_2，从两个总体中分别抽取样本量为 n_1 和 n_2 的两个随机样本，其样本均值分别为 $\bar{x}_1$ 和 $\bar{x}_2$。估计两个总体均值之差（$\mu_1-\mu_2$）的点估计量显然是两个样本均值之差（$\bar{x}_1-\bar{x}_2$）。估计原理与一个总体均值的区间估计相同，置信区间仍然是点估计量±估计误差。因此，两个总体均值之差（$\mu_1-\mu_2$）在 $1-\alpha$ 置信水平下的置信区间可一般地表示为：

$$(\bar{x}_1-\bar{x}_2)\pm\text{分位数值}\times(\bar{x}_1-\bar{x}_2)\text{的标准误差} \tag{5.5}$$

1. 独立大样本的估计

如果两个样本是从两个总体中独立抽取的，即一个样本中的元素与另一个样本中的元素相互独立，则称为独立样本（independent sample）。

如果两个样本都为大样本（$n_1\geqslant30$ 和 $n_2\geqslant30$），两个样本均值之差（$\bar{x}_1-\bar{x}_2$）近似服从期望值为（$\mu_1-\mu_2$）、方差为 $\left(\frac{\sigma_1^2}{n_1}+\frac{\sigma_2^2}{n_2}\right)$ 的正态分布，则两个样本均值之差经标准化后服

从标准正态分布，即

$$z=\frac{(\bar{x}_1-\bar{x}_2)-(\mu_1-\mu_2)}{\sqrt{\frac{\sigma_1^2}{n_1}+\frac{\sigma_2^2}{n_2}}}\sim N(0,1) \tag{5.6}$$

当两个总体的方差 σ_1^2 和 σ_2^2 都已知时，两个总体均值之差（$\mu_1-\mu_2$）在 $1-\alpha$ 置信水平下的置信区间为：

$$(\bar{x}_1-\bar{x}_2)\pm z_{\alpha/2}\sqrt{\frac{\sigma_1^2}{n_1}+\frac{\sigma_2^2}{n_2}} \tag{5.7}$$

当两个总体的方差 σ_1^2 和 σ_2^2 未知时，可用两个样本方差 s_1^2 和 s_2^2 来代替，这时，两个总体均值之差（$\mu_1-\mu_2$）在 $1-\alpha$ 置信水平下的置信区间为：

$$(\bar{x}_1-\bar{x}_2)\pm z_{\alpha/2}\sqrt{\frac{s_1^2}{n_1}+\frac{s_2^2}{n_2}} \tag{5.8}$$

例 5-3

某地区教育管理部门想估计两所中学的学生高考时的英语平均分数之差，为此在两所中学独立地抽取两个随机样本，有关数据如表 5-4 所示。建立两所中学高考英语平均分数之差 95%的置信区间。

表 5-4　两个样本的有关统计量

中学 1	中学 2
$n_1=46$	$n_2=33$
$\bar{x}_1=126$	$\bar{x}_2=118$
$s_1=5.8$	$s_2=7.2$

解 由 SPSS 函数【IDF. NORMAL(0. 025,0,1)】得 $z_{\alpha/2}=1.96$。根据式（5.8）得：

$$(126-118)\pm 1.96\times\sqrt{\frac{5.8^2}{46}+\frac{7.2^2}{33}}=8\pm 2.97$$

即（5.03，10.97），两所中学高考英语平均分数之差 95%的置信区间为 5.03～10.97 分。

2. 独立小样本的估计

当两个样本都为独立小样本（$n_1<30$ 和 $n_2<30$）时，为估计两个总体均值之差，需要假定两个总体都服从正态分布。当两个总体方差 σ_1^2 和 σ_2^2 已知时，两个样本均值之差经标准化后服从标准正态分布，此时可按式（5.7）建立两个总体均值之差的置信区间。当 σ_1^2 和 σ_2^2 未知时，有以下几种情况。

（1）当两个总体的方差未知但相等，即 $\sigma_1^2=\sigma_2^2=\sigma^2$ 时，需要用两个样本的方差 s_1^2 和 s_2^2 来估计 σ^2。这时，需要将两个样本的数据合并在一起，以给出 σ^2 的合并估计量 s_p^2，其计算公式为：

$$s_p^2=\frac{(n_1-1)s_1^2+(n_2-1)s_2^2}{n_1+n_2-2} \tag{5.9}$$

这时，两个样本均值之差经标准化后服从自由度为（n_1+n_2-2）的 t 分布，即

$$t=\frac{(\bar{x}_1-\bar{x}_2)-(\mu_1-\mu_2)}{s_p\sqrt{\dfrac{1}{n_1}+\dfrac{1}{n_2}}}\sim t(n_1+n_2-2) \tag{5.10}$$

因此，两个总体均值之差（$\mu_1-\mu_2$）在 $1-\alpha$ 置信水平下的置信区间为：

$$(\bar{x}_1-\bar{x}_2)\pm t_{\alpha/2}(n_1+n_2-2)\sqrt{s_p^2\left(\frac{1}{n_1}+\frac{1}{n_2}\right)} \tag{5.11}$$

（2）当两个总体的方差未知且不相等，即$\sigma_1^2\neq\sigma_2^2$ 时，两个样本均值之差经标准化后近似服从自由度为 v 的 t 分布，自由度 v 的计算公式为：

$$v=\frac{\left(\dfrac{s_1^2}{n_1}+\dfrac{s_2^2}{n_2}\right)^2}{\dfrac{(s_1^2/n_1)^2}{n_1-1}+\dfrac{(s_2^2/n_2)^2}{n_2-1}} \tag{5.12}$$

两个总体均值之差（$\mu_1-\mu_2$）在 $1-\alpha$ 置信水平下的置信区间为：

$$(\bar{x}_1-\bar{x}_2)\pm t_{\alpha/2}(v)\sqrt{\frac{s_1^2}{n_1}+\frac{s_2^2}{n_2}} \tag{5.13}$$

例 5 - 4

为估计两种方法组装产品所需时间的差异，分别对两种不同的组装方法各随机安排 12 名工人，每名工人组装一件产品所需的时间（单位：分钟）如表 5 - 5 所示。假定两种方法组装产品的时间服从正态分布。以 95%的置信水平建立两种方法在以下两种情况下组装产品所需平均时间差值的置信区间：（1）假定$\sigma_1^2=\sigma_2^2$；（2）假定$\sigma_1^2\neq\sigma_2^2$。

表 5 - 5　两种方法组装产品所需的时间

方法 1	方法 2
28.3	27.6
30.1	22.2
29.0	31.0
37.6	33.8
32.1	20.0
28.8	30.2
36.0	31.7
37.2	26.0
38.5	32.0
34.4	31.2
28.0	33.4
30.0	26.5

解 根据样本数据计算得到：

方法 1：$\bar{x}_1=32.5$，$s_1^2=15.996$。

方法 2：$\bar{x}_2=28.8$，$s_2^2=19.358$。

σ^2的合并估计量为：

$$s_p^2=\frac{(12-1)\times15.996+(12-1)\times19.358}{12+12-2}=17.677$$

由 SPSS 函数【IDF. T(0.975,22)】得：$t_{0.05/2}(12+12-2)=2.0739$。两个总体均值之差（$\mu_1-\mu_2$）的置信区间为：

$$(32.5-28.8)\pm2.0739\times\sqrt{17.677\times\left(\frac{1}{12}+\frac{1}{12}\right)}=3.7\pm3.5597$$

即（0.140 3，7.259 7），两种方法组装产品所需平均时间之差 95%的置信区间为 0.140 4～7.259 7 分钟。

上述结果可直接由 SPSS 给出，下面的文本框给出了操作步骤。

求两个总体均值之差的置信区间（独立小样本）

首先，把两个样本的观测值作为一个变量输入，然后设计另一个分组变量用于标记每个观测值所属的样本，比如，方法 1 用“1”表示，方法 2 用“2”表示。再按下列步骤操作。

第 1 步：选择【分析】→【比较平均值-独立样本 T 检验】，进入主对话框。

第 2 步：将检验变量（本例为“组装时间”）选入【检验变量】，将分组变量（本例为“组装方法”）选入【分组变量】，并点击【定义组】，在【组 1】后输入 1，在【组 2】后输入 2，点击【继续】回到主对话框。点击【确定】。

第 3 步：点击【选项】，选择所需的置信水平（默认值为 95%）。点击【继续】回到主对话框。点击【确定】。

（注：用 SPSS 求两个配对小样本的总体均值之差的置信区间的步骤与上述步骤类似。只需要选择【分析】→【比较平均值-成对样本 T 检验】，并将两个样本分别选入【变量 1】和【变量 2】即可。）

SPSS 输出的结果（部分）如表 5－6 所示。

表 5－6 两种方法组装产品所需平均时间差值的 95%的置信区间

独立样本检验										
		莱文方差等同性检验		平均值等同性 t 检验						
		F	显著性	t	自由度	Sig.（双尾）	平均值差值	标准误差差值	差值 95% 置信区间 下限	差值 95% 置信区间 上限
组装时间	假定等方差	.011	.917	2.156	22	.042	3.7000	1.7165	.1403	7.2597
	不假定等方差			2.156	21.803	.042	3.7000	1.7165	.1384	7.2616

表 5－6 分别给出了方差相等和方差不相等两种假设条件下的置信区间。由于假定方差相等的检验 P 值为 0.917，不拒绝原假设，可视为方差相等，因此本例应使用方差相等条件下的置信区间（注：假设检验的内容请参阅第 6 章，方差相等性检验统计量的计算请参阅第 8 章），即两种方法组装产品所需平均时间差值的 95 置信水平下的置信区间为 0.140 3～7.259 7 分钟。

3. 配对样本的估计

在上面的例 5－4 中，使用的是两个独立样本。但使用独立样本来估计两个总体均值之差时存在潜在弊端。比如，在对每种方法随机指派 12 名工人时，偶尔可能会将技术较差的 12 名工人指派给方法 1，而将技术较好的 12 名工人指派给方法 2。这种不公平的指派可能会掩盖两种方法组装产品所需时间的真正差异。

为解决这一问题，可以使用**配对样本**（paired sample），即一个样本中的数据与另一个样本中的数据相对应，这样的数据通常是对同一个体所做的前后两次测量。比如，先指定 12 名工人用方法 1 组装产品，再让这 12 名工人用方法 2 组装产品，这样得到的两种方法组装产品的时间数据就是配对数据。

使用配对样本进行估计时，在大样本条件下，两个总体均值之差 $\mu_d=\mu_1-\mu_2$ 在 $1-\alpha$ 置信水平下的置信区间为：

$$\bar{d}\pm z_{\alpha/2}\frac{\sigma_d}{\sqrt{n}} \tag{5.14}$$

式中，d 表示两个配对数据的差值，$\bar{d}$ 表示各差值的均值，σ_d 表示各差值的标准差。当总体的 σ_d 未知时，可用样本差值的标准差 s_d 代替。

在小样本条件下，假定两个总体各观察值的配对差服从正态分布。两个总体均值之差 $\mu_d=\mu_1-\mu_2$ 在 $1-\alpha$ 置信水平下的置信区间为：

$$\bar{d}\pm t_{\alpha/2}(n-1)\frac{s_d}{\sqrt{n}} \tag{5.15}$$

例 5－5

由 10 名学生组成一个随机样本，让他们分别采用 A 和 B 两套试卷进行测试，结果如表 5－7 所示。假定两套试卷分数之差服从正态分布，试建立两套试卷平均分数之差 $\mu_d=\mu_1-\mu_2$ 的 95％的置信区间。

表 5－7　10 名学生两套试卷的测试得分

学生编号	试卷 A	试卷 B
1	78	71
2	63	44
3	72	61

续表

学生编号	试卷A	试卷B
4	89	84
5	91	74
6	49	51
7	68	55
8	76	60
9	85	77
10	55	39

解 根据上表数据计算得：

$$\bar{d}=\frac{\sum_{i=1}^{10} d_i}{n_d}=\frac{110}{10}=11,\quad s_d=\sqrt{\frac{\sum_{i=1}^{10}(d_i-\bar{d})^2}{n_d-1}}=6.53$$

由SPSS函数【IDF.T(0.975,9)】得：$t_{0.05/2}(10-1)=2.2622$。根据式（5.15）得，两套试卷分数之差 $\mu_d=\mu_1-\mu_2$ 的置信区间为：

$$11\pm 2.2622\times\frac{6.53}{\sqrt{10}}=11\pm 4.67$$

即（6.33，15.67），两套试卷平均分数之差的95%的置信区间为6.33～15.67分。

SPSS输出的结果（部分）如表5-8所示。

表5-8 两种试卷平均分数之差 $\mu_d=\mu_1-\mu_2$ 的95%的置信区间

配对样本检验									
		配对差值					t	自由度	Sig.（双尾）
		平均值	标准偏差	标准误差平均值	差值95%置信区间 下限	差值95%置信区间 上限			
配对1	试卷A-试卷B	11.000	6.532	2.066	6.327	15.673	5.325	9	.000

5.3 总体比例的区间估计

研究一个总体时，推断总体比例 π 使用的统计量为样本比例 p。研究两个总体时，所关注的参数是两个总体的比例之差（$\pi_1-\pi_2$），用于推断的统计量则是两个样本的比例之差（p_1-p_2）。

5.3.1 一个总体比例的估计

推断总体比例时，同样需要考虑样本量的大小。当样本量非常大时，可采用传统的估计方法。对于小样本或中等大小的样本，改进后的估计方法更适用。

1. 大样本的估计方法（传统方法）

由样本比例 p 的抽样分布可知，当样本量足够大[①]时，比例 p 近似服从期望值为 $E(p)=\pi$、方差为 $\sigma_p^2=\frac{\pi(1-\pi)}{n}$ 的正态分布。而样本比例经标准化后则服从标准正态分布，即 $z=\frac{p-\pi}{\sqrt{\pi(1-\pi)/n}}\sim N(0, 1)$。因此，可由正态分布建立总体比例的置信区间。与总体均值的区间估计类似，总体比例的置信区间是 π 的点估计值 $p\pm$估计误差，π 在 $1-\alpha$ 置信水平下的置信区间可一般地表示为：

$$p\pm \text{分位数值}\times p \text{ 的标准误差} \tag{5.16}$$

适用于大样本的传统方法给出的总体比例 π 在 $1-\alpha$ 置信水平下的置信区间为：

$$p\pm z_{\alpha/2}\sqrt{\frac{p(1-p)}{n}} \tag{5.17}$$

式中，$z_{\alpha/2}$ 是标准正态分布两侧面积各为 $\alpha/2$ 时的 z 值，$z_{\alpha/2}\sqrt{\frac{p(1-p)}{n}}$ 是估计误差。

例 5－6

某城市想要进行一项交通措施改革，为征求市民对该项改革措施的意见，在成年人中随机调查了 500 个市民，其中 325 人赞成改革措施。用 95%的置信水平估计该城市成年人口中赞成该项改革的人数比例的置信区间。

解 由抽样结果计算的样本比例为 $p=325/500=65\%$。由 SPSS 函数【IDF. NORMAL(0.025, 0,1)】得，$z_{\alpha/2}=1.96$。根据式（5.17）得：

$$65\%\pm 1.96\times\sqrt{\frac{65\%\times(1-65\%)}{500}}=65\%\pm 4.18\%$$

即（60.82%，69.18%），该城市人口中赞成该项改革的比例的 95% 的置信区间为 60.82%～69.18%。

2. 任意大小样本的估计方法（改进方法）

虽然传统的估计方法至今仍被广泛使用，但按照传统方法计算出来的置信水平为 $1-\alpha$ 的置信区间能够覆盖总体真实比例的概率通常小于 $1-\alpha$，即使大样本也是如此（除非样本量非常大），更不可能应用于小样本。因此，对于任意大小的样本，可以通过修正实验次数（样本量）n 和样本比例 p 的值来改进置信区间。

---

① 对于总体比例的估计，确定样本量是否“足够大”的一般经验规则是：区间 $p\pm 2\sqrt{p(1-p)/2}$ 中不包含 0 或 1，或者要求 $np\geqslant 10$ 和 $n(1-p)\geqslant 10$。

最近的研究表明，对于任意大小的样本，将实验次数（样本量）n 加上 4，即用 $\tilde{n}=n+4$ 代替 n；将实验成功的次数 x 加上 2，即用 $\tilde{p}=(x+2)/\tilde{n}$ 代替 p，以此来改进置信区间。由此给出的总体比例 π 在 $1-\alpha$ 置信水平下的置信区间为：

$$\tilde{p}\pm z_{\alpha/2}\sqrt{\frac{\tilde{p}(1-\tilde{p})}{\tilde{n}}} \tag{5.18}$$

该区间也称为 Agresti-Coull 区间（由 Alan Agresti 和 Brent Coull 给出，以其姓氏命名）。对于任意大小的样本，都可以使用式（5.18）来计算总体比例的置信区间。只是在样本较小时，偶尔会有区间下限小于 0 或区间上限大于 1 的情况发生。此时可用 0 代替小于 0 的下限，用 1 代替大于 1 的上限。对于非常大的样本，传统方法和改进后的方法结果几乎相同，但对于小样本或中等样本，改进后的方法更适用。

例 5-7

沿用例 5-6。用 95%的置信水平估计该城市成年人口中赞成该项改革的人数比例的置信区间。

解 根据样本数据得：$\tilde{n}=500+4$，$\tilde{p}=(325+2)/(500+4)=64.88\%$。根据式（5.18）得：

$$64.88\%\pm 1.96\times\sqrt{\frac{64.88\%\times(1-64.88\%)}{504}}=64.88\%\pm 4.17\%$$

即（60.71%，69.05%），该城市成年人口中赞成该项改革的人数比例的 95%的置信区间为 60.71%～69.05%。

由于本例的样本量较大，两种方法得到的结果几乎相同。但对于中小样本，二者会有一定差异。因此，这里推荐使用改进后的方法。

5.3.2 两个总体比例之差的估计

对两个总体比例之差的估计同样需要考虑两个样本量的大小。当两个样本量都非常大时，可采用传统的估计方法。对于两个小样本或中等样本，可使用改进后的估计方法。

1. 两个大样本的估计方法（传统方法）

两个总体比例之差的区间估计原理与一个总体比例的区间估计相同，$(\pi_1-\pi_2)$ 的置信区间是点估计量 (p_1-p_2)±估计误差，即

$$(p_1-p_2)\pm 分位数\times(p_1-p_2)的标准误差 \tag{5.19}$$

设两总体都服从二项分布，即 $X_1\sim B(n_1, p_1)$，$X_2\sim B(n_2, p_2)$。x_1 为 n_1 次独立伯努利实验成功的次数，p_1 为成功的概率，x_2 为 n_2 次独立伯努利实验成功的次数，p_2 为成功的概率。由样本比例的抽样分布可知，从两个二项总体中抽取两个独立大样本，则两个

样本比例之差近似服从正态分布，而两个样本的比例之差经标准化后则服从标准正态分布，即

$$Z=\frac{(p_1-p_2)-(\pi_1-\pi_2)}{\sqrt{\frac{\pi_1(1-\pi_1)}{n_1}+\frac{\pi_2(1-\pi_2)}{n_2}}}\sim N(0,1) \tag{5.20}$$

由于两个总体比例 π_1 和 π_2 通常是未知的，可用样本比例 p_1 和 p_2 来代替，因此根据正态分布建立的两个总体比例之差（$\pi_1-\pi_2$）在 $1-\alpha$ 置信水平下的置信区间为：

$$(p_1-p_2)\pm z_{\alpha/2}\sqrt{\frac{p_1(1-p_1)}{n_1}+\frac{p_2(1-p_2)}{n_2}} \tag{5.21}$$

例 5-8

在某个电视节目的收视率调查中，女性观众随机调查了 500 人，有 225 人收看了该节目；男性观众随机调查了 400 人，有 128 人收看了该节目。用 95%的置信水平估计女性与男性收视率差值的置信区间。

解 设女性收视率为 $p_1=225/500=45\%$，男性收视率为 $p_2=128/400=32\%$，$z_{\alpha/2}=1.96$。因此，根据式（5.21）得（$\pi_1-\pi_2$）的置信区间为：

$$\begin{aligned}&(45\%-32\%)\pm 1.96\times\sqrt{\frac{45\%\times(1-45\%)}{500}+\frac{32\%\times(1-32\%)}{400}}\\&=13\%\pm 6.32\%\end{aligned}$$

即（6.68%，19.32%），女性与男性收视率差值 95%的置信区间为 6.68%～19.32%。

2. 两个任意大小样本的估计方法（改进方法）

最近的研究表明，对于两个任意大小的样本，只要对 n_1 和 n_2、p_1 和 p_2 略加修正就可以改进估计区间。具体做法是，将实验次数（样本量）n_1 和 n_2 各加上 2，即用 $\tilde{n}_1=n_1+2$ 代替 n_1，用 $\tilde{n}_2=n_2+2$ 代替 n_2；将实验成功的次数 x_1 和 x_2 各加上 1，即用 $\tilde{p}_1=(x_1+1)/\tilde{n}_1$ 代替 p_1，用 $\tilde{p}_2=(x_2+1)/\tilde{n}_2$ 代替 p_2，由此给出的两个总体比例之差（$\pi_1-\pi_2$）在 $1-\alpha$ 置信水平下的置信区间为：

$$(\tilde{p}_1-\tilde{p}_2)\pm z_{\alpha/2}\sqrt{\frac{\tilde{p}_1(1-\tilde{p}_1)}{\tilde{n}_1}+\frac{\tilde{p}_2(1-\tilde{p}_2)}{\tilde{n}_2}} \tag{5.22}$$

该区间也称为 Agresti-Coull 区间（由 Alan Agresti 和 Brent Coull 给出，以其姓氏命名）。对于任意大小的两个样本，都可以使用式（5.22）来计算两个总体比例之差的置信区间。如果有区间下限小于 0 或区间上限大于 1 的情况发生，可用 0 代替小于 0 的下限，用 1 代替大于 1 的上限。对于非常大的两个样本，传统方法和改进后的方法结果几乎相同，但对于两个小样本或中等样本，改进后的方法更适用，因此推荐使用改进后的方法。

例 5-9

沿用例 5-8。用 95%的置信水平估计女性与男性收视率差值的置信区间。

解 根据样本数据得：$\tilde{n}_1=500+2=502$，$\tilde{n}_2=400+2=402$，$\tilde{p}_1=(225+1)/502=45.02\%$，$\tilde{p}_2=(128+1)/402=32.09\%$。根据式（5.22）得：

$$(45.02\%-32.09\%)\pm1.96\times\sqrt{\frac{45.02\%(1-45.02\%)}{502}+\frac{32.09\%(1-32.09\%)}{402}}$$

$$=12.93\%\pm6.31\%$$

即（6.62%，19.24%），女性与男性收视率差值 95%的置信区间为 6.62%～19.24%。

5.4 总体方差的区间估计

研究一个总体时，推断总体方差 σ^2 的统计量是样本方差 s^2。研究两个总体时，所关注的参数是两个总体的方差比 σ_1^2/σ_2^2，用于推断的统计量则是两个样本的方差比 s_1^2/s_2^2。

5.4.1 一个总体方差的估计

估计总体方差时，首先假定总体服从正态分布。其原理与总体均值和总体比例的区间估计不同，不再是点估计量±估计误差。因为样本方差的抽样分布服从自由度为 $n-1$ 的 χ^2 分布，所以需要用 χ^2 分布构造总体方差的置信区间。由于 χ^2 分布是不对称分布，无法由点估计值加减估计误差得到总体方差的置信区间。

怎样构造总体方差的置信区间呢？若给定显著性水平 α，用 χ^2 分布构造总体方差 σ^2 的置信区间的原理可用图 5-8 表示。

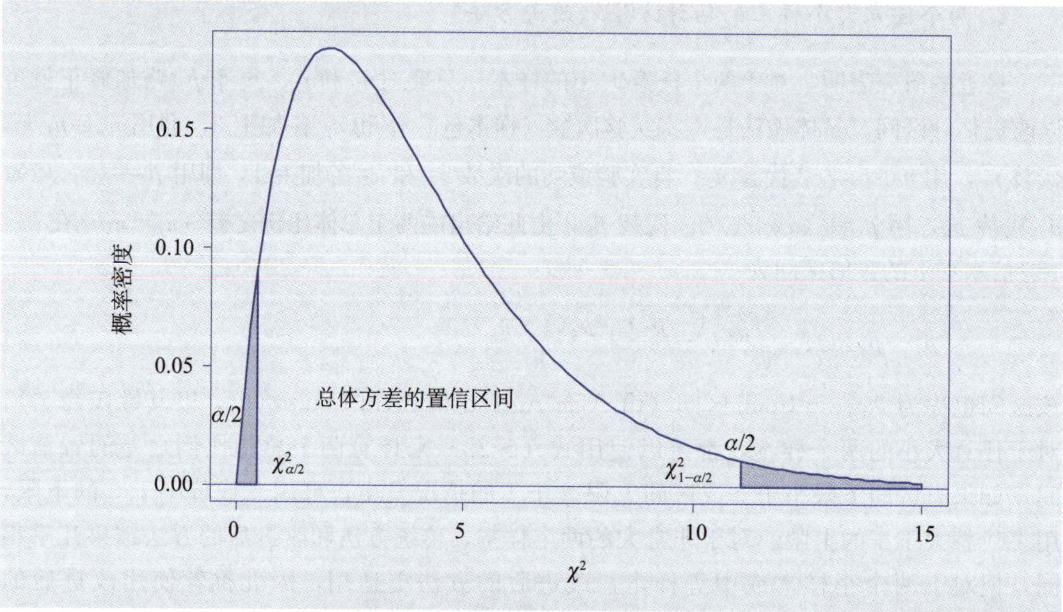

图 5-8 总体方差的置信区间示意图

图 5 - 8 显示，建立总体方差 σ^2 的置信区间，也就是要找到一个 χ^2 值，使其满足 $\chi^2_{\alpha/2} \leqslant \chi^2 \leqslant \chi^2_{1-\alpha/2}$，由于 $\frac{(n-1)s^2}{\sigma^2} \sim \chi^2(n-1)$，因此可用它来代替 χ^2，于是有：

$$\chi^2_{\alpha/2} \leqslant \frac{(n-1)s^2}{\sigma^2} \leqslant \chi^2_{1-\alpha/2} \tag{5.23}$$

根据式（5.23）可推导出总体方差 σ^2 在 $1-\alpha$ 置信水平下的置信区间为：

$$\frac{(n-1)s^2}{\chi^2_{1-\alpha/2}} \leqslant \sigma^2 \leqslant \frac{(n-1)s^2}{\chi^2_{\alpha/2}} \tag{5.24}$$

例 5 - 10

沿用例 5 - 2。以 95% 的置信水平建立该食品重量方差的置信区间。

解 根据样本数据计算的样本方差为 $s^2=93.21$。根据显著性水平 $\alpha=0.05$ 和自由度 $n-1=25-1=24$，由 SPSS 函数【IDF. CHISQ(0.025,24)】得 $\chi^2_{\alpha/2}(n-1)=\chi^2_{0.025}(25-1)=12.4012$，由函数【IDF. CHISQ(0.975,24)】得 $\chi^2_{1-\alpha/2}(n-1)=\chi^2_{0.975}(25-1)=39.3641$。总体方差 σ^2 的置信区间为：

$$\frac{(25-1)\times 93.21}{39.3641} \leqslant \sigma^2 \leqslant \frac{(25-1)\times 93.21}{12.4012}$$

即 $56.83 \leqslant \sigma^2 \leqslant 180.39$。相应地，总体标准差的置信区间则为 $7.54 \leqslant \sigma \leqslant 13.43$。该企业生产的食品重量标准差的 95% 的置信区间为 7.54～13.43 克。

5.4.2 两个总体方差比的估计

在实际问题中，经常会遇到比较两个总体方差的问题。比如，希望比较用两种不同方法生产的产品性能的稳定性，比较不同测量工具的精度，等等。

由于两个样本的方差比服从 $F(n_1-1,\ n_2-2)$ 分布，因此可用 F 分布来构造两个总体方差比 σ_1^2/σ_2^2 的置信区间，其原理可用图 5 - 9 来表示。

建立两个总体方差比的置信区间，也就是要找到一个 F 值使其满足 $F_{\alpha/2} \leqslant F \leqslant F_{1-\alpha/2}$。由于 $\frac{s_1^2}{s_2^2} \cdot \frac{\sigma_2^2}{\sigma_1^2} \sim F(n_1-1,\ n_2-1)$，因此可用它来代替 F，于是有

$$F_{\alpha/2} \leqslant \frac{s_1^2}{s_2^2} \cdot \frac{\sigma_2^2}{\sigma_1^2} \leqslant F_{1-\alpha/2} \tag{5.25}$$

根据式（5.25）可以推导出两个总体方差比在 $1-\alpha$ 置信水平下的置信区间为：

$$\frac{s_1^2/s_2^2}{F_{1-\alpha/2}} \leqslant \frac{\sigma_1^2}{\sigma_2^2} \leqslant \frac{s_1^2/s_2^2}{F_{\alpha/2}} \tag{5.26}$$

式中，$F_{\alpha/2}$ 和 $F_{1-\alpha/2}$ 为分子自由度为 n_1-1、分母自由度为 n_2-1 的 F 分布两侧面积为 $\alpha/2$ 和 $1-\alpha/2$ 的分位数。

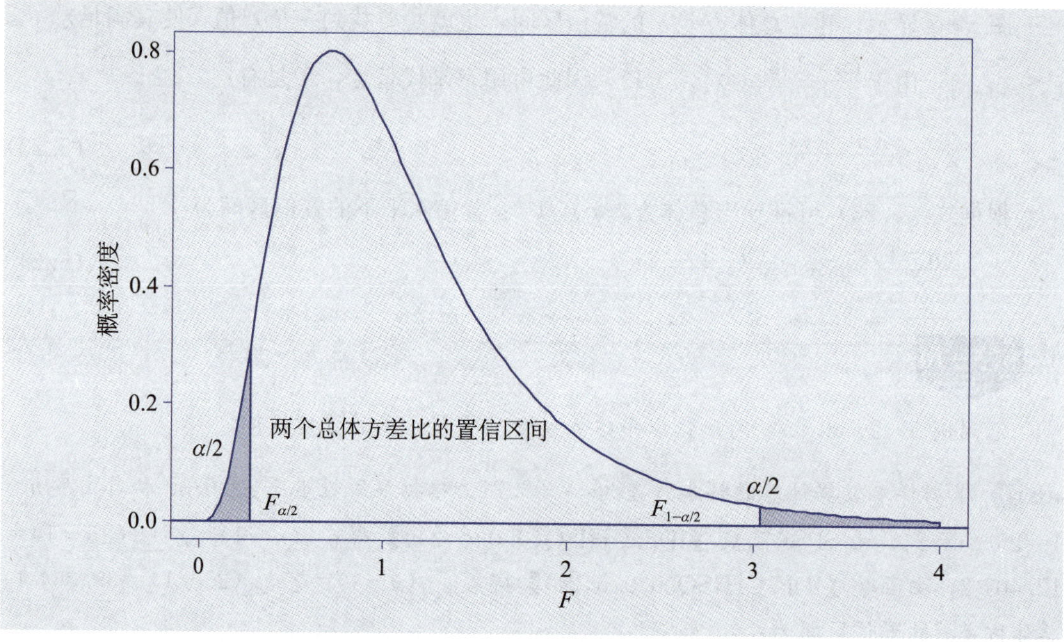

图 5－9　总体方差比的置信区间示意图

例 5－11

为研究男女学生在生活费支出（单位：元）上的差异，在某大学各随机抽取 25 名女学生和 25 名男学生，得到女学生生活费支出的方差 $s_1^2=3\ 600$，男学生生活费支出的方差 $s_2^2=2\ 500$。以 95%的置信水平估计男女学生生活费支出方差比的置信区间。

解 根据自由度 $n_1=25-1=24$ 和 $n_2=25-1=24$，由 SPSS 函数【IDF. F(0.975,24,24)】得 $F_{0.975}(24,24)=2.269\ 3$，由函数【IDF. F(0.025,24,24)】得 $F_{0.025}(24,24)=0.440\ 7$。根据式（5.26）得：

$$\frac{3\ 600/2\ 500}{2.269\ 3}\leqslant\frac{\sigma_1^2}{\sigma_2^2}\leqslant\frac{3\ 600/2\ 500}{0.440\ 7}$$

即 $0.634\ 557\leqslant\sigma_1^2/\sigma_2^2\leqslant3.267\ 529$，女学生与男学生生活费支出方差比的 95%的置信区间为（0.634 557，3.267 529）。

5.5 样本量的确定

在进行参数估计之前，首先应确定一个适当的样本量。究竟应该抽取一个多大的样本来估计总体参数呢？进行估计时，总是希望提高估计的可靠程度。但在一定的样本量下，要提高估计的可靠程度，就需要给出较高的置信水平以扩大置信区间，但相应地，准确性会下降。如果想要提高估计的准确性，在不降低置信水平的条件下，就需要增加样本量以缩小置信区间，但样本量的增加也会受到许多限制。通常，样本量的确定与可以容忍的置信区间的宽度以及对此区间设置的置信水平有一定关系。

5.5.1　估计总体均值时样本量的确定

1. 估计一个总体均值时样本量的确定

总体均值的置信区间由样本均值 $\bar{x}$ 和估计误差两部分组成。在重复抽样或无限总体抽样条件下，估计误差为$z_{\alpha/2}\dfrac{\sigma}{\sqrt{n}}$，$z_{\alpha/2}$的值和样本量 n 共同确定了估计误差的大小。一旦确定了置信水平 $1-\alpha$，$z_{\alpha/2}$的值就确定了。对于给定的$z_{\alpha/2}$的值和总体标准差 σ，可以确定任一允许的估计误差所需的样本量。令 E 代表允许的估计误差，可以推导出所需样本量的计算公式如下：

$$n=\frac{(z_{\alpha/2})^2\sigma^2}{E^2} \tag{5.27}$$

式中，E 值是使用者在给定的置信水平下可以接受的估计误差。如果能求出 σ 的具体值，就可以用上面的公式计算所需的样本量。如果 σ 的值未知，则可以用以前相同或类似的样本的标准差来代替；也可以用实验调查的办法，选择一个初始样本，以该样本的样本标准差作为 σ 的估计值。

从式（5.27）可以看出，样本量与置信水平成正比，在其他条件不变的情况下，置信水平越高，所需的样本量就越大；样本量与总体方差成正比，总体的差异越大，所需的样本量也就越大；样本量与估计误差的平方成反比，即允许的估计误差的平方越大，所需的样本量就越小。简言之，想求一个很有把握或精度很高的估计，就需要更大的样本量。

注意：根据式（5.27）计算出的样本量不一定是整数，通常是将样本量取成较大的整数，也就是将小数点后面的数值一律进位成整数，如 24.68 取 25，24.32 也取 25，等等。

例 5 - 12

拥有工商管理学士学位的大学毕业生年薪的标准差大约为 2 000 元，假定想要估计年薪 95%的置信区间，允许的估计误差不超过 400 元，应抽取多大的样本量？

解　已知 $\sigma=2\ 000$，$E=400$，$z_{\alpha/2}=1.96$。根据式（5.27）得：

$$n=\frac{1.96^2\times 2\ 000^2}{400^2}=96.04\approx 97$$

即应抽取 97 人作为样本。

2. 估计两个总体均值之差时样本量的确定

在估计两个总体均值之差时，样本量的确定方法与上述类似。对于给定的估计误差和置信水平 $1-\alpha$，估计两个总体均值之差所需的样本量为：

$$n_1=n_2=\frac{(z_{\alpha/2})^2\cdot(\sigma_1^2+\sigma_2^2)}{E^2} \tag{5.28}$$

式中，n_1 和 n_2 为来自两个总体的样本量，σ_1^2 和 σ_2^2 为两个总体的方差。

例 5 - 13

一所中学的教务处想要估计实验班和普通班数学考试成绩平均分数差值的置信区间。要求置信水平为 95%，预先估计两个班考试分数的方差分别为：实验班 $\sigma_1^2=90$，普通班 $\sigma_2^2=120$。如果要求估计误差不超过 5 分，在两个班应分别抽取多少名学生作为样本？

解 已知 $\sigma_1^2=90$，$\sigma_2^2=120$，$E=5$，$z_{\alpha/2}=1.96$。根据式（5.28）得：

$$n_1=n_2=\frac{1.96^2\times(90+120)}{5^2}=32.269\approx 33$$

即应各抽取 33 人作为样本。

5.5.2 估计总体比例时样本量的确定

1. 估计一个总体比例时样本量的确定

与估计总体均值时样本量的确定方法类似，在重复抽样或无限总体抽样条件下，估计总体比例置信区间的估计误差为 $z_{\alpha/2}\sqrt{\frac{\pi(1-\pi)}{n}}$，$z_{\alpha/2}$ 的值、总体比例 π 和样本量 n 共同确定了估计误差的大小。因为总体比例的值是固定的，所以估计误差由样本量确定，样本量越大，估计误差就越小，估计的精度也就越好。因此，对于给定的 $z_{\alpha/2}$ 的值，可以计算出一定的允许估计误差条件下所需的样本量。令 E 代表允许的估计误差，可以推导估计总体比例时所需的样本量，计算公式如下：

$$n=\frac{(z_{\alpha/2})^2\cdot\pi(1-\pi)}{E^2} \tag{5.29}$$

式中，估计误差 E 由使用者事先确定。大多数情况下，E 的取值一般应小于 0.10。如果能够求出 π 的具体值，就可以用上面的公式计算所需的样本量。如果 π 的值未知，可以用类似的样本比例来代替，也可以用实验调查的办法，选择一个初始样本，以该样本的比例作为 π 的估计值。当 π 的值无法知道时，通常取使 $\pi(1-\pi)$ 最大的值 0.5。

例 5 - 14

根据以往的生产统计，某种产品的合格率约为 90%，现要求估计误差不超过 5%，在求 95%的置信区间时，应抽取多少个产品作为样本？

解 已知 $\pi=90\%$，$E=5\%$，$z_{\alpha/2}=1.96$，根据式（5.29）得：

$$n=\frac{1.96^2\times0.9\times(1-0.9)}{0.05^2}=138.3\approx 139$$

即应抽取 139 个产品作为样本。

2. 估计两个总体比例之差时样本量的确定

对于给定的估计误差和置信水平 $1-\alpha$，估计两个总体比例之差所需的样本量为：

$$n_1=n_2=\frac{(z_{\alpha/2})^2\cdot[\pi_1(1-\pi_1)+\pi_2(1-\pi_2)]}{E^2} \tag{5.30}$$

式中，n_1 和 n_2 为来自两个总体的样本量，π_1 和 π_2 为两个总体的比例。

例 5-15

一家瓶装饮料制造商想要估计顾客对一种新型饮料认知的广告效果。在广告前和广告后分别从市场营销区各抽取消费者的一个随机样本，并询问这些消费者是否听说过这种新型饮料。这家制造商想以95%的置信水平估计广告前后知道该新型饮料消费者的比例之差。若要求估计误差不超过10%，抽取的两个样本分别应为多少人（假定两个样本量相等）？

解 已知 $E=10\%$，$z_{\alpha/2}=1.96$。由于没有 π_1 和 π_2 的信息，此时用0.5作为 π_1 和 π_2 的近似值。根据式（5.30）得：

$$n_1=n_2=\frac{1.96^2\times[0.5\times(1-0.5)+0.5\times(1-0.5)]}{0.1^2}=192.08\approx193$$

即两个样本应各包括193人。

思维导图

参数估计所用的分布

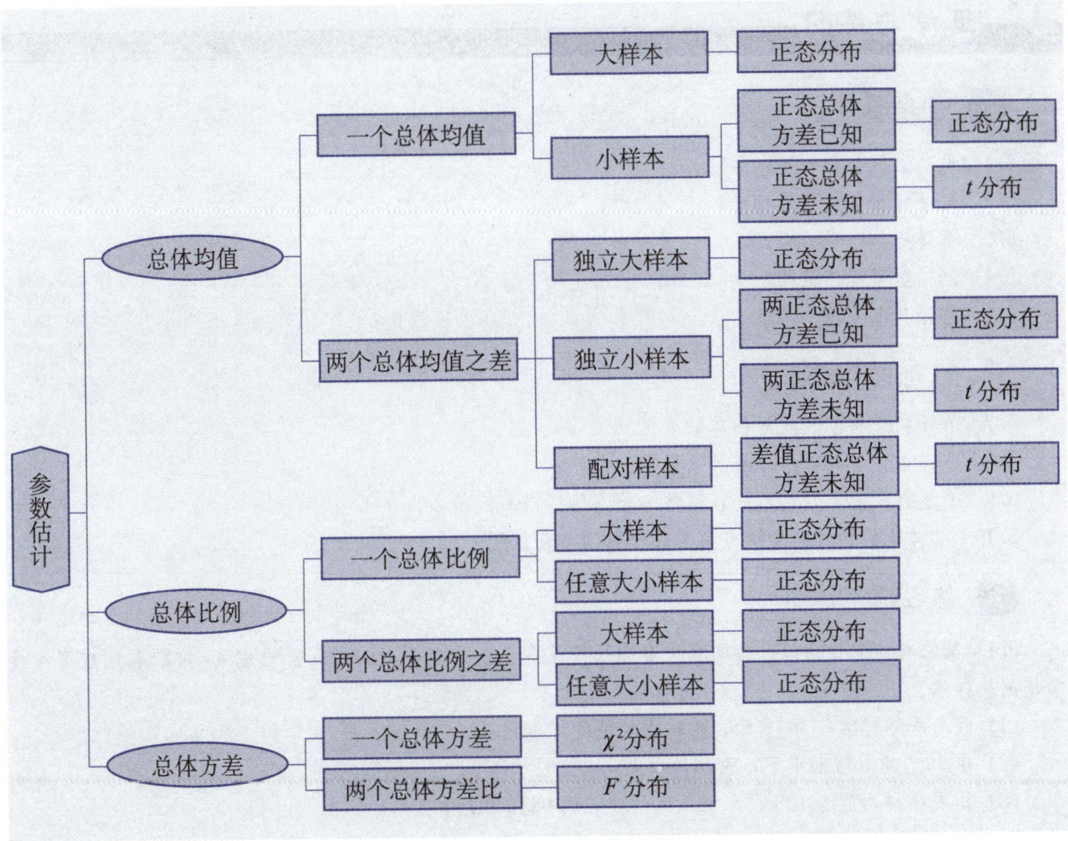

主要术语

- **估计量**（estimator）：用来估计总体参数的统计量的名称，用 $\hat{\theta}$ 表示。
- **估计值**（estimated value）：估计总体参数时计算出来的估计量的具体数值。
- **点估计**（point estimation）：用样本估计量 $\hat{\theta}$ 的取值直接作为总体参数 θ 的估计值。
- **区间估计**（interval estimation）：在点估计的基础上，给出总体参数估计的一个估计区间，该区间通常由样本估计量加减估计误差组成。
- **置信区间**（confidence interval）：由样本估计量构造出的总体参数在一定置信水平下的估计区间。
- **置信水平**（confidence level）：也称为置信度或**置信系数**（confidence coefficient），在重复构造的总体参数的多个置信区间中包含总体参数真值的次数所占的比例。
- **无偏性**（unbiasedness）：指估计量抽样分布的期望值等于被估计的总体参数。
- **有效性**（efficiency）：指估计量的方差大小。对于同一总体参数的多个无偏估计量，有更小方差的估计量更有效。
- **一致性**（consistency）：随着样本量的无限增大，统计量收敛于所估总体的参数。
- **独立样本**（independent sample）：一个样本中的元素与另一个样本中的元素相互独立。
- **配对样本**（paired sample）：一个样本中的数据与另一个样本中的数据相对应。

思考与练习

一 思考题

5.1 说明区间估计的基本原理。

5.2 简述评价估计量的标准。

5.3 解释置信水平的含义。

5.4 怎样理解置信区间？

5.5 解释 95%的置信区间。

5.6 $z_{\alpha/2}\frac{\sigma}{\sqrt{n}}$的含义是什么？

5.7 解释独立样本和配对样本的含义。

5.8 小样本估计时对总体有什么假定？

5.9 简述样本量与置信水平、总体方差、估计误差的关系。

5.10 总体比例估计的传统方法与改进方法有何区别？

二 练习题

5.1 某快餐店想要估计每位顾客午餐的平均花费，在为期 3 周的时间里选取 49 位顾客组成了一个简单随机样本。

（1）假定总体标准差为 15 元，求样本均值的标准误差。

（2）在 95%的置信水平下，求估计误差。

（3）如果样本均值为 120 元，求总体均值 μ 的 95%的置信区间。

5.2 利用下面的信息，构建总体均值 μ 的置信区间。

(1) 总体服从正态分布，且已知 $\sigma=500$，$n=15$，$\bar{x}=8\ 900$，置信水平为 95%。

(2) 总体不服从正态分布，且已知 $\sigma=500$，$n=35$，$\bar{x}=8\ 900$，置信水平为 95%。

(3) 总体不服从正态分布，σ 未知，$n=35$，$\bar{x}=8\ 900$，$s=500$，置信水平为 90%。

(4) 总体不服从正态分布，σ 未知，$n=35$，$\bar{x}=8\ 900$，$s=500$，置信水平为 99%。

5.3　某大学为了解学生每天上网的时间，从全校学生中随机抽取 36 人，调查他们每天上网的时间，得到下面的数据（单位：小时）。

3.3	3.1	6.2	5.8	2.3	4.1	5.4	4.5	3.2
4.4	2.0	5.4	2.6	6.4	1.8	3.5	5.7	2.3
2.1	1.9	1.2	5.1	4.3	4.2	3.6	0.8	1.5
4.7	1.4	1.2	2.9	3.5	2.4	0.5	3.6	2.5

求该校大学生平均上网时间的置信区间，置信水平分别为 90%、95%和 99%。

5.4　某小区共有居民 500 户，小区管理者准备采取一项新的供水设施，想了解居民是否赞成。采取重复抽样方法随机抽取了 50 户，其中有 32 户赞成，18 户反对。

(1) 分别使用传统方法和改进方法估计总体中赞成新措施的户数比例的置信区间，置信水平为 95%。

(2) 如果小区管理者预计赞成的比例能达到 80%，要求估计误差不超过 10%，则应抽取多少户进行调查?

5.5　顾客到银行办理业务时往往需要等待一些时间，而等待时间的长短与许多因素有关，比如，银行的业务员办理业务的速度，顾客等待排队的方式，等等。为此，某银行准备采取两种排队方式进行实验。第一种排队方式是所有顾客都进入一个等待队列，第二种排队方式是顾客在三个业务窗口处列队三排等待。为比较哪种排队方式使顾客等待的时间更短，银行各随机抽取 10 名顾客，他们在办理业务时等待的时间（单位：分钟）如下。

方式 1	6.5	6.6	6.7	6.8	7.1	7.3	7.4	7.7	7.7	7.7
方式 2	4.2	5.4	5.8	6.2	6.7	7.7	7.7	8.5	9.3	10.0

(1) 构建第一种排队方式等待时间标准差的 95%的置信区间。

(2) 构建第二种排队方式等待时间标准差的 95%的置信区间。

(3) 根据 (1) 和 (2) 的结果，你认为哪种排队方式更好?

5.6　两个正态总体的方差 σ_1^2 和 σ_2^2 未知但相等。从两个总体中分别抽取两个独立的随机样本，它们的均值和标准差如下。

来自总体 1 的样本	来自总体 2 的样本
$n_1=14$	$n_2=7$
$\bar{x}_1=53.2$	$\bar{x}_2=43.4$
$s_1^2=96.8$	$s_2^2=102.0$

(1) 求 $\mu_1-\mu_2$ 的 95%的置信区间。

(2) 求 $\mu_1-\mu_2$ 的 99%的置信区间。

5.7　一家人才测评机构对随机抽取的 10 名小企业的经理人用两种方法进行自信心测试，得到的自信心测试分数如下。

人员编号	方法1	方法2
1	78	71
2	63	44
3	72	61
4	89	84
5	91	74
6	49	51
7	68	55
8	76	60
9	85	77
10	55	39

构建两种方法平均自信心得分之差 $\mu_d=\mu_1-\mu_2$ 的95%的置信区间。

5.8 从两个总体中各抽取一个 $n_1=n_2=250$ 的独立随机样本，来自总体1的样本比例为 $p_1=40\%$，来自总体2的样本比例为 $p_2=30\%$。

(1) 用传统方法构造 $\pi_1-\pi_2$ 的95%的置信区间。

(2) 用现代方法构造 $\pi_1-\pi_2$ 的95%的置信区间。

(3) 对两种方法构造的置信区间进行比较。

5.9 生产工序的方差是工序质量的一个重要度量。当方差较大时，需要对工序进行改进以减小方差。下面是两部机器生产的袋茶重量（单位：克）数据。

机器1			机器2		
3.45	3.22	3.90	3.22	3.28	3.35
3.20	2.98	3.70	3.38	3.19	3.30
3.22	3.75	3.28	3.30	3.20	3.05
3.50	3.38	3.35	3.30	3.29	3.33
2.95	3.45	3.20	3.34	3.35	3.27
3.16	3.48	3.12	3.28	3.16	3.28
3.20	3.18	3.25	3.30	3.34	3.25

构造两个总体方差比 σ_1^2/σ_2^2 的95%的置信区间。

5.10 某超市想要估计每位顾客平均每次购物的花费。根据过去的经验，标准差大约为120元，现要求以95%的置信水平估计每位顾客平均购物的花费的置信区间，并要求估计误差不超过20元，则应抽取多少位顾客作为样本？

5.11 假定两个总体的标准差分别为 $\sigma_1=12$，$\sigma_2=15$，若要求估计误差不超过5，相应的置信水平为95%，假定 $n_1=n_2$，估计两个总体均值之差 $\mu_1-\mu_2$ 时所需的样本量为多大？

5.12 假定 $n_1=n_2$，估计误差 $E=0.05$，相应的置信水平为95%，估计两个总体比例之差 $\pi_1-\pi_2$ 时所需的样本量为多大？

第6章 假设检验

问题与思考：你相信饮用水瓶子标签上的说法吗？

产品的外包装上都贴有标签，标签上通常标有该产品的性能说明、成分指标等信息。下面是农夫山泉500ml瓶装饮用水外包装标签上给出的特征性指标信息。

每100ml含量（μg/100ml）	
钙	≥400
镁	≥50
钾	≥35
钠	≥80
偏硅酸	≥180
PH值（25℃）	7.3±0.5

你相信标签上特征性指标给出的这些数值吗？如果你相信或者对此没有异议，你就不必做任何事情，直接买来饮用就可以了；如果你不相信或者对此持怀疑态度，想要验证标签上的说法是否正确，那么，你可以从某个批次的瓶装水中随机抽取若干瓶来做检验。这里你该如何提出检验的假设呢？如何根据样本信息做出决策呢？做出这一决策有可能犯什么错误呢？决策的结论该如何解释呢？本章将提供一套标准统计检验程序来回答这样的问题。

假设检验是推断统计的另一项重要内容，它与参数估计类似，但角度不同。参数估计是利用样本信息来推断未知的总体参数，而假设检验则是先对总体参数提出一个假设值，然后利用样本信息来判断这一假设是否成立。本章首先介绍假设检验的基本原理，然后介绍总体均值、总体比例和总体方差的检验方法。

6.1 假设检验的原理

假设检验的大体思路是：首先对所关心的总体提出某种假设，然后从待检验的总体中抽取一个随机样本并获得数据，再根据样本提供的信息判断假设是否成立。如果所关注的是总体的某个参数，并对参数的某个假设值做检验，称为**参数检验**（parameter test）；如果是对总体的其他特征（如分布的形式）做检验，或者样本数据不满足参数检验的条件，则称为**非参数检验**（nonparametric test）。本章主要介绍参数检验方法。

6.1.1 怎样提出假设

所谓**假设**（hypothesis），就是对总体的某种看法。在参数检验中，假设就是对总体参数的具体数值所做的陈述。比如，我们虽然不知道一批灯泡的平均使用寿命是多少，不知道一批产品的合格率是多少，不知道全校学生月生活费支出的方差是多少，但可以事先提出一个假设值，如假设，这批灯泡的平均使用寿命是 6 500 小时，这批产品的合格率是 95%，全校学生月生活费支出的方差是 10 000，等等。这些陈述就是对总体参数提出的假设。

假设检验（hypothesis test）是在对总体参数提出假设的基础上，利用样本信息来判断假设是否成立的统计方法。比如，假设全校学生月生活费支出的平均值是 2 500 元，然后从全校学生中抽取一个样本，根据样本信息检验月平均生活费支出是否为 2 500 元，这就是假设检验。

在假设检验中，首先需要提出两种假设，即原假设和备择假设。

原假设也称**零假设**（null hypothesis），通常是研究者想收集证据予以推翻的假设，用 H_0 表示。原假设所表达的含义总是指参数没有变化或变量之间没有关系，因此等号“=”总是放在原假设上。以总体均值的检验为例，设参数的假设值为 μ_0，原假设总是写成 $H_0: \mu=\mu_0$、$H_0: \mu\geqslant\mu_0$ 或 $H_0: \mu\leqslant\mu_0$。原假设最初被假设是成立的，之后根据样本数据确定是否有足够的证据拒绝原假设。

备择假设（alternative hypothesis）通常是指研究者想收集证据予以支持的假设，用 H_1 或 H_a 表示。备择假设所表达的含义是总体参数发生了变化或变量之间有某种关系，因此，备择假设的形式总是为 $H_1: \mu\neq\mu_0$、$H_1: \mu<\mu_0$ 或 $H_1: \mu>\mu_0$。备择假设通常用于表达研究者自己倾向于支持的看法，然后就是想办法收集证据拒绝原假设，以支持备择假设。

在假设检验中，如果备择假设没有特定的方向性，并含有符号“≠”，这样的假设检验称为**双侧检验**或称**双尾检验**（two-tailed test）。如果备择假设具有特定的方向性，并含有符号“>”或“<”，这样的假设检验称为**单侧检验**或**单尾检验**（one-tailed test）。备择假设含有“<”符号的单侧检验称为**左侧检验**，而含有“>”符号的单侧检验称为**右侧检验**。

确定原假设和备择假设在假设检验中十分重要，它直接关系到检验的结论。下面通过两个例子来说明确定原假设和备择假设的大概思路。

例 6-1

一种零件的生产标准是直径为 15cm，为控制生产过程，质量监测人员定期对一台加工机床进行检查，确定这台机床生产的零件是否符合标准。如果零件的平均直径大于或小于 15cm，则表明生产过程不正常，必须进行调整。试陈述用来检验生产过程是否正常的原假设和备择假设。

解 设这台机床生产的所有零件平均直径的真值为 μ。如果 $\mu=15$，表明生产过程正常，如果 $\mu>15$ 或 $\mu<15$，则表明机床的生产过程不正常，研究者要检测这两种可能情况中的任何一种。因此，研究者想收集证据予以推翻的假设应该是“生产过程正常”，而想收集证据予以支持的假设则是“生产过程不正常”（因为如果研究者事先认为生产过程正常，也就没有必要进行检验了）。所以建立的原假设和备择假设应分别为：

$H_0: \mu=15$（生产过程正常），$H_1: \mu\neq15$（生产过程不正常）

例 6-2

以本章开头给出的饮用水瓶子上的标签为例。检验每 100ml 水中钙的含量是否大于等于 400μg。如果是消费者来做检验，应该提出怎样的原假设和备择假设？如果是生产厂家来做检验，又会提出怎样的原假设和备择假设？

解 设每 100ml 水中钙的含量均值为 μ。消费者做检验的目的是想寻找证据推翻标签中的说法，即 $\mu\geqslant400\mu g$（如果对标签中的数值没有质疑，也就没有抽检的必要了），而想支持的观点则是标签中的说法不正确，即 $\mu<400\mu g$。因此，提出的原假设和备择假设应分别为：

$H_0: \mu\geqslant400$（标签中的说法正确），$H_1: \mu<400$（标签中的说法不正确）

如果是生产厂家做检验，生产者自然是想办法来支持自己的看法，也就是想寻找证据证明标签中的说法是正确的，即 $\mu>400\mu g$，而想推翻的则是 $\mu\leqslant400\mu g$，因此会提出与消费者观点不同（方向相反）的原假设和备择假设，即

$H_0: \mu\leqslant400$（想推翻的假设），$H_1: \mu>400$（想支持的假设）

通过上面几个例子可以看出，原假设和备择假设是一个完备事件组，而且相互对立。这意味着，在一项假设检验中，原假设和备择假设必有一个成立，而且只有一个成立。此外，假设的确定带有一定的主观色彩，因为“研究者想推翻的假设”和“研究者想支持的

假设”最终仍取决于研究者本人的意向。所以，即使是对同一个问题，由于研究目的不同，也可能提出截然不同的假设。但无论怎样，只要假设的建立符合研究者的最终目的，便是合理的。

6.1.2 怎样做出决策

假设检验是根据样本信息做出拒绝或不拒绝原假设的决策。这就涉及两个问题：一是依据什么做出决策，二是所做的决策是否正确。

1. 两类错误与显著性水平

研究者总是希望能做出正确的决策，但由于决策建立在样本信息的基础之上，而样本又是随机的，因而就有可能犯错误。

原假设和备择假设不能同时成立，决策的结果要么拒绝原假设，要么不拒绝原假设。决策时总是希望当原假设正确时没有拒绝它，当原假设不正确时拒绝它，但实际上很难保证不犯错误。一种情况是，原假设是正确的却拒绝了原假设，这时所犯的错误称为**第Ⅰ类错误**（type Ⅰ error），犯第Ⅰ类错误的概率记为 α，因此也称 **α 错误**。另一种情况是，原假设是错误的却没有拒绝原假设，这时所犯的错误称为**第Ⅱ类错误**（type Ⅱ error），犯第Ⅱ类错误的概率记为 β，因此也称 **β 错误**。

在假设检验中，只要做出拒绝原假设的决策，就有可能犯第Ⅰ类错误，只要做出不拒绝原假设的决策，就有可能犯第Ⅱ类错误。从直觉上说，犯这两类错误的概率之间存在这样的关系：在样本量不变的情况下，要减小 α 就会使 β 增大，而要增大 α 就会使 β 减小，两类错误就像一个跷跷板。人们自然希望犯两类错误的概率都尽可能小，但实际上难以做到。使 α 和 β 同时减小的唯一办法就是增加样本量，但样本量的增加又会受许多因素的限制，所以人们只能在两类错误的发生概率之间进行平衡，以使 α 和 β 控制在能够接受的范围内。一般来说，对于一个给定的样本，如果犯第Ⅰ类错误的代价比犯第Ⅱ类错误的代价高，则将犯第Ⅰ类错误的概率定得低些较为合理；反之，则可以将犯第Ⅰ类错误的概率定得高些。那么假设检验中先控制哪类错误呢？一般来说，发生哪类错误的后果更严重，就应该首要控制哪类错误发生的概率。但由于犯第Ⅰ类错误的概率可以由研究者事先控制，而犯第Ⅱ类错误的概率则相对难以计算，因此在假设检验中，人们往往先控制第Ⅰ类错误发生的概率。

假设检验中犯第Ⅰ类错误的概率也称为**显著性水平**（level of significance），记为 α。它是人们事先指定的犯第Ⅰ类错误概率的最大允许值。显著性水平 α 越小，犯第Ⅰ类错误的可能性自然就越小，但犯第Ⅱ类错误的可能性则随之增大。实际应用中，究竟确定一个多大的显著性水平值合适呢？一般情况下，人们认为犯第Ⅰ类错误的后果更严重一些，因此通常会取一个较小的 α 值（一般要求 α 可以取小于或等于 0.1 的任何值）。著名的英国统计学家 R. A. Fisher 在他的研究中把小概率的标准定为 0.05，所以人们通常选择显著性水平为 0.05 或比 0.05 更小的概率，当然也可以取其他值。实际中常用的显著性水平有

$\alpha=0.01$、$\alpha=0.05$、$\alpha=0.1$ 等。当选择样本量时，通常要求犯第Ⅰ类错误的概率不大于 0.05，犯第Ⅱ类错误的概率不大于 0.1。

2. 依据什么做出决策

在提出具体的假设之后，研究者需要提供可靠的证据来支持他所关注的备择假设。在上面的例 6-2 中，如果你想证实产品标签中的说法不属实，即检验假设 $H_0:\mu\geqslant400$，$H_1:\mu<400$，抽取一个样本得到的样本均值为 390μg，你是否拒绝原假设呢？如果样本均值是 410μg，你是否就不拒绝原假设呢？做出拒绝或不拒绝原假设的依据是什么？传统检验中，做出决策所依据的是样本统计量，现代检验中，人们直接根据样本数据算出犯第Ⅰ类错误的概率，即所谓的 P 值。假设检验时做出决策的依据是：原假设成立时小概率事件不应发生，如果小概率事件发生了，就应当拒绝原假设。统计上通常把 $P\leqslant0.1$ 的值统称为小概率。

（1）用统计量决策（传统做法）。

怎样利用样本信息做出决策呢？传统方法是首先根据样本数据计算出用于决策的**检验统计量**（test statistic）。比如要检验总体均值，我们自然会想到用样本均值作为判断标准，但样本均值 $\bar{x}$ 是总体均值 μ 的一个点估计量，它并不能直接作为判断的依据，只有将其标准化后，才能用于度量它与原假设的参数值之间的差异程度。对于总体均值和总体比例的检验，在原假设 H_0 为真的条件下，根据点估计量的抽样分布可以得到**标准化检验统计量**（standardized test statistic）：

$$\text{标准化检验统计量}=\frac{\text{点估计值}-\text{假设值}}{\text{点估计量的抽样标准差}} \tag{6.1}$$

实际中使用的检验统计量都是标准化检验统计量，它反映了点估计量（比如样本均值）与假设的总体参数（比如假设的总体均值）相差多少个标准差。虽然检验统计量是一个随机变量，随样本观测结果的不同而变化，但只要已知一组特定的样本观测结果，检验统计量的值也就唯一确定了。

有了检验统计量就可以建立一个决策准则。根据事先给定的显著性水平 α，可以在统计量的分布上找到相应的**临界值**（critical value），由显著性水平和相应的临界值围成的一个区域就称为**拒绝域**（rejection region）。如果统计量的值落在拒绝域内，就拒绝原假设，否则就不拒绝原假设。拒绝域的大小与给定的显著性水平有关。当样本量固定时，拒绝域随 α 的减小而减小。显著性水平、拒绝域和临界值的关系可用图 6-1 来表示。

从图 6-1 可以得出利用统计量进行检验时的决策准则：

- 双侧检验：|统计量的值|>临界值，拒绝原假设。
- 左侧检验：统计量的值<-临界值，拒绝原假设。
- 右侧检验：统计量的值>临界值，拒绝原假设。

介绍传统的统计量决策方法只是帮助理解假设检验的原理，但不推荐使用。

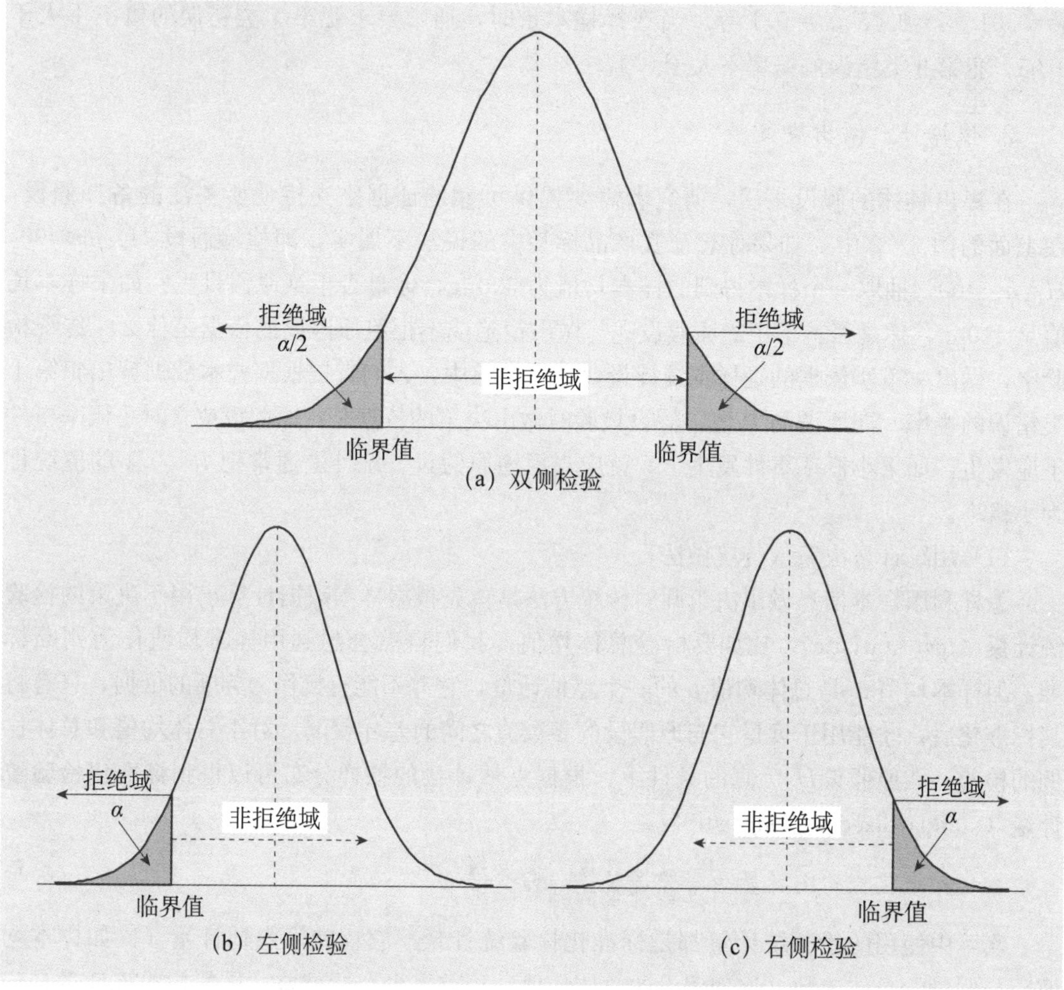

图 6-1　显著性水平、拒绝域和临界值的关系

（2）用 P 值决策（现代做法）。

统计量检验是根据事先确定的显著性水平 α 围成的拒绝域做出决策，不论检验统计量的值是大还是小，只要它落入拒绝域，就拒绝原假设，否则就不拒绝原假设。这样，无论统计量落在拒绝域的什么位置，都只能说犯第Ⅰ类错误的概率是 α。但实际上，α 是犯第Ⅰ类错误的上限控制值，统计量落在拒绝域的不同位置，决策时犯第Ⅰ类错误的概率是不同的。如果能把犯第Ⅰ类错误的真实概率算出来，就可以直接用这个概率做出决策，而不需要考虑事先给定的显著性水平 α。这个犯第Ⅰ类错误的真实概率就是 P 值。

用统计术语来说，如果原假设是正确的，所得到的样本结果像实际观测结果那样极端或更极端的概率就称为 **P 值**（P-value），也称为**观察到的显著性水平**（observed significance level）或实际显著性水平。图 6-2 给出了拒绝原假设时的 P 值与给定的显著性水平 α 的比较示意图。

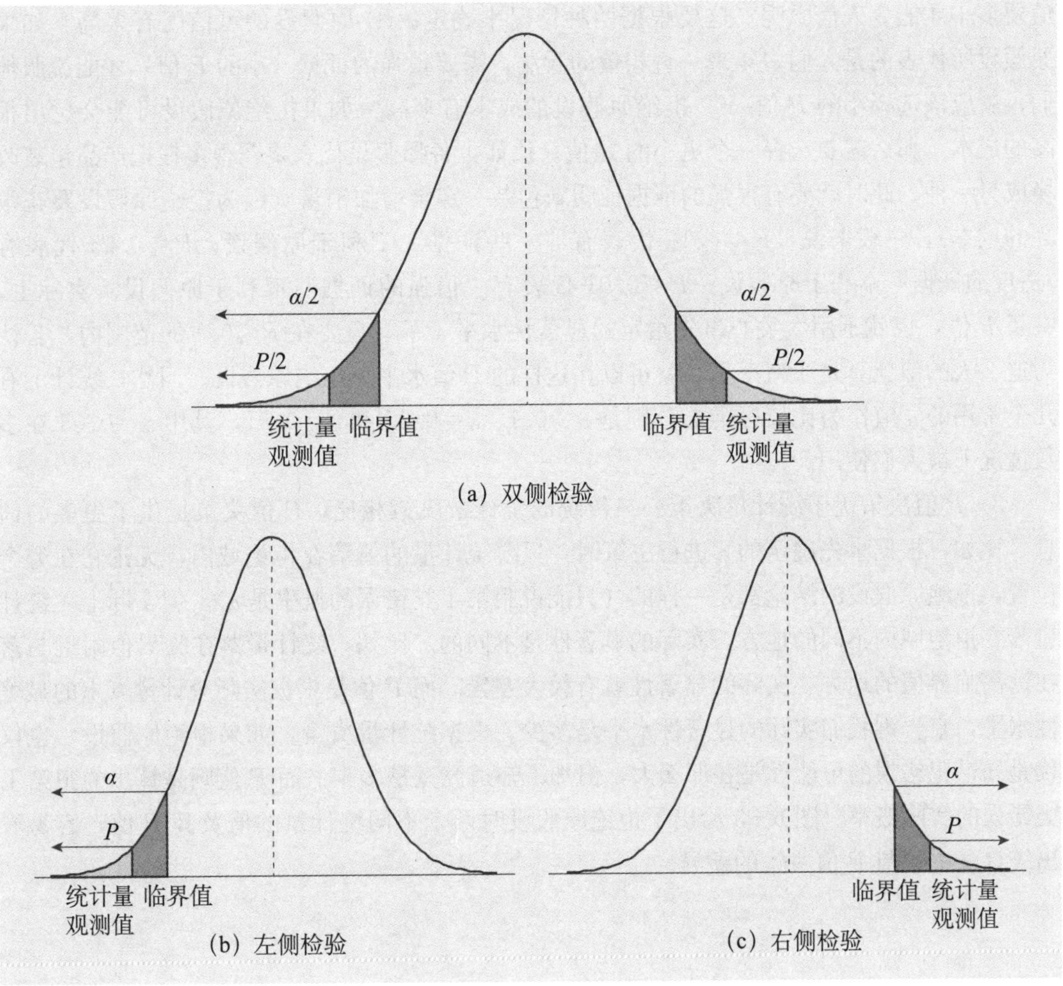

图 6-2　P 值与设定的显著性水平 α 的比较

用 P 值进行决策的规则很简单：如果 $P<\alpha$，拒绝 H_0；如果 $P>\alpha$，不拒绝 H_0（双侧检验将两侧面积的总和定义为 P）。利用 P 值进行决策需要注意以下几点。

1）P 值是关于数据的概率，它与原假设的对或错的概率无关。具体地说，P 值反映的是在某个总体的多个样本中某一类数据出现的频繁程度，它是当原假设正确时，得到目前这个样本数据的概率。比如，要检验瓶装饮用水标签上所标注的钙的含量是否正确，检验假设 $H_0: \mu \geqslant 400$，$H_1: \mu < 400$。假定抽出一个样本算出的样本均值 $\bar{x}=390\mu g$，得到的 P 值为 0.02，这个 0.02 是指如果每 100ml 水中钙的含量均值真的大于 $400\mu g$，那么，从该总体中抽出一个均值小于 $400\mu g$ 的样本的概率仅为 0.02。如果你认为这个概率太小了，就可以拒绝原假设，因为如果原假设正确，几乎不可能抽取到这样的一个样本，既然抽取到了，就表明这样的样本在总体中不在少数，所以原假设是不对的。显然，P 值越小，拒绝原假设的理由就越充分。

2）究竟确定多大的 P 值才有理由拒绝原假设呢？或者说，要证明原假设不正确，P

值要多小才能令人信服呢？这要根据两种情况来确定。① 原假设的可信度有多高？如果原假设所代表的是人们多年来一直相信的看法，需要很强的证据（小的 P 值）才能说服他们，就应该选择小的 P 值。② 拒绝原假设的成本有多高？如果拒绝原假设可能会付出很高的成本，那么需要选择一个更小的 P 值。比如，备择假设代表要花很多钱把产品包装改换成另一种，此时就要有很强的证据证明新包装一定会增加销量（因为拒绝原假设要花很高的成本）。一般来说，$P<0.10$ 代表有"一些证据"不利于原假设；$P<0.05$ 代表有"适度的证据"不利于原假设；$P<0.01$ 代表有"很强的证据"不利于原假设。实际上，有了 P 值，也就不用太关心事先给定的显著性水平 α 了。只要在 $P\leqslant 0.1$ 的范围内，若认为这么大的值就算是小概率了，就可以在这样的 P 值水平上拒绝原假设。当然，统计上有几个常用的 α 值作为比较标准，分别是 $\alpha=0.1$、$\alpha=0.05$ 和 $\alpha=0.01$，其中 $\alpha=0.05$ 在多数情况下被人们使用。

3）P 值决策优于统计量决策。与传统的统计量决策相比，P 值决策提供了更多的信息。比如，根据事先确定的 α 进行决策时，只要统计量的值落在拒绝域内，无论它在哪个位置，拒绝原假设的结论都是一样的（只能说犯第Ⅰ类错误的概率是 α）。但实际上，统计量落在拒绝域内不同的地方，实际的显著性是不同的。比如，统计量落在临界值附近与落在远离临界值的地方，实际的显著性就有较大差异。而 P 值是根据实际统计量算出的显著性水平，它告诉我们实际的显著性水平是多少。根据统计量决策，如果拒绝原假设，也仅仅是知道犯错误的可能性是 α 那么大，但却不知道究竟是多少。而 P 值则是算出的犯第Ⅰ类错误的实际概率。图 6－3 给出了拒绝原假设时两个不同统计量的值及其 P 值，容易看出统计量决策与 P 值决策的差异。

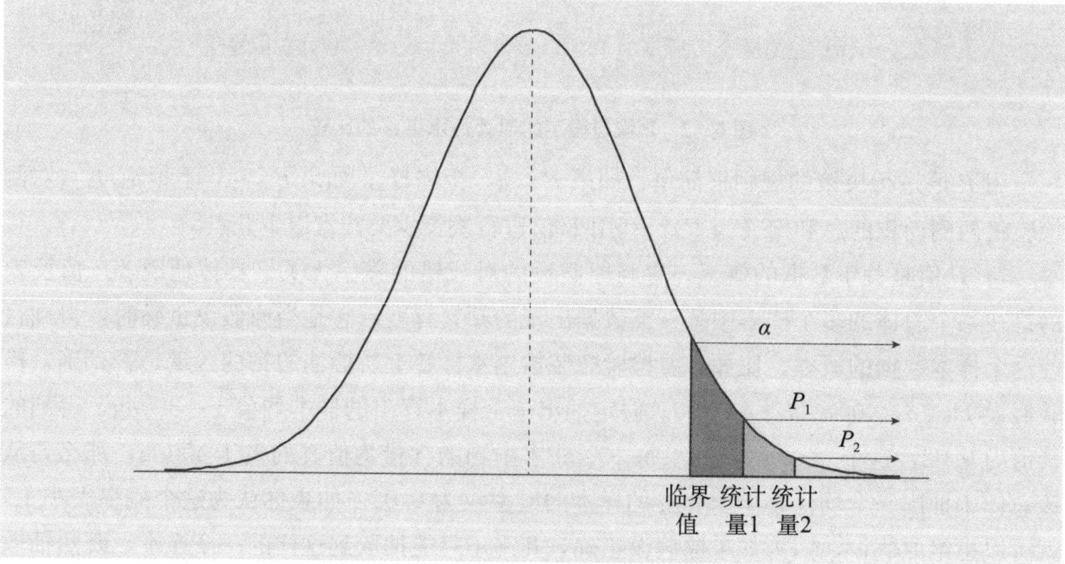

图 6－3　拒绝 H_0 的两个统计量的不同显著性

6.1.3　怎样表述决策结果

1. 假设检验不能证明原假设正确

假设检验的目的主要是收集证据拒绝原假设，而支持你所倾向的备择假设。由于假设检验只提供不利于原假设的证据（证据的强弱取决于 P 值的大小），因此，当拒绝原假设时，表明样本提供的证据证明它是错误的，当没有拒绝原假设时，我们也无法证明它是正确的，因为假设检验的程序没有提供证据证明它是正确的。这与法庭上对被告的定罪类似：先假定被告是无罪的，除非有足够的证据证明被告有罪，否则法庭就不能认定被告有罪。当证据不足时，法庭的裁决是"被告无罪"，但这时也没有证明被告就一定是清白的。

假设检验的结论是根据原假设做出的。我们要么拒绝原假设，要么不拒绝原假设。当不拒绝原假设时，我们通常不说"接受原假设"，因为没有证据证明原假设是真的（如果采用"接受"原假设的说法，则意味着你证明了原假设是正确的）。没有足够的证据拒绝原假设并不等于你已经"证明"了原假设是真的，它仅仅意味着目前还没有足够的证据拒绝原假设，只表示手头上这个样本提供的证据还不足以拒绝它。比如，在例 6－2 中，如果拒绝原假设，就可以说该饮用水瓶子上标签的标示与实际不符。但如果没有拒绝原假设，只能说这个样本提供的证据还不足以证明每 100ml 水中钙的含量在 400μg 以下，这并不等于证明了其含量等于或超过了 400μg。"不拒绝"的表述方式实际上意味着我们没有得出明确的结论。

此外，假设检验中通常是先确定显著性水平 α（至少在你的心中有一个潜在的 α），这就等于控制了犯第Ⅰ类错误的概率，但犯第Ⅱ类错误的概率 β 却是不确定的。在拒绝 H_0 时，犯第Ⅰ类错误的概率不超过给定的显著性水平 α，当样本结果显示没有充分的理由拒绝原假设时，有时也难以确切知道第Ⅱ类错误发生的概率。因此，在假设检验中采用"不拒绝 H_0"而不采用"接受 H_0"的表述方法，这在多数场合下避免了第Ⅱ类错误发生的风险，因为"接受 H_0"所得结论的可靠性将由犯第Ⅱ类错误的概率 β 来测量，而 β 的控制又相对复杂，有时甚至根本无法知道 β 的值（除非你能确切给出 β，否则就不宜表述成"接受"原假设）。当然，不拒绝 H_0 并不意味着 H_0 为真的概率很高，它只是意味着拒绝 H_0 需要更多的证据。

2. 统计上显著不等于有实际意义

在假设检验中，拒绝原假设则称样本结果是"统计上显著的"（statistically significant）；不拒绝原假设则称结果是"统计上不显著的"。"显著的"（significant）的含义在这里是指"非偶然的"，它表示这样的样本结果不是偶然得到的。同样，结果是不显著的（没有充分证据拒绝原假设）则表明这样的样本结果很可能是偶然得到的。比如说，在 $\alpha=0.05$ 的显著性水平下拒绝了 H_0，表明如果 H_0 是对的，在 5% 这么小的概率下，不可能抽取到这个样本，既然抽取到了这个样本，就说明这样的样本数据经常出现，不在少数，因而抽取到它不是偶然的，样本检验结果是显著的。而没有拒绝原假设，表明在 5%这么小的概率下，没有抽取到能拒绝原假设的一组样本数据，所以不拒绝原假设，因而称样本检验结果是不显著的。

当然，在“显著”和“不显著”之间没有清楚的界限，只是在 P 值越来越小时，我们就有越来越强的证据而已。0.049 和 0.051 这两个 P 值并没有多大的实质差别，即使你非要把这种差别找出来（0.051－0.049＝0.002)，也没有什么实质意义。因此，在进行决策时，我们只能说 P 值越小，拒绝原假设的证据就越强，检验的结果也就越显著。当 P 值很小从而拒绝原假设时，并不一定意味着检验的结果就有实际意义，因为假设检验中所说的“显著”仅仅是“统计意义上的显著”。也就是说，一个在统计上显著的结论在实际中不见得就很重要，也不意味着就有实际意义。

6.2 总体均值的检验

理解了假设检验的原理，在实际中应用它并不难。与参数估计类似，对于总体均值的检验，当研究一个总体时，要检验的主要是该总体均值 μ 与某个假设值 μ_0 的差异是否显著；当研究两个总体时，要检验的主要是两个总体均值之差（$\mu_1-\mu_2$）是否显著。

6.2.1 一个总体均值的检验

在对总体均值进行检验时，采用什么检验统计量取决于所抽取的样本是大样本（$n\geqslant 30$）还是小样本（$n<30$)，此外还需要考虑总体是否服从正态分布、总体方差 σ^2 是否已知等几种情况。

1. 大样本的检验

在大样本情形下，样本均值的抽样分布近似服从正态分布，其标准差为 $\sigma/\sqrt{n}$。将样本均值 $\bar{x}$ 标准化后即可得到检验统计量。由于样本均值经标准化后服从标准正态分布，因此采用正态分布的检验统计量。设假设的总体均值为 μ_0，当总体方差 σ^2 已知时，总体均值的检验统计量为：

$$z=\frac{\bar{x}-\mu_0}{\sigma/\sqrt{n}} \tag{6.2}$$

当总体方差 σ^2 未知时，可以用样本方差 s^2 来代替，此时总体均值的检验统计量为：

$$z=\frac{\bar{x}-\mu_0}{s/\sqrt{n}} \tag{6.3}$$

例 6－3

一种罐装饮料采用自动生产线生产，每罐标识的净含量是 330ml。为检验每罐容量是否符合要求，质检人员从某天生产的饮料中随机抽取 50 罐进行检验，测得每罐的平均容量为 330.5ml，标准差为 2ml。取显著性水平 $\alpha=0.05$，检验该天生产的饮料容量是否符合标准要求。

解 这里关心的是饮料容量是否符合要求，也就是 μ 是否为 330ml，大于或小于 330ml 都不符合要求，因而属于双侧检验问题。提出的原假设和备择假设分别为：

$$H_0: \mu=330, \quad H_1: \mu\neq 330$$

检验统计量为：

$$z=\frac{330.5-330}{2/\sqrt{50}}=1.77$$

由 SPSS 函数【2 * (1－CDF. NORMAL(1.77,0,1))】得 $P=0.076\ 727$，由于 $P>\alpha=0.05$，因此不拒绝原假设，表明样本提供的证据不足以推翻原假设，没有证据表明该天生产的饮料容量不符合标准要求。

例 6－4

为监测空气质量，某城市环保部门每隔几周对空气中的 PM2.5（细颗粒物）进行一次随机检测。已知该城市过去每立方米空气中 PM2.5 的均值是 82 $\mu g/m^3$（微克/立方米）。在最近一段时间的 32 次检测中，每立方米空气中的 PM2.5 数值如表 6－1 所示。

表 6－1　每立方米空气中的 PM2.5 数值　　单位：$\mu g/m^3$

81.6	86.6	80.0	85.8	78.6	58.3	68.7	73.2
96.6	74.9	83.0	66.6	68.6	70.9	71.7	71.6
77.3	76.1	92.2	72.4	61.7	75.6	85.5	72.5
74.0	82.5	87.0	73.2	88.5	86.9	94.9	83.0

根据最近的测量数据，当显著性水平 $\alpha=0.05$ 时，能否认为该城市每立方米空气中的 PM2.5 的均值显著低于过去的均值？

解 这里关心的是空气中 PM2.5 的均值是否显著低于过去的均值，也就是 μ 是否小于 82 $\mu g/m^3$，属于左侧检验。提出的假设为：

$$H_0: \mu\geqslant 82, \quad H_1: \mu<82$$

根据样本数据计算得：$\bar{x}=78.125$，$s=9.183\ 8$。

检验统计量为：

$$z=\frac{78.125-82}{9.183\ 8/\sqrt{32}}=-2.386\ 85$$

由 SPSS 函数【CDF. NORMAL(－2.386 85,0,1)】得 $P=0.008\ 5$，由于 $P<\alpha$，拒绝 H_0，因此该城市每立方米空气中的 PM2.5 的均值显著低于过去的均值。

上面的决策过程可用图 6－4 来表示。

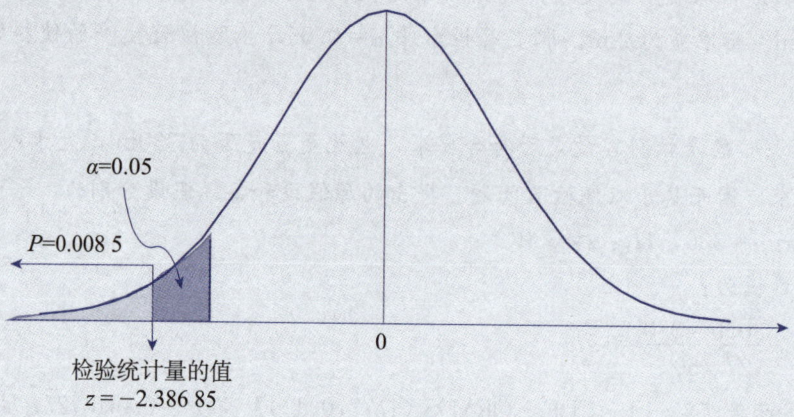

图6-4　例6-4中的拒绝域和P值

2. 小样本的检验

在小样本（$n<30$）情形下，检验时首先假定总体服从正态分布。检验统计量的选择与总体方差是否已知有关。

当总体方差σ^2已知时，即使是在小样本情形下，样本均值经标准化后也服从标准正态分布，此时可按式（6.2）对总体均值进行检验。

当总体方差σ^2未知时，需要用样本方差s^2代替σ^2，此时式（6.2）给出的检验统计量不再服从标准正态分布，而是服从自由度为$n-1$的t分布，因此需要采用t分布进行检验，通常称为t检验。检验统计量为：

$$t=\frac{\bar{x}-\mu_0}{s/\sqrt{n}} \tag{6.4}$$

例6-5

一种建材的长度要求为15cm，高于或低于该标准均被认为是不合格的。建筑企业在采购建材时，通常先招标，然后对中标的建材供货商提供的样品进行检验，以决定是否采购。现对一个建材供货商提供的10个样本进行检验，结果如下（单位：cm）：

15.2　13.8　15.0　14.8　14.9　15.4　14.3　15.2　15.0　15.3

假定该供货商提供的建材长度服从正态分布，在0.05的显著性水平下，检验该供货商提供的建材是否符合要求。

解　依题意建立的原假设和备择假设分别为：

$H_0: \mu=15$，$H_1: \mu\neq15$

根据样本数据计算得：$\bar{x}=14.89$，$s=0.493\,2$。

根据式（6.4）计算检验统计量为：

$$t=\frac{14.89-15}{0.4932/\sqrt{10}}=-0.7053$$

由 SPSS 函数【2 * CDF. T(−0.705 3,9)】得 $P=0.49847$，由于 $P>\alpha$，因此不拒绝 H_0，没有证据表明该供货商提供的建材不符合要求。

上述计算只是为了演示检验的过程。实际应用时，可以由 SPSS 直接给出小样本的检验结果。下面的文本框给出了操作步骤。

一个总体均值的检验（小样本）

第 1 步：选择【分析】→【比较平均值-单样本 T 检验】，进入主对话框。

第 2 步：将检验变量（本例为建材长度）选入【检验变量】；在【检验值】框内输入假设值（本例为 15）。

第 3 步：点击【选项】，选择所需的置信水平（默认值为 95%）。点击【继续】回到主对话框。点击【确定】。

SPSS 输出的结果如表 6-2 所示。

表 6-2　例 6-5 的检验结果

单样本检验						
	检验值 = 15					
					差值 95% 置信区间	
	t	自由度	Sig.（双尾）	平均值差值	下限	上限
建材长度	-.705	9	.498	-.1100	-.463	.243

6.2.2　两个总体均值之差的检验

根据样本获得方式的不同，两个总体均值的检验分为独立样本和配对样本两种情形，而且也有大样本与小样本之分。检验统计量是以两个样本均值之差（$\bar{x}_1-\bar{x}_2$）的抽样分布为基础构造出来的。对于大样本和小样本两种情形，由于两个样本均值之差经标准化后的分布不同，因此检验统计量也有所差异。

1. 独立大样本的检验

在大样本情况下，两个样本均值之差（$\bar{x}_1-\bar{x}_2$）的抽样分布近似服从正态分布，而（$\bar{x}_1-\bar{x}_2$）经过标准化后则服从标准正态分布。如果两个总体的方差 σ_1^2、σ_2^2 已知，采用下面的检验统计量：

$$z=\frac{(\bar{x}_1-\bar{x}_2)-(\mu_1-\mu_2)}{\sqrt{\frac{\sigma_1^2}{n_1}+\frac{\sigma_2^2}{n_2}}} \tag{6.5}$$

如果两个总体方差 σ_1^2、σ_2^2 未知，可分别用样本方差 s_1^2、s_2^2 代替，此时检验统计量为：

$$z=\frac{(\bar{x}_1-\bar{x}_2)-(\mu_1-\mu_2)}{\sqrt{\frac{s_1^2}{n_1}+\frac{s_2^2}{n_2}}} \tag{6.6}$$

例 6-6

为分析男女职员工资收入是否存在差异，对男女职员的平均小时工资进行了调查，独立抽取了具有同类工作经验的男女职员的两个随机样本，并记录下两个样本的均值、方差等数据，如表 6-3 所示。在显著性水平为 0.05 的条件下，能否认为男性职员的平均小时工资显著高于女性职员？

表 6-3　两个独立样本的有关计算结果

男性职员	女性职员
$n_1=44$	$n_2=32$
$\bar{x}_1=75$ 元	$\bar{x}_2=70$ 元
$s_1^2=64$	$s_2^2=42.25$

解 设 μ_1＝男性职员的平均小时工资，μ_2＝女性职员的平均小时工资。由于关心的是男性职员的平均小时工资是否显著高于女性，所以提出的原假设和备择假设分别为：

$$H_0: \mu_1-\mu_2\leqslant 0,\ H_1: \mu_1-\mu_2>0$$

由于两个总体的方差未知，所以采用式（6.6）给出的统计量，计算结果为：

$$z=\frac{75-70}{\sqrt{64/44+42.25/32}}=3.002$$

由 SPSS 函数【1－CDF.NORMAL(3.002,0,1)】得 $P=0.001\ 341$，由于 $P<\alpha$，故拒绝H_0，表明男性职员的平均小时工资显著高于女性。

2. 独立小样本的检验

当两个样本都为独立小样本时，需要假定两个总体都服从正态分布。检验时有以下 3 种情况。

（1）两个正态总体方差 σ_1^2 和 σ_2^2 已知时，无论样本量的大小①，两个样本均值之差的抽样分布都服从正态分布，这时可用式（6.5）作为检验统计量。

（2）两个正态总体方差未知但相等，即 $\sigma_1^2=\sigma_2^2$ 时，则需要用两个样本的方差 s_1^2 和 s_2^2 进行估计，这时需要将两个样本的数据组合在一起，以给出总体方差的合并估计量，用s_p^2 表示，计算公式为：

$$s_p^2=\frac{(n_1-1)s_1^2+(n_2-1)s_2^2}{n_1+n_2-2} \tag{6.7}$$

① 如果两个正态总体均服从正态分布且方差已知，那么两个总体均值之差的假设检验无须区分样本量的大小。

两个样本均值之差经标准化后服从自由度为（n_1+n_2-2）的 t 分布，因而采用的检验统计量为：

$$t=\frac{(\bar{x}_1-\bar{x}_2)-(\mu_1-\mu_2)}{s_p\sqrt{\dfrac{1}{n_1}+\dfrac{1}{n_2}}} \tag{6.8}$$

（3）两个正态总体的方差未知且不相等，即 $\sigma_1^2\neq\sigma_2^2$ 时，两个样本均值之差经标准化后不再服从自由度为（n_1+n_2-2）的 t 分布，而是近似服从自由度为 v 的 t 分布。这时检验统计量为：

$$t=\frac{(\bar{x}_1-\bar{x}_2)-(\mu_1-\mu_2)}{\sqrt{\dfrac{s_1^2}{n_1}+\dfrac{s_2^2}{n_2}}} \tag{6.9}$$

该统计量的自由度为 v，其计算公式为：

$$v=\frac{(s_1^2/n_1+s_2^2/n_2)^2}{\dfrac{(s_1^2/n_1)^2}{n_1-1}+\dfrac{(s_2^2/n_2)^2}{n_2-1}} \tag{6.10}$$

式（6.9）使用的是韦尔奇（Welch）近似自由度，因此也称韦尔奇检验。

例 6－7

甲、乙两台机床同时加工某种同类型的零件，已知两台机床加工的零件直径都服从正态分布。为比较两台机床的加工精度有无显著差异，分别从甲、乙两台机床加工的零件中各独立抽取 10 个零件，通过测量得到的数据如表 6－4 所示。在 $\alpha=0.05$ 的显著性水平下，检验两台机床加工的零件直径是否有显著差异。

表 6－4　两台机床加工的零件的样本数据　　单位：mm

机床甲	机床乙
20.5	20.7
19.8	19.8
19.7	19.5
20.4	20.8
20.1	20.4
20.0	19.6
19.0	20.2
19.9	20.0
20.1	19.8
20.0	20.2

解　依题意提出的原假设和备择假设分别为：

$$H_0: \mu_1-\mu_2=0,\ H_1: \mu_1-\mu_2\neq0$$

SPSS 可直接输出有关结果，下面的文本框给出了操作步骤。

用 SPSS 进行两个总体均值之差的检验

首先将两个样本的观测值作为一个变量输入，再设计另一个变量用于标记每个观测值所属的样本，然后按下列步骤操作。

第 1 步：选择【分析】→【比较平均值-独立样本 T 检验】，进入主对话框。

第 2 步：将检验变量选入【检验变量】，将分组变量选入【分组变量】，并点击【定义组】，在【组 1】后输入 1，在【组 2】后输入 2。点击【继续】，回到主对话框。

第 3 步：点击【选项】，选择所需的置信水平（默认值为 95%）。点击【确定】。

（注：进行配对样本均值之差的检验时，不需要定义分组变量。选择【分析】→【比较平均值-成对样本 T 检验】，将两个样本分别选入【变量 1】和【变量 2】即可。）

SPSS 输出的结果如表 6-5 所示，其中给出了方差相等和方差不相等两种假设条件下的检验结果。

表 6-5　例 6-7 的检验结果

独立样本检验										
		莱文方差等同性检验		平均值等同性 t 检验						
		F	显著性	t	自由度	Sig.（双尾）	平均值差值	标准误差差值	差值95%置信区间 下限	差值95%置信区间 上限
零件尺寸	假定等方差	.470	.502	-.783	18	.444	-.1500	.1916	-.5526	.2526
	不假定等方差			-.783	17.924	.444	-.1500	.1916	-.5527	.2527

表 6-5 的结果显示，F 检验表明两个总体的方差相等。检验的双尾 $P=0.444$（Sig.（双尾））大于 α，所以不拒绝 H_0，没有证据表明两台机床加工的零件直径有显著差异。

3. 配对样本的检验

配对样本的检验需要假定两个总体配对差值构成的总体服从正态分布，而且配对差值是从差值总体中随机抽取的。对于小样本情形，配对差值经标准化后服从自由度为 $n-1$ 的 t 分布①，因此检验统计量为：

$$t=\frac{\bar{d}-(\mu_1-\mu_2)}{s_d/\sqrt{n}} \tag{6.11}$$

式中，$\bar{d}$为配对差值的均值，s_d为配对差值的标准差。

① 对于大样本情形，该统计量服从标准正态分布，此时可按正态分布进行检验。

例 6-8

某饮料公司开发研制出了一种新产品，为比较消费者对新旧产品口感的满意程度，随机抽选一组消费者共 8 人，让每位消费者先品尝一种饮料，再品尝另一种饮料，两种饮料的品尝顺序是随机的，然后每位消费者要对两种饮料分别进行评分（0～10 分），评分结果如表 6-6 所示。取显著性水平 $\alpha=0.05$，检验消费者对两种饮料的评分是否存在显著差异。

表 6-6　一组消费者对两种饮料的评分数据

消费者编号	评分	
	旧款饮料	新款饮料
1	5	6
2	4	6
3	7	7
4	3	4
5	5	3
6	8	9
7	5	7
8	6	6

解 设 μ_1＝消费者对旧款饮料的平均评分，μ_2＝消费者对新款饮料的平均评分。

依题意建立的原假设与备择假设分别为：

$$H_0:\mu_1-\mu_2=0,\quad H_1:\mu_1-\mu_2\neq 0$$

SPSS 输出的检验结果如表 6-7 所示。

表 6-7　例 6-8 的检验结果

配对样本检验									
		配对差值					t	自由度	Sig.（双尾）
		平均值	标准偏差	标准误差平均值	差值95%置信区间				
					下限	上限			
配对1	旧款饮料-新款饮料	-.625	1.302	.460	-1.714	.464	-1.357	7	.217

由于双尾检验的 $P=0.217>\alpha=0.05$，因此不拒绝原假设，没有证据表明消费者对新旧饮料的评分有显著差异。

6.3 总体比例的检验

6.3.1 一个总体比例的检验

总体比例的检验程序与总体均值的检验类似，本节只介绍大样本[①]情形下总体比例的检验方法。由于在大样本情形下统计量 p 近似服从正态分布，而样本比例经标准化后近似服从标准正态分布，因此检验统计量为：

$$z=\frac{p-\pi_0}{\sqrt{\frac{\pi_0(1-\pi_0)}{n}}} \tag{6.12}$$

例 6-9

一家电视台的影视频道策划者认为，某档电视连续剧如果在黄金时段播出，收视率将会达到 25%以上。经过一周的试播后，该策划者随机抽取了由 2 000 人组成的一个样本，发现有 450 名观众观看了该档电视连续剧。取显著性水平 $\alpha=0.05$，检验收视率是否达到策划者的预期。

解 策划者想支持的观点是收视率达到 25%以上，因此提出的原假设和备择假设分别为：

$$H_0: \pi\leqslant 25\%, \quad H_1: \pi>25\%$$

根据抽样结果计算得：$p=\frac{450}{2\ 000}=22.5\%$。

检验统计量为：

$$z=\frac{0.225-0.25}{\sqrt{\frac{0.25\times(1-0.25)}{2\ 000}}}=-2.582$$

由 SPSS 函数【1－CDF.NORMAL(－2.677 4,0,1)】得 $P=0.996\ 29>\alpha$，不拒绝 H_0，没有理由认为收视率达到策划者的预期。

6.3.2 两个总体比例之差的检验

两个总体比例之差（$\pi_1-\pi_2$）的检验思路与一个总体比例的检验类似，要求两个样本都是大样本。当 n_1p_1、$n_1(1-p_1)$、n_2p_2、$n_2(1-p_2)$ 都大于或等于 10 时，就可以认为是大样本。根据两个样本比例之差的抽样分布，可以得到两个总体比例之差的检验统计量为：

$$z=\frac{(p_1-p_2)-(\pi_1-\pi_2)}{\sigma_{p1}-p_2} \tag{6.13}$$

---

① 进行总体比例检验时，确定样本量是否“足够大”的方法与总体比例的区间估计一样（参见第 5 章）。

式中，$\sigma_{p1}-p_2=\sqrt{\dfrac{\pi_1(1-\pi_1)}{n_1}+\dfrac{\pi_2(1-\pi_2)}{n_2}}$，是两个样本比例之差抽样分布的标准差。

由于两个总体的比例 π_1 和 π_2 未知，因此需要利用两个样本比例 p_1、p_2 来估计 $\sigma_{p_1-p_2}$，这时有以下两种情况。

第一种情况是，检验两个总体比例是否相等，即 $H_0:\pi_1-\pi_2=0$ 或 $H_0:\pi_1=\pi_2$，此时 $\pi_1=\pi_2=\pi$ 的最佳估计量是将两个样本合并后得到的合并比例 p。设 x_1 表示样本 1 中成功的次数，x_2 表示样本 2 中成功的次数，则合并后的比例为：

$$p=\frac{x_1+x_2}{n_1+n_2}=\frac{p_1n_1+p_2n_2}{n_1+n_2} \tag{6.14}$$

这时$\sigma_{p_1-p_2}$的最佳估计量为：

$$\sigma_{p_1-p_2}=\sqrt{\frac{p(1-p)}{n_1}+\frac{p(1-p)}{n_2}}=\sqrt{p(1-p)\left(\frac{1}{n_1}+\frac{1}{n_2}\right)} \tag{6.15}$$

将式（6.15）代入式（6.13）得到两个总体比例之差的检验统计量为：

$$z=\frac{p_1-p_2}{\sqrt{p(1-p)\left(\dfrac{1}{n_1}+\dfrac{1}{n_2}\right)}} \tag{6.16}$$

第二种情况是，检验两个总体比例之差是否等于某个常数，即 $H_0:\pi_1-\pi_2=d_0$，$d_0\neq 0$，这时可直接用两个样本的比例 p_1 和 p_2 作为两个总体比例 π_1 和 π_2 的估计量，从而得到两个总体比例之差的检验统计量为：

$$z=\frac{(p_1-p_2)-d_0}{\sqrt{\dfrac{p_1(1-p_1)}{n_1}+\dfrac{p_2(1-p_2)}{n_2}}} \tag{6.17}$$

例 6－10

一所大学准备采取一项学生在宿舍上网收费的措施，为了解男女学生对这一措施的看法是否存在差异，分别抽取了 200 名男学生和 200 名女学生进行调查，其中一个问题是：“你是否赞成采取上网收费的措施？”其中，男学生中表示赞成的比例为 27%，女学生中表示赞成的比例为 35%。调查者认为，男学生中表示赞成的比例显著低于女学生。取显著性水平 $\alpha=0.05$，样本提供的证据是否支持调查者的看法？

解 设 π_1＝男学生中表示赞成的比例，π_2＝女学生中表示赞成的比例。依题意提出的原假设与备择假设应分别为：

$$H_0:\pi_1-\pi_2\geqslant 0,\ H_1:\pi_1-\pi_2<0$$

两个样本的比例分别为：$p_1=27\%$，$p_2=35\%$。

由于要检验“男学生中表示赞成的比例显著低于女学生”（不是检验二者的差值是多少），因此选择式（6.16）作为检验统计量。首先计算两个样本的合并比例 p：

$$p=\frac{n_1p_1+n_2p_2}{n_1+n_2}=\frac{200\times 0.27+200\times 0.35}{200+200}=0.31$$

检验统计量为：

$$z=\frac{0.27-0.35}{\sqrt{0.31\times(1-0.31)\times\left(\frac{1}{200}+\frac{1}{200}\right)}}=-1.72976$$

由 SPSS 函数【CDF. NORMAL(−1.729 76,0,1)】得 $P=0.0418366<\alpha$，拒绝H_0，样本提供的证据支持调查者的看法，即男学生中表示赞成的比例显著低于女学生。

例 6-11

有两种方法生产同一种产品，方法 1 的生产成本较高而次品率较低，方法 2 的生产成本较低而次品率较高。管理人员在选择生产方法时，决定对两种方法的次品率进行比较，如果方法 1 的次品率比方法 2 低 8%以上，则决定采用方法 1，否则就采用方法 2。管理人员从方法 1 生产的产品中随机抽取 300 个，发现有 33 个次品；从方法 2 生产的产品中也随机抽取 300 个，发现有 84 个次品。用显著性水平 $\alpha=0.01$ 进行检验，说明管理人员应决定采用哪种方法进行生产。

解 设 π_1＝方法 1 的次品率，π_2＝方法 2 的次品率。依题意提出的原假设与备择假设分别为：

$$H_0: \pi_2-\pi_1\leqslant 8\%,\ H_1: \pi_2-\pi_1>8\%$$

两个样本的比例分别为：$p_1=11\%$，$p_2=28\%$。

由于要检验“方法 1 的次品率是否比方法 2 低 8%”（不是检验二者的差值是否等于零），所以选择式（6.17）作为检验统计量。计算结果为：

$$z=\frac{(0.11-0.28)-0.08}{\sqrt{\frac{0.11\times(1-0.11)}{300}+\frac{0.28\times(1-0.28)}{300}}}=-7.91229$$

由 SPSS 函数【CDF. NORMAL(−7.912 29,0,1)】得 $P=1.3\text{E-}15<\alpha$，拒绝H_0，表明方法 1 的次品率显著低于方法 2 达 8%，所以应采用方法 1 进行生产。

6.4 总体方差的检验

研究一个总体时，总体方差 σ^2 的检验采用χ^2统计量。研究两个总体时，两个总体的方差比 σ_1^2/σ_2^2 的检验采用 F 统计量。

6.4.1 一个总体方差的检验

在生产和生活的许多领域，仅仅保证所观测到的样本均值维持在特定范围之内并不意味着整个过程就是正常的，方差的大小是否适度是需要考虑的另一个重要因素。一个方差大的产品自然意味着其质量或性能不稳定。相同均值的产品，方差小的自然要好些。与总体方差的区间估计类似，一个总体方差的检验也是使用χ^2分布。此外，总体方差的检验，

不论样本量 n 是大还是小，都要求总体服从正态分布。检验统计量为：

$$\chi^2 = \frac{(n-1)s^2}{\sigma_0^2} \tag{6.18}$$

对于给定的显著性水平 α，双侧检验的拒绝域如图 6-5 所示。对于单侧检验，拒绝域在分布一侧的尾部。

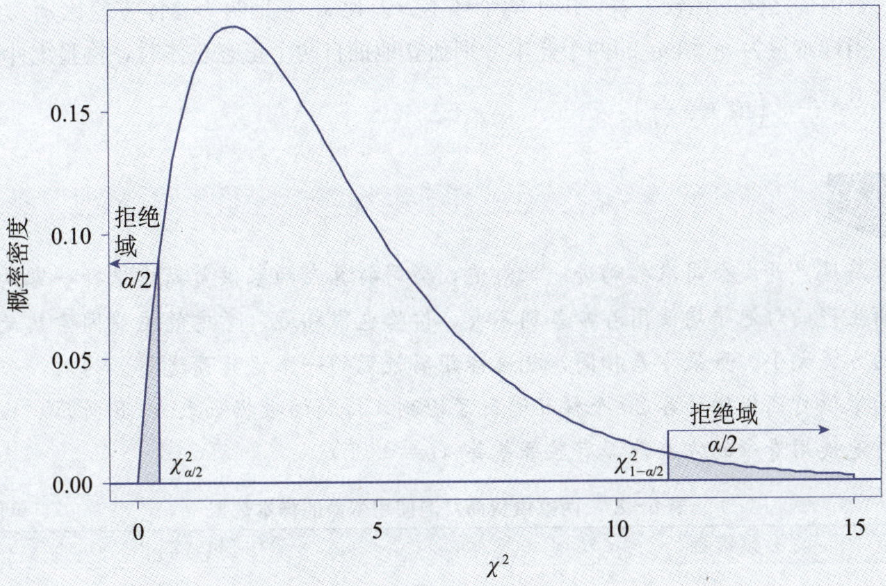

图 6-5　显著性水平为 α 时双侧检验的临界值和拒绝域

例 6-12

啤酒生产企业采用自动生产线灌装啤酒，每瓶的装填量为 640ml，但由于受某些不可控因素的影响，每瓶的装填量会有差异。此时，不仅每瓶的平均装填量很重要，装填量的方差 σ^2 同样也很重要。如果 σ^2 很大，会出现装填量太多或太少的情况，这样，要么生产企业不划算，要么消费者不满意。假定生产标准规定每瓶装填量的标准差不应超过 4ml。企业质检部门抽取了 10 瓶啤酒进行检验，得到的样本标准差为 $s=3.8$ml。试以 0.05 的显著性水平检验装填量的标准差是否符合要求。

解 依题意提出如下假设：

$H_0: \sigma^2 \leqslant 4^2$，$H_1: \sigma^2 > 4^2$

检验统计量为：

$$\chi^2 = \frac{(10-1)\times 3.8^2}{4^2} = 8.122\ 5$$

由于本题为右侧检验，需要计算出 χ^2 分布的右尾概率，由 SPSS 函数【1－CDF. CHISQ(8.122 5,9)】或函数【SIG. CHISQ(8.122 5,9)】得 $P=0.521\ 85>0.05$，

不拒绝原假设，样本提供的证据还不足以推翻原假设，没有证据表明啤酒装填量的标准差不符合要求。

6.4.2 两个总体方差比的检验

在对两个总体的方差进行比较时，通常将原假设与备择假设的基本形式表示成两个总体方差比与数值 1 之间的比较关系。由于两个样本方差比 s_1^2/s_2^2 是两个总体方差比 σ_1^2/σ_2^2 的理想估计量，当样本量为 n_1 和 n_2 的两个样本分别独立地抽自两个正态总体时，检验统计量为：

$$F=\frac{s_1^2}{s_2^2}\quad\left(\text{或 } F=\frac{s_2^2}{s_1^2}\right) \tag{6.19}$$

例 6-13

一家房地产开发公司准备购进一批灯泡，公司打算在两家供货商中选择一家购买，两家供货商生产的灯泡平均使用寿命差别不大，价格也很相近，考虑的主要因素就是灯泡使用寿命的方差大小。如果方差相同，就选择距离较近的一家供货商进货。为此，公司管理人员对两家供货商提供的各 20 个样品进行了检测，得到的数据如表 6-8 所示。检验两家供货商灯泡使用寿命的方差是否有显著差异（$\alpha=0.05$）。

表 6-8 两家供货商灯泡使用寿命的样本数据 单位：小时

供货商 1	供货商 2
6 802	5 884
5 730	5 871
5 823	5 797
5 915	5 957
5 774	5 803
5 880	5 862
5 870	5 814
5 773	5 885
5 830	5 856
5 841	5 940
5 763	5 945
5 851	5 803
5 789	5 864
5 796	5 851
5 818	5 714
5 685	5 943
5 602	5 830
5 841	5 858
5 723	5 922
5 757	5 866

解 将供货商 1 作为样本 1，供货商 2 作为样本 2。现在感兴趣的是两个总体方差是否存在显著差异，因而为双侧检验问题。建立的原假设与备择假设分别为：

$$H_0: \frac{\sigma_1^2}{\sigma_2^2}=1, \quad H_1: \frac{\sigma_1^2}{\sigma_2^2}\neq 1$$

由样本数据得：$s_1^2=56\ 159.19$，$s_2^2=3\ 675.46$。检验统计量为：

$$F=\frac{s_1^2}{s_2^2}=\frac{56\ 159.19}{3\ 675.46}=15.279\ 5$$

由 SPSS 函数【2 * (1－CDF.F(15.279 5,19,19))】或函数【2 * SIG.F(15.279 5,19,19)】得 $P=1.8\text{E-}7<0.05$，拒绝原假设，故两家供货商灯泡使用寿命的方差有显著差异。

思维导图

假设检验使用的分布

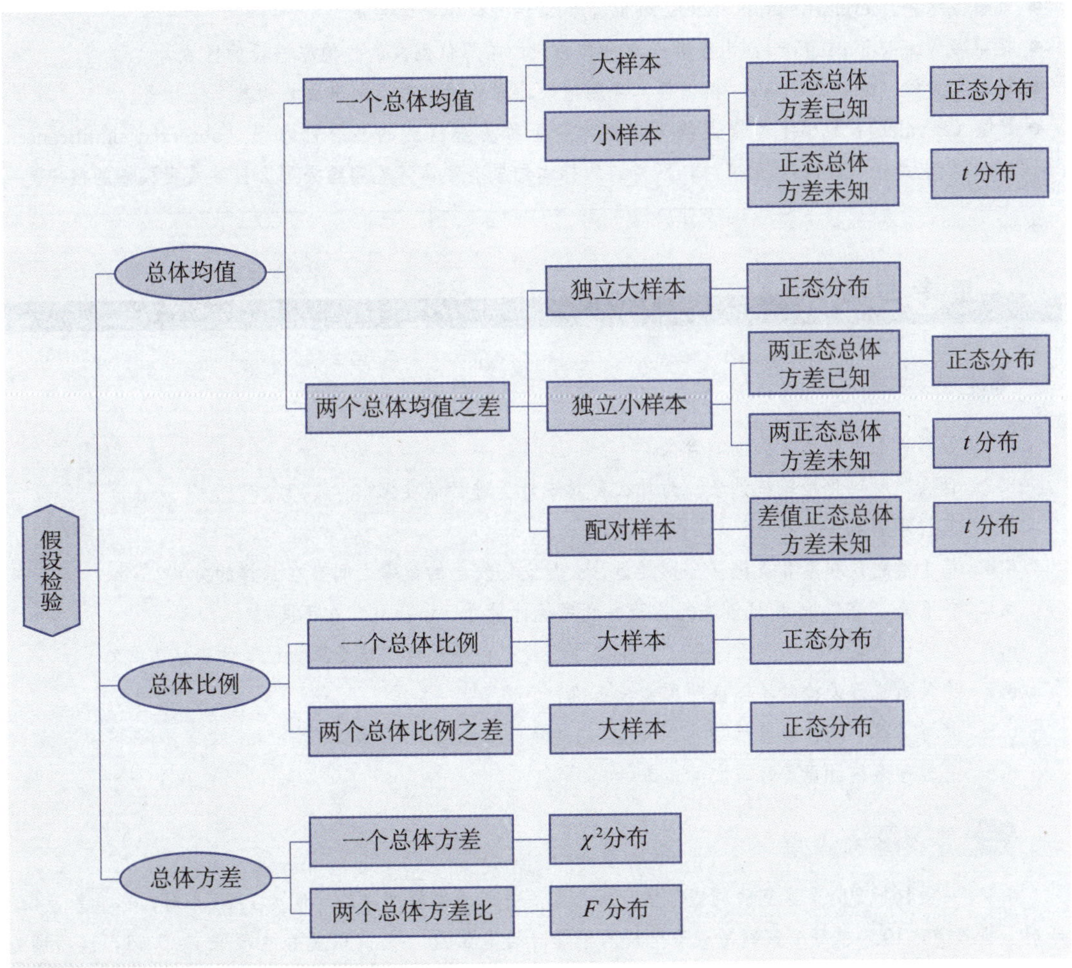

主要术语

- **假设**（hypothesis）：对总体的某种看法。在参数检验中，假设是对总体参数的具体数值所做的陈述。
- **假设检验**（hypothesis test）：利用样本提供的信息判断假设是否成立的统计方法。
- **原假设**（null hypothesis）：又称**零假设**（null hypothesis），研究者想收集证据予以推翻的假设，用 H_0 表示，它所表达的是参数没有变化或变量之间没有关系。
- **备择假设**（alternative hypothesis）：研究者想收集证据予以支持的假设，用 H_1 或 H_a 表示，它所表达的是总体参数发生了变化或变量之间存在某种关系。
- **第Ⅰ类错误**（type Ⅰ error）：原假设正确时拒绝原假设所犯的错误，犯第Ⅰ类错误的概率记为 α。
- **第Ⅱ类错误**（type Ⅱ error）：原假设错误时没有拒绝原假设所犯的错误，犯第Ⅱ类错误的概率记为 β。
- **显著性水平**（level of significance）：犯第Ⅰ类错误的概率，记为 α。
- **拒绝域**（rejection region）：由显著性水平和相应的临界值围成的拒绝原假设的区域。
- **检验统计量**（test statistic）：根据样本观测结果计算的对原假设做出决策的某个统计量。
- ***P* 值**（*P*-value）：犯第Ⅰ类错误的真实概率，也称为观察到的显著性水平（observed significance level）。它是指原假设 H_0 正确时，所得到的样本结果会像实际观测结果那么极端或更极端的概率。

思考与练习

一 思考题

6.1 解释原假设和备择假设的含义。

6.2 什么是标准化检验统计量？为什么要对统计量进行标准化？

6.3 怎样理解显著性水平？

6.4 第Ⅰ类错误和第Ⅱ类错误分别是指什么？它们发生的概率之间存在怎样的关系？

6.5 什么是 P 值？利用 P 值进行检验和利用统计量进行检验有什么不同？

6.6 在假设检验中，为什么采取“不拒绝原假设”而不采取“接受原假设”的表述方式？

6.7 为什么说假设检验不能证明原假设正确？

6.8 怎样理解“统计显著性”？

6.9 怎样理解统计显著性与实际显著性？

二 练习题

6.1 一项包括 200 个家庭的调查显示，每个家庭每天看电视的平均时间为 7.25 小时，标准差为 2.5 小时。据报道，10 年前每个家庭每天看电视的平均时间是 6.70 小时。取显著性水平 $\alpha=0.01$，这项调查能否证明“如今每个家庭每天看电视的平均时间增加了”？

6.2 一种机床加工的零件尺寸绝对平均误差为 1.35mm。生产厂家准备采用一种新的机床进行加工以期进一步降低误差。为检验新机床加工的零件平均误差与旧机床相比是否有显著降低，从新机床生产的零件中随机抽取 50 个进行检验。50 个零件尺寸的绝对误差数据（单位：mm）如下。

1.26	1.19	1.31	0.97	1.81
1.13	0.96	1.06	1.00	0.94
0.98	1.10	1.12	1.03	1.16
1.12	1.12	0.95	1.02	1.13
1.23	0.74	1.50	0.50	0.59
0.99	1.45	1.24	1.01	2.03
1.98	1.97	0.91	1.22	1.06
1.11	1.54	1.08	1.10	1.64
1.70	2.37	1.38	1.60	1.26
1.17	1.12	1.23	0.82	0.86

检验新机床加工的零件尺寸的平均误差与旧机床相比是否有显著降低（$\alpha=0.01$）。

6.3 安装在一种联合收割机中的金属板的平均重量为 25 千克。对某企业生产的 20 块金属板进行测量，得到的重量数据（单位：千克）如下。

22.6	26.6	23.1	23.5
27.0	25.3	28.6	24.5
26.2	30.4	27.4	24.9
25.8	23.2	26.9	26.1
22.2	28.1	24.2	23.6

假设金属板的重量服从正态分布，在 $\alpha=0.05$ 的显著性水平下，检验该企业生产的金属板是否符合要求。

6.4 对消费者的一项调查表明，17%的人的早餐饮料是牛奶。某城市的牛奶生产商认为，该城市的人早餐饮用牛奶的比例更高。为验证这一说法，生产商随机抽取 550 人的一个随机样本，其中 115 人早餐饮用牛奶。在 $\alpha=0.05$ 的显著性水平下，检验该生产商的说法是否属实。

6.5 某生产线是按照两种操作平均装配时间之差为 5 分钟来设计的，两种装配操作的独立样本产生如下结果。

操作 A	操作 B
$n_1=100$	$n_2=50$
$x_1=14.8$	$x_2=10.4$
$s_1=0.8$	$s_2=0.6$

对 $\alpha=0.02$，检验平均装配时间之差是否等于 5 分钟。

6.6 某市场研究机构用一组被调查者样本来给某特定商品的潜在购买力打分。样本中每个人都分别在看过该产品的新电视广告之前与之后打分。潜在购买力的分值为 0～10 分，分值越高表示潜在购买力越强。原假设认为“看后”平均得分小于或等于“看前”平均得分，拒绝该假设就表明广告提高了平均潜在购买力得分。在$\alpha=0.05$的显著性水平下，用下列数据检验该假设，并对该广告给予评价。

个体	购买力得分		个体	购买力得分	
	看后	看前		看后	看前
1	6	5	5	3	5
2	6	4	6	9	8
3	7	7	7	7	5
4	4	3	8	6	6

6.7　某企业为比较两种方法对员工进行培训的效果，采用方法1对15名员工进行培训，采用方法2对12名员工进行培训。培训后的测试分数如下。

方法1			方法2		
56	51	45	59	57	53
47	52	43	52	56	65
42	53	52	53	55	53
50	42	48	54	64	57
47	44	44			

在$\alpha=0.05$的显著性水平下，检验两种方法的培训效果是否有显著差异。

6.8　为研究小企业经理们是否认为他们获得了成功，随机抽取小企业经理进行调查。在对100个女性经理的调查中，认为自己成功的人数为24人；而在对95个男性经理的调查中，认为自己成功的人数为39人。在$\alpha=0.05$的显著性水平下，检验男女经理认为自己成功的人数比例是否有显著差异。

6.9　为比较新旧两种肥料对产量的影响，以便决定是否采用新肥料，研究者选择了面积相等、土壤等条件相同的40块田地，分别施用新旧两种肥料，得到的产量数据如下。

旧肥料					新肥料				
109	101	97	98	100	105	109	110	118	109
98	98	94	99	104	113	111	111	99	112
103	88	108	102	106	106	117	99	107	119
97	105	102	104	101	110	111	103	110	119

取显著性水平$\alpha=0.05$，检验：

（1）新肥料获得的平均产量是否显著高于旧肥料。

（2）两种肥料产量的方差是否有显著差异。

6.10　生产工序中的方差是工序质量的一个重要测度，通常较大的方差意味着要通过寻找减小工序方差的途径来改进工序。某杂志上刊载的关于两部机器生产的袋茶重量的数据（单位：克）如下，检验这两部机器生产的袋茶重量的方差是否存在显著差异（$\alpha=0.05$）。

机器 1	2.95	3.45	3.50	3.75	3.48	3.26	3.33	3.20
	3.16	3.20	3.22	3.38	3.90	3.36	3.25	3.28
	3.20	3.22	2.98	3.45	3.70	3.34	3.18	3.35
	3.12							
机器 2	3.22	3.30	3.34	3.28	3.29	3.25	3.30	3.27
	3.38	3.34	3.35	3.19	3.35	3.05	3.36	3.28
	3.30	3.28	3.30	3.20	3.16	3.33		

第 7 章

类别变量分析

问题与思考：网购满意度与地区有关系吗?

网络购物因其便捷和价格便宜等优势被越来越多的人使用。为提高竞争力以争取更多的客户，购物网站需要在网购的各个环节做好工作，包括商品的价格与质量、配送速度与商品的完好程度、营销模式与促销方式，等等。为此，一家购物网站对在本网站购物的客户做了一项调查。调查的客户来自东部、中部、西部三个地区，共 500 人，调查内容涵盖网购的各个环节以及对本购物网站满意度的整体评价等。下面是对本购物网站的整体满意度评价结果。

满意度	地区			
	东部	中部	西部	合计
满意	126	158	35	319
不满意	34	82	65	181
合计	160	240	100	500

这里涉及两个类别变量：一个是满意度，一个是地区。根据上面的数据，你认为满意度与地区有关系吗？如何检验两个类别变量之间是否存在关系呢？如果有关系，关系强度有多大？学完本章内容就可以很容易地解决这样的问题。

在分析实际问题时，常常遇到类别变量，如性别、产品的品牌、消费者的偏好，等等。类别变量的取值是各个类别，对这些类别观察频数的描述性分析主要包括计算比例、比率等统计量，而推断性分析则是根据各类别的频数利用χ^2分布进行检验，因此也称为χ^2检验，内容包括χ^2拟合优度检验和χ^2独立性检验等。

7.1　一个类别变量的拟合优度检验

当只研究一个类别变量时，可利用χ^2检验来判断各类别的观察频数与某一期望频数或理论频数是否一致。比如，各月份的产品销售额是否符合均匀分布、不同地区的离婚率是否有显著差异等，这就是χ^2**拟合优度检验**（goodness of fit test）。该检验是利用χ^2统计量来判断某个类别变量各类别的观察频数分布与某一期望频数或理论频数是否一致，它也可用于判断各类别的观察频数分布是否符合某一理论分布，如泊松分布或正态分布等。

7.1.1　期望频数相等

为更好地理解拟合优度检验，还是先从一个例子开始。

例 7-1

为研究消费者对不同类型的饮料是否有明显偏好，一家调查公司随机调查了 2 000 名消费者对 4 种类型饮料的偏好情况，得到不同类型饮料的偏好数据如表 7-1 所示。

表 7-1　2 000 名消费者对不同类型饮料的偏好数据

饮料类型	人数
碳酸饮料	525
矿泉水	550
果汁	470
其他	455
合计	2 000

表 7-1 中的饮料类型就是类别变量，共有 4 个类别，每个类别的偏好人数称为**观察频数**（observed frequency），即类别变量各取值的实际频数。如果消费者对各类型饮料没有明显偏好，则各类别观察频数应该是相等或近似相等的，也就是不同类型饮料的消费者人数都是 500 人（2 000/4），这就是各类别的**期望频数**（expected frequency）或理论频数。如果调查者想分析消费者对不同类型饮料的偏好是否有显著差异，实际上也就是检验观察频数与期望频数是否一致，因此，拟合优度检验也称为**一致性检验**（test of homogeneity）。该检验使用的是χ^2统计量，它是由英国统计学家 K. Pearson 于 1900 年提出的，因此，拟合优度检验所使用的统计量也称为 Pearson χ^2。其计算公式为：

$$\chi^2 = \sum \frac{(f_o - f_e)^2}{f_e} \tag{7.1}$$

式中，f_o为观察频数，f_e为期望频数。该统计量服从自由度为 $k-1$ 的χ^2分布，k 为类别数。如果统计量χ^2等于 0，则表明观察频数与期望频数完全一致；如果显著异于 0，则表明观察频数与期望频数之间存在显著差异，χ^2值越大，差异就越显著。

下面我们来检验消费者对不同类型饮料的偏好是否有显著差异（α=0.05）。

解 具体步骤如下：

第 1 步：提出假设。

H_0：观察频数与期望频数无显著差异（无显著偏好）

H_1：观察频数与期望频数有显著差异（有显著偏好）

第 2 步：计算检验统计量χ^2。如果消费者对不同类型饮料的偏好无显著差异，意味着各期望频数相等，即不同类型饮料的期望频数均为 500。统计量χ^2的计算过程如表 7－2 所示。

表 7－2　例 7－1 中χ^2统计量的计算

饮料类型	观察频数f_o	期望频数f_e	$(f_o-f_e)^2/f_e$
碳酸饮料	525	500	1.25
矿泉水	550	500	5.00
果汁	470	500	1.80
其他	455	500	4.05
合计	2 000	2 000	12.10

第 3 步：做出决策。χ^2=12.10，自由度为 4－1=3，由 SPSS 函数【1－CDF. CHISQ(12.1, 3)】或函数【SIG. CHISQ(12.1,3)】得 P 值（右尾概率）为 0.007，由于 $P<\alpha$，拒绝原假设，表明消费者对不同类型饮料的偏好有显著差异。

上述检验结果可直接由 SPSS 输出，下面的文本框给出了操作步骤。

期望频数相等时的χ^2拟合优度检验

首先指定“频数”变量：点击【数据】→【个案加权】，点击【个案加权依据】，将“频数”（本例为人数）选入【频率变量】，点击【确定】。然后按下列步骤操作。

第 1 步：选择【分析】→【非参数检验】→【旧对话框-卡方】，进入主对话框。

第 2 步：将频数变量（本例为人数）选入【检验变量列表】。点击【确定】。

SPSS 输出的检验结果如表 7－3 和表 7－4 所示。

表 7－3　消费者偏好的饮料类型的频数分布

人数			
	实测个案数	期望个案数	残差
455	455	500.0	-45.0
470	470	500.0	-30.0
525	525	500.0	25.0
550	550	500.0	50.0
总计	2000		

表 7－4　消费者饮料偏好的拟合优度检验

检验统计	
	人数
卡方	12.100[a]
自由度	3
渐近显著性	.007

a. 0 个单元格（0.0%）的期望频率低于 5。期望的最低单元格频率为 500.0。

表 7－3 给出了从小到大排序的各类型饮料的观察频数、相应的期望频数以及观察频数与期望频数的残差值（观察频数－期望频数）。表 7－4 给出了 χ^2 统计量的值、自由度（df）和渐近显著性水平（P 值）。由于 $P=0.007<\alpha=0.05$，故拒绝原假设，表明消费者对不同类型饮料的偏好有显著差异。

7.1.2　期望频数不等

在例 7－1 中，各类别的期望频数是相等的。当各类别的期望频数不相等时，也可以进行拟合优度检验，这就需要先计算出各类别的期望频数。

例 7－2

一项社会学研究认为，离婚率的高低与受教育程度有关，而且由于社会经济发展程度及生活方式等因素的影响，不同地区也有一定差异。从对全国离婚家庭的样本研究中发现，在离婚家庭中，受教育程度为小学及以下的家庭所占的比例为 20%，初中家庭为 35%，高中家庭为 25%，大学家庭为 12%，研究生家庭为 8%。在对东部地区 260 个离婚家庭的调查中，不同受教育程度的离婚家庭分布如表 7－5 所示。检验东部地区不同受教育程度的离婚家庭数与期望频数是否一致（$\alpha=0.05$）。

表 7-5　东部地区不同受教育程度离婚家庭的分布

单位：个

受教育程度	离婚家庭数
小学及以下	30
初中	110
高中	80
大学	25
研究生	15
合计	260

解　第 1 步：提出假设。这里将全国的调查比例作为期望比例。所关心的问题是东部地区不同受教育程度的离婚家庭数与它的期望频数是否一致。因此提出的假设为：

H_0：不同受教育程度的离婚家庭数与期望频数无显著差异

H_1：不同受教育程度的离婚家庭数与期望频数有显著差异

第 2 步：计算期望频数和检验统计量。

虽然期望比例是已知的，但期望频数需要计算。如果东部地区不同受教育程度的离婚家庭数与期望的一样，那么在 260 个离婚家庭中，不同受教育程度的离婚家庭数所占的比例与全国的期望比例应该一致。因此，用期望比例乘以总的观察频数（即样本量）即得期望频数。计算结果如表 7-6 所示。

表 7-6　东部地区不同受教育程度离婚家庭的频数分布

受教育程度	观察频数	期望比例（%）	期望频数=期望比例×样本量
小学及以下	30	20	0.20×260=52.0
初中	110	35	0.35×260=91.0
高中	80	25	0.25×260=65.0
大学	25	12	0.12×260=31.2
研究生	15	8	0.08×260=20.8
合计	260	100	260

有了期望频数就可以计算检验的 χ^2 统计量了，结果如表 7-7 所示。

表 7-7　东部地区不同受教育程度离婚家庭的拟合优度检验

受教育程度	观察频数 f_o	期望频数 f_e	$(f_o-f_e)^2/f_e$
小学及以下	30	52.0	9.307 7
初中	110	91.0	3.967 0
高中	80	65.0	3.461 5
大学	25	31.2	1.232 1
研究生	15	20.8	1.617 3
合计	260	260	19.585 6

第 3 步：做出决策。$\chi^2=19.585\ 6$，自由度为 $5-1=4$，根据 SPSS 函数【1－CDF. CHISQ(19.585 6,4)】或函数【SIG. CHISQ(19.585 6,4)】得 P 值（右尾概率）为 0.000 6，由于 P 值小于 0.05，故拒绝原假设，表明东部地区不同受教育程度的离婚家庭数与期望频数有显著差异。

上述检验结果可直接由 SPSS 输出，下面的文本框给出了操作步骤。

期望频数不相等时的 χ^2 拟合优度检验

首先将各类别的观察频数从小到大排列，然后指定"频数"变量，再按下列步骤操作。

第 1 步：选择【分析】→【非参数检验】→【旧对话框-卡方】，进入主对话框。

第 2 步：将频数变量选入【检验变量列表】。

第 3 步：在【期望值】下点击【值】，并将相应的期望比例依次输入框内并点击【增加】（每次只能输入 1 个，并点击【增加】，然后输入另一个，再点击【增加】，依此类推）。点击【确定】。

SPSS 输出的检验结果如表 7－8 和表 7－9 所示。

表 7－8　东部地区不同受教育程度离婚家庭的频数分布

观察频数			
	实测个案数	期望个案数	残差
15	15	20.8	-5.8
25	25	31.2	-6.2
30	30	52.0	-22.0
80	80	65.0	15.0
110	110	91.0	19.0
总计	260		

表 7－9　东部地区不同受教育程度离婚家庭的拟合优度检验

检验统计	
	观察频数
卡方	19.586[a]
自由度	4
渐近显著性	.001
a. 0 个单元格 (0.0%) 的期望频率低于 5。期望的最低单元格频率为 20.8 。	

表 7－9 给出的检验统计量及其显著性水平与上面手工计算的结果一致。

7.2 两个类别变量的独立性检验

对于两个类别变量的推断分析，主要是检验两个变量是否独立，这就是χ^2独立性检验（test of independence）。

7.2.1 列联表与χ^2独立性检验

如果研究的是两个类别变量，每个变量有多个类别，通常将两个变量多个类别的频数用交叉表的形式表示出来。其中一个变量放在行（row）的位置，称为行变量，其类别数（行数）用 r 表示；另一个变量放在列（column）的位置，称为列变量，其类别数（列数）用 c 表示。这种由两个或两个以上类别变量交叉分类的频数分布表就是列联表。一个由 r 行和 c 列组成的列联表也称为 $r\times c$ 列联表。例如，本章开头的案例中，行变量“满意度”有 2 个类别，列变量“地区”有 3 个类别，这就是一个 2×3 列联表。

对列联表中的两个类别变量进行分析，通常是判断两个变量是否独立。该检验的原假设是：两个变量独立（无关）。如果原假设被拒绝，则表明两个变量不独立，或者说两个变量相关。χ^2独立性检验的统计量为：

$$\chi^2=\sum\sum\frac{(f_o-f_e)^2}{f_e} \tag{7.2}$$

式中，f_o为观察频数；f_e为期望频数，其计算公式见式（7.4）。该统计量服从自由度为$(r-1)(c-1)$ 的χ^2分布，r 为行数，c 为列数。

下面通过一个例子来说明χ^2独立性检验的具体过程。

例 7－3

利用本章开头关于网购客户满意度的调查数据，检验客户满意度与地区是否独立（$\alpha=0.05$）。

解 第 1 步：提出假设。

H_0：满意度与地区独立

H_1：满意度与地区不独立

第 2 步：计算期望频数和检验统计量。

要计算检验统计量，关键是计算出期望频数。如果两个变量独立，两个变量各类别交叉项的概率可根据独立事件的概率乘法公式求得。

设给定单元格所在行的合计频数为 RT，所在列的合计频数为 CT，任意给定单元格（比如第 i 行第 j 列的单元格 r_ic_j）的概率为：

$$P(r_ic_j)=P(r_i)\times P(c_j)=\frac{\mathrm{RT}}{n}\times\frac{\mathrm{CT}}{n} \tag{7.3}$$

用式（7.3）乘以总观察频数（即样本量 n），可以得到任意单元格的期望频数为：

$$f_e=\frac{\mathrm{RT}}{n}\times\frac{\mathrm{CT}}{n}\times n \tag{7.4}$$

比如，第 1 个单元格的期望频数为：

$$f_1=\frac{319}{500}\times\frac{160}{500}\times 500=102.08$$

按上述步骤计算的各单元格的期望频数如表 7－10 所示。

表 7－10　满意度与地区的单元格期望频数计算表

满意度	地区			
	东部	中部	西部	合计
满意	126 (102.08)	158 (153.12)	35 (63.80)	319
不满意	34 (57.92)	82 (86.88)	65 (36.20)	181
合计	160	240	100	500

注：表中用括号给出的是期望频数。

将每个单元格的 $(f_o-f_e)^2/f_e$ 加起来，即可得到按式（7.2）计算的 χ^2 统计量：

$$\chi^2=\frac{(126-102.08)^2}{102.08}+\frac{(158-153.12)^2}{153.12}+\frac{(35-63.80)^2}{63.80}+\frac{(34-57.92)^2}{57.92}+\frac{(82-86.88)^2}{86.88}+\frac{(65-36.20)^2}{36.20}=51.8266$$

第 3 步：做出决策。$\chi^2=51.8266$，自由度为 $(2-1)(3-1)=2$，由 SPSS 函数【1－CDF. CHISQ(51.826 6,2)】或函数【SIG. CHISQ(51.826 6,2)】得 $P=5.572\text{E-}12$（右尾概率），由于 $P<\alpha$，故拒绝原假设，满意度与地区不独立，或者说，满意度与地区有关。

上述检验结果可直接由 SPSS 输出，下面的文本框给出了操作步骤。

χ^2 独立性检验

使用 SPSS 进行检验时，需要将列联表数据转换为原始数据形式，然后按下列步骤操作。

第 1 步：选择【分析】→【描述统计-交叉表】，进入主对话框。

第 2 步：将行变量（本例为地区）选入【行】，将列变量（本例为满意度）选入【列】（行和列可以互换）。

第 3 步：点击【统计】并选中【卡方】，点击【继续】返回主对话框；点击【单元格】，在【计数】下选中【期望】，点击【继续】返回主对话框。点击【确定】。

（注：在使用 SPSS 进行 χ^2 独立性检验时，点击【统计】，并在【名义】下选中【列联系数】和【Phi 和克莱姆 V】，可以得到相关性测量的统计量。）

SPSS 输出的检验结果如表 7－11 和表 7－12 所示。

表 7-11　满意度与地区的频数分布

地区 * 满意度 交叉表					
			满意度		总计
			不满意	满意	
地区	东部	计数	34	126	160
		期望计数	57.9	102.1	160.0
	西部	计数	65	35	100
		期望计数	36.2	63.8	100.0
	中部	计数	82	158	240
		期望计数	86.9	153.1	240.0
总计		计数	181	319	500
		期望计数	181.0	319.0	500.0

表 7-12　满意度与地区的 χ^2 独立性检验

卡方检验			
	值	自由度	渐近显著性（双侧）
皮尔逊卡方	51.827[a]	2	.000
似然比	51.326	2	.000
有效个案数	500		
a. 0 个单元格 (0.0%) 的期望计数小于 5 。最小期望计数为36.20 。			

表 7-12 中给出的 Pearson χ^2 统计量及渐近显著性与手工计算结果相同。

7.2.2　应用 χ^2 检验的注意事项

在应用 χ^2 检验时，要求样本量应足够大，特别是每个单元格的期望频数不能太小，否则应用 χ^2 检验可能会得出错误的结论。从 χ^2 统计量的公式可以看出，期望频数 f_e 在公式的分母上，如果某个单元格的期望频数过小，χ^2 统计量的值就会变大，从而导致拒绝原假设。因此，应用 χ^2 检验时对单元格的期望频数有以下要求。

第一，如果仅有两个单元格，单元格的最小期望频数应不小于 5，否则不能进行 χ^2 检验。

第二，单元格有两个以上时，期望频数小于 5 的单元格不能超过总格子数的 20%，否则不能进行 χ^2 检验。如果出现期望频数小于 5 的单元格超过 20%，可以采取合并类别的办法来解决这一问题。

在上面的各例子中，每个单元格的期望频数均大于 5。因此，可以进行 χ^2 检验。SPSS 输出的结果中会标注期望频数的情况。比如，在表 7-12 的输出结果中，标注了没有单元格的期望频数少于 5。最小期望频数为 36.20。

7.3 两个类别变量的相关性度量

如果χ^2独立性检验拒绝了原假设，则表明两个变量不独立，这意味着它们之间存在一定的相关。这时，可以进一步测度它们之间的关联程度，使用的统计量主要有 **φ 系数**（φ coefficient）、**Cramer's V 系数**（Cramer's V coefficient）、**列联系数**（contingency coefficient）等，这些系数的计算均以χ^2统计量的值为基础。

7.3.1 φ 系数和 Cramer's V 系数

1. φ 系数

φ 系数主要用于 2×2 列联表的相关性测量。计算公式为：

$$\varphi=\sqrt{\frac{\chi^2}{n}} \tag{7.5}$$

式中，χ^2是按式（7.2）计算出的χ^2值；n 为列联表的总频数，即样本量。

对于 2×2 列联表，φ 系数的取值范围在 0～1 之间。φ 越接近 1，表明两个变量之间的关系越强，越接近 0 则表明关系越弱。但是，当列联表的行数或列数大于 2 时，φ 系数会随着行数或列数的增加而变大，而且没有上限。这时，φ 系数的含义不容易解释。

例如，根据例 7－3 的计算结果，得到的满意度与地区两个变量之间的 φ 系数为：

$$\varphi=\sqrt{\frac{\chi^2}{n}}=\sqrt{\frac{51.826\,6}{500}}=0.321\,952$$

满意度与地区之间的 φ 系数为 0.321 952，而且检验结果是显著的（表 7－13 给出的检验的 P 值接近 0），说明二者之间有显著的关系，这与例 7－3 中χ^2独立性检验的结论是一致的。

2. Cramer's V 系数

Cramer's V 系数是由 Cramer 提出来的。计算公式为：

$$V=\sqrt{\frac{\chi^2}{n\times\min(r-1,\ c-1)}} \tag{7.6}$$

式中，χ^2是按式（7.2）计算出的χ^2值；n 为列联表的总频数，即样本量；r 为行数；c 为列数；$\min(r-1,\ c-1)$ 表示 $r-1$ 和 $c-1$ 中较小的一个。

Cramer's V 系数的取值范围总是在 0～1 之间。当两个变量独立时，$V=0$；当两个变量完全相关时，$V=1$。如果列联表的行数或列数中有一个为 2，Cramer's V 系数就等于 φ 系数。例如，根据例 7－3 的计算结果，得到的满意度与地区两个变量之间的 Cramer's V 系数为：

$$V=\sqrt{\frac{\chi^2}{n\times(2-1)}}=\sqrt{\frac{51.826\,6}{500\times 1}}=0.321\,952$$

结果与 φ 系数一致。

7.3.2 列联系数

列联系数主要用于大于 2×2 列联表的相关性测量，用 C 表示。计算公式为：

$$C=\sqrt{\frac{\chi^2}{\chi^2+n}} \tag{7.7}$$

从式（7.7）可以看出，列联系数不可能大于或等于 1。当两个变量独立时，$C=0$，但即使两个变量完全相关，列联系数也不可能等于 1。因此，对列联系数含义的解释不够方便。例如，根据例 7－3 的计算结果，得到的满意度与地区两个变量之间的列联系数为：

$$C=\sqrt{\frac{51.8266}{51.8266+500}}=0.306461$$

SPSS 可以直接输出上述 3 个相关性测量的统计量，并给出其检验的显著性水平，结果如表 7－13 所示。

表 7－13 满意度与地区的相关性测量

对称测量			
		值	渐近显著性
名义到名义	Phi	.322	.000
	克莱姆 V	.322	.000
	列联系数	.306	.000
有效个案数		500	

相关性测量的 3 个系数的显著性检验结果均显著，表明满意度与地区两个变量不独立，即它们之间存在显著的相关性。

思维导图

类别变量分析方法

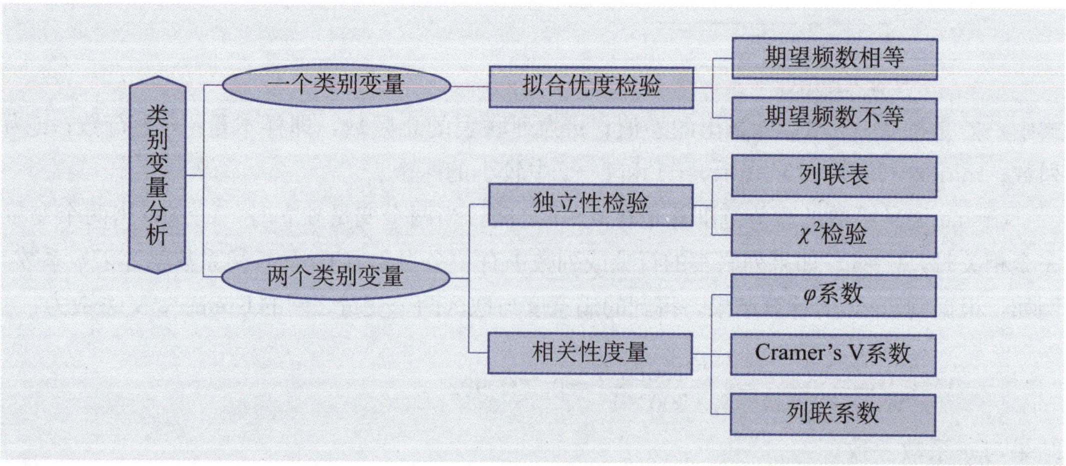

主要术语

- **χ^2 拟合优度检验**（goodness of fit test）：利用χ^2统计量来判断某个类别变量各类别的观察频数与某一期望频数或理论频数是否一致的检验方法。
- **χ^2 独立性检验**（test of independence）：利用χ^2统计量来判断两个类别变量是否独立的检验方法。
- **φ 系数**（φ coefficient）：测度两个类别变量之间相关程度的统计量，主要用于 2×2 列联表。
- **Cramer's V 系数**（Cramer's V coefficient）：测度两个类别变量之间相关程度的统计量，可用于 $r\times c$ 列联表。
- **列联系数**（contingency coefficient）：测度两个类别变量之间相关程度的统计量，主要用于大于 2×2 的列联表。

思考与练习

一　思考题

7.1　说明χ^2拟合优度检验和χ^2独立性检验的用途。

7.2　举出几个可以用列联表表示的类别变量的例子。

7.3　应用χ^2检验应注意哪些问题？

7.4　测度两个类别变量相关性的统计量有哪些？它们有什么不同？

二　练习题

7.1　一家食品生产企业想了解过去一年中各月份的销售量是否符合均匀分布，以便更好地安排生产。企业的市场销售部门调查了过去一年中每个月的销售量（单位：箱），得到如下数据。

月份	销售量
1 月	1 660
2 月	1 600
3 月	1 560
4 月	1 490
5 月	1 380
6 月	1 620
7 月	1 580
8 月	1 680
9 月	1 550
10 月	1 370
11 月	1 410
12 月	1 610

检验各月份的销售量是否符合均匀分布（α=0.05）。

7.2 为研究大学生的逃课情况，一个研究小组做了一次调查，得到的男女学生逃课情况如下。

是否逃过课	男	女	合计
逃过课	34	38	72
未逃过课	28	50	78
合计	62	88	150

检验是否逃过课与学生性别是否独立（α=0.05）。

7.3 为研究上市公司对其股价波动的关注程度，一家研究机构对在主板、中小板和创业板上市的 190 家公司进行了调查，得到如下信息。

上市公司的类型	关注	不关注
主板企业	50	70
中小板企业	30	15
创业板企业	20	5

检验上市公司的类型与对股价波动的关注程度是否独立（α=0.05）。

7.4 一家汽车企业的销售部门对东部地区、中部地区和西部地区的 400 名消费者做了抽样调查，得到如下结果。

汽车价格	东部地区	中部地区	西部地区
10 万元以下	20	40	40
10 万～20 万元	50	60	50
20 万～30 万元	30	20	20
30 万元以上	40	20	10

检验地区与所购买的汽车的价格是否独立（α=0.05）。

7.5 计算 7.3 题中上市公司的类型与对股价波动的关注程度两个变量之间的 φ 系数、Cramer's V 系数和列联系数，并分析其相关程度。

7.6 计算 7.4 题中地区与所购买的汽车的价格两个变量之间的 φ 系数、Cramer's V 系数和列联系数，并分析其相关程度。

第 8 章 方差分析

问题与思考：超市位置和竞争者数量对销售额有影响吗?

超市销售额的多少受到多种因素的影响，比如，所处的位置、同类位置中同业竞争者的多少、商品的价格和质量、周边居民的数量，等等。为研究超市所处的位置和同业竞争者的数量对销售额的影响，一家研究机构将超市位置按居民区、商业区和写字楼分成 3 类，并在不同位置分别随机抽取 3 家超市，同时将竞争者数量按 0 个、1 个、2 个和 3 个及以上分成 4 类，获得的销售额数据（单位：万元）如下。

超市位置	竞争者数量			
	0 个	1 个	2 个	3 个及以上
居民区	271	298	449	433
	316	256	485	431
	227	308	505	536
商业区	416	281	592	473
	311	318	484	418
	456	400	514	393
写字楼	188	230	294	249
	300	178	287	278
	338	264	264	325

怎样分析超市位置和竞争者数量对销售额的影响呢？超市位置之间或者不同数量的竞争者之间销售额有差异吗？这里涉及两类变量：一是超市位置和竞争者数量，这是两个类别变量；二是销售额，这是一个数值变量。分析类别变量对数值变量的影响所使用的方法就是本章将要介绍的方差分析方法。

方差分析是 20 世纪 20 年代发展起来的一种统计方法，它的基本原理是英国统计学家 R. A. Fisher 在进行实验设计时为解释实验数据而率先引入的。目前，方差分析方法被广泛应用于分析心理学、生物学、工程和医药的实验数据。本章首先介绍方差分析的基本原理，然后介绍单因子方差分析和双因子方差分析方法。

8.1 方差分析的原理

8.1.1 什么是方差分析

方差分析（analysis of variance，ANOVA）是分析各类别自变量对数值因变量影响的一种统计方法。自变量对因变量的影响也称为自变量**效应**（effect）。由于影响效应的大小体现为因变量的误差里有多少是由自变量造成的，因此，方差分析是通过对数据误差进行分析来检验这种效应是否显著的。为便于理解有关概念，还是先看一个简单的例子。

例 8－1

为分析小麦品种对产量的影响，一家研究机构挑选了 3 个小麦品种：品种 1、品种 2、品种 3。然后选择条件和面积相同的 30 个地块，每个品种在 10 个地块上试种，实验获得的产量数据如表 8－1 所示。

表 8－1　3 个小麦品种的产量实验数据

单位：kg

品种 1	品种 2	品种 3
81	71	76
82	72	79
79	72	77
81	66	76
78	72	78
89	77	89
92	81	87
87	77	84
85	73	87
86	79	87

在表 8－1 中，“小麦品种”是类别变量，称为实验的**因子**（factor），品种 1、品种 2、品种 3 是因子的 3 个不同取值，称为**处理**（treatment）或**水平**（level）。这里的“地块”就是接受处理的对象或实体，称为**实验单元**（experiment unit）。产量则是因变量，每个地块上获得的产量就是样本观测值。分析小麦品种对产量影响的统计方法就是方差分析。

8.1.2 误差分解

怎样分析小麦品种对产量是否有显著影响呢？由于品种对产量的影响效应体现在产量取

值的误差里，因此，分析时应首先从数据误差的分析入手。方差分析的基本原理就是通过对数据误差的分析来判断类别自变量（小麦品种）对数值因变量（产量）的影响效应是否显著。

怎样分析数据的误差呢？从表 8-1 可以看出，每个小麦品种（每个处理）各有 10 个实验数据，这些数据实际上是从每个小麦品种的产量总体中抽出来的一个随机样本，即每个小麦品种各抽取一个样本量为 10 的随机样本，获得 3 个样本共 30 个实验数据。可以看出，这 30 个产量数据是不同的，我们把反映全部观测数据的误差称为总误差（total error）。例 8-1 中，总误差反映了全部 30 个观测数据的误差的大小。

总误差可能是由不同处理（小麦的不同品种）造成的，也可能是由其他随机因素（如抽样的随机性）造成的。由不同处理造成的误差称为**处理误差**（treatment error）或**处理效应**（treatment effect）。例 8-1 中，处理误差反映了不同小麦品种对产量的影响。由于处理误差来自不同的处理之间，因此有时也称为**组间误差**（between-group error）。其他随机因素对观测数据造成的误差称为**随机误差**（random error），简称**误差**（error）。例 8-1 中，随机误差反映了除小麦品种外其他随机因素对产量的影响。由于随机误差主要存在于每个处理的内部（当然也可能存在于不同处理之间），因此，有时也称为**组内误差**（within-group error）。

在统计中，数据的误差通常用**平方和**（sum of squares）来表示，记为 SS。反映全部数据总误差大小的平方和称为**总平方和**（sum of squares for total），记为 SST。例如，所抽取的全部 30 个地块的产量之间的误差平方和就是总平方和，它反映了全部产量的总离散程度。反映处理误差大小的平方和称为**处理平方和**（treatment sum of squares），也称为**组间平方和**（between-group sum of squares），记为 SSA（注：这里把因子记为 A）。例如，不同品种之间产量的误差平方和就是处理平方和。反映随机误差大小的平方和称为**误差平方和**（sum of squares for error），也称为**组内平方和**（within-group sum of squares），记为 SSE。这样，全部数据的总平方和被分解成两部分：一部分是处理平方和 SSA，另一部分是误差平方和 SSE。很显然，这 3 个平方和的关系为：SST＝SSA＋SSE。

数据误差的来源及其分解过程可用图 8-1 来表示。

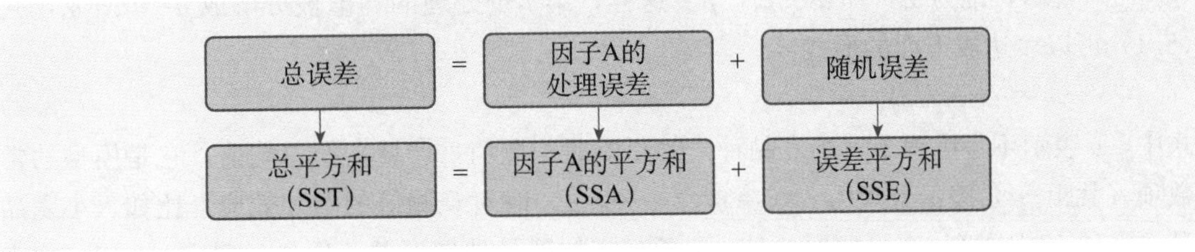

图 8-1　误差的来源及其分解

方差分析就是要分析数据的总误差中有没有处理误差。如果处理（小麦品种）对观测数据（产量）没有显著影响，意味着没有处理误差。这时，每个处理所对应的总体均值（μ_i）应该相等。如果存在处理误差，每个处理所对应的总体均值（μ_i）至少有一对不相等。因此，就例 8-1 而言，设 3 个小麦品种产量的均值分别为μ_1、μ_2、μ_3，分析小麦品种对产量的影响也就是要检验下面的假设：

$H_0: \mu_1=\mu_2=\mu_3$（品种对产量没有显著影响）

$H_1: \mu_1, \mu_2, \mu_3$ 不全相等（品种对产量有显著影响）

8.2 单因子方差分析

只考虑一个因子对观测数据影响的方差分析称为**单因子方差分析**（one-way analysis of variance）。比如，在例 8-1 中，只考虑小麦品种对产量的影响就属于单因子方差分析。

8.2.1 数学模型

方差分析可以用数学模型来表达，这种表达更能体现方差分析的思想。

设因子 A 有 I 个处理（比如小麦品种有“品种 1”“品种 2”“品种 3” 3 个处理），单因子方差分析可用下面的线性模型来表示：

$$y_{ij}=\mu_i+\varepsilon_{ij} \tag{8.1}$$

式中，y_{ij} 表示第 i（$i=1, 2, \cdots, I$）个处理中的第 j 个观测值，μ_i 表示第 i 个处理的平均观测值，ε_{ij} 表示第 i 个处理中的第 j 个观测值的随机误差。例如，表 8-1 中，品种 1（第 1 个处理）的第 1 个观测值 81（y_{11}）可表示为品种 1 的平均产量（μ_1）加上随机误差（ε_{11}）；品种 2（第 2 个处理）的第 1 个观测值 71 可表示为品种 2 的平均产量（μ_2）加上随机误差（ε_{21}）；等等。

对于式（8.1），通常假定ε_{ij} 是期望值为 0、方差相等的正态随机变量，即 $\varepsilon\sim N(0, \sigma^2)$，这意味着无论 i 的取值是多少，ε_{ij} 均服从期望值为 0、方差为某个假定值的正态分布，ε_{ij} 所对应的就是上面提到的随机误差。同时，为了能够对观测值（产量）进行预测，假定 $E(y)=\mu_i$，即第 i 个处理的各观测值都等于该处理的均值。比如，品种 1 的各产量的预测值就是品种 1 的产量的均值。

设全部观测数据的总均值为 μ，第 i 个处理的效应用第 i 个处理的均值 μ_i 与总均值的差（$\mu_i-\mu$）表示，记为 α_i，即 $\alpha_i=\mu_i-\mu$。这样，第 i 个处理的均值被分解成 $\mu_i=\mu+\alpha_i$，式（8.1）可以表达成下面的形式：

$$y_{ij}=\mu+\alpha_i+\varepsilon_{ij} \tag{8.2}$$

式中，μ 表示不考虑因子（小麦品种）的影响时观测值（产量）的总均值，它是模型的常数项（截距）；α_i 表示处理为 i（$i=1, 2, \cdots, I$）时对观测值的附加效应，比如，小麦品种为品种 1 时对平均产量的影响值，α_i 所对应的就是处理误差。比如，假定 $\alpha=10$，它表示品种 1 的平均产量比总的平均产量高 10kg。如果 3 个品种的平均产量无显著差异，则表明小麦品种对产量没有附加效应，应当有 $\alpha_1=\alpha_2=\alpha_3=0$；如果 3 个品种的平均产量有显著差异，则表明小麦品种对产量有附加效应，此时 α_1，α_2，α_3 中至少有一个不等于 0。因此，要检验小麦品种对产量是否有显著影响，也就是检验如下假设：

$H_0: \alpha_1=\alpha_2=\alpha_3=0$（小麦品种对产量的影响不显著）

$H_1: \alpha_1$，α_2，α_3 至少有一个不等于 0（小麦品种对产量的影响显著）

在单因子方差分析中，上述检验也可等价地表示为：$H_0: \mu_1 = \mu_2 = \mu_3$，$H_1: \mu_1$，$\mu_2$，$\mu_3$ 不全相等。

8.2.2　效应检验

一般，设因子 A 有 I 个处理，单因子方差分析要检验的假设①为：

$H_0: \alpha_i = 0$ $(i=1, 2, \cdots, I)$（处理效应不显著）

$H_1: \alpha_i$ 至少有一个不等于 0（处理效应显著）

为构造上述检验统计量，首先需要计算处理平方和 SSA、误差平方和 SSE，然后将各平方和除以相应的自由度 df，以消除观测数据多少对平方和大小的影响，其结果称为**均方**（mean square，MS），也称为**方差**（variance）。最后，将处理均方（MSA）除以均方误差（MSE），即得到用于检验处理效应的统计量 F。这一计算过程可以用方差分析表的形式来表示。表 8－2 中给出了单因子方差分析表的一般形式。

表 8－2　单因子方差分析表

误差来源	SS	df	MS	F
处理效应	$SSA = \sum_{i=1}^{I} n_i(\bar{y}_i - \bar{y})^2$	$I-1$	$MSA = \frac{SSA}{I-1}$	$\frac{MSA}{MSE}$
误差	$SSE = \sum_{i=1}^{I}\sum_{j=1}^{n_i}(y_{ij} - \bar{y}_i)^2$	$n-I$	$MSE = \frac{SSE}{n-I}$	
总效应	$SST = \sum_{i=1}^{I}\sum_{j=1}^{n_i}(y_{ij} - \bar{y})^2$	$n-1$		

表 8－2 中的 n 为因变量观测值的个数，例 8－1 中 $n=30$。n_i 是第 i 个处理的样本量，例 8－1 中 3 个处理的样本量相等，均为 10。$\bar{y}_i = \frac{1}{n_i}\sum_{j=1}^{n_i} y_{ij}$ $(i=1, 2, \cdots, I)$ 是对应于第 i 个处理的样本均值，$\bar{y} = \frac{1}{n}\sum_{i=1}^{I}\sum_{j=1}^{n_i} y_{ij}$ 是所有样本数据的总均值。

根据统计量 F 的 P 值（显著性水平 Sig.）做出决策：若 $P < \alpha$，拒绝原假设，α_i $(i=1, 2, \cdots, I)$ 不全为 0，表明处理效应显著（因子对观测值有显著影响）。

例 8－2

沿用例 8－1。检验小麦品种对产量的影响是否显著（$\alpha=0.05$）。

解　由于只有小麦品种一个因子，所以采用式（8.2）给出的单因子方差分析模型。

① 等价地表示为：$H_0: \mu_1 = \mu_2 = \cdots = \mu_I$，$H_1: \mu_1$，$\mu_2$，$\cdots$，$\mu_I$ 不全相等。

设小麦品种对产量的影响效应分别为 α_1（品种 1）、α_2（品种 2）、α_3（品种 3）。提出的检验假设为：

H_0：$\alpha_1=\alpha_2=\alpha_3=0$（小麦品种对产量的影响不显著）

H_1：α_1，α_2，α_3 至少有一个不等于 0（小麦品种对产量的影响显著）

下面的文本框给出了用 SPSS 进行方差分析的操作步骤。

将表 8-1 的数据转化为长格式，并另存为【例 8-2】

第 1 步：选择【数据】→【重构】→【将选定变量重构为个案】。点击【下一步】。

第 2 步：在弹出的对话框【您希望重构多少个变量组?】中选择【一个】。点击【下一步】。

第 3 步：在弹出的对话框中，将各品种选入【目标变量】，并将目标变量名称修改为“产量”，在【使用个案号】下选择【无】。点击【下一步】。

第 4 步：在弹出的对话框【您希望创建多少索引变量?】中选择【一个】。点击【下一步】。

第 5 步：在弹出的对话框【索引值是什么类型?】下选择【变量名】，将【名称】下的“索引 1”修改为“品种”。点击【完成】。

用【一般线性模型】做单因子方差分析

第 1 步：选择【分析】→【一般线性模型-单变量】，进入主对话框。

第 2 步：将因变量（本例为“产量”）选入【因变量】，将自变量（本例为“品种”）选入【固定因子】。点击【确定】。

（注：若需要均值图，点击【图】，将“因子”选入【水平轴】，在【图】下点击【增加】。若需要多重比较，点击【事后比较】，将“因子”选入【下列各项的事后检验】，在【假定等方差】下选择一种方法，如 LSD。若需要描述统计量，点击【选项】，在【显示】下选中【描述统计】；若需要方差齐性检验，在【显示】下选中【齐性检验】；若需要对模型的参数进行估计，在【显示】下选中【系数估算值】；若需要分析模型的拟合效果，在【显示】下选中【残差图】。若需要预测值，点击【保存】，并在【预测值】下选中【未标准化】以及在【残差】下选中【未标准化】等）。

SPSS 输出的部分结果如下列各表所示。

表 8-3 给出了不同小麦品种的平均产量、标准差和样本量等描述统计量。

表 8-3　例 8-2 的描述统计量

描述统计			
因变量： 产量			
品种	平均值	标准偏差	个案数
品种 1	84.00	4.546	10
品种 2	74.00	4.447	10
品种 3	82.00	5.270	10
总计	80.00	6.363	30

表 8-4 给出了因子效应检验的方差分析表。

表 8-4　例 8-2 因子效应检验的方差分析表

主体间效应检验					
因变量：产量					
源	III 类平方和	自由度	均方	F	显著性
修正模型	560.000[a]	2	280.000	12.313	.000
截距	192000.000	1	192000.000	8442.997	.000
品种	560.000	2	280.000	12.313	.000
误差	614.000	27	22.741		
总计	193174.000	30			
修正后总计	1174.000	29			
a. R 方 =.477（调整后 R 方 =.438）					

表 8-4 中的第一行修正模型（Corrected Model）是对整个方差分析模型的检验。其原假设是：模型中的因子（小麦品种）对因变量（产量）无显著影响。由于本例只有小麦品种一个因子，因此等价于对小麦品种因子的检验，即 $\alpha_i=0$（$i=1, 2, 3$）。由于显著性水平 Sig. 接近 0（实际值为 1.58E-4），表明该模型是显著的。

第二行截距（Intercept）是模型的常数项。其检验的原假设是：$\mu=0$。即不考虑小麦品种因子影响时，产量的均值为 0，检验的结果拒绝了原假设。由于截距在方差分析中的意义不大，这项检验可以忽略。

第三行和第四行是对模型中因子效应的检验。分别给出了品种效应和随机误差效应的平方和、自由度（df）、均方（Mean Square）、检验统计量（F）、显著性水平（Sig.）。

最下面一行修正后总计（Corrected Total）是修正后的总平方和，它等于处理平方和加上误差平方和。

表 8-4 显示，检验小麦品种因子的显著性水平接近 0（实际值为 1.58E-4），拒绝原假设，表明 α_i（$i=1, 2, 3$）至少有一个不等于 0，这意味着小麦品种对产量有显著影响，或者说小麦品种对产量的影响效应显著。

在表 8-4 的最后还给出了模型的判定系数 R^2（R Squared）和调整后的 $R^2$①（Adjusted R Squared）。R^2 是处理平方和与总平方和之比，反映了在因变量取值的总误差中处理造成的误差所占的比例。R^2 的平方根 R 可以用来测量两个变量之间的关系强度。R^2 的计算公式为：

$$R^2=\frac{\text{处理平方和}}{\text{总平方和}}=\frac{\text{SSA}}{\text{SST}} \tag{8.3}$$

本例中，$R^2=\frac{560}{1\,174}=0.477$，表示在小麦产量的总误差中，品种不同造成的误差占 47.7%。相应地，$R=0.690\,7$，表明小麦品种与产量之间的相关系数为 0.690 7，基本上达到了中等相关的程度。

① 在单因子方差分析中不必考虑调整后的 R^2，因为只有一个因子（自变量）。

表 8－5 给出了方差分析模型的参数估计结果。

表 8－5　例 8－2 方差分析模型的参数估计

参数估算值						
因变量：　产量						
参数	B	标准误差	t	显著性	95% 置信区间	
					下限	上限
截距	82.000	1.508	54.377	.000	78.906	85.094
[品种=品种 1]	2.000	2.133	.938	.357	-2.376	6.376
[品种=品种 2]	-8.000	2.133	-3.751	.001	-12.376	-3.624
[品种=品种 3]	0[a]	.	.	.	.	.
a. 此参数冗余，因此设置为零。						

表 8－5 中的截距是模型 $y_{ij}=\mu+\alpha_i+\varepsilon_{ij}$ 中的常数项 μ，它表示不考虑“小麦品种”这一因子影响时产量的总均值为 82kg，这实际上就是品种 3 的平均产量。由于 3 个品种一共有 3 个参数，在估计模型的参数时，需要将因子的最后一个处理（本例为品种 3）作为参照水平，这相当于强迫 $\alpha_3=0$，而另外两个参数（品种 1 和品种 2）的估计值实际上是与参照水平相比较的结果。比如，品种 1 的参数 $\alpha_1=2=84-82$（参见表 8－3 的结果），表示品种 1 对产量的附加效应，即比平均产量（参照标准为品种 3 的平均产量）高 2kg；品种 2 的参数 $\alpha_2=-8=74-82$，表示品种 2 对产量的附加效应，即比平均产量（参照标准为品种 3 的平均产量）低 8kg。

图 8－2 展示了产量估计的边际均值①(marginal means）图。从该图可以观察各品种平均产量的差异情况。

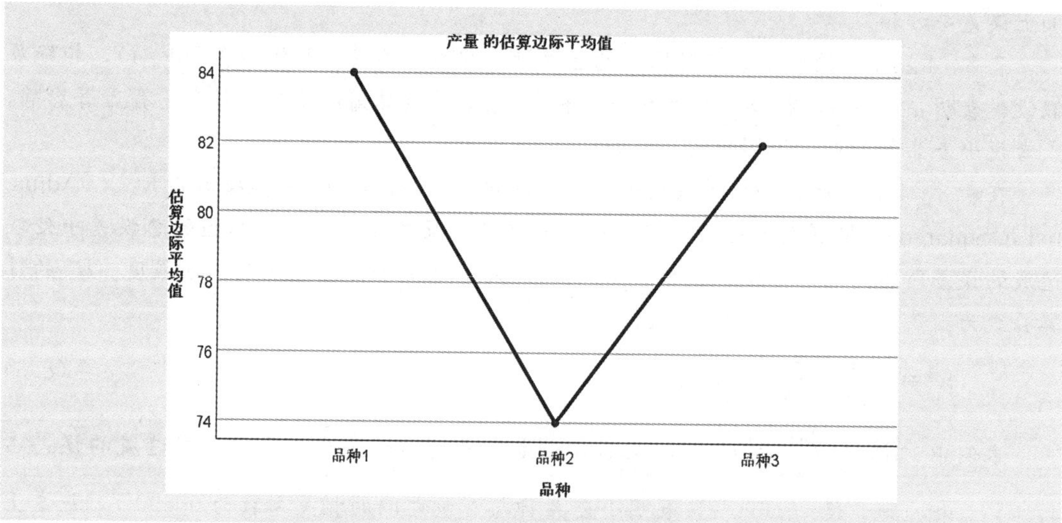

图 8－2　产量的边际均值图

① 在单因子方差分析中，边际均值就是指各样本的均值。

8.2.3 多重比较

例 8-2 的检验结果表示，品种对产量有显著影响。但这一检验并未告诉我们究竟哪些品种之间的产量差异显著。为进一步分析这种差异到底出现在哪些品种之间，设品种 1 产量的均值为 μ_1，品种 2 产量的均值为 μ_2，品种 3 产量的均值为 μ_3，也就是要找出 μ_1 与 μ_2、μ_1 与 μ_3、μ_2 与 μ_3 之间究竟是哪两个均值不相等，这种对均值之间的配对检验就是方差分析中的**多重比较**（multiple comparison）。

多重比较的方法有许多种，每种方法的适用场合不完全一样。这里只介绍常用的两种方法。

1. Fisher 的 LSD 方法

LSD 是**最小显著差异**（least significant difference）的缩写，该检验方法由统计学家 R. A. Fisher 提出，因此也称为 Fisher 的最小显著差异方法，简称 LSD 方法。该方法的适用场合是：如果研究者在事先就已经计划好要对某对或某几对均值进行比较，不论方差分析的结果如何（拒绝或不拒绝 H_0），都要进行比较，这时适合采用 LSD 方法。比如，在例 8-1 中，假定在分析之前就计划好要对品种 1 和品种 3 进行比较，看看这两个品种的产量之间是否有显著差异，这种情形下就适合采用 LSD 方法进行比较。

LSD 方法的具体步骤如下：

第 1 步：提出假设：

$$H_0: \mu_i=\mu_j,\quad H_1: \mu_i\neq\mu_j$$

第 2 步：计算检验统计量。如果 H_0 成立，统计量

$$t_{ij}=\frac{\bar{y}_i-\bar{y}_j}{\sqrt{\text{MSE}\left(\frac{1}{n_i}+\frac{1}{n_j}\right)}} \tag{8.4}$$

服从自由度为 $n-I$ 的 t 分布。式中，$\bar{y}_i$ 和 $\bar{y}_j$ 分别是第 i 个样本和第 j 个样本的均值，n_i 和 n_j 分别是第 i 个样本和第 j 个样本的样本量，MSE 是方差分析得到的均方误差。

第 3 步：做出决策。计算出统计量的 P 值（使用 SPSS 做检验时，可直接给出 P 值），若 $P<\alpha$，拒绝 H_0。

使用 LSD 做多重比较时，在提出假设的基础上，也可以按下面的步骤进行：

第 1 步：计算 $\bar{y}_i$ 和 $\bar{y}_j$ 的绝对差值，即 $|\bar{y}_i-\bar{y}_j|$。

第 2 步：计算 LSD，其公式为：

$$\text{LSD}=t_{\alpha/2}(n-I)\sqrt{\text{MSE}\left(\frac{1}{n_i}+\frac{1}{n_j}\right)} \tag{8.5}$$

式中，$t_{\alpha/2}$ 是自由度为 $n-I$ 时 t 分布的临界值，$t_{\alpha/2}(n-I)\sqrt{\text{MSE}\left(\frac{1}{n_i}+\frac{1}{n_j}\right)}$ 称为最小显著差异。

第 3 步：做出决策。如果 $|\bar{y}_i-\bar{y}_j|>\text{LSD}$，拒绝 H_0，表示第 i 个处理和第 j 个处理的

均值之间有显著差异。

LSD 方法不仅可以检验$\mu_i-\mu_j=0$的原假设，还可以计算$\mu_i-\mu_j$的置信区间。给定显著性水平 α，$\mu_i-\mu_j$在 $1-\alpha$ 置信水平下的置信区间为 $(\bar{y}_i-\bar{y}_j)\pm \text{LSD}$，即

$$(\bar{y}_i-\bar{y}_j)\pm t_{\alpha/2}(n-I)\sqrt{\text{MSE}\left(\frac{1}{n_i}+\frac{1}{n_j}\right)} \tag{8.6}$$

而对于第 i 个处理，其总体均值 μ_i 在 $1-\alpha$ 置信水平下的置信区间为：

$$\bar{y}_i\pm t_{\alpha/2}(n-I)\sqrt{\frac{\text{MSE}}{n_i}} \tag{8.7}$$

例 8-3

沿用例 8-2。假定在实验之前就已经计划好要对品种 1 和品种 3 进行比较，用 LSD 方法比较这两个品种的产量之间是否有显著差异（$\alpha=0.05$），并计算品种 1 和品种 3 产量差值的 95%的置信区间。

解 第 1 步：提出如下假设：

$H_0: \mu_1=\mu_3$，$H_1: \mu_1\neq\mu_3$

第 2 步：计算检验统计量 t。根据式（8.4）计算的检验统计量为：

$$t_{13}=\frac{84-82}{\sqrt{22.740\,74\times\left(\frac{1}{10}+\frac{1}{10}\right)}}=0.937\,805\,34$$

统计量的 P 值为：

$P(t>0.937\,805\,34)=1-P(t<0.937\,805\,34)=0.178\,329\,14$

由于是双侧检验，需要将上述 P 值乘以 2，即

$P=2\times0.178\,329\,14=0.356\,658\,28$

由于 $P>0.05$，不拒绝H_0，品种 1 和品种 3 的平均产量之间差异不显著。

如果将$|\bar{y}_i-\bar{y}_j|$与 LSD 进行比较，需要计算 $\bar{y}_1$ 和 $\bar{y}_3$ 的绝对差值。结果为：

$|\bar{y}_1-\bar{y}_3|=|84-82|=2$

然后计算 LSD。由 SPSS 函数得 $t_{\alpha/2}(30-3)=2.051\,831$，LSD 为：

$$\text{LSD}=2.051\,831\times\sqrt{22.740\,74\times\left(\frac{1}{10}+\frac{1}{10}\right)}=4.375\,814$$

由于$|\bar{y}_1-\bar{y}_3|=2<4.375\,8$，不拒绝$H_0$，表示品种 1 与品种 3 的平均产量之间差异不显著。

品种 1 和品种 3 平均产量差值的 95%的置信区间为：

$$(84-82)\pm2.051\,831\sqrt{22.740\,74\times\left(\frac{1}{10}+\frac{1}{10}\right)}=2\pm4.375\,814$$

即（$-2.375\,8$，$6.375\,8$）。

SPSS 给出的多重比较结果如表 8-6 所示。

表 8-6 例 8-2 的多重比较（LSD 方法）

多重比较						
因变量： 产量						
LSD						
					95% 置信区间	
(I) 品种	(J) 品种	平均值差值 (I-J)	标准误差	显著性	下限	上限
品种 1	品种 2	10.00*	2.133	.000	5.62	14.38
	品种 3	2.00	2.133	.357	-2.38	6.38
品种 2	品种 1	-10.00*	2.133	.000	-14.38	-5.62
	品种 3	-8.00*	2.133	.001	-12.38	-3.62
品种 3	品种 1	-2.00	2.133	.357	-6.38	2.38
	品种 2	8.00*	2.133	.001	3.62	12.38
基于实测平均值。 误差项是均方（误差）= 22.741。						
*. 平均值差值的显著性水平为 .05。						

表 8-6 给出了第 i 个样本和第 j 个样本的均值差值（mean difference）、均值差的标准误差、检验的显著性水平（Sig.）以及均值差值的 95%的置信区间。从显著性水平可以看出，品种 1 和品种 2 的产量之间差异显著，品种 1 和品种 3 的产量之间差异不显著，品种 2 和品种 3 的产量之间差异显著。

2. Tukey-Kramer 的 HSD 方法

HSD 方法即**真实显著差异**（honestly significant difference）方法。该检验方法是由 Jone W. Tukey 于 1953 年提出的，因此也称为 Tukey 的 HSD 方法。由于 Tukey 的 HSD 方法要求各处理的样本量相同，当各处理的样本量不相同时，该方法就不再适用。20 世纪 50 年代中期，C. Y. Kramer 对 Tukey 的 HSD 方法做了一些修正，从而使其适用于样本量不同的情形。修正后的 HSD 方法称为 Tukey-Kramer 的 HSD 方法。该方法的适用场合是：研究者事先并未计划进行多重比较，只是在方差分析拒绝原假设后，才需要对任意两个处理的均值进行比较，这时采用 HSD 方法比较合适。

HSD 方法依据的不是 t 分布，而是**学生化全距分布**（studentized range distribution）。该分布有两个参数，分别为 I 和 $N-I$。HSD 方法用自由度为 I 和 $N-I$ 的学生化全距分布的 $1-\alpha$ 分位数作为临界值，记为 $q_\alpha(I, N-I)$。

HSD 方法考虑三个数值，即处理个数、均方误差（MSE）和样本量。利用这三个值和一个临界值 q 确定出一个临界差异，该临界差异是判断两个处理的均值存在显著差异所必须达到的差异值。因此，只要计算出 HSD，就可以将两个处理的均值之差的绝对值与

HSD 进行比较，从而确定两个处理的均值是否存在显著差异。HSD 的计算公式为：

$$\text{HSD}=q_{\alpha}(I,N-I)\sqrt{\frac{\text{MSE}}{2}\left(\frac{1}{n_i}+\frac{1}{n_j}\right)} \tag{8.8}$$

式中，I 是处理的个数（即样本均值的个数），N 是所有样本观察值的个数，n_i 和 n_j 分别是第 i 个样本和第 j 个样本的样本量，α 是给定的显著性水平，$N-I$ 是 MSE 的自由度，$q_{\alpha}(I, N-I)$ 是学生化全距的临界值（使用 R 软件的 qtukey$(1-\alpha, I, N-I)$ 函数可获得该临界值）。

当各处理的样本量相同，即 $n_i=n_j=n$ 时，$\sqrt{\frac{\text{MSE}}{2}\left(\frac{1}{n}+\frac{1}{n}\right)}=\sqrt{\frac{\text{MSE}}{n}}$，式（8.8）简化为：

$$\text{HSD}=q_{\alpha}(I,N-I)\sqrt{\frac{\text{MSE}}{n}} \tag{8.9}$$

式（8.9）简称 Tukey 的 HSD 方法。

HSD 方法也可以得到 $\mu_i-\mu_j$ 的置信区间。设定显著性水平 α，$\mu_i-\mu_j$ 在 $1-\alpha$ 置信水平下的置信区间为 $(\bar{y}_i-\bar{y}_j)\pm\text{HSD}$，即

$$(\bar{y}_i-\bar{y}_j)\pm q_{\alpha}(I,N-I)\sqrt{\frac{\text{MSE}}{2}\left(\frac{1}{n_i}+\frac{1}{n_j}\right)} \tag{8.10}$$

例 8－4

沿用例 8－2。假定在实验之前并未计划要对任何品种之间的差异进行比较，若方差分析结果拒绝原假设，用 HSD 方法对不同品种的产量均值做多重比较（$\alpha=0.05$）。

解 首先提出假设：

$H_0: \mu_i=\mu_j$，$H_1: \mu_i\neq\mu_j$

然后计算出 HSD。由 R 软件得到的临界值为 3.506 426，计算的 HSD 为：

$$\text{HSD}=3.506\,426\times\sqrt{\frac{22.740\,74}{2}\times\left(\frac{1}{10}+\frac{1}{10}\right)}=5.287\,702$$

再计算出各处理的样本均值差的绝对差值 $|\bar{y}_i-\bar{y}_j|$，与 HSD 进行比较并做出决策，若 $|\bar{y}_i-\bar{y}_j|>\text{HSD}$，拒绝 H_0。

$|\bar{y}_1-\bar{y}_2|=|84-74|=10>5.287\,702$，拒绝 H_0，品种 1 和品种 2 的产量之间差异显著。

$|\bar{y}_1-\bar{y}_3|=|84-82|=2<5.287\,702$，不拒绝 H_0，品种 1 和品种 3 的产量之间差异不显著。

$|\bar{y}_2-\bar{y}_3|=|74-82|=8>5.287\,702$，拒绝 H_0，品种 2 和品种 3 的产量之间差异显著。

SPSS 给出的 HSD 多重比较结果及 $\mu_i-\mu_j$ 的置信区间如表 8－7 所示。

表 8-7 例 8-2 的多重比较（HSD 方法）

多重比较

因变量： 产量

图基 HSD

(I) 品种	(J) 品种	平均值差值 (I-J)	标准误差	显著性	95% 置信区间 下限	95% 置信区间 上限
品种 1	品种 2	10.00*	2.133	.000	4.71	15.29
	品种 3	2.00	2.133	.622	-3.29	7.29
品种 2	品种 1	-10.00*	2.133	.000	-15.29	-4.71
	品种 3	-8.00*	2.133	.002	-13.29	-2.71
品种 3	品种 1	-2.00	2.133	.622	-7.29	3.29
	品种 2	8.00*	2.133	.002	2.71	13.29

基于实测平均值。
误差项是均方（误差）= 22.741。

*. 平均值差值的显著性水平为 .05。

表 8-7 给出了第 i 个样本和第 j 个样本的均值差值、均值差的标准误差、检验的显著性水平（Sig.）以及均值差值的 95%的置信区间。从显著性水平可以看出，品种 1 和品种 2 的产量之间差异显著，品种 1 和品种 3 的产量之间差异不显著，品种 2 和品种 3 的产量之间差异显著。

8.3 双因子方差分析

考虑两个类别自变量对数值因变量影响的方差分析称为**双因子方差分析**（two-way analysis of variance）。分析时有两种情况：一是只考虑两个因子对因变量的单独影响，即**主效应**（main effect），这时的方差分析称为只考虑主效应的双因子方差分析，或称为**无重复双因子分析**（two-factor without replication）；二是除了两个因子的主效应外，还考虑两个因子的搭配对因变量产生的**交互效应**（interaction），这时的方差分析称为考虑交互效应的双因子方差分析，或称为**可重复双因子分析**（two-factor with replication）。

8.3.1 数学模型

设因子 A 有 I 个处理，因子 B 有 J 个处理。两个因子共有 IJ 个不同的处理组合。如果每个处理组合只测得一个观测值，则有 IJ 个观测值，这样的测量属于无重复测量（无重复实验）。如果每个处理组合测得多个观测值，这样的测量就是重复测量（重复实验）。如果每个处理组合重复测量的次数相同，我们将重复次数记为 K，这时两个因子的 IJ 个不同的处理组合共有 IJK 个观测值。

如果只考虑主效应，而不考虑交互效应，两个因子的每个处理组合可以只测得一个观测值，即 $K=1$。但要考虑交互作用时，每个处理组合就必须重复测量出多个观测值，一般要求每个处理组合的重复次数 K 不小于 2。

为便于表述，我们引进下列记号：

$\bar{\mu}_{i.}$：因子 A 的第 i 个处理的均值（$i=1, 2, \cdots, I$）。

$\bar{\mu}_{.j}$：因子 B 的第 j 个处理的均值（$j=1, 2, \cdots, J$）。

μ：总均值，它是所有处理均值 μ_{ij} 的平均。

α_i：因子 A 的效应。它衡量的是因子 A 的第 i 个处理的均值与总均值的差异程度，即 $\alpha_i=\bar{\mu}_{i.}-\mu$。

β_j：因子 B 的效应。它衡量的是因子 B 的第 j 个处理的均值与总均值的差异程度，即 $\beta_j=\bar{\mu}_{.j}-\mu$。

γ_{ij}：因子 A 的第 i 个处理和因子 B 的第 j 个处理搭配产生的交互效应。它衡量的是因子 A 的第 i 个处理和因子 B 的第 j 个处理的搭配（共有 IJ 个）对因变量产生的效应。

ε_{ijk}：误差。随机因子对因变量的影响。

这样，任何一个观测值 y_{ijk} 都可以表示成下面的线性组合，即

$$y_{ijk}=\mu+\alpha_i+\beta_j+\gamma_{ij}+\varepsilon_{ijk} \quad (k=1, 2, \cdots, K) \tag{8.11}$$

式中，y_{ijk} 表示因子 A 的第 i 个处理和因子 B 的第 j 个处理组合的第 k 个观测值；μ 表示不考虑“因子 A”和“因子 B”的影响时观测值的总均值，它是模型的常数项（截距）；α_i 表示因子 A 的处理为 i 时对观测数据的附加效应，它所对应的就是因子 A 的处理误差；β_j 表示因子 B 的处理为 j 时对观测数据的附加效应，它所对应的就是因子 B 的处理误差；γ_{ij} 表示因子 A 的第 i 个处理和因子 B 的第 j 个处理搭配产生的交互效应；ε_{ijk} 表示因子 A 的第 i 个处理和因子 B 的第 j 个处理组合的第 k 个观测值的随机误差，同时假定 ε_{ijk} 服从均值为 0、方差为常数的正态分布。

式（8.11）就是考虑交互效应时双因子方差分析的数学模型。

当交互效应 γ_{ij} 为 0 时，式（8.11）变为：

$$y_{ijk}=\mu+\alpha_i+\beta_j+\varepsilon_{ijk} \tag{8.12}$$

式（8.12）就是只考虑主效应时双因子方差分析的数学模型，显然它是考虑交互效应的方差分析模型的一个特例。

8.3.2 主效应分析

对于因子 A 的 I 个处理和因子 B 的 J 个处理，要检验因子 A 和因子 B 对因变量的影响效应，也就是检验下面的假设。

- 检验因子 A 的假设：

  H_0：$\alpha_i=0$（$i=1, 2, \cdots, I$）（因子 A 的处理效应不显著）

  H_1：α_i 至少有一个不等于 0（因子 A 的处理效应显著）

● 检验因子 B 的假设：

$H_0: \beta_j = 0$（$j=1, 2, \cdots, J$）（因子 B 的处理效应不显著）

$H_1: \beta_j$ 至少有一个不等于 0（因子 B 的处理效应显著）

各因子的效应用误差来表示。检验上述假设时，与式（8.12）对应的误差分解过程如图 8-3 所示。

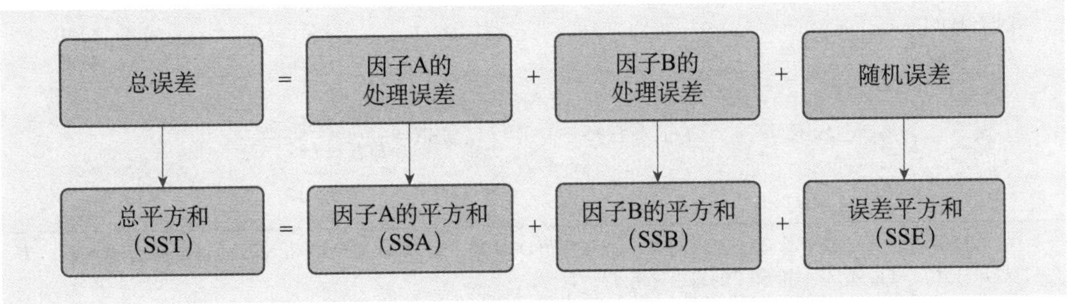

图 8-3 只考虑主效应的误差分解

根据上述误差分解原理，可以构建用于检验因子 A 和因子 B 主效应的统计量 F_A 和 F_B。

设：

y_{ijk} 表示因子 A 的第 i 个处理和因子 B 的第 j 个处理组合的第 k 个观测值。

$\bar{y}_{i.}$ 为因子 A 的第 i 个处理的样本均值。

$\bar{y}_{.j}$ 为因子 B 的第 j 个处理的样本均值。

$\bar{y}_{ij}$ 为对应于因子 A 的第 i 个处理和因子 B 的第 j 个处理组合的样本均值。

$\bar{\bar{y}}$ 为全部 IJK 个观测值的总均值。

各平方和的计算公式如下：

总平方和：$\mathrm{SST} = \sum_{i=1}^{I}\sum_{j=1}^{J}\sum_{k=1}^{K}(y_{ijk} - \bar{\bar{y}})^2$。

因子 A 的平方和：$\mathrm{SSA} = JK\sum_{i=1}^{I}(\bar{y}_{i.} - \bar{\bar{y}})^2$。

因子 B 的平方和：$\mathrm{SSB} = IK\sum_{j=1}^{J}(\bar{y}_{.j} - \bar{\bar{y}})^2$。

交互效应平方和：$\mathrm{SSAB} = K\sum_{i=1}^{I}\sum_{j=1}^{J}(\bar{y}_{ij} - \bar{y}_{i.} - \bar{y}_{.j} + \bar{\bar{y}})^2$。

误差平方和：SSE＝SST－SSA－SSB－SSAB。

将各平方和（SS）除以相应的自由度 df，得到各均方（MS），再将各处理均方（MSA 和 MSB）分别除以均方误差（MSE），即得到用于检验因子 A 和因子 B 主效应的统计量 F_A 和 F_B。

只考虑主效应的双因子方差分析表如表 8-8 所示。

表 8-8　只考虑主效应的双因子方差分析表

误差来源	平方和 SS	自由度 df	均方 MS	检验统计量 F
因子 A 的处理效应	SSA	$I-1$	$MSA=\frac{SSA}{I-1}$	$F_A=\frac{MSA}{MSE}$
因子 B 的处理效应	SSB	$J-1$	$MSB=\frac{SSB}{J-1}$	$F_B=\frac{MSB}{MSE}$
误差	SSE	$IJK-I-J+1$	$MSE=\frac{SSE}{IJK-I-J+1}$	
总效应	SST	$IJK-1$		

注：如果两个因子的每个处理组合只测得一个观测值，即 $K=1$，则误差平方和 SSE 的自由度为 $df=IJ-I-J+1=(I-1)(J-1)$。总平方和 SST 的自由度为 $IJ-1$。

例 8-5

假定在例 8-1 中，除了考虑小麦品种对产量的影响外，还考虑施肥方式对产量的影响。假定有甲、乙两种施肥方式，这样三个小麦品种和两种施肥方式的搭配共有 3×2=6 种组合。如果选择 30 个地块进行实验，每一种搭配可以做 5 次实验，也就是每个品种（处理）的样本量为 5，即相当于每个品种（处理）重复做了 5 次实验。实验取得的数据如表 8-9 所示。检验小麦品种和施肥方式对产量的影响是否显著（$\alpha=0.05$）。

表 8-9　小麦品种和施肥方式的实验数据

施肥方式	品种 1	品种 2	品种 3
甲	81	71	76
	82	72	79
	79	72	77
	81	66	76
	78	72	78
乙	89	77	89
	92	81	87
	87	77	84
	85	73	87
	86	79	87

解　设小麦品种为因子 A，施肥方式为因子 B。由于不考虑交互效应，因此采用式(8.12)：

$$y_{ijk}=\mu+\alpha_i+\beta_j+\varepsilon_{ijk},\ i=1,\ 2,\ 3;\ j=1,\ 2,;\ k=1,\ 2,\ 3,\ 4,\ 5$$

y_{ijk}表示第 i 个品种和第 j 种施肥方式组合的第 k 个观测值，比如，$y_{123}=87$ 是品种 1 和施肥方式 2 组合的第 3 个观测值。μ 表示不考虑“品种”和“施肥方式”两个因子影响时产量的总均值，它是模型的常数项（截距）。α_i表示品种为 i（$i=1$，2，3）时对产量的附加效应，即品种为 i 时对平均产量的影响值，α_i所对应的就是品种的处理误差。β_j表示施肥方式为 j（$j=1$，2）时对产量的附加效应，即施肥方式为 j 时对平均产量的影响值，β_j所对应的就是施肥方式的处理误差。ε_{ijk}表示第 i 个品种和第 j 种施肥方式组合的第 k（$k=1$，2，3，4，5）个观测值的随机误差。

设小麦品种对产量的附加效应分别为α_1（品种 1）、α_2（品种 2）和α_3（品种 3）；施肥方式对产量的附加效应分别为β_1（施肥方式甲）、β_2（施肥方式乙）。检验小麦品种效应的假设为：

H_0：$\alpha_1=\alpha_2=\alpha_3=0$（品种对产量的影响不显著）

H_1：α_1，α_2，α_3 至少有一个不等于 0（品种对产量的影响显著）

检验施肥方式效应的假设为：

H_0：$\beta_1=\beta_2=0$（施肥方式对产量的影响不显著）

H_1：β_1，β_2 至少有一个不等于 0（施肥方式对产量的影响显著）

下面的文本框给出了用 SPSS 进行双因子方差分析的操作步骤。

将表 8-9 的数据转化为长格式，并另存为【例 8-5】

第 1 步：选择【数据】→【重构】→【将选定变量重构为个案】。点击【下一步】。

第 2 步：在弹出的对话框【您希望重构多少个变量组?】中选择【一个】。点击【下一步】。

第 3 步：在弹出的对话框中，将各品种选入【目标变量】，并将目标变量名称修改为“产量”，在【使用个案号】下选择【无】。点击【下一步】。

第 4 步：在弹出的对话框【您希望创建多少索引变量?】中选择【一个】。点击【下一步】。

第 5 步：在弹出的对话框【索引值是什么类型?】下选择【变量名】，将【名称】下的“索引 1”改为“品种”。点击【完成】（结果如表 8-10 所示）。

只考虑主效应的双因子方差分析

第 1 步：选择【分析】→【一般线性模型-单变量】，进入主对话框。

第 2 步：将因变量（本例为“产量”）选入【因变量】，将自变量（本例为“品种”和“施肥方式”）选入【固定因子】。

第 3 步：点击【模型】，并点击【构建项】；将因子 A 和因子 B（本例为“品种”和“施肥方式”）分别选入【模型】；在【建模项】下选择【主效应】。点击【继续】回到主对话框。单击【确定】。

（注：若需要均值图，点击【图】，将“因子 A”选入【水平轴】，将“因子 B”选入【单独的线条】，在【图】下点击【增加】，单击【继续】；若需要多重比较，点击【事后比较】，将“因子 A”和“因子 B”分别选入【下列各项的事后检验】，在【假定等方差】下选择一种方法，如 LSD，单击【继续】；若需要描述统计量、方差齐性检验、对模型的参数进行估计，点击【选项】，在【显示】下选中【描述统计】【齐性检验】【参数估算值】等；若需要预测值，点击【保存】，并在【预测值】下选中【未标准化】。）

考虑交互主效应的双因子方差分析

分析交互效应时，将上述第 3 步略加修改即可。点击【模型】，并点击【构建项】；先将因子 A 和因子 B 分别选入【模型】，再将二者同时选入，此时在【模型】下出现"因子 A＊因子 B"；在【建模项】下选择【交互】。

为了用 SPSS 进行方差分析，需要将表 8－9 的数据组织成表 8－10 的形式。

表 8－10　小麦品种和施肥方式的实验数据

	施肥方式	品种	产量
1	甲	品种1	81
2	甲	品种2	71
3	甲	品种3	76
4	甲	品种1	82
5	甲	品种2	72
6	甲	品种3	79
7	甲	品种1	79
8	甲	品种2	72
9	甲	品种3	77
10	甲	品种1	81
11	甲	品种2	66
12	甲	品种3	76
13	甲	品种1	78
14	甲	品种2	72
15	甲	品种3	78
16	乙	品种1	89
17	乙	品种2	77
18	乙	品种3	89
19	乙	品种1	92
20	乙	品种2	81
21	乙	品种3	87
22	乙	品种1	87
23	乙	品种2	77
24	乙	品种3	84
25	乙	品种1	85
26	乙	品种2	73
27	乙	品种3	87
28	乙	品种1	86
29	乙	品种2	79
30	乙	品种3	87

SPSS 输出的分析结果如下列各表所示。

表 8－11 中给出了品种和施肥方式组合的描述统计量，包括平均产量、标准差和样本量。

表 8－11　例 8－5 的描述统计量

描述统计				
因变量：产量				
品种	施肥方式	平均值	标准偏差	个案数
品种 1	甲	80.20	1.643	5
	乙	87.80	2.775	5
	总计	84.00	4.546	10

品种 2	甲	70.60	2.608	5
	乙	77.40	2.966	5
	总计	74.00	4.447	10
品种 3	甲	77.20	1.304	5
	乙	86.80	1.789	5
	总计	82.00	5.270	10
总计	甲	76.00	4.520	15
	乙	84.00	5.398	15
	总计	80.00	6.363	30

表 8-12 给出了品种和施肥方式效应检验的详细结果。

表 8-12 例 8-5 的各效应检验

主体间效应检验					
因变量： 产量					
源	III 类平方和	自由度	均方	F	显著性
修正模型	1040.000[a]	3	346.667	67.264	.000
截距	192000.000	1	192000.000	37253.731	.000
品种	560.000	2	280.000	54.328	.000
施肥方式	480.000	1	480.000	93.134	.000
误差	134.000	26	5.154		
总计	193174.000	30			
修正后总计	1174.000	29			
a. R 方 =.886（调整后 R 方 =.873）					

表 8-12 中的第一行修正模型是对所使用的方差分析模型的检验。其原假设是：模型中的所有因子（品种和施肥方式）对因变量（产量）无显著影响，即 $\alpha_i=0$（$i=1$，2，3）和 $\beta_j=0$（$j=1$，2）。由于显著性水平 Sig. 接近 0，表明该模型是显著的。

第二行截距是模型的常数项。其检验的原假设是 $\mu=0$，即不考虑品种和施肥方式影响时，产量的均值为 0。虽然检验结果拒绝了原假设，但由于截距在实际分析中没有意义，可忽略不计。

第三行和第四行是对品种和施肥方式因子效应的检验。由于两个因子检验的显著性水平均接近 0，拒绝原假设，表明品种和施肥方式对产量均有显著影响。

在表的下方还给出了模型的多重判定系数 R^2 和调整后的 R_a^2，它度量了两个因子（自变量）对因变量的联合效应①，其平方根 R 则反映了这两个因子合起来与因变量之间的关系强度。R^2 的计算公式为：

$$R^2=\frac{\text{因子 A 效应}+\text{因子 B 效应}}{\text{总效应}}=\frac{SSA+SSB}{SST} \tag{8.13}$$

本例中，$R^2=\frac{SSA+SSB}{SST}=\frac{560+480}{1\ 174}=0.886=88.6\%$，表明品种和施肥方式两个因子合起来总共解释了产量误差的 88.6%，其他因素只解释了产量误差的 11.4%。而 $R=0.941\ 2$，表明品种和施肥方式两个因子合起来与产量之间有较强的关系。

表 8-13 给出了所用的方差分析模型的参数估计结果。

表 8-13　例 8-5 方差分析模型的参数估计

参数估算值						
因变量：　产量						
					95% 置信区间	
参数	B	标准误差	t	显著性	下限	上限
截距	86.000	.829	103.744	.000	84.296	87.704
[品种=品种1]	2.000	1.015	1.970	.060	-.087	4.087
[品种=品种2]	-8.000	1.015	-7.880	.000	-10.087	-5.913
[品种=品种3]	0a	.	.	.	.	.
[施肥方式=甲]	-8.000	.829	-9.651	.000	-9.704	-6.296
[施肥方式=乙]	0a	.	.	.	.	.
a. 此参数冗余，因此设置为零。						

表 8-13 中的截距是模型 $y_{ijk}=\mu+\alpha_i+\beta_j+\varepsilon_{ijk}$ 中的截距 μ，它表示不考虑“品种”和“施肥方式”影响时产量的均值为 86kg。下面分别是对品种的影响效应 α_i 和施肥方式的影响效应 β_j 的估计（有条件的估计）。由于 3 个品种共有 3 个参数，在估计模型的参数时，将最后一个水平（本例为品种 3）作为参照水平，这相当于强迫 $\alpha_3=0$，而另外两个参数（品种 1 和品种 2）的估计值实际上就是与参照水平相比较的结果。比如，品种 1 的参数 $\alpha_1=2$，表示品种 1 对产量的附加效应；施肥方式的参数 $\beta_1=-8$，表示施肥方式为“甲”时对产量的附加效应；等等。由于检验的显著性水平（Sig.）均接近 0，表明因子的各个处理对产量均有显著影响。

表 8-14 是对小麦品种各因子水平的多重比较结果（由于施肥方式只有甲、乙两个处理，无需多重比较）。

① 类似于多元回归中的多重判定系数。

表 8 - 14　例 8 - 5 的多重比较（品种因子）

多重比较							
因变量：　产量							
	(I) 品种	(J) 品种	平均值差值 (I-J)	标准误差	显著性	95% 置信区间	
						下限	上限
图基 HSD	品种 1	品种 2	10.00*	1.015	.000	7.48	12.52
		品种 3	2.00	1.015	.140	-.52	4.52
	品种 2	品种 1	-10.00*	1.015	.000	-12.52	-7.48
		品种 3	-8.00*	1.015	.000	-10.52	-5.48
	品种 3	品种 1	-2.00	1.015	.140	-4.52	.52
		品种 2	8.00*	1.015	.000	5.48	10.52
LSD	品种 1	品种 2	10.00*	1.015	.000	7.91	12.09
		品种 3	2.00	1.015	.060	-.09	4.09
	品种 2	品种 1	-10.00*	1.015	.000	-12.09	-7.91
		品种 3	-8.00*	1.015	.000	-10.09	-5.91
	品种 3	品种 1	-2.00	1.015	.060	-4.09	.09
		品种 2	8.00*	1.015	.000	5.91	10.09
基于实测平均值。 误差项是均方（误差）　= 5.154 。							
*. 平均值差值的显著性水平为 .05。							

从表 8 - 14 中的显著性水平可以看出，品种 1 与品种 2 之间、品种 2 与品种 3 之间均有显著差异，而品种 1 与品种 3 之间的差异不显著。

图 8 - 4（a）和图 8 - 4（b）分别展示了“品种”和“施肥方式”的边际均值图。

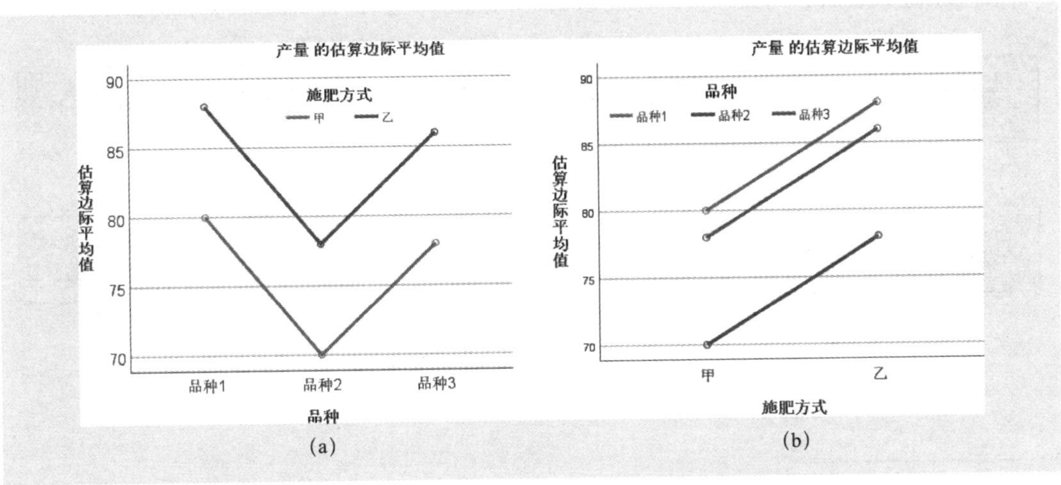

图 8 - 4　品种和施肥方式的产量边际均值图（只考虑主效应）

图 8－4（a）的横坐标是小麦品种的三个处理，纵坐标是产量的估计边际均值（实际上就是样本均值）。两条线分别表示不同施肥方式的产量情况。图 8－4（b）的横坐标是施肥方式的两个处理，纵坐标是施肥方式的估计边际均值。三条线分别表示不同品种的处理情况。

由于本例使用的是只考虑主效应的方差分析模型，因此图中的各条折线是平行的。当两个因子间无交互效应时，一个因子各处理间均值的差异不会随另一个因子处理的变化而变化；如果各条线明显不平行或之间有交叉，则意味着两个因子的各处理间可能存在交互效应。

8.3.3 交互效应分析

如果除了考虑小麦品种和施肥方式两个因子的主效应外，还考虑两个因子搭配对产量产生的交互作用①，则方差分析的模型为式（8.11）。

对于因子 A 的 I 个处理和因子 B 的 J 个处理，要检验因子 A 的效应、因子 B 的效应、两个因子的交互效应，也就是检验下面的假设。

- 检验因子 A 的假设：

  H_0：$\alpha_i=0$（$i=1, 2, \cdots, I$）（因子 A 的处理效应不显著）

  H_1：α_i 至少有一个不等于 0（因子 A 的处理效应显著）

- 检验因子 B 的假设：

  H_0：$\beta_j=0$（$j=1, 2, \cdots, J$）（因子 B 的处理效应不显著）

  H_1：β_j 至少有一个不等于 0（因子 B 的处理效应显著）

- 检验交互效应的假设：

  H_0：$\gamma_{ij}=0$（交互效应不显著）

  H_1：γ_{ij} 至少有一个不等于 0（交互效应显著）

检验上述假设时，与式（8.11）对应的总误差分解过程可用图 8－5 来表示。

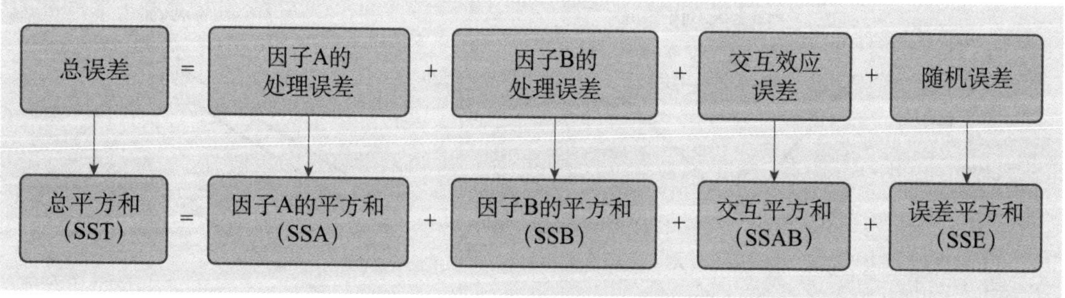

图 8－5 考虑交互效应的误差分解

① 如果每种因素的组合只有一个观测值，则无法分析交互作用（例 8－5 的数据中，品种与施肥方式的每个组合有 5 个观测值）。

根据上述误差分解原理，可以构建用于检验的统计量F_A、F_B、F_{AB}。其原理与只考虑主效应的双因子方差分析类似，其分析过程可用表 8-15 给出的方差分析表来表示。

表 8-15　考虑主效应及交互效应的双因子方差分析表

误差来源	平方和 SS	自由度 df	均方 MS	检验统计量 F
因子 A 的处理效应	SSA	$I-1$	$MSA=\frac{SSA}{I-1}$	$F_A=\frac{MSA}{MSE}$
因子 B 的处理效应	SSB	$J-1$	$MSB=\frac{SSB}{J-1}$	$F_B=\frac{MSB}{MSE}$
A、B 的交互效应	SSAB	$(I-1)(J-1)$	$MSAB=\frac{SSAB}{(I-1)(J-1)}$	$F_{AB}=\frac{MSAB}{MSE}$
误差	SSE	$IJ(K-1)$	$MSE=\frac{SSE}{IJ(K-1)}$	
总效应	SST	$IJK-1$		

例 8-6

沿用例 8-5。检验小麦品种、施肥方式及其交互效应对产量的影响是否显著（$\alpha=0.05$）。

解　由于考虑交互作用，因此采用式（8.11）：

$$y_{ijk}=\mu+\alpha_i+\beta_j+\gamma_{ij}+\varepsilon_{ijk},\ i=1,2,3;\ j=1,2;\ k=1,2,3,4,5$$

y_{ijk}表示第 i 个品种和第 j 种施肥方式组合的第 k 个观测值；μ 表示不考虑“品种”“施肥方式”“交互效应”影响时产量的总均值，它是模型的常数项（截距）；α_i表示品种为 i（$i=1,2,3$）时对产量的附加效应，即品种为 i 时对平均产量的影响值；β_j表示施肥方式为 j（$j=1,2$）时对产量的附加效应，即施肥方式为 j 时对平均产量的影响值；γ_{ij}表示小麦品种为 i 和施肥方式为 j 时对产量的交互效应；ε_{ijk}表示第 i 个小麦品种和第 j 种施肥方式组合的第 k（$k=1,2,3,4,5$）个观测值的随机误差。

设品种对产量的附加效应分别为α_1（品种 1）、α_2（品种 2）和α_3（品种 3）；施肥方式对产量的附加效应分别为β_1（方式甲）、β_2（方式乙）；交互效应为γ_{ij}。

检验品种效应的假设为：

$H_0: \alpha_1=\alpha_2=\alpha_3=0$（品种对产量的影响不显著）

$H_1: \alpha_1, \alpha_2, \alpha_3$ 至少有一个不等于 0（品种对产量的影响显著）

检验施肥方式效应的假设为：

$H_0: \beta_1=\beta_2=0$（施肥方式对产量的影响不显著）

$H_1: \beta_1, \beta_2$ 至少有一个不等于 0（施肥方式对产量影响显著）

检验交互效应的假设：

$H_0: \gamma_{ij}=0$ （$i=1, 2, 3; j=1, 2$）（交互效应不显著）

$H_1: \gamma_{ij}$ 至少有一个不等于 0（交互效应显著）

SPSS 输出的部分结果如下列各表所示。

表 8－16 给出了品种和施肥方式组合的描述统计量。

表 8－16　品种与施肥方式组合的描述统计量

描述统计

因变量：产量

品种	施肥方式	平均值	标准偏差	个案数
品种 1	甲	80.20	1.643	5
	乙	87.80	2.775	5
	总计	84.00	4.546	10
品种 2	甲	70.60	2.608	5
	乙	77.40	2.966	5
	总计	74.00	4.447	10
品种 3	甲	77.20	1.304	5
	乙	86.80	1.789	5
	总计	82.00	5.270	10
总计	甲	76.00	4.520	15
	乙	84.00	5.398	15
	总计	80.00	6.363	30

表 8－17 给出了品种和施肥方式效应检验的详细结果。

表 8－17　例 8－6 的各效应检验

主体间效应检验

因变量：产量

源	III 类平方和	自由度	均方	F	显著性
修正模型	1050.400[a]	5	210.080	40.792	.000
截距	192000.000	1	192000.000	37281.553	.000
品种	560.000	2	280.000	54.369	.000
施肥方式	480.000	1	480.000	93.204	.000
品种 * 施肥方式	10.400	2	5.200	1.010	.379
误差	123.600	24	5.150		
总计	193174.000	30			
修正后总计	1174.000	29			

a. R 方 =.895（调整后 R 方 =.873）

表 8－17 显示，产量和施肥方式检验的显著性水平均小于 0.05，表明两个因子对产量的影响均显著，而二者搭配的交互效应的显著性水平为 0.379，大于 0.05，表明交互效应对产量的影响不显著。

图 8－6（a）和图 8－6（b）分别展示了小麦品种为横轴和施肥方式为横轴时产量的均值图。从图中可以清楚地看出，各条线之间虽然不平行，但没有明显的交叉，同样表明交互效应不显著。

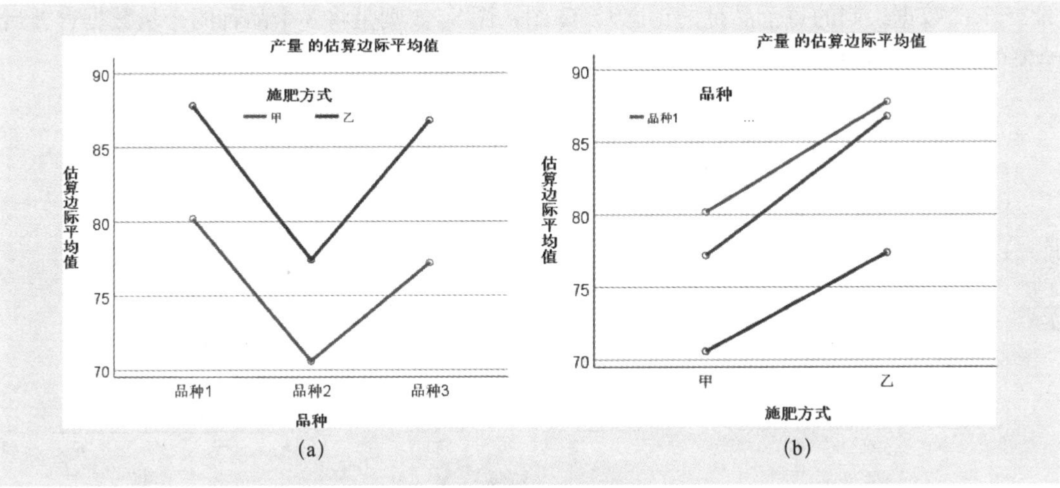

图 8－6　品种和施肥方式的产量边际均值图（考虑交互效应）

需要注意的是，有两个实验因子时，考虑交互效应的方差分析与分别对两个因子做单因子方差分析是不同的。两个单因子方差分析实际上是假定两个因子间不存在交互效应，当两个因子间存在交互效应时，可能会得出错误结论。因此，当有两个因子时，应首先考虑使用有交互效应的方差分析模型，当交互效应不显著时，再考虑使用只考虑主效应的方差分析模型，或者考虑使用两个因子的单因子方差分析模型。

8.4　方差分析的假定及其检验

在方差分析模型中，我们假定误差项 ε 是期望值为 0、方差相等的正态独立随机变量，即所谓的正态性、方差齐性和独立性，这些假定实际上也就是对因变量 y 的假定。在做方差分析之前，应首先对这些假定进行检验，考察数据是否适合做方差分析。

8.4.1　正态性检验

正态性（normality）假定要求每个处理所对应的总体都应服从正态分布，即对于任意一个处理，其观测值是来自正态分布总体的简单随机样本。例如，在例 8－1 中，要求每个品种的产量必须服从正态分布。检验正态性的方法有图示法和检验法。

1. 图示法

检验正态性的方法之一是绘制因变量的正态 Q-Q 图。当每个处理的样本量足够大时，可以对每个样本绘制正态 Q-Q 图来检查每个处理对应的总体是否服从正态分布。但是，当每个处理的样本量比较小时，正态 Q-Q 图中的点很少，提供的正态性信息很有限。这时，可以将每个处理的样本数据合并绘制一个正态 Q-Q 图来检验正态性。图 8-7 是根据例 8-1 的数据绘制的每个品种的正态 Q-Q 图，图 8-8 则是将 3 个品种的产量数据合并后绘制的正态 Q-Q 图。

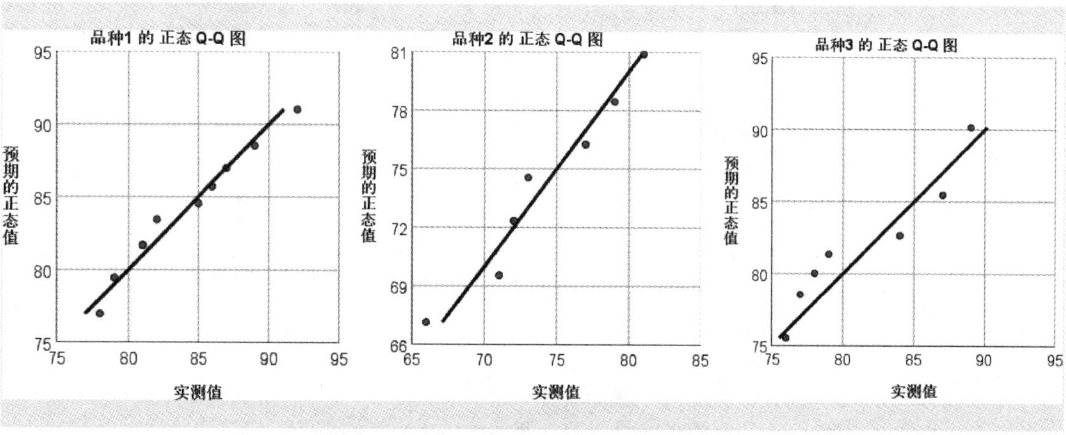

图 8-7　每个品种的正态 Q-Q 图

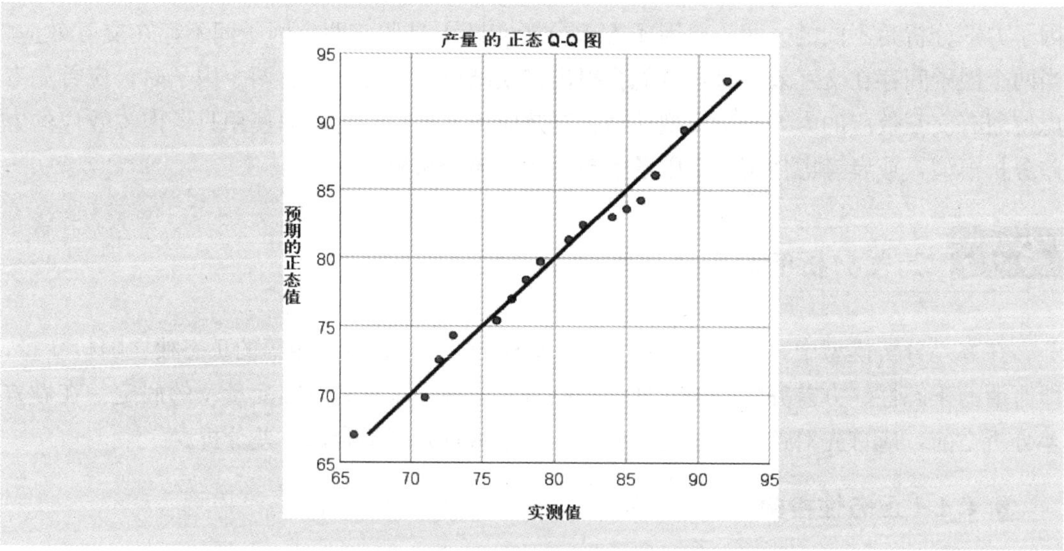

图 8-8　3 个品种的数据合并后的正态 Q-Q 图

图 8-7 对每个品种绘制的正态 Q-Q 图只有 10 个数据点，很难提供正态性的证据。而从 3 个品种的产量数据合并后绘制的正态 Q-Q 图（见图 8-8）可以看出，小麦产量基本上服从正态分布。

2. 检验法

当样本量较小时，正态 Q-Q 图的应用就会受到很大限制，可以使用标准的统计检验，如 Shapiro-Wilk（S-W）检验、Kolmogorov-Smirnov（K-S）检验等，均可以做正态性检验。这些检验的原假设是因变量服从正态分布，如果检验获得的 P 值小于指定的显著性水平，则拒绝原假设，表明总体不服从正态分布，如果 P 值较大以致不能拒绝原假设，则可以认为总体服从正态分布。由于这些检验对正态性的轻微偏离是敏感的，往往会导致拒绝原假设，而方差分析对正态性的要求则相对比较宽松，当正态性略微不满足时，对分析结果的影响不是很大，因此，实际中应谨慎使用这些检验。这些检验超出了本书的范围，有兴趣的读者请参考专业的统计书籍。

8.4.2　方差齐性检验

方差齐性（homogeneity variance）假定要求各处理的总体方差 σ^2 必须相等。例如，在例 8-1 中，要求各个品种产量的方差都相同。检验方差齐性可以使用图示法，也可以使用标准的统计检验。

1. 图示法

检验方差齐性的图形有箱线图和残差图等。比如，绘制出每个样本数据的箱线图观察各样本数据的离散程度，如果各样本箱线图的离散程度大体上相等，那么等方差的假定就可能是满足的。图 8-9 是例 8-1 中 3 个品种产量的箱线图。

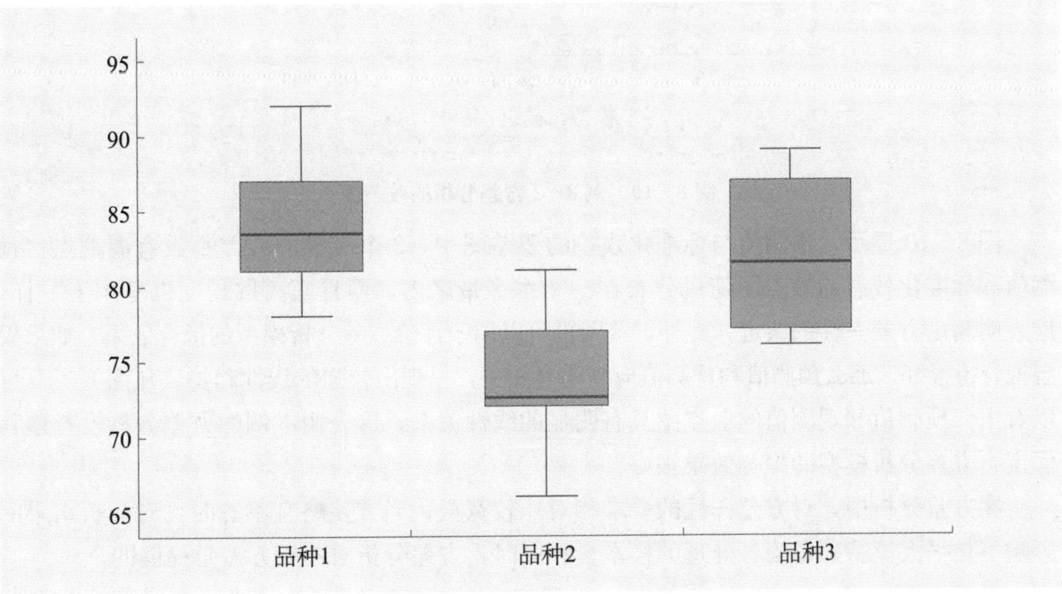

图 8-9　3 个品种产量的箱线图

图 8-9 显示，3 个品种产量均没有离群点，离散程度也没有很大差异。这表明 3 个品种的产量可能是等方差的。

检验方差齐性的另一种方式是绘制残差图。**残差**（residual）是实际观测值与预测值的差值，残差除以残差的标准差称为**标准化残差**（standardized residual）。残差图的横坐标是预测值，即每个样本的均值，纵坐标是残差或标准化残差。图 8-10 是例 8-2 方差分析的残差图。

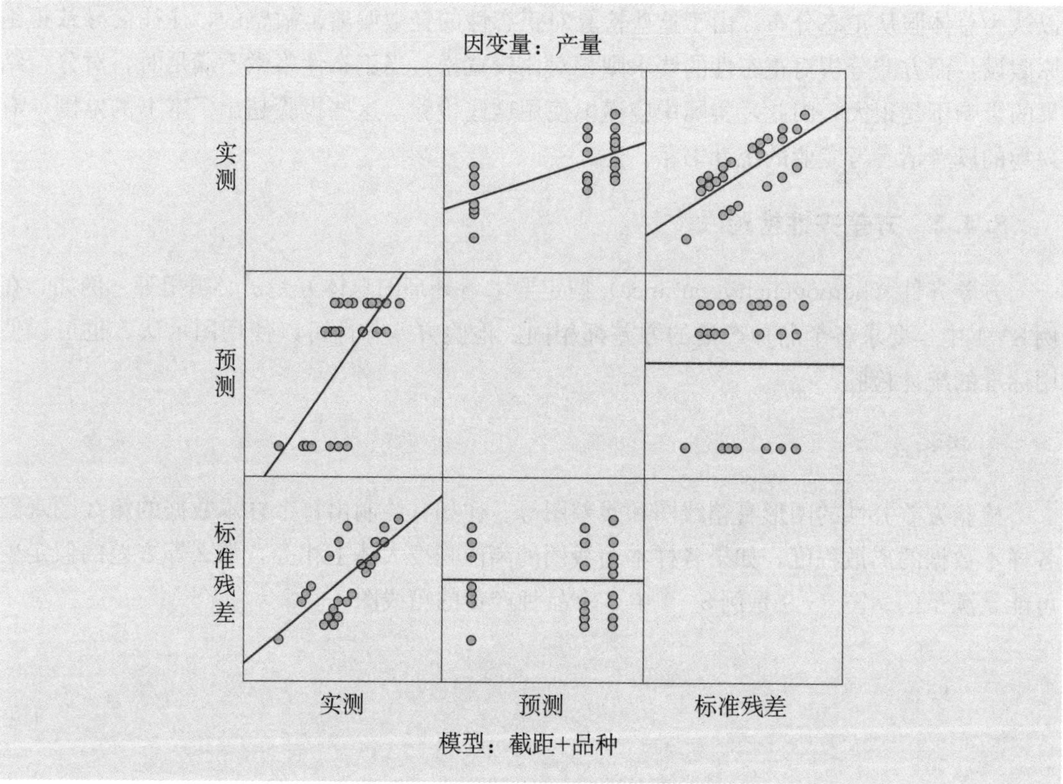

图 8-10　例 8-2 方差分析的残差图

图 8-10 显示，预测值与标准化残差的残差图中，3 个品种的残差都没有离群点，预测值和标准化残差的散点图随机分布在一个水平带之内，而且其离散程度也基本上一样，这表明满足方差齐性的假定。此外，该图也可以用于评价方差分析模型的拟合效果。如果模型拟合得很好，那么预测值和观测值应当明显相关，呈现出较强的线性趋势。从图 8-10 可以看出，预测值和观测值的散点图具有明显的线性关系，这表明本例的方差分析没有违背假定，方差分析模型的拟合效果很好。

在方差分析中，对方差齐性的要求相对比较宽松，当方差略有不齐时，对分析结果的影响不是很大。特别是当各处理的样本量相同时，方差分析对不等方差是稳健的。

2. 检验法

当各处理的样本量较小时，利用图示法很难发现离散程度的差异。这时可以使用标准的统计检验方法。这里只介绍 SPSS 提供的 Levene 方差齐性检验方法。

对于自变量的 I 个处理，方差齐性检验的假设是：

$H_0: \sigma_1^2=\sigma_2^2=\cdots=\sigma_I^2$

$H_1: \sigma_1^2, \sigma_2^2, \cdots, \sigma_I^2$ 至少有两个不同

Levene 方差齐性检验简称 **Levene 检验**（Levene's test）。该检验的统计量为：

$$F=\frac{\text{MSA}}{\text{MSE}} \sim F(I-1, n-I) \tag{8.14}$$

式中，MSA 和 MSE 是对因变量实施 $y_i'=|y_i-\bar{x}_i|$ 的变换或 $y_i'=|y_i-Me_i|$ 的变换后进行方差分析得到的处理均方和残差均方，其中 $\bar{x}_i$ 是第 i 个处理的 y 的均值，Me_i 第 i 个处理的 y 的中位数。

当根据 F 统计量的 P 值做出决策时，若 $P<\alpha$，则拒绝原假设，表明各总体的方差不相等。

例 8－7

沿用例 8－2。用 Levene 方差齐性检验方法检验小麦产量是否满足方差齐性（$\alpha=0.05$）。

解 由表 8－3 的结果可知，3 个品种产量的均值分别为：$\bar{y}_1=84$，$\bar{y}_2=74$，$\bar{y}_3=82$。对每个品种的产量分别减去其均值后取绝对值，再进行方差分析，得到 MSA＝4.133 333，MSE＝4.059 259。由式（8.14）得到的统计量为：

$$F=\frac{4.133\,333}{4.059\,259}=1.018\,248$$

相应地，$P=0.374\,683$，不拒绝原假设，可以认为小麦产量满足方差齐性。

SPSS 输出的例 8－2 的 Levene 方差齐性检验结果如表 8－18 所示。

表 8－18 例 8－2 方差齐性的 Levene 检验

误差方差的莱文等同性检验[a,b]

		莱文统计	自由度 1	自由度 2	显著性
产量	基于平均值	1.018	2	27	.375
	基于中位数	.929	2	27	.407
	基于中位数并具有调整后自由度	.929	2	21.313	.410
	基于剪除后平均值	1.011	2	27	.377

检验"各个组中的因变量误差方差相等"这一原假设。

a. 因变量：产量

b. 设计：截距 ＋ 品种

表 8－18 给出了基于不同方法的 Levene 方差齐性检验，包括基于均值变换的方差齐性检验、基于中位数变换的方差齐性检验、基于中位数并具有调整后自由度的方差齐性检验、基于修正均值的方差齐性检验。无论哪种检验，P 值均较大，不拒绝原假设，表明该

数据满足方差齐性。

除正态性和方差齐性的假定外，方差分析中还有一个重要的假定，即独立性（independence）。该假定要求每个样本数据是来自不同处理的独立样本。比如，在例 8－1 中，3 个品种的产量数据是来自不同品种的 3 个独立样本。方差分析对独立性的要求比较严格，若该假设不能得到满足，方差分析的结果往往会受到较大影响。独立性可在实验设计之前予以确定，不需要检验，因为在获取数据之前，对于实验的安排是否独立，研究者是清楚的。

思维导图

方差分析过程

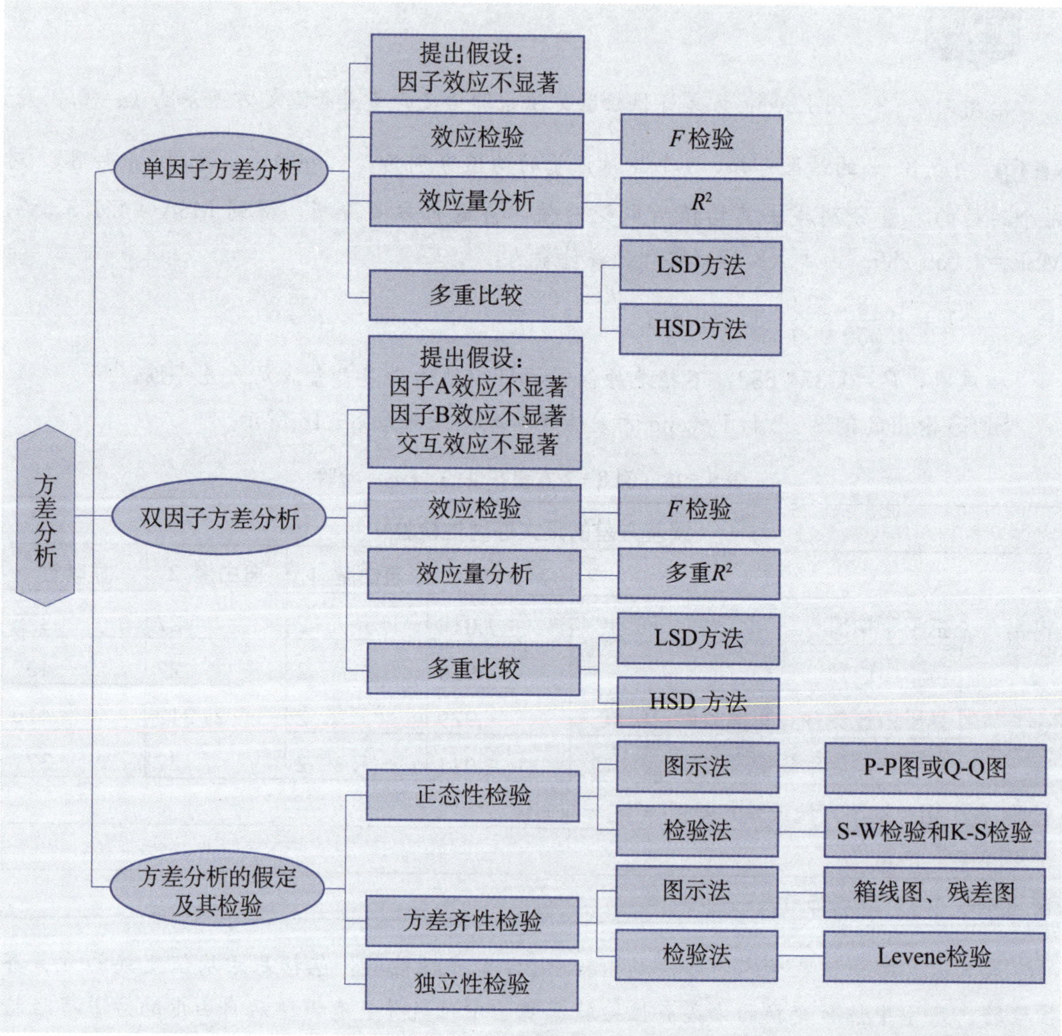

主要术语

- **方差分析**（analysis of variance，ANOVA）：分析类别自变量对数值因变量影响的一种统计方法。
- **单因子方差分析**（one-way analysis of variance）：研究一个类别自变量对数值因变量影响的方差分析。
- **双因子方差分析**（two-way analysis of variance）：研究两个类别自变量对数值因变量影响的方差分析。
- **因子**（factor）：实验的对象，类别自变量的另一种称谓。
- **处理**（treatment）：也称水平，因子的不同取值。
- **处理误差**（treatment error）：因子的不同处理造成的观测数据的误差。
- **随机误差**（random error）：简称误差（error），由随机因素造成的观测数据的误差。
- **总平方和**（sum of squares for total）：反映全部观测数据总误差大小的平方和，记为 SST。
- **处理平方和**（treatment sum of squares）：反映处理误差大小的平方和，记为 SSA。
- **误差平方和**（sum of squares for error）：反映随机误差大小的平方和，记为 SSE。
- **均方**（mean square）：也称方差，平方和除以相应的自由度的结果，记为 MS。
- **主效应**（main effect）：因子对因变量的单独影响。
- **交互效应**（interaction）：一个因子和另一个因子联合产生的对因变量的附加效应。
- **实验单元**（experiment unit）：接受“处理”的对象或实体。

思考与练习

一　思考题

8.1　什么是方差分析？它研究的是什么？

8.2　说明误差分解的基本原理。

8.3　解释总误差、处理误差和随机误差的含义。

8.4　多重比较的 LSD 方法和 HSD 方法有何不同？

8.5　解释主效应和交互效应。

8.6　对两个因子分别做两个单因子方差分析与做双因子方差分析有何区别？

8.7　方差分析中有哪些基本假定？

8.8　检验正态性和方差齐性的方法有哪些？

二　练习题

8.1　一家牛奶公司有 4 台机器装填牛奶，每桶的容量为 4 升。下面是从 4 台机器中抽取的装填量样本数据。

机器1	机器2	机器3	机器4
4.05	3.99	3.97	4.00
4.01	4.02	3.98	4.02
4.02	4.01	3.97	3.99
4.04	3.99	3.95	4.01
	4.00	4.00	
	4.00		

（1）取显著性水平 $\alpha=0.01$，检验不同机器对装填量是否有显著影响。

（2）分别采用LSD方法和HSD方法比较哪些机器的填装量之间存在差异。

（3）对该方差分析的正态性和方差齐性进行评估。

8.2　一家管理咨询公司为不同的客户做人力资源管理讲座。每次讲座的内容基本一样，但讲座的听课者有时是高级管理者，有时是中级管理者，有时是低级管理者。该咨询公司认为，不同层级的管理者对讲座的满意度是不同的。听完讲座后随机抽取的不同层级管理者的满意度评分如下（评分标准是1～10，10代表非常满意）。

高级管理者	中级管理者	低级管理者
7	8	5
7	9	6
8	8	5
7	10	7
9	9	4
	10	8
	8	

取显著性水平 $\alpha=0.05$，检验管理者的层级不同是否会导致评分的显著差异。

8.3　某家电制造公司准备购进一批5号电池，现有A、B、C三家电池生产企业愿意供货，为比较它们生产的电池的质量，从每家企业各随机抽取5节电池，经实验得其寿命（单位：小时）数据如下。

实验号	电池生产企业		
	A	B	C
1	50	32	45
2	50	28	42
3	43	30	38
4	40	34	48
5	39	26	40

分析3家企业生产的电池的平均寿命之间有无显著差异（$\alpha=0.05$）。如果有差异，用HSD方法检验哪些企业之间有差异。

8.4　某企业准备用3种方法组装一种新的产品，为确定哪种方法每小时组装的产品数量最多，随机抽取了 30 名工人，并指定每个人使用其中的一种方法。通过对每个工人组装的产品数进行方差分析，得到下面的方差分析表。

差异源	SS	df	MS	F	P-value
处理			210		0.245 946
误差	3 836			—	—
总计		29	—	—	—

(1) 完成上面的方差分析表。

(2) 若显著性水平 $\alpha=0.05$，检验 3 种方法组装的产品数量之间有无显著差异。

8.5　有 5 种不同品种的种子和 4 种不同的施肥方案，在 20 块同样面积的土地上分别采用 5 种种子和 4 种施肥方案搭配进行实验，取得的收获量数据如下。

品种	施肥方案			
	1	2	3	4
1	12.0	9.5	10.4	9.7
2	13.7	11.5	12.4	9.6
3	14.3	12.3	11.4	11.1
4	14.2	14.0	12.5	12.0
5	13.0	14.0	13.1	11.4

检验不同品种和施肥方案对收获量的影响是否显著（$\alpha=0.05$）。

8.6　城市道路交通管理部门为研究不同路段和时段对行车时间的影响，让一名交警分别在 3 个路段和高峰期与非高峰期亲自驾车进行实验，通过实验共获得 30 个行车时间（单位：分钟）数据。试分析路段、时段以及路段和时段的交互作用对行车时间的影响（$\alpha=0.05$）。

时段	路段		
	路段 1	路段 2	路段 3
高峰期	36.5	28.1	32.4
	34.1	29.9	33.0
	37.2	32.2	36.2
	35.6	31.5	35.5
	38.0	30.1	35.1
非高峰期	30.6	27.6	31.8
	27.9	24.3	28.0
	32.4	22.0	26.7
	31.8	25.4	29.3
	27.3	21.7	25.6

8.7 为检验广告媒体和广告方案对产品销售量的影响，一家营销公司做了一项实验，考察三种广告方案和两种广告媒体，获得的销售量数据如下。

广告方案	广告媒体	
	报纸	电视
A	8	12
	12	8
B	22	26
	14	30
C	10	18
	18	14

检验广告方案、广告媒体及其交互作用对销售量的影响是否显著（$\alpha=0.05$）。

第9章 一元线性回归

问题与思考：地区生产总值与居民人均可支配收入有关系吗？

地区生产总值反映了一个地区的经济活动总量，是衡量经济发展水平的一个重要指标。居民可支配收入指居民可用于最终消费支出和储蓄的总和，即居民可用于自由支配的收入，既包括现金收入，也包括实物收入。按照收入的来源，可支配收入包含四项，分别为工资性收入、经营净收入、财产净收入和转移净收入。下面是我国31个地区（不含港、澳、台）2022年的地区生产总值和居民人均可支配收入数据（部分）。

地区	地区生产总值（亿元）	居民人均可支配收入（元）
北京市	41 540.9	77 415
天津市	16 132.2	48 976
河北省	41 988	30 867
山西省	25 583.9	29 178
内蒙古自治区	23 388.9	35 921
……	……	
陕西省	32 838.2	30 116
甘肃省	11 121.4	23 273
青海省	3 623.3	27 000
宁夏回族自治区	5 104.6	29 599
新疆维吾尔自治区	18 042.7	27 063

你认为地区生产总值与居民人均可支配收入有关系吗？根据上面的数据，怎样判断地区生产总值与居民人均可支配收入之间是否有关系呢？如果有，又是什么样的关系？二者之间的关系强度如何？能否利用它们之间的关系建立一个模型，用地区生产总值来预测居民人均可支配收入？本章的内容就将回答这些问题。

研究某些实际问题时，往往涉及多个数值变量，如果这些变量之间存在某种关系，并且能用数学模型把这种关系表示出来，就可以利用这一模型来解释变量间的关系，或根据给定的变量来预测所关注的变量，这就是**回归**（regression）要解决的问题。**回归分析**（regression analysis）本质上是对变量之间关系的分析，因此，本章首先介绍相关分析的有关知识，然后介绍一元线性回归的建模方法。

9.1 相关分析与回归分析

相关分析是回归建模的基础。在建立回归模型时，首先需要确定变量之间的关系，然后依据变量间的关系建立适当的模型。

9.1.1 相关分析

相关分析（correlation analysis）是对变量间关系形态和关系强度所做的分析，其内容主要包括：(1) 变量之间是否有关系；(2) 如果有，它们之间是什么关系；(3) 变量之间的关系强度如何；(4) 样本所反映的变量之间的关系能否代表总体变量之间的关系。

1. 相关关系的描述

设有两个变量 x 和 y，变量 y 随着变量 x 的变化而变化，并完全依赖于 x，当 x 取某个值时，y 依据确定的关系取相应的值，则称 y 是 x 的函数，记为 $y=f(x)$。在实际问题中，有些变量间的关系并不像函数关系那么简单。例如，家庭收入与家庭支出之间就不是完全确定的关系。收入相同的家庭，它们的支出往往不同，而支出相同的家庭，它们的收入也可能不同。这意味着家庭支出并不能完全由家庭收入这一个因素决定，还受消费水平、银行利率等其他因素的影响。正是由于影响一个变量的因素有多个，才造成了它们之间关系的不确定性。变量之间这种不确定的关系称为**相关关系**（correlation）。

相关关系的特点是：一个变量的取值不能由另一个变量唯一确定，当变量 x 取某个值时，变量 y 的取值可能有多个，或者说，当 x 取某个固定的值时，y 的取值对应着一个分布。例如，身高（x）与体重（y）的关系就属于相关关系。一般来说，身高较高的人，其体重也较重。但实际情形并非完全如此，体重并不完全由身高这一个因素决定，还受饮食习惯等其他许多因素的影响。因此，身高相同的人，体重的取值可能有多个，即身高取某个值时，体重的取值对应着一个分布。

描述相关关系的常用工具是散点图。对于两个变量 x 和 y，可以根据散点图的分布形态判断它们之间有没有关系、有什么关系及关系的大致强度等。

例 9-1

为研究销售收入与广告支出之间的关系，随机抽取 20 家医药生产企业，得到它们的销售收入和广告支出的数据如表 9-1 所示。绘制散点图来描述销售收入与广告支出（单位：万元）之间的关系。

表 9-1　20 家医药生产企业的销售收入和广告支出

	企业编号	销售收入	广告支出
1	1	4597.5	338.6
2	2	6611.0	811.0
3	3	7349.3	723.5
4	4	5525.7	514.0
5	5	4675.9	426.4
6	6	4418.6	426.3
7	7	5845.4	679.0
8	8	7313.0	847.3
9	9	5035.4	470.9
10	10	4322.6	393.8
11	11	6389.5	701.0
12	12	4152.2	294.0
13	13	5544.8	442.6
14	14	6095.1	635.0
15	15	3626.2	260.5
16	16	3745.4	305.0
17	17	5121.8	624.7
18	18	5674.5	600.0
19	19	4256.6	299.6
20	20	5803.7	646.0

解　销售收入与广告支出的散点图如图 9-1 所示。

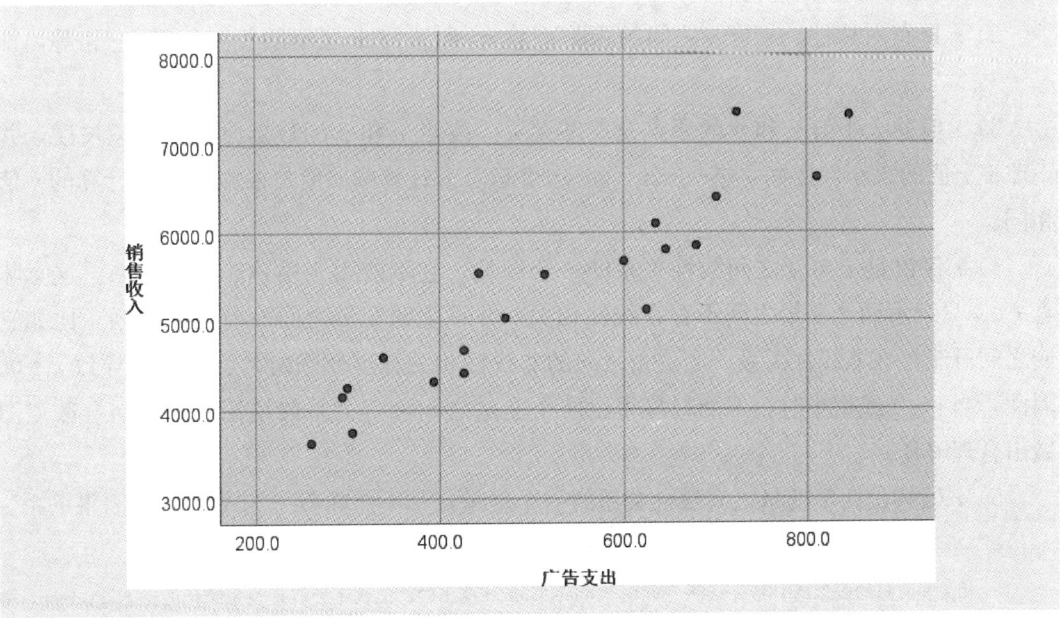

图 9-1　销售收入与广告支出的散点图

散点图显示，随着广告支出的增加，销售收入也在增加，二者的数据点分布在一条直线周围，因此二者之间具有正的线性相关关系。

2. 关系强度的度量

散点图可以判断两个变量之间有无相关关系，并对关系形态做出大致描述，但要准确度量变量之间的关系强度，还需要计算相关系数。

（1）相关系数及其解读。

相关系数（correlation coefficient）是度量两个变量之间线性关系强度的统计量。样本相关系数记为 r，计算公式为：

$$r=\frac{\sum(x-\bar{x})(y-\bar{y})}{\sqrt{\sum(x-\bar{x})^2\cdot\sum(y-\bar{y})^2}} \tag{9.1}$$

按式（9.1）计算的相关系数也称为 **Pearson 相关系数**①(Pearson's correlation coefficient)。

计算相关系数时，假定两个变量之间是线性关系，并且两个变量都是随机变量，且服从一个联合的双变量正态分布。② 此外，样本数据中不应有极端值，否则会对相关系数的值有较大影响。相关系数 r 具有如下性质。

1）r 的取值范围在 -1 和 1 之间，即 $-1\leqslant r\leqslant 1$。$r>0$ 表明 x 与 y 之间存在正线性相关；$r<0$ 表明 x 与 y 之间存在负线性相关；$|r|=1$ 表明 x 与 y 之间为完全相关（实际上就是函数关系），其中，$r=1$ 表示 x 与 y 之间为完全正线性相关，$r=-1$ 表示 x 与 y 之间为完全负线性相关；$r=0$ 表明 x 与 y 之间不存在线性相关。

2）r 具有对称性。x 与 y 之间的相关系数 r_{xy} 和 y 与 x 之间的相关系数 r_{yx} 相等，即 $r_{xy}=r_{yx}$。

3）r 值的大小与 x 和 y 的原点及尺度无关。改变 x 和 y 的数据原点或计量尺度，并不改变 r 值的大小。比如，进行 $x+5$ 和 $y\div 2$ 运算后计算的 r 值与根据 x 和 y 计算的 r 值相同。

4）r 仅仅是 x 与 y 之间线性关系的一个度量，它不能用于描述非线性关系。这意味着 $r=0$ 只表示两个变量之间不存在线性相关，并不表明变量之间没有任何关系，比如它们之间可能存在非线性关系。当变量之间的非线性相关程度较强时，就可能会导致 $r=0$。因此，当 $r=0$ 或很小时，不能轻易得出两个变量之间没有关系的结论，而应结合散点图做出合理解释。

5）r 虽然是两个变量之间线性关系的一个度量，却不意味着 x 与 y 一定有因果关系。

---

① 相关和回归的概念是 1877—1888 年间由 Francis Galton 提出的。但真正使其理论系统化的是 K. Pearson，为纪念他的贡献，相关系数也称为 Pearson 相关系数。

② 注意：并不是简单地要求两个变量各自服从正态分布。

了解相关系数的性质有助于对其实际意义做出解释。但根据实际数据计算出的 r，其取值一般在 $-1<r<1$ 之间。$|r|\to 1$ 说明两个变量之间的线性关系越强；$|r|\to 0$ 说明两个变量之间的线性关系越弱。对于一个具体的 r 值，根据经验可将相关程度分为以下几种情况：当 $|r|\geqslant 0.8$ 时，可视为高度相关；当 $0.5\leqslant|r|<0.8$ 时，可视为中度相关；当 $0.3\leqslant|r|<0.5$ 时，可视为低度相关；当 $|r|<0.3$ 时，说明两个变量之间的相关程度极弱，可视为不相关。但这种解释必须建立在对相关系数的显著性进行检验的基础之上。

（2）相关系数的检验。

一般情况下，总体相关系数 ρ 是未知的，通常是将样本相关系数 r 作为 ρ 的近似估计值。但由于 r 是根据样本数据计算出来的，故受到样本波动的影响。抽取的样本不同，r 的取值也就不同，因此 r 是一个随机变量。能否根据样本相关系数说明总体的相关程度呢？这就需要考察样本相关系数的可靠性，也就是进行显著性检验。

相关系数的显著性检验通常采用 R. A. Fisher 提出的 t 检验，该检验可以用于小样本，也可以用于大样本，检验的具体步骤如下。

第 1 步：提出假设：

$H_0: \rho=0$（总体两个变量的线性关系不显著）

$H_1: \rho\neq 0$（总体两个变量的线性关系显著）

第 2 步：计算检验的统计量：

$$t=\frac{r\sqrt{n-2}}{\sqrt{1-r^2}}\sim t(n-2) \tag{9.2}$$

第 3 步：做出决策。求出统计量的 P 值，如果 $P<\alpha$，拒绝 H_0，表明总体的两个变量之间存在显著的线性关系。

例 9-2

沿用例 9-1。计算销售收入与广告支出之间的相关系数，并检验相关系数的显著性（$\alpha=0.05$）。

解　下面的文本框给出了 SPSS 进行相关分析的操作步骤。

计算相关系数并进行检验

第 1 步：选择【分析】→【相关-双变量】，进入主对话框。

第 2 步：将各变量选入【变量】。点击【确定】。

SPSS 给出的相关分析结果如表 9-2 所示。

表 9-2 例 9-1 的相关系数及其检验

相关性			
		销售收入	广告支出
销售收入	皮尔逊相关性	1	.937**
	Sig.（双尾）		.000
	个案数	20	20
广告支出	皮尔逊相关性	.937**	1
	Sig.（双尾）	.000	
	个案数	20	20
**. 在 0.01 级别（双尾），相关性显著。			

表 9-2 显示，销售收入与广告支出的相关系数为 0.937，双尾检验的显著性（P 值）接近 0（实际值为 1.16E-9），r 在 0.01 的显著性水平下显著，表明销售收入与广告支出之间存在显著的线性关系。

9.1.2 回归分析

在相关分析中，两个变量的地位相同。回归分析则不然，其需要对变量的地位做出区分。下面结合例 9-1 来理解回归的含义。

例 9-1 中涉及两个数值变量，如果将两个变量一视同仁，仅对变量间的关系进行分析，这就是相关分析；如果特别关注其中的某个变量，比如，特别关注销售收入，而将广告支出看作影响销售收入的因素，分析的目的是利用广告支出来解释或预测销售收入，这就是回归分析。简单地说，回归分析是将变量间的关系用数学模型表示出来，并用这一模型来解释变量间的关系或根据给定的变量来预测所关注的变量。

在回归分析中，研究者特别关注的变量称为**因变量**（dependent variable）或**响应变量**（response variable），用 y 表示。如果分析的目的是利用其余变量解释因变量，则因变量也称为被解释变量；如果分析的目的是利用其余变量来预测因变量，则因变量也称为被预测变量。用来解释或预测因变量的一个或多个变量称为**自变量**（independent variable），用 x 表示。当用自变量来解释因变量时，自变量也称为**解释变量**（explanatory variable）；当用自变量来预测因变量时，自变量也称为**预测变量**（predictor variable）。比如，在例 9-1 中，如果特别关注销售收入，而将广告支出看作影响销售收入的因素，分析的目的是用广告支出来解释或预测销售收入，则销售收入就是因变量，广告支出就是自变量。

在回归分析中，只涉及一个自变量时称为一元回归（unary regression），涉及多个自变量时则称为多元回归（multiple regression）。如果因变量与自变量之间是线性关系，则称为线性回归（linear regression）；如果因变量与自变量之间是非线性关系，则称为非线性回归（nonlinear regression）。本章主要介绍一元线性回归建模的基本方法。

9.2 一元线性回归模型的估计和检验

一元线性回归建模的大体思路如下：(1) 确定变量间的关系；(2) 确定因变量和自变量，并建立变量间的关系模型；(3) 对模型进行评估和检验；(4) 利用回归方程进行预测；(5) 利用预测的残差分析模型的假定。

9.2.1 回归模型与回归方程

描述因变量 y 如何依赖于自变量 x 和误差项 ε 的方程称为**回归模型**（regression model)。一元线性回归模型可表示为：

$$y=\beta_0+\beta_1x+\varepsilon \tag{9.3}$$

式中，β_0 和 β_1 为模型的参数。

式 (9.3) 表示，在一元线性回归模型中，y 等于 x 的线性函数（$\beta_0+\beta_1x$）加上误差项 ε。$\beta_0+\beta_1x$ 反映了 x 的变化所引起的 y 的线性变化；ε 是称为误差项的随机变量，它是除 x 以外的其他随机因素对 y 的影响，是不能由 x 和 y 之间的线性关系所解释的 y 的误差。

建立一元线性回归模型时，首先假定因变量 y 与自变量 x 之间为线性关系①，而且自变量 x 的取值是事先给定的（假定 x 是非随机变量)，而 y 则是随机变量。这意味着对于任意一个给定的 x 值，y 的取值都对应着一个分布，因此，$E(y)=\beta_0+\beta_1x$ 代表一条直线。但由于单个的数据点是从 y 的分布中抽取出来的，可能不在这条直线上，因此必须包含一个误差项 ε 来描述模型的观测点，并对 ε 做出以下假定：

(1) 正态性。ε 是一个服从正态分布的随机变量，且期望值为 0，即 $E(\varepsilon)=0$。这意味着在式 (9.3) 中，由于 β_0 和 β_1 都是常数，有 $E(\beta_0)=\beta_0$，$E(\beta_1)=\beta_1$，因此对于一个给定的 x 值，y 的期望值为 $E(y)=\beta_0+\beta_1x$。

(2) 方差齐性。对于所有的 x 值，ε 的方差 σ^2 都相同。这意味着对于一个给定的 x 值，y 的方差也都等于 σ^2。

(3) 独立性。对于一个给定的 x 值，它所对应的 ε 与其他 x 值所对应的 ε 不相关。因此，对于一个给定的 x 值，它所对应的 y 值与其他 x 值所对应的 y 值也不相关。这表示，在 x 取某个给定值的情形下，y 的变化由误差项 ε 的方差 σ^2 决定。当 σ^2 较小时，y 的观测值非常靠近直线；当 σ^2 较大时，y 的观测值将偏离直线。对于任意一个给定的 x 值，y 都服从期望值为 $E(y)=\beta_0+\beta_1x$、方差为 σ^2 的正态分布，并且不同的 x 具有相同的方差。

回归模型中的参数 β_0 和 β_1 是未知的，需要利用样本数据去估计。当用样本统计量 $\hat{\beta}_0$ 和 $\hat{\beta}_1$ 估计参数 β_0 和 β_1 时，就得到了**估计的回归方程**（estimated regression equation)，它

① 也可以利用 9.1 节介绍的相关分析来确定因变量 y 与自变量 x 之间是否为线性关系。

是根据样本数据求出的回归模型的估计。一元线性回归模型的估计方程为：

$$\hat{y}=\hat{\beta}_0+\hat{\beta}_1 x \tag{9.4}$$

式中，$\hat{\beta}_0$为估计的回归直线在 y 轴上的截距；$\hat{\beta}_1$ 为直线的斜率，也称为**回归系数**（regression coefficient），它表示 x 每改变一个单位时，y 的平均改变量。

9.2.2 参数的最小二乘估计

对于 x 和 y 的 n 对观测值，用于描述其关系的直线有多条，究竟用哪条直线来代表两个变量之间的关系呢？我们自然会想到距离各观测点最近的那条直线，用它来代表 x 与 y 之间的关系与实际数据的误差比其他任何直线都小。模型参数的估计通常采用**普通最小二乘法**（ordinary least squares method，OLS），简称最小二乘法或最小平方法（least squares method），它通过使因变量的观测值 y_i 与估计值 $\hat{y}_i$ 之间的离差平方和达到最小来估计 β_0 和 β_1。最小二乘法的含义可用图 9－2 表示。

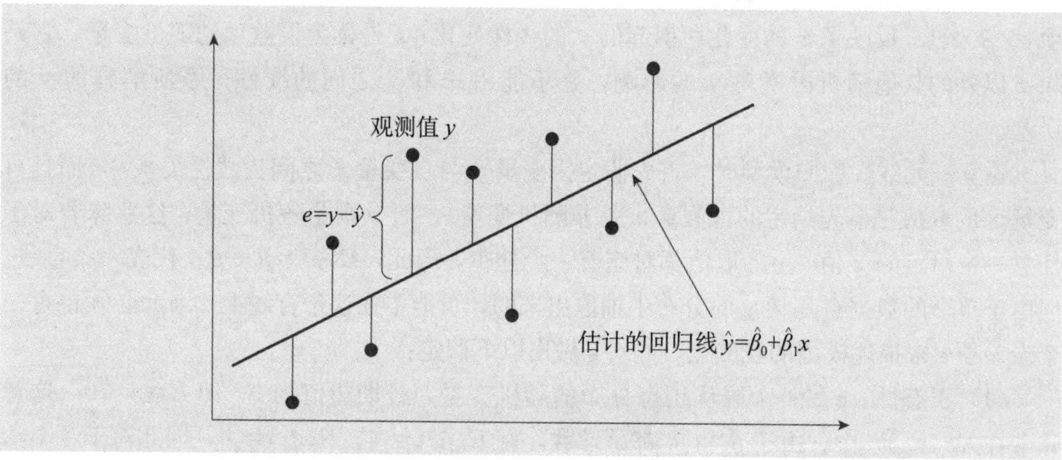

图 9－2 最小二乘法的示意图

用最小二乘法拟合的直线具有一些优良的性质。首先，根据最小二乘法得到的回归直线能使离差平方和达到最小，虽然这并不能保证它就是拟合数据的最佳直线①，但这毕竟是一条与数据拟合良好的直线应有的性质。其次，由最小二乘法求得的回归直线可知 β_0 和 β_1 的估计量的抽样分布，并且在一定条件下，β_0 和 β_1 的最小二乘估计量满足 $E(\hat{\beta}_0)=\beta_0$，$E(\hat{\beta}_1)=\beta_1$，而且同其他估计量相比，其抽样分布具有较小的标准差。正是基于上述性质，最小二乘法被广泛用于回归模型参数的估计。

根据最小二乘法有：

$$\sum(y_i-\hat{y}_i)^2=\sum(y_i-\hat{\beta}_0-\hat{\beta}_1 x_i)^2=\min \tag{9.5}$$

令 $Q=\sum(y_i-\hat{y}_i)^2$，在给定样本数据后，Q 是$\hat{\beta}_0$ 和 $\hat{\beta}_1$ 的函数，且最小值总是存在。

① 其他许多拟合直线也具有这种性质。

根据微积分的极值定理，对 Q 求关于 $\hat{\beta}_0$ 和 $\hat{\beta}_1$ 的偏导数，并令其等于 0，便可求出 $\hat{\beta}_0$ 和 $\hat{\beta}_1$，即

$$\begin{cases} \left.\dfrac{\partial Q}{\partial \beta_0}\right|_{\beta_0=\hat{\beta}_0} = -2\sum_{i=1}^{n}(y_i-\hat{\beta}_0-\hat{\beta}_1 x_i)=0 \\ \left.\dfrac{\partial Q}{\partial \beta_1}\right|_{\beta_1=\hat{\beta}_1} = -2\sum_{i=1}^{n}x_i(y_i-\hat{\beta}_0-\hat{\beta}_1 x_i)=0 \end{cases} \tag{9.6}$$

解上述方程组得：

$$\begin{cases} \hat{\beta}_1 = \dfrac{\sum(x_i-\bar{x})(y_i-\bar{y})}{\sum(x_i-\bar{x})^2} \\ \hat{\beta}_0 = \bar{y}-\hat{\beta}_1\bar{x} \end{cases} \tag{9.7}$$

由式（9.7）可知，当 $x=\bar{x}$ 时，$\hat{y}=\bar{y}$，即回归直线 $\hat{y}_i=\hat{\beta}_0+\hat{\beta}_1 x_i$ 通过点（$\bar{x}$，$\bar{y}$）。

例 9-3

沿用例 9-1。求销售收入与广告支出的估计的回归方程。

解 下面的文本框给出了 SPSS 回归分析的操作步骤。

一元线性回归分析

第 1 步：选择【分析】→【回归-线性】，进入主对话框。

第 2 步：将因变量选入【因变量】，将自变量选入【自变量】。点击【确定】。

注：

(1) 需要回归参数的置信区间时，点击【统计】，在【回归系数】下选中【置信区间】，在【置信水平】中选择所要求的置信水平（默认值为 95%，一般不用改变）。

(2) 需要预测时，点击【保存】。在【预测值】下选中【未标准化】（输出点预测值）；在【预测区间】下选中【平均值】和【单个】（输出置信区间和预测区间）；在【置信区间】中选择所要求的置信水平（默认值为 95%，一般不用改变）。注意：如果需要预测样本值以外的新的自变量取值时的因变量数值，需要在回归之前将新的自变量取值输入自变量样本值最下面的单元格，然后进行回归。

(3) 需要分析残差时，在【残差】下选中【未标准化】和【标准化】（输出残差和标准化残差）。

(4) 需要输出标准化残差的直方图和正态概率图时，点击【图】，在【标准化残差图】下选中【直方图】和【正态概率图】。

SPSS 输出的回归结果如下列各表所示。本章内容所涉及的一些结果将在后面陆续介绍。

表 9-3 给出了评估回归模型的一些主要统计量，包括相关系数（R）、决定系数 R^2、调整后的 R^2、估计标准误差等。

表 9-3　评估模型的主要统计量

模型摘要				
模型	R	R 方	调整后 R 方	标准估算的错误
1	.937 a	.878	.871	393.9563
a. 预测变量：（常量），广告支出				

表 9-4 给出的是回归模型的方差分析表，包括回归平方和、残差平方和、总平方和及相应的自由度（df）、回归均方和残差均方、检验统计量（F）、F 检验的显著性水平（Sig.）。方差分析表主要用于对回归模型的线性关系进行显著性检验。

表 9-4　模型的方差分析表

ANOVA a						
模型		平方和	自由度	均方	F	显著性
1	回归	20139303.851	1	20139303.851	129.762	.000 b
	残差	2793628.827	18	155201.601		
	总计	22932932.678	19			
a. 因变量：销售收入						
b. 预测变量：（常量），广告支出						

表 9-5 是模型中参数估计和检验的有关内容，包括回归方程的常数项、非标准化回归系数，常数项和回归系数检验的统计量（t）与相应的显著性水平（Sig.），以及回归系数 95%的置信区间等。

表 9-5　模型参数的估计和检验

系数a								
		未标准化系数		标准化系数	t	显著性	B 的 95.0% 置信区间	
模型		B	标准错误	Beta			下限	上限
1	（常量）	2343.892	274.483		8.539	.000	1767.225	2920.558
	广告支出	5.673	.498	.937	11.391	.000	4.627	6.720
因变量：销售收入								

由表 9-5 可知，销售收入与广告支出的估计方程为 $\hat{y}=2\ 343.892+5.673x$。回归系数 $\hat{\beta}_1=5.673$ 表示广告支出每变动（增加或减少）1 万元，销售收入平均变动（增加或减少）5.673 万元。截距 $\hat{\beta}_0=2\ 343.892$ 表示广告支出为 0 时，销售收入的均值。不过，在回归分析中，对截距 $\hat{\beta}_0$ 通常不做实际意义上的解释，除非 x 取 0 有实际意义。

将 x_i 的各个取值代入上述估计方程，可以得到销售收入的各个估计值 $\hat{y}_i$。图 9-3 展示了散点图与回归直线的关系。

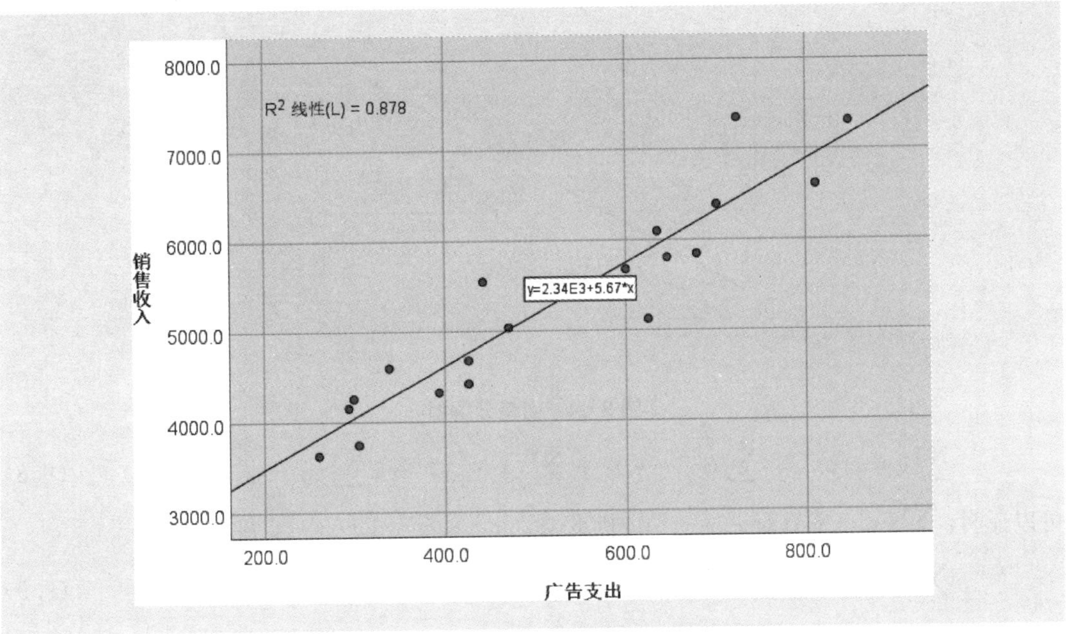

图 9-3　销售收入与广告支出的回归直线

9.2.3　模型的拟合优度

回归直线 $\hat{y}_i=\hat{\beta}_0+\hat{\beta}_1x_i$ 在一定程度上描述了变量 x 与 y 之间的关系，根据这一方程，可用自变量 x 的取值来预测因变量 y 的取值，但预测的精度将取决于回归直线对观测数据的拟合程度。可以想象，如果各观测数据的散点都落在这一直线上，那么这条直线就是对数据的完全拟合，直线充分代表了各个点，此时用 x 来估计 y 是没有误差的。各观测点越紧密围绕直线，说明直线对观测数据的拟合程度越好，反之则越差。回归直线与各观测点的接近程度称为回归直线对数据的**拟合优度**（goodness of fit）。评价拟合优度的一个重要统计量就是**决定系数**（coefficient of determination），也称判定系数。

1. 决定系数

决定系数是对回归模型拟合优度的度量。为说明它的含义，需要考察因变量 y 取值的误差。

因变量 y 的取值是不同的，y 取值的这种波动称为**变差**。变差的产生来自两个方面：一是自变量 x 取值的不同；二是 x 以外的其他随机因素的影响。对于一个具体的观测值来说，变差的大小可以用实际观测值 y 与其均值 $\bar{y}$ 之差（$y-\bar{y}$）来表示，如图 9-4 所示。而 n 个观测值的总变差可用这些离差的平方和来表示，称为**总平方和**（total sum of squares），记为 SST，即 $\text{SST}=\sum(y_i-\bar{y})^2$。

图 9-4 显示，每个观测点的变差都可以分解为两部分：$y-\bar{y}=(y-\hat{y})+(\hat{y}-\bar{y})$。两边平方并对所有 n 个点求和有：

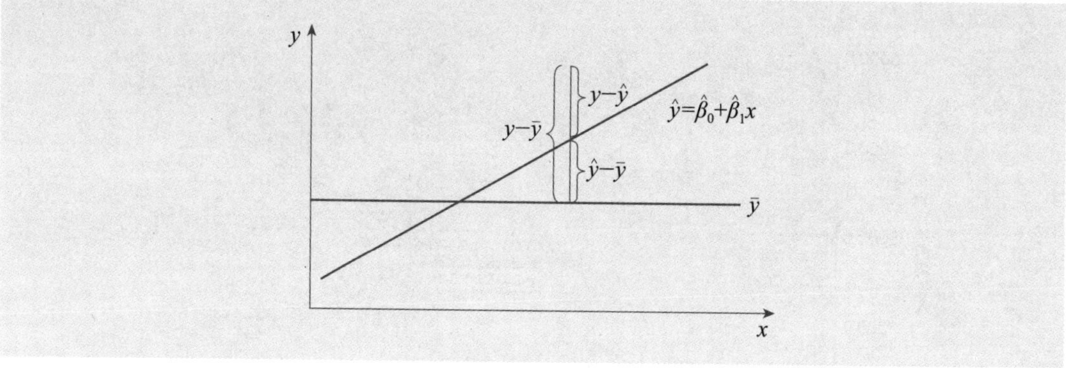

图 9-4　变差分解图

$$\sum(y_i-\bar{y})^2=\sum(y_i-\hat{y}_i)^2+\sum(\hat{y}_i-\bar{y})^2+2\sum(y_i-\hat{y}_i)(\hat{y}_i-\bar{y}) \quad (9.8)$$

可以证明，$\sum(y_i-\hat{y}_i)(\hat{y}_i-\bar{y})=0$，因此有：

$$\sum(y_i-\bar{y})^2=\sum(y_i-\hat{y}_i)^2+\sum(\hat{y}_i-\bar{y})^2 \quad (9.9)$$

式（9.9）的左边称为总平方和（SST），它分解为两部分。其中 $\sum(\hat{y}_i-\bar{y})^2$ 是回归值 $\hat{y}_i$ 与均值 $\bar{y}$ 的离差平方和，根据估计的回归方程，估计值 $\hat{y}_i=\hat{\beta}_0+\hat{\beta}_1x_i$，因此可以把 $\hat{y}_i-\bar{y}$ 看作由自变量 x 的变化引起的 y 的变化，而其平方和 $\sum(\hat{y}_i-\bar{y})^2$ 则反映了 y 的总变差中由于 x 的变动引起的 y 的变化部分，它是可以由回归直线来解释的 y_i 的变差部分，称为**回归平方和**（regression sum of squares），记为 SSR。另一部分 $\sum(y_i-\hat{y}_i)^2$ 是实际观测点与回归值的离差平方和，它是除了 x 对 y 的线性影响之外的其他随机因素对 y 的影响，是不能由回归直线来解释的 y_i 的变差部分，称为**残差平方和**（residual sum of squares），记为 SSE。三个平方和的关系为：

$$\text{总平方和（SST）}=\text{回归平方和（SSR）}+\text{残差平方和（SSE）} \quad (9.10)$$

从图 9-4 可以直观地看出，回归直线拟合得好坏取决于回归平方和 SSR 占总平方和 SST 的比例 SSR/SST 的大小。各观测点越靠近直线，SSR/SST 越大，直线拟合得越好。回归平方和占总平方和的比例称为决定系数或判定系数，记为 R^2，其计算公式为：

$$R^2=\frac{\text{SSR}}{\text{SST}}=\frac{\sum(\hat{y}_i-\bar{y})^2}{\sum(y_i-\bar{y})^2} \quad (9.11)$$

决定系数 R^2 测度了回归直线对观测数据的拟合程度。若所有观测点都落在直线上，残差平方和 SSE=0，$R^2=1$，拟合是完全的；如果 y 的变化与 x 无关，此时 $\hat{y}=\bar{y}$，则 $R^2=0$。可见 R^2 的取值范围是 $[0,1]$。R^2 越接近 1，回归直线的拟合程度就越好；R^2 越接近 0，回归直线的拟合程度就越差。

在一元线性回归中，相关系数 r 是决定系数的平方根。这一结论可以帮助进一步理解相关系数的含义。实际上，相关系数 r 也从另一个角度说明了回归直线的拟合优度。$|r|$ 越接近 1，表明回归直线对观测数据的拟合程度就越好。但用 r 说明回归直线的拟合优

度需要慎重，因为 r 的值总是大于 R^2 的值（除非 $r=0$ 或 $|r|=1$）。比如，当 $r=0.5$ 时，表面上看似乎有一半的相关了，但 $R^2=0.25$，这表明自变量 x 只能解释因变量 y 总变差的 25%。$r=0.7$ 才能解释近一半的变差，$r<0.3$ 意味只有很少一部分变差可由回归直线来解释。

例如，表 9-3 给出的决定系数 $R^2=0.878=87.8\%$，其实际意义是：在销售收入取值的总变差中，有 87.8%可以由销售收入与广告支出之间的线性关系来解释，可见回归方程的拟合程度较好。

2. 估计标准误差

估计标准误差（standard error of estimate）是残差平方和的均方根，即残差的标准差，用 s_e 表示。其计算公式为：

$$s_e=\sqrt{\frac{\sum(y_i-\hat{y}_i)^2}{n-k-1}}=\sqrt{\frac{\text{SSE}}{n-k-1}} \tag{9.12}$$

式中，k 为自变量的个数，在一元线性回归中，$n-k-1=n-2$。

s_e 是度量各观测点在直线周围分散程度的一个统计量，它反映了实际观测值 y_i 与回归估计值 $\hat{y}_i$ 之间的差异程度。s_e 也是对误差项 ε 的标准差 σ 的估计，它可以看作在排除了 x 对 y 的线性影响后，y 随机波动大小的一个估计量。从实际意义看，s_e 反映了用估计的回归方程预测因变量 y 时产生的预测误差大小。各观测点越靠近直线，回归直线对各观测点的代表性就越好，s_e 就越小，根据回归方程进行预测也就越准确；若各观测点全部落在直线上，则 $s_e=0$，此时用自变量来预测因变量是没有误差的。可见，s_e 也从另一个角度说明了回归直线的拟合优度。

例如，表 9-3 给出的标准误差 $s_e=393.956\,3$。其实际意义是：用广告支出来预测销售收入时，平均的预测误差为 393.956 3 万元。

9.2.4 模型的显著性检验

在建立回归模型之前，已经假定 x 与 y 是线性关系，但这种假定是否成立需要检验后才能证实。回归分析中的显著性检验主要包括线性关系检验和回归系数检验两方面内容。

1. 线性关系检验

线性关系检验简称 F 检验，它检验自变量 x 和因变量 y 之间的线性关系是否显著，或者说，它们之间能否用一个线性模型 $y=\beta_0+\beta_1x+\varepsilon$ 来表示。检验统计量的构造是以回归平方和（SSR）以及残差平方和（SSE）为基础的。将 SSR 除以其相应的自由度（SSR 的自由度是自变量的个数 k，一元线性回归中自由度为 1）的结果称为回归**均方**（mean square），记为 MSR；将 SSE 除以其相应的自由度（SSE 的自由度为 $n-k-1$，一元线性回归中自由度为 $n-2$）的结果称为残差均方，记为 MSE。如果原假设成立（H_0：$\beta_1=0$，两个变量之间的线性关系不显著），则比值 MSR/MSE 的抽样分布为分子自由度为 k、分母自由度为 $n-k-1$ 的 F 分布，即

$$F=\frac{\mathrm{SSR}/k}{\mathrm{SSE}/(n-k-1)}=\frac{\mathrm{MSR}}{\mathrm{MSE}}\sim F(k,n-k-1) \tag{9.13}$$

当原假设 $H_0: \beta_1=0$ 成立时，MSR/MSE 的值应接近 1，但如果原假设不成立，MSR/MSE 的值将变得无穷大。因此，较大的 MSR/MSE 值将导致拒绝 H_0，此时就可以断定 x 与 y 之间存在显著的线性关系。线性关系检验的具体步骤如下。

第 1 步：提出假设：

$H_0: \beta_1=0$（两个变量之间的线性关系不显著）

$H_1: \beta_1\neq 0$（两个变量之间的线性关系显著）

第 2 步：计算检验统计量 F。

第 3 步：做出决策。确定显著性水平 α，并根据分子自由度 $\mathrm{df}_1=k$ 和分母自由度 $\mathrm{df}_2=n-k-1$ 求出统计量的 P 值，若 $P<\alpha$，则拒绝 H_0，表明两个变量之间的线性关系显著。

例如，表 9－4 给出的检验统计量 $F=129.762$，显著性水平（P 值）接近 0，因此拒绝 H_0，表明销售收入与广告支出之间的线性关系显著。

2. 回归系数的检验和推断

回归系数检验简称 t 检验，它用于检验自变量对因变量的影响是否显著。在一元线性回归中，由于只有一个自变量，回归系数检验与线性关系检验是等价的（在多元线性回归中，这两种检验不再等价）。其检验假设为：

$H_0: \beta_1=0$（自变量对因变量的影响不显著）

$H_1: \beta_1\neq 0$（自变量对因变量的影响显著）

检验统计量的构造是以回归系数 β_1 的抽样分布为基础的。① 统计证明，$\hat{\beta}_1$ 服从正态分布，期望值为 $E(\hat{\beta}_1)=\beta_1$，标准差的估计量为：

$$s_{\hat{\beta}_1}=\frac{s_e}{\sqrt{\sum x_i^2-\frac{1}{n}\left(\sum x_i\right)^2}} \tag{9.14}$$

将回归系数标准化，就可以得到用于检验回归系数 β_1 的统计量 t。在原假设成立的条件下，$\hat{\beta}_1-\beta_1=\hat{\beta}_1$，因此检验统计量为：

$$t=\frac{\hat{\beta}_1}{s_{\hat{\beta}_1}}\sim t(n-2) \tag{9.15}$$

确定显著性水平 α，并根据自由度 $\mathrm{df}=n-2$ 计算出统计量的 P 值，若 $P<\alpha$，则拒绝 H_0，表明 x 对 y 的影响显著。

例如，表 9－5 给出的检验统计量 $t=11.391$，显著性水平接近 0，因此拒绝 H_0，表明

① 回归方程 $\hat{y}_i=\hat{\beta}_0+\hat{\beta}_1x_i$ 是根据样本数据计算的。当抽取不同的样本时，就会得出不同的估计方程。实际上，$\hat{\beta}_0$ 和 $\hat{\beta}_1$ 是根据最小二乘法得到的用于估计参数 β_0 和 β_1 的统计量，它们都是随机变量，也都有自己的分布。

广告支出是影响销售收入的一个显著因素。

除对回归系数进行检验外，还可以对其进行估计。回归系数 β_1 在 $1-\alpha$ 置信水平下的置信区间为：

$$\hat{\beta}_1 \pm t_{\alpha/2}(n-2)\frac{s_e}{\sqrt{\sum_{i=1}^{n}(x_i-\bar{x})^2}} \tag{9.16}$$

回归模型中的常数项 β_0 在 $1-\alpha$ 置信水平下的置信区间为：

$$\hat{\beta}_0 \pm t_{\alpha/2}(n-2)\, s_e\sqrt{\frac{1}{n}+\frac{\bar{x}}{\sum_{i=1}^{n}(x_i-\bar{x})^2}} \tag{9.17}$$

例如，表 9 - 5 中给出的 β_1 的 95%的置信区间为（4.627，6.720），β_0 的 95%的置信区间为（1 767.225，2 920.558）。其中，β_1 的置信区间表示，广告支出每变动 1 万元，销售收入的平均变动量在 4.627 万元到 6.720 万元之间。

9.3 利用回归方程进行预测

回归分析的主要目的之一是根据所建立的回归方程用给定的自变量来预测因变量。如果对于 x 的一个给定值 x_0，求出 y 的一个预测值 $\hat{y}_0$，就是点估计。在点估计的基础上，可以求出 y 的一个估计区间。估计区间有两种类型：均值的置信区间和个别值的预测区间。

9.3.1 均值的置信区间

均值的置信区间（confidence interval）是对 x 的一个给定值 x_0，求出 y 的均值的估计区间。比如，在例 9 - 1 中，根据销售收入与广告支出的估计回归方程 $\hat{y}=2\,343.892+5.673x$，求出广告支出为 600 万元时销售收入均值的估计区间，这个区间就是置信区间。

设 x_0 为自变量 x 的一个给定值，$E(y_0)$ 为给定 x_0 时因变量 y 的期望值。当 $x=x_0$ 时，$\hat{y}_0=\hat{\beta}_0+\hat{\beta}_1x_0$ 就是 $E(y_0)$ 的点估计值。一般来说，不能期望点估计值 $\hat{y}_0$ 精确地等于 $E(y_0)$，因此要用 $\hat{y}_0$ 推断 $E(y_0)$ 的区间。根据参数估计的原理，y 的均值的置信区间等于点估计值±估计误差，即 $\hat{y}_0 \pm E$，E 由所要求的置信水平的分位数值和点估计量（$\hat{y}_0$）的标准误差构成。用 $s_{\hat{y}_0}$ 表示 $\hat{y}_0$ 的标准差的估计量，统计证明，求 y 的均值的置信区间时，$s_{\hat{y}_0}$ 的计算公式为：

$$s_{\hat{y}_0} = s_e\sqrt{\frac{1}{n}+\frac{(x_0-\bar{x})^2}{\sum_{i=1}^{n}(x_i-\bar{x})^2}} \tag{9.18}$$

因此，对于给定的 x_0，均值 $E(y_0)$ 在 $1-\alpha$ 置信水平下的置信区间为：

$$\hat{y}_0 \pm t_{\alpha/2} s_e \sqrt{\frac{1}{n} + \frac{(x_0 - \bar{x})^2}{\sum_{i=1}^{n}(x_i - \bar{x})^2}} \tag{9.19}$$

当 $x_0 = \bar{x}$ 时，$\hat{y}_0$ 的标准差的估计量最小，此时有 $s_{\hat{y}_0} = s_e\sqrt{1/n}$。这就是说，当 $x_0 = \bar{x}$ 时，估计是最准确的。x_0 偏离 $\bar{x}$ 越远，y 的均值的置信区间就变得越宽，估计的效果也就越不好。

9.3.2 个别值的预测区间

个别值的预测区间（prediction interval）是对 x 的一个给定值 x_0，求出 y 的一个个别值的估计区间。比如，在例 9-1 中，不是估计广告支出为 600 万元时销售收入均值的区间，而只是想估计广告支出为 600 万元的那家企业（编号为 18 的那家企业）销售收入的区间，这个区间就是个别值的预测区间。

与置信区间类似，y 的个别值的预测区间等于点估计值±估计误差，即 $\hat{y}_0 \pm E$，E 由所要求的置信水平的分位数值和点估计量（$\hat{y}_0$）的标准误差构成。用 s_{ind} 表示估计 y 的一个个别值时 $\hat{y}_0$ 的标准差的估计量，统计证明，s_{ind} 的计算公式为：

$$s_{\text{ind}} = s_e \sqrt{1 + \frac{1}{n} + \frac{(x_0 - \bar{x})^2}{\sum_{i=1}^{n}(x_i - \bar{x})^2}} \tag{9.20}$$

因此，对于给定的 x_0，y 的一个个别值 y_0 在 $1-\alpha$ 置信水平下的预测区间为：

$$\hat{y}_0 \pm t_{\alpha/2} s_e \sqrt{1 + \frac{1}{n} + \frac{(x_0 - \bar{x})^2}{\sum_{i=1}^{n}(x_i - \bar{x})^2}} \tag{9.21}$$

与式（9.18）相比，式（9.20）的根号内多了一个 1。因此，即使是对同一个 x_0，这两个区间的宽度也是不一样的，预测区间要比置信区间宽一些。这两个区间的示意图如图 9-5 所示。

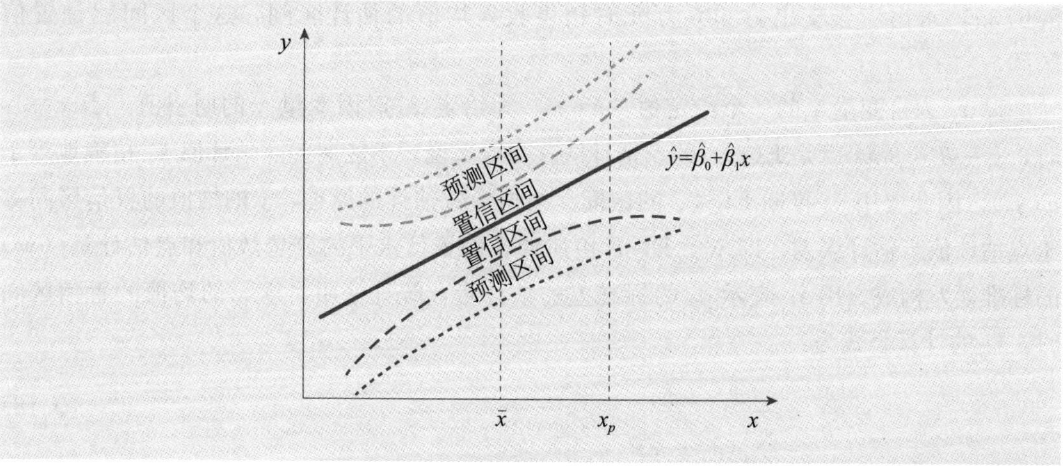

图 9-5 置信区间和预测区间示意图

图 9-5 显示，两个区间的宽度不太一样，y 的个别值的预测区间要宽一些。二者的差别表明，估计 y 的均值比预测 y 的一个个别值准确一些（请读者想一想为什么）。当 $x_0=\bar{x}$ 时，两个区间都是最准确的。

例 9-4

沿用例 9-1。求 20 家企业销售收入的 95%的置信区间和预测区间。

解 SPSS 给出的 95%的置信区间和预测区间如表 9-6 所示。

表 9-6　20 家企业销售收入的 95%的置信区间和预测区间

	企业编号	销售收入	广告支出	PRE_1	RES_1	ZRE_1	LMCI_1	UMCI_1	LICI_1	UICI_1
1	1	4597.5	338.6	4264.92	332.58	.84	3998.35	4531.50	3395.38	5134.47
2	2	6611.0	811.0	6945.07	-334.07	-.85	6590.49	7299.64	6044.64	7845.49
3	3	7349.3	723.5	6448.64	900.66	2.29	6168.06	6729.22	5574.70	7322.58
4	4	5525.7	514.0	5260.05	265.65	.67	5074.79	5445.31	4411.90	6108.20
5	5	4675.9	426.4	4763.05	-87.15	-.22	4552.70	4973.41	3909.07	5617.04
6	6	4418.6	426.3	4762.49	-343.89	-.87	4552.08	4972.89	3908.49	5616.48
7	7	5845.4	679.0	6196.17	-350.77	-.89	5948.68	6443.66	5332.29	7060.05
8	8	7313.0	847.3	7151.01	161.99	.41	6763.53	7538.49	6237.13	8064.90
9	9	5035.4	470.9	5015.52	19.88	.05	4822.89	5208.15	4165.73	5865.32
10	10	4322.6	393.8	4578.10	-255.50	-.65	4349.55	4806.65	3719.45	5436.75
11	11	6389.5	701.0	6320.99	68.51	.17	6057.64	6584.33	5452.43	7189.54
12	12	4152.2	294.0	4011.89	140.31	.36	3709.98	4313.80	3130.87	4892.90
13	13	5544.8	442.6	4854.96	689.84	1.75	4652.12	5057.81	4002.80	5707.13
14	14	6095.1	635.0	5946.54	148.56	.38	5726.90	6166.18	5090.22	6802.86
15	15	3626.2	260.5	3821.83	-195.63	-.50	3491.53	4152.13	2930.68	4712.97
16	16	3745.4	305.0	4074.30	-328.90	-.83	3781.40	4367.20	3196.33	4952.27
17	17	5121.8	624.7	5888.10	-766.30	-1.95	5674.07	6102.13	5033.20	6743.00
18	18	5674.5	600.0	5747.97	-73.47	-.19	5545.68	5950.25	4895.93	6600.00
19	19	4256.6	299.6	4043.66	212.94	.54	3746.36	4340.96	3164.21	4923.11
20	20	5803.7	646.0	6008.95	-205.25	-.52	5782.90	6234.99	5150.96	6866.93

表 9-6 中的 PRE_1 是点估计（预测）值；LMCI_1 和 UMCI_1 表示均值的置信区间（SPSS 称为均值的预测区间）的下限和上限；LICI_1 和 UICI_1 表示个别值的预测区间的下限和上限。从预测结果可以看出，预测区间要比置信区间宽一些，图 9-6 清楚地展示了这一特征。图 9-6 是销售收入与广告支出的散点图，中间的实线是拟合的回归直线，其两侧的虚线是销售收入均值的 95%的置信区间，最外面的两条实线是销售收入个别值的 95%的预测区间。

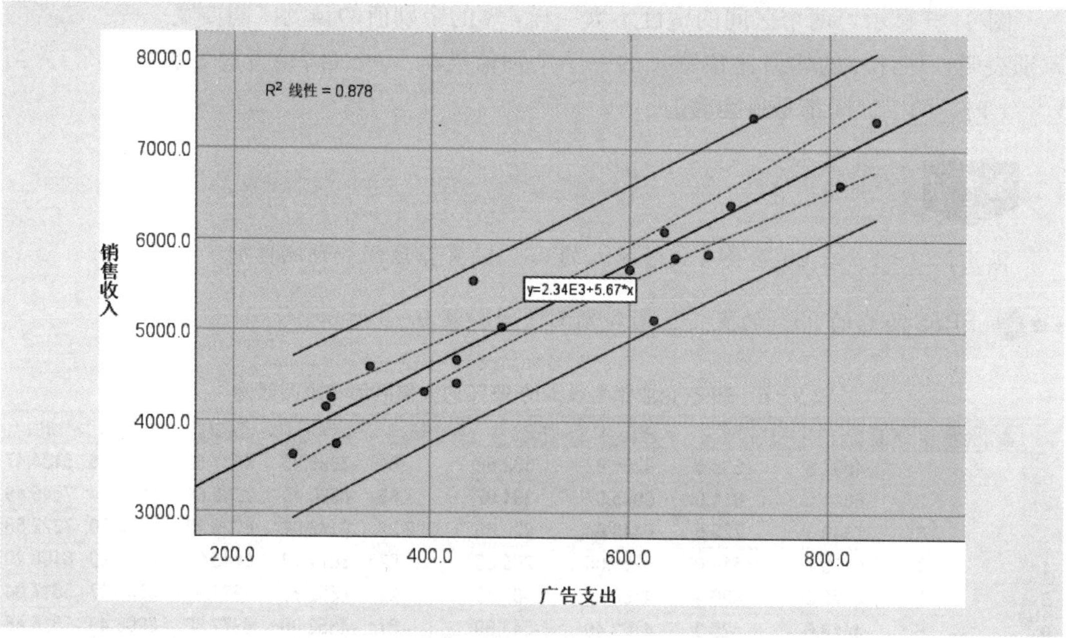

图 9-6　销售收入的置信区间和预测区间

9.4 用残差检验模型的假定

在回归模型 $y=\beta_0+\beta_1x+\varepsilon$ 中，假定 ε 是一个期望值为 0、方差相等且服从正态分布的独立随机变量。如果关于 ε 的假定不成立，那么此时所做的检验以及预测也就站不住脚。确定有关 ε 的假定是否成立的方法之一就是**残差分析**（residual analysis）。

9.4.1 检验方差齐性

首先介绍残差（residual）的含义及对残差图的解读。残差是因变量的观测值 y_i 与根据估计的回归方程求出的预测值 $\hat{y}_i$ 之差，用 e 表示，它反映了用估计的回归方程预测 y_i 所引起的误差。第 i 个观测值的残差可以写为：

$$e_i=y_i-\hat{y}_i \tag{9.22}$$

检验误差项 ε 的假定是否成立，可以通过残差图的分析来完成。常用的残差图有关于 x 的残差图、标准化残差图等。关于 x 的残差图是用横轴表示自变量 x_i 的值，纵轴表示对应的残差 e_i，每个 x_i 的值与对应的残差 e_i 用图中的一个点来表示。

为解读残差图，首先考察一下残差图的形态及其所反映的信息。图 9-7 展示了几种不同形态的残差图。

若关于 ε 等方差的假定成立，而且假定描述变量 x 和 y 之间关系的回归模型是合理的，那么残差图中的所有点都应以均值 0 为中心随机分布在一条水平带中间，如图 9-7（a）所

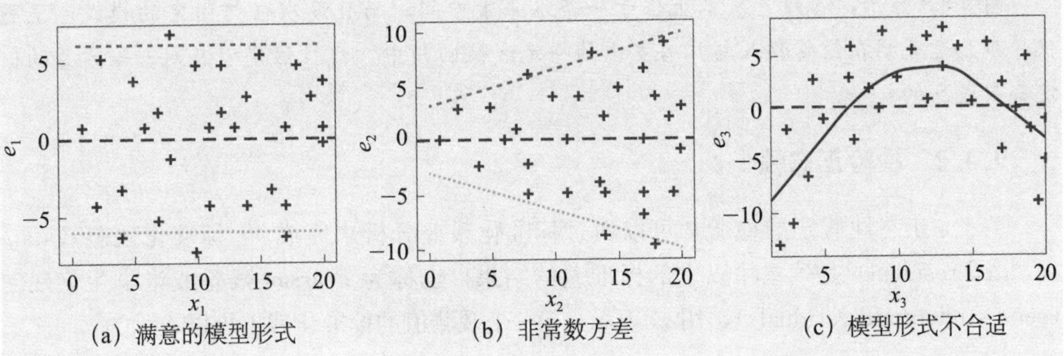

图 9-7　不同形态的残差图

示。但如果对于所有的 x 值，ε 的方差是不同的，例如，对于较大的 x 值，相应的残差也较大（或对于较大的 x 值，相应的残差较小），如图 9-7（b）所示，这就意味着违背了 ε 方差相等的假设，称为**异方差性**（heteroscedasticity）。如果残差图如图 9-7（c）所示的那样，表明所选择的回归模型不合理，这时应考虑非线性回归模型。

例 9-5

沿用例 9-1。求 20 家企业销售收入回归的残差，画出残差图，判断所建立的回归模型中关于 ε 等方差的假定是否成立。

解 SPSS 输出的非标准化残差（RES_1）见表 9-6 中的 RES_1 列。图 9-8 是销售收入预测的残差图。

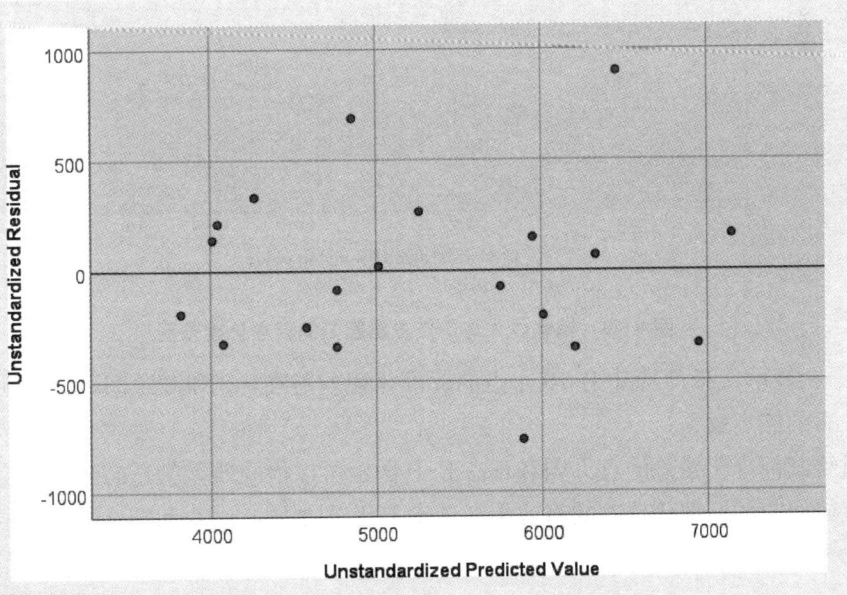

图 9-8　销售收入与广告支出回归的残差图

图 9－8 显示，各残差基本上位于一条水平带中间，而且没有任何固定的模式，呈随机分布。这表明在销售收入与广告支出的一元线性回归中，线性假定以及对 ε 等方差的假定都是成立的。

9.4.2 检验正态性

关于 ε 正态性假定的检验，可以通过标准化残差分析来完成。[①] **标准化残差**（standardized residual）是残差除以它的标准差的结果，也称为 **Pearson 残差或半学生化残差**（semi-studentized residuals），用 z_e 表示。第 i 个观测值的标准化残差可以表示为：

$$z_{e_i}=\frac{e_i}{s_e}=\frac{y_i-\hat{y}_i}{s_e} \tag{9.23}$$

式中，s_e 是残差的标准差的估计。

如果关于 ε 服从正态分布的假定成立，那么标准化残差的分布也应服从正态分布。因此在标准化残差图中，大约有 95%的标准化残差落在－2 和 2 之间。根据表 9－6 中给出的标准化残差（ZRE_1）绘制的标准化残差图如图 9－9 所示。

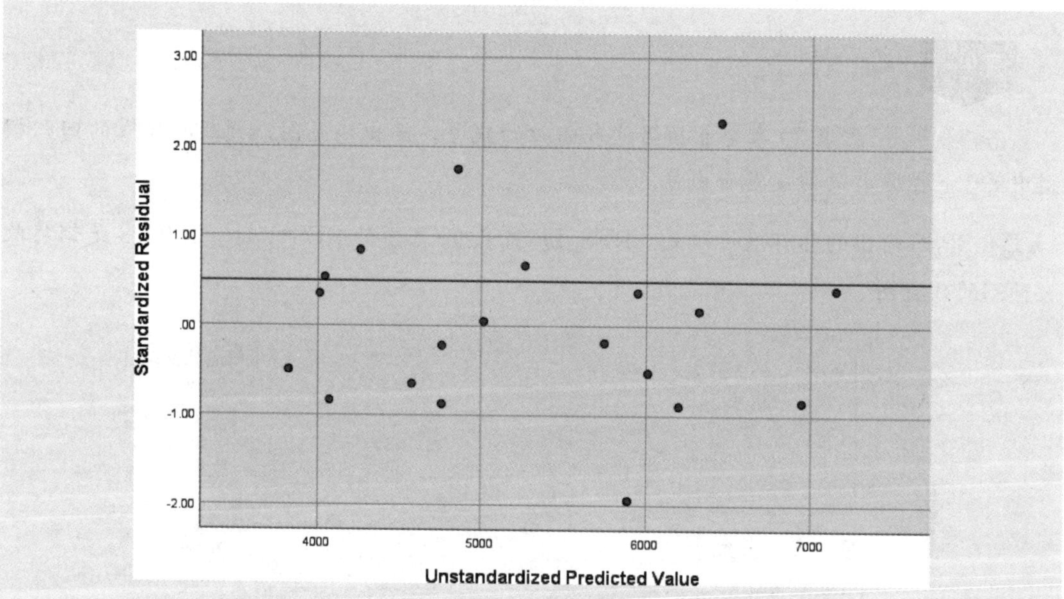

图 9－9　销售收入与广告支出回归的标准化残差图

图 9－9 显示，20 个点中有 19 个点的标准化残差落在－2 和 2 之间，这表明关于 ε 服从正态分布的假定成立。

通过绘制标准化残差的直方图和正态 P-P 图也可以检验残差的正态性假定。销售收入与广告支出回归的标准化残差的直方图和正态 P-P 图如图 9－10 和图 9－11 所示。

① 有非参数检验知识的读者可直接对残差做 K-S 检验。

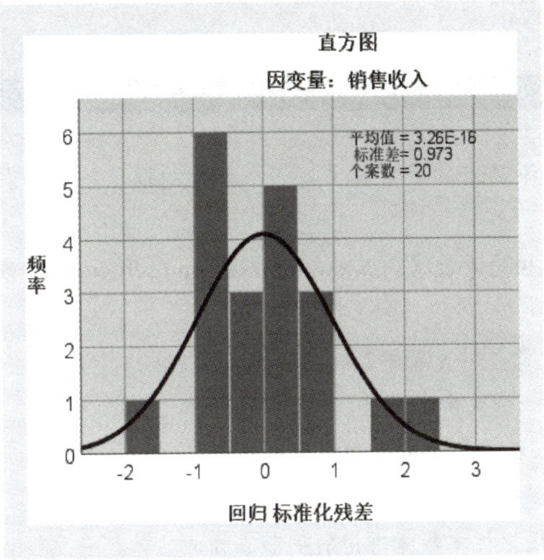

图 9-10　标准化残差的直方图

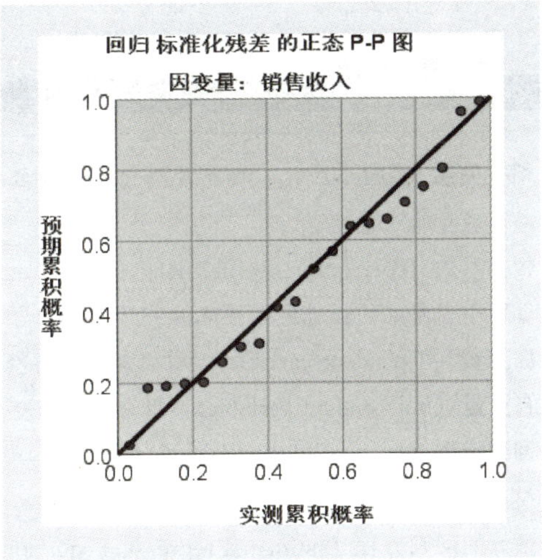

图 9-11　标准化残差的正态 P-P 图

图 9-11 显示，关于 ε 服从正态分布的假定基本成立。

关于 ε 独立性的检验，通常采用 Durbin-Watson 检验，关于这一问题的讨论请参阅有关回归方面的书籍。

思维导图

一元线性回归的建模过程

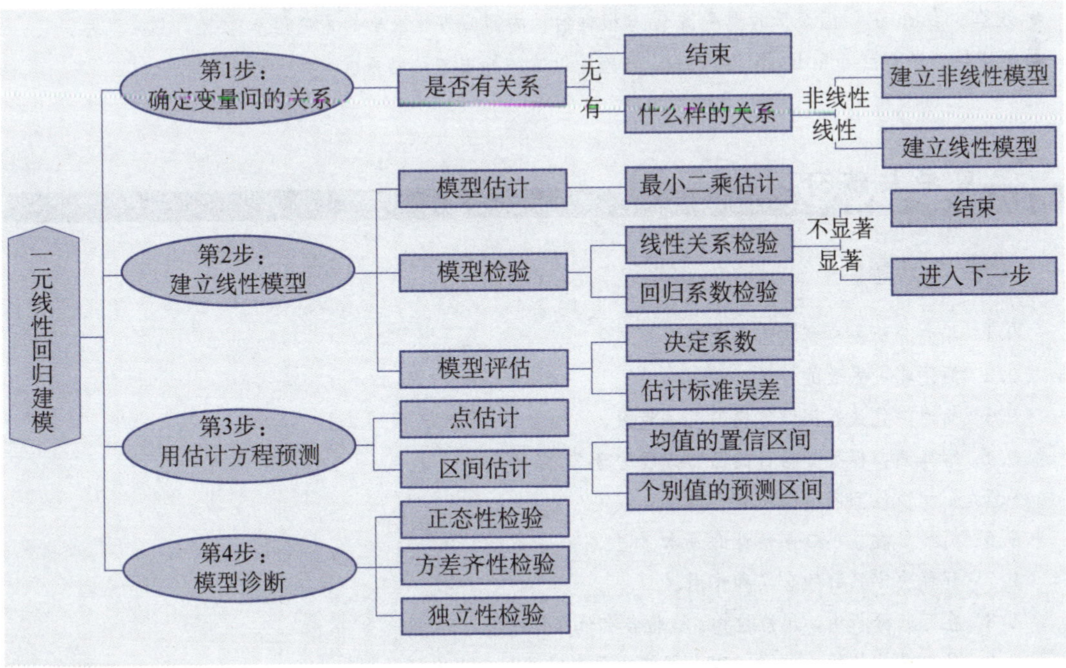

主要术语

- **相关关系**（correlation）：两个变量之间存在的一种不确定的数量关系，一个变量的取值不能由另一个变量唯一确定。
- **相关系数**（correlation coefficient）：也称为 Pearson 相关系数（Pearson's correlation coefficient），度量两个变量之间线性关系强度的统计量，记为 r。
- **因变量**（dependent variable）：被预测或被解释的变量，用 y 表示。
- **自变量**（independent variable）：用来预测因变量的一个或多个变量，用 x 表示。
- **回归模型**（regression model）：描述因变量 y 如何依赖于自变量 x 和误差项的方程。一元线性回归模型表示为 $y=\beta_0+\beta_1x+\varepsilon$。
- **估计的回归方程**（estimated regression equation）：根据样本数据求出的回归方程的估计。一元线性回归的估计方程为 $\hat{y}=\hat{\beta}_0+\hat{\beta}_1x$。
- **决定系数**（coefficient of determination）：也称判定系数，回归平方和占总平方和的比例，用R^2表示，是对回归方程拟合优度的度量。
- **估计标准误差**（standard error of estimate）：残差平方和的均方根，用s_e表示，它是残差的标准差，是误差项 ε 的标准差 σ 的估计。
- **均值的置信区间**（confidence interval）：对于自变量的一个给定值 x_0，求出的因变量 y 的均值的估计区间。
- **个别值的预测区间**（prediction interval）：对于自变量的一个给定值 x_0，求出的因变量 y 的一个个别值的估计区间。
- **残差**（residual）：因变量的观测值 y_i 与根据估计的回归方程求出的预测值 $\hat{y}_i$ 之差，用 e 表示。
- **标准化残差**（standardized residual）：残差除以它的标准差的结果。

思考与练习

一 思考题

9.1 相关分析主要解决哪些问题？

9.2 简述相关系数的性质。

9.3 简述一元线性回归建模的基本步骤。

9.4 解释回归模型和估计的回归方程的含义。

9.5 一元线性回归模型中有哪些基本假定？

9.6 简述参数最小二乘估计的基本原理。

9.7 解释决定系数的含义和作用。

9.8 在回归分析中，F 检验和 t 检验各有什么作用？

9.9 什么是均值的置信区间和个别值的预测区间？二者有何区别？

9.10 简要说明残差分析在回归分析中的作用。

二 练习题

9.1 下面是我国 31 个地区（不含港、澳、台）2022 年的地区生产总值和社会消费品零售总额数据（单位：亿元）。

地区	地区生产总值	社会消费品零售总额
北京市	41 540.9	13 794.2
天津市	16 132.2	3 572.0
河北省	41 988.0	13 720.1
山西省	25 583.9	7 562.7
内蒙古自治区	23 388.9	4 971.4
辽宁省	28 826.1	9 526.2
吉林省	12 818.1	3 807.7
黑龙江省	15 831.5	5 210.0
上海市	44 809.1	16 442.1
江苏省	122 089.3	42 752.1
浙江省	78 060.6	30 467.2
安徽省	44 607.7	21 518.4
福建省	51 765.1	21 050.1
江西省	31 213.8	12 853.5
山东省	87 576.9	33 236.2
河南省	58 220.1	24 407.4
湖北省	52 741.7	22 164.8
湖南省	47 558.6	19 050.7
广东省	129 513.6	44 882.9
广西壮族自治区	26 186.1	8 539.1
海南省	6 889.6	2 268.4
重庆市	28 576.1	13 926.1
四川省	56 610.2	24 104.6
贵州省	20 010.4	8 507.1
云南省	28 556.1	10 838.8
西藏自治区	2 150.2	726.5
陕西省	32 838.2	10 401.6
甘肃省	11 121.4	3 922.2
青海省	3 623.3	842.1
宁夏回族自治区	5 104.6	1 338.4
新疆维吾尔自治区	18 042.7	3 240.5

（1）绘制散点图判断地区生产总值与社会消费品零售总额之间的关系，并计算相关系数分析其关系强度。

（2）以地区生产总值为因变量、社会消费品零售总额为自变量建立回归模型，并对回归模型进行综合评估。

9.2　从某一行业中随机抽取 12 家企业，所得产量与生产费用的数据如下。

企业编号	产量（台）	生产费用（万元）	企业编号	产量（台）	生产费用（万元）
1	40	130	7	84	165
2	42	150	8	100	170
3	50	155	9	116	167
4	55	140	10	125	180
5	65	150	11	130	175
6	78	154	12	140	185

（1）绘制产量与生产费用的散点图，判断二者之间的关系形态。

（2）计算产量与生产费用之间的线性相关系数，并对相关系数的显著性进行检验（$\alpha=0.05$），说明二者之间的关系强度。

9.3　随机抽取 10 家航空公司，对其最近一年的航班正点率和顾客投诉次数进行调查，所得数据如下。

航空公司编号	航班正点率（%）	顾客投诉次数（次）
1	81.8	21
2	76.6	58
3	76.6	85
4	75.7	68
5	73.8	74
6	72.2	93
7	71.2	72
8	70.8	122
9	91.4	18
10	68.5	125

（1）将航班正点率作为自变量，顾客投诉次数作为因变量，求出估计的回归方程，并解释回归系数的意义。

（2）检验回归系数的显著性（$\alpha=0.05$）。

（3）如果航班正点率为 80%，估计顾客的投诉次数。

9.4　某汽车生产商欲了解广告支出（x）对销售量（y）的影响，收集了过去 12 年的有关数据。通过计算得到下面的有关结果。

方差分析表

变差来源	df	SS	MS	F	Significance F
回归					2.17E-09
残差		40 158.07		—	—
总计	11	1 642 866.67	—	—	—

参数估计表

	Coefficients	标准误差	t Stat	P-value
Intercept	363.689 1	62.455 29	5.823 191	0.000 168
X Variable 1	1.420 211	0.071 091	19.977 49	2.17E-09

(1) 完成上面的方差分析表。

(2) 汽车销售量的变差中有多少是由广告支出的变动引起的?

(3) 销售量与广告支出之间的相关系数是多少?

(4) 写出估计的回归方程并解释回归系数的实际意义。

(5) 检验线性关系的显著性（$\alpha=0.05$）。

9.5　随机抽取 7 家超市，得到其广告费支出和销售额数据（单位：万元）如下。

超市	广告费支出	销售额
A	1	19
B	2	32
C	4	44
D	6	40
E	10	52
F	14	53
G	20	54

(1) 将广告费支出作为自变量 x，销售额作为因变量 y，求出估计的回归方程。

(2) 检验广告费支出与销售额之间的线性关系是否显著（$\alpha=0.05$）。

(3) 绘制关于 x 的残差图。你觉得关于误差项 ε 的假定被满足了吗?

(4) 你是选用这个模型，还是另外寻找一个更好的模型?

第10章 多元线性回归

问题与思考：不良贷款受哪些因素影响?

为分析影响不良贷款的因素，以便更好地控制不良贷款，一家商业银行在所属的多家分行中随机抽取10家，得到不良贷款、各项贷款余额、累计应收贷款、贷款项目个数、固定资产投资额等有关数据如下。

不良贷款（亿元）	各项贷款余额（亿元）	累计应收贷款（亿元）	贷款项目个数（个）	固定资产投资额（亿元）
6.3	188.0	10.7	19	82.0
4.7	95.8	10.2	12	22.8
9.3	214.7	19.5	21	71.5
4.2	31.2	5.2	3	10.5
3.1	122.4	13.7	19	28.5
14.0	200.4	30.1	20	52.1
4.1	87.8	12.1	16	72.6
5.5	147.2	14.2	25	85.0
5.0	189.6	15.7	28	125.4
11.7	278.5	18.6	36	155.0

在这5个变量中，有一个是特别关注的因变量，即不良贷款，其余4个自变量看作影响不良贷款的因素。如果要用4个自变量来预测不良贷款，就需要建立一个多元线性回归模型。建立这样一个模型的假定有哪些？模型拟合得好吗？不良贷款与4个自变量之间的线性关系显著吗？每个自变量都是影响不良贷款的显著因素吗？如果4个自变量之间显著相关，对模型有哪些影响？这些都是多元线性回归要解决的问题。

本章将讨论涉及两个及两个以上自变量的回归问题，即多元回归，而且主要介绍多元线性回归。讨论的重点放在多元线性回归的计算机输出结果的解释及其应用上。

10.1 多元线性回归模型

在许多实际问题中，影响因变量的因素往往有多个，这种一个因变量同多个自变量的回归就是**多元回归**（multiple regression）。当因变量与各自变量之间为线性关系时，称为**多元线性回归**（multiple linear regression）。多元线性回归分析的原理与一元线性回归基本相同，但计算上要复杂得多，因此需借助统计软件来完成。多元线性回归建模的大体思路如下：

第 1 步：确定所关注的因变量 y 和影响因变量的 k 个自变量。

第 2 步：假定因变量 y 与 k 个自变量之间为线性关系，建立变量间的线性关系模型。

第 3 步：对模型进行评估和检验。

第 4 步：判别模型中是否存在多重共线性，如果存在，进行处理。

第 5 步：利用回归方程进行预测，并利用预测的残差分析模型的假定。

10.1.1 回归模型与回归方程

设因变量为 y，k 个自变量分别为 x_1，x_2，…，x_k，描述因变量 y 如何依赖于自变量 x_1，x_2，…，x_k 和误差项 ε 的方程称为**多元线性回归模型**（multiple linear regression model）。其一般形式可表示为：

$$y=\beta_0+\beta_1x_1+\beta_2x_2+\cdots+\beta_kx_k+\varepsilon \tag{10.1}$$

式中，β_0，β_1，β_2，…，β_k 是模型的参数；ε 是误差项。

式（10.1）表明，y 是 x_1，x_2，…，x_k 的线性函数（$\beta_0+\beta_1x_1+\beta_2x_2+\cdots+\beta_kx_k$ 部分）加上误差项 ε。误差项反映了除 x_1，x_2，…，x_k 对 y 的线性关系之外的随机因素对 y 的影响，是不能由 x_1，x_2，…，x_k 与 y 之间的线性关系所解释的 y 的变异。

在多元线性回归模型中，对误差项 ε 同样有 3 个基本假定：

(1) 正态性。ε 是一个服从正态分布的随机变量，且期望值为 0，即 $E(\varepsilon)=0$。这意味着对于给定的 x_1，x_2，…，x_k 的值，y 的期望值为 $E(y)=\beta_0+\beta_1x_1+\beta_2x_2+\cdots+\beta_kx_k$。

(2) 方差齐性。对于自变量 x_1，x_2，…，x_k 的所有值，ε 的方差 σ^2 都相同。

(3) 独立性。对于自变量 x_1，x_2，…，x_k 的一组特定值，它所对应的 ε 与 x_1，x_2，…，x_k 任意一组其他值所对应的 ε 不相关。同样，对于给定的 x_1，x_2，…，x_k 的值，因变量 y 也是一个服从正态分布的随机变量。

根据回归模型的假定有：

$$E(y)=\beta_0+\beta_1x_1+\beta_2x_2+\cdots+\beta_kx_k \tag{10.2}$$

式（10.2）称为**多元线性回归方程**（multiple linear regression equation），它描述了

因变量 y 的期望值与自变量 x_1，x_2，…，x_k 之间的关系。

一元线性回归在二维坐标中的图像是一条直线，但多元线性回归的图像就很难画出来。为了对式（10.2）的回归方程有直观的了解，可考虑含有两个自变量的二元线性回归方程，其形式为：

$$E(y)=\beta_0+\beta_1 x_1+\beta_2 x_2$$

在三维空间中可以将这个方程的图像画出来，二元线性回归方程的图像是三维空间中的一个平面，如图 10－1 所示。

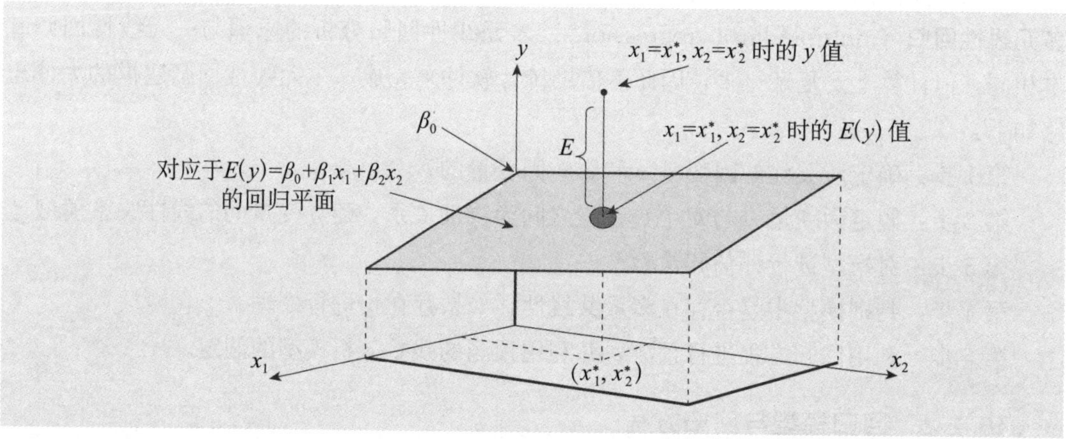

图 10－1　二元线性回归方程的图示

回归模型中的参数 β_0，β_1，β_2，…，β_k 是未知的，需要利用样本数据来估计。当用样本统计量 $\hat{\beta}_0$，$\hat{\beta}_1$，$\hat{\beta}_2$，…，$\hat{\beta}_k$ 估计模型中的参数 β_0，β_1，β_2，…，β_k 时，就得到了**估计的多元线性回归方程**（estimated multiple linear regression equation），其一般形式为：

$$\hat{y}=\hat{\beta}_0+\hat{\beta}_1 x_1+\hat{\beta}_2 x_2+\cdots+\hat{\beta}_k x_k \tag{10.3}$$

式中，$\hat{\beta}_0$，$\hat{\beta}_1$，$\hat{\beta}_2$，…，$\hat{\beta}_k$ 是参数 β_0，β_1，β_2，…，β_k 的估计量；$\hat{y}$ 是因变量 y 的估计量。其中的 $\hat{\beta}_1$，$\hat{\beta}_2$，…，$\hat{\beta}_k$ 称为偏回归系数。$\hat{\beta}_1$ 表示当 x_2，x_3，…，x_k 不变时，x_1 每改变一个单位，因变量 y 的平均改变量；$\hat{\beta}_2$ 表示当 x_1，x_3，…，x_k 不变时，x_2 每改变一个单位，因变量 y 的平均改变量；其余偏回归系数的含义类似。

10.1.2　参数的最小二乘估计

多元线性回归模型中的参数 $\hat{\beta}_0$，$\hat{\beta}_1$，$\hat{\beta}_2$，…，$\hat{\beta}_k$ 仍然是用最小二乘法来估计。也就是使残差平方和最小，即

$$Q=\sum(y_i-\hat{y}_i)^2=\sum(y_i-\hat{\beta}_0-\hat{\beta}_1 x_1-\cdots-\hat{\beta}_k x_k)^2=\min \tag{10.4}$$

由此得到求解 $\hat{\beta}_0$，$\hat{\beta}_1$，$\hat{\beta}_2$，…，$\hat{\beta}_k$ 的标准方程组为：

$$\begin{cases} \left.\dfrac{\partial Q}{\partial \beta_0}\right|_{\beta_0=\hat{\beta}_0}=0 \\ \left.\dfrac{\partial Q}{\partial \beta_i}\right|_{\beta_i=\hat{\beta}_i}=0,\ i=1,\ 2,\ \cdots,\ k \end{cases} \tag{10.5}$$

例 10-1

餐馆的营业额受多种因素的影响，比如客流量、价格、交通便捷程度、服务水平、同业竞争者的数量，等等。为分析营业额的影响因素，一家市场调查公司在某城市随机抽取 25 家餐馆，调查得到的有关数据如表 10-1 所示。

其中：

y＝日均营业额（万元）

x_1＝周边居民人数（万人）

x_2＝人均用餐支出（元）

x_3＝周边居民月平均收入（元）

x_4＝周边餐馆数（个）

x_5＝距市中心距离（km）

表 10-1 25 家餐馆的调查数据

	餐馆编号	y	x1	x2	x3	x4	x5
1	1	53.2	163	168.6	6004	5	6.5
2	2	18.5	15	22.5	209	11	16.0
3	3	11.3	88	109.4	1919	10	18.2
4	4	84.7	152	277.0	7287	7	10.0
5	5	7.3	79	17.4	5311	15	17.5
6	6	17.9	60	93.0	6109	8	3.6
7	7	2.5	53	21.5	4057	17	18.5
8	8	27.3	109	114.5	4161	3	4.0
9	9	5.9	49	61.3	2166	10	11.6
10	10	23.9	143	129.8	11125	9	14.2
11	11	69.4	215	159.4	13937	2	2.5
12	12	20.6	66	91.0	4000	18	12.0
13	13	1.9	13	6.1	2841	14	12.8
14	14	3.0	61	60.3	1273	26	7.8
15	15	7.3	21	51.1	2404	34	2.7
16	16	46.2	114	73.6	6109	12	3.2
17	17	78.8	300	171.7	15571	4	7.6
18	18	11.1	79	38.8	4228	11	11.0
19	19	8.6	90	105.3	3772	15	28.4
20	20	48.9	160	161.5	6451	5	6.2
21	21	22.1	84	122.6	3275	9	10.8
22	22	11.1	79	38.8	4228	10	33.7
23	23	8.6	90	105.3	3772	14	16.5
24	24	48.9	160	161.5	6451	6	9.3
25	25	22.1	84	122.6	3275	10	11.6

试建立多元线性回归模型，并解释各回归系数的含义。

解 用 SPSS 做多元线性回归与一元线性回归类似，只需要将所有的自变量选入【自变量】框即可。SPSS 输出的多元线性回归结果如表 10-2 至表 10-4 所示。

表 10-2 模型的主要统计量

模型摘要				
模型	R	R 方	调整后 R 方	标准估算的错误
1	.923[a]	.852	.813	10.6446
a. 预测变量：（常量）, x5, x4, x3, x2, x1				

表 10-3 模型的方差分析表

ANOVA[a]						
模型		平方和	自由度	均方	F	显著性
1	回归	12374.645	5	2474.929	21.843	.000[b]
	残差	2152.837	19	113.307		
	总计	14527.482	24			
a. 因变量：y						
b. 预测变量：（常量）, x5, x4, x3, x2, x1						

表 10-4 模型参数的估计和检验

系数[a]										
模型		未标准化系数		标准化系数	t	显著性	B 的 95.0% 置信区间		共线性统计	
		B	标准错误	Beta			下限	上限	容差	VIF
1	（常量）	4.259	10.468		.407	.689	-17.650	26.168		
	x1	.127	.096	.336	1.327	.200	-.074	.328	.121	8.233
	x2	.161	.056	.413	2.884	.010	.044	.277	.380	2.630
	x3	.001	.001	.113	.563	.580	-.002	.004	.193	5.184
	x4	-.333	.399	-.096	-.836	.414	-1.167	.501	.587	1.702
	x5	-.575	.309	-.178	-1.861	.078	-1.221	.071	.852	1.174
a. 因变量：y										

根据表 10-4 的结果，得到的多元线性回归方程为：

$$\hat{y}=4.259+0.127x_1+0.161x_2+0.001x_3-0.333x_4-0.575x_5$$

各回归系数的实际意义为：

$\hat{\beta}_1=0.127$ 表示，在人均用餐支出、周边居民月平均收入、周边餐馆数和距市中心距离不变的条件下，周边居民人数每变动 1 万人，日均营业额平均变动 0.127 万元。

$\hat{\beta}_2=0.161$ 表示，在周边居民人数、周边居民月平均收入、周边餐馆数和距市中心距离不变的条件下，人均用餐支出每变动 1 元，日均营业额平均变动 0.161 万元。

$\hat{\beta}_3=0.001$ 表示，在周边居民人数、人均用餐支出、周边餐馆数和距市中心距离不变的条件下，周边居民月平均收入每变动 1 元，日均营业额平均变动 0.001 万元。

$\hat{\beta}_4=-0.333$ 表示，在周边居民人数、人均用餐支出、周边居民月平均收入和距市中心距离不变的条件下，周边餐馆数每变动 1 个，日均营业额平均变动−0.333 万元。

$\hat{\beta}_5=-0.575$ 表示，在周边居民人数、人均用餐支出、周边居民月平均收入和周边餐馆数不变的条件下，距市中心距离每变动 1km，日均营业额平均变动−0.575 万元。

表 10-4 还给出了个回归系数的置信区间。① 比如，表 10-4 中给出的 β_1 的 95%的置信区间为（−0.074，0.328)，它的含义是：在人均用餐支出、周边居民月平均收入、周边餐馆数和距市中心距离不变的条件下，周边居民人数每变动 1 万人，日均营业额的平均变动在−0.074 万元到 0.328 万元之间。其他几个回归系数的置信区间的含义类似。

表 10-4 中给出的**标准化回归系数**（standardized regression coefficient）是将因变量和所有自变量都标准化后进行回归得到的回归系数，用 $\bar{\beta}$ 表示。标准化回归系数 $\bar{\beta}_i$ 的含义是：在其他自变量取值不变的条件下，自变量 x_i（这里是指原始数据）每变动一个标准差，因变量平均变动 $\bar{\beta}_i$ 个标准差。显然，$\bar{\beta}_i$ 的绝对值越大，说明该自变量 x_i 对因变量的影响就越大，相对于其他自变量而言，它对因变量的预测也就越重要。比如，x_1 的标准化回归系数 $\bar{\beta}_1=0.336$，表示在其他自变量不变的条件下，周边居民人数每改变一个标准差，日均营业额平均改变 0.336 个标准差。其他标准化回归系数的含义类似。按标准化回归系数的绝对值大小排序为：$\bar{\beta}_2>\bar{\beta}_1>\bar{\beta}_5>\bar{\beta}_3>\bar{\beta}_4$。可见在 5 个自变量中，人均用餐支出（$x_2$）是预测日均营业额最重要的变量，而周边餐馆数（$x_4$）则是最不重要的变量。

10.2 拟合优度和显著性检验

10.2.1 模型的拟合优度

多元线性回归模型的拟合优度可以用多重决定系数、估计标准误差等统计量来评价。

1. 多重决定系数

在多元线性回归中，因变量的总平方和 $SST=\sum(y_i-\bar{y})^2$ 同样被分解成两部分：回归平方和 $SSR=\sum(\hat{y}_i-\bar{y})^2$ 与残差平方和 $SSE=\sum(y_i-\hat{y}_i)^2$。显然有 SST=SSR+SSE。

多重决定系数（multiple coefficient of determination）是多元线性回归中回归平方和占总平方和的比例，计算公式为：

① 回归系数 β_i 在 $1-\alpha$ 置信水平下的置信区间为：$\hat{\beta}_i\pm t_{\alpha/2}(n-k-1)s_{\hat{\beta}_i}$。

$$R^2=\frac{\text{SSR}}{\text{SST}} \tag{10.6}$$

R^2度量了多元线性回归模型的拟合优度，它表示在因变量 y 的总变差中被多个自变量共同解释的比例。

在多元线性回归中，自变量个数的增加将影响到因变量中被估计回归方程所解释的变差数量，当增加自变量时，会使预测误差变小，从而减少残差平方和 SSE。当 SSE 变小时，SSR 就会变大，从而使 R^2 变大。如果模型中增加一个自变量，即使这个自变量在统计上并不显著，R^2 也会变大。因此，为避免增加自变量而高估 R^2，统计学家提出用样本量 n 和自变量的个数 k 去调整 R^2，计算出**调整的多重决定系数**（adjusted multiple coefficient of determination），记为 R_a^2，其计算公式为：

$$R_a^2=1-(1-R^2)\times\frac{n-1}{n-k-1} \tag{10.7}$$

R_a^2 的解释与 R^2 类似，不同的是，R_a^2 同时考虑了样本量 n 和模型中自变量的个数 k 的影响，这就使得 R_a^2 的值始终小于 R^2，而且 R_a^2 的值不会因为模型中自变量个数的增加而越来越接近 1。因此，在多元线性回归分析中，通常用调整的多重决定系数来评价回归方程的拟合优度。

R^2的平方根称为**多重相关系数**，也称为复相关系数，它度量了因变量同 k 个自变量的总体相关程度。

例如，根据表 10－2 的输出结果，多重决定系数 $R^2=0.852=85.2\%$。调整的多重决定系数 $R_a^2=0.813=81.3\%$，其意义与 R^2 相同，它表示用样本量和模型中自变量的个数进行调整后，在日均营业额取值的总变差中，被周边居民人数、人均用餐支出、周边居民月平均收入、周边餐馆数和距市中心距离这 5 个自变量所解释的比例为 81.3%。多重相关系数 $R=0.923$，它表示日均营业额同 5 个自变量的总体相关系数为 0.923，说明相关程度比较高。

2. 估计标准误差

多元线性回归中的估计标准误差是其残差平方和的平方根，它是多元线性回归模型中误差项 ε 的方差 σ^2 的一个估计量。其计算公式为：

$$s_e=\sqrt{\frac{\sum(y_i-\hat{y}_i)^2}{n-k-1}}=\sqrt{\frac{\text{SSE}}{n-k-1}} \tag{10.8}$$

式中，k 为自变量的个数。

由于 s_e 是预测误差的标准差的估计量，因此，其含义可解释为：根据自变量 x_1，x_2，…，x_k 来预测因变量 y 时的平均预测误差。

例如，根据表 10－2 的输出结果，$s_e=10.6446$。其含义是：根据所建立的多元线性回归方程，用周边居民人数、人均用餐支出、周边居民月平均收入、周边餐馆数和距市中心距离这 5 个自变量预测日均营业额时，平均的预测误差为 10.644 6 万元。

10.2.2　模型的显著性检验

在一元线性回归中，由于只有一个自变量，F 检验（线性关系检验）与 t 检验（回归系数检验）是等价的。在多元线性回归中，这两种检验不再等价。F 检验主要是检验因变量同多个自变量的整体线性关系是否显著，在 k 个自变量中，只要有一个自变量同因变量的线性关系显著，F 检验就显著，但这不一定意味着每个自变量同因变量的关系都显著。t 检验则是对每个回归系数分别进行单独的检验，以判断每个自变量对因变量的影响是否显著。

1. 线性关系检验

线性关系检验是检验因变量 y 与 k 个自变量之间的关系是否显著，也称为总体显著性检验。检验的具体步骤如下。

第 1 步：提出假设：

$H_0: \beta_1=\beta_2=\cdots=\beta_k=0$

$H_1: \beta_1, \beta_2, \cdots, \beta_k$ 至少有一个不等于 0

第 2 步：计算检验统计量 F：

$$F=\frac{\mathrm{SSR}/k}{\mathrm{SSE}/(n-k-1)} \sim F(k, n-k-1) \tag{10.9}$$

第 3 步：做出决策。给定显著性水平 α，根据分子自由度 k、分母自由度 $n-k-1$ 计算出统计量的 P 值。若 $P<\alpha$，则拒绝原假设，表明 y 与 k 个自变量之间的线性关系显著。

2. 回归系数检验

要判断每个自变量对因变量的影响是否都显著，需要对各回归系数 β_i 分别进行 t 检验，具体步骤如下。

第 1 步：提出假设。对于任意参数 $\beta_i(i=1, 2, \cdots, k)$，有

$H_0: \beta_i=0$，$H_1: \beta_i \neq 0$

第 2 步：计算检验统计量 t：

$$t_i=\frac{\hat{\beta}_i}{s_{\hat{\beta}_i}} \sim t(n-k-1) \tag{10.10}$$

式中，$s_{\hat{\beta}_i}$ 是回归系数 $\hat{\beta}_i$ 的抽样分布的标准差。

第 3 步：做出决策。给定显著性水平 α，根据自由度 $n-k-1$ 计算出统计量的 P 值。若 $P<\alpha$，则拒绝原假设，表明回归系数 β_i 显著。

例 10-2

沿用例 10-1。对回归模型的线性关系和回归系数分别进行显著性检验（$\alpha=0.05$）。

解 检验线性关系提出的假设如下：

$H_0: \beta_1=\beta_2=\beta_3=\beta_4=\beta_5=0$

$H_1: \beta_1, \beta_2, \beta_3, \beta_4, \beta_5$至少有一个不等于0

表10-3中给出的$F=21.843$，显著性水平接近0（实际值为2.83E-7），因此拒绝H_0，表明日均营业额与周边居民人数、人均用餐支出、周边居民月平均收入、周边餐馆数和距市中心距离之间的线性关系显著。

检验回归系数提出的假设如下。对于任意参数$\beta_i(i=1, 2, 3, 4, 5)$：

$H_0: \beta_i=0$，$H_1: \beta_i \neq 0$

由表10-4的结果可知，$t_1=1.327$，$t_2=2.884$，$t_3=0.563$，$t_4=-0.836$，$t_5=-1.861$，相应的显著性水平分别为0.200、0.010、0.580、0.414和0.078。只有β_2所对应的显著性水平小于0.05，而其余4个系数所对应的显著性水平均大于0.05，未通过检验。这表明在影响日均营业额的5个自变量中，只有人均用餐支出的影响是显著的，而其他4个自变量均不显著。

当然，得出上述分析结论还需要有其他证据，因为这4个变量没有通过检验，也可能是其他原因造成的。比如，5个自变量之间存在高度相关时，就有可能造成某一个或几个回归系数无法通过检验，但这并不一定意味着那些未通过检验的自变量对因变量的影响就不显著。实际上，单独做每个自变量与日均营业额的一元线性回归时，各回归系数检验的显著性水平均接近0，结果都是显著的（请读者自己验证）。自变量之间相关造成的这种问题，在统计上称为多重共线性。

10.3 多重共线性及其处理

当回归模型中使用两个或两个以上的自变量时，这些自变量往往会提供多余的信息。也就是说，这些自变量彼此相关。比如，例10-1所建立的回归模型中使用了5个自变量，虽然它们对预测日均营业额都有作用，但若这5个自变量之间存在相关关系，在预测中所提供的信息就是重复的。

10.3.1 多重共线性及其识别

当回归模型中两个或两个以上的自变量彼此相关时，称回归模型中存在**多重共线性**（multicollinearity）。在有些问题中，所使用的自变量之间存在相关关系是一件很平常的事，但是在回归分析中存在多重共线性将会产生某些问题。

1. 多重共线性所产生的问题

多重共线性会给回归分析带来以下问题。

首先，变量之间高度相关时，可能会使回归的结果变得混乱，甚至会把分析引入歧途。比如，在例10-1的回归中，F检验表明日均营业额与5个自变量之间的线性关系是显著的，而t检验表明只有β_2显著，而其他4个回归系数均不显著。这种检验结果看起来矛盾，但实际上并不然。因为 F 检验表明线性关系显著时，只是说日均营业额至少同 5 个自变量中的一个线性关系显著，并非意味着同每个自变量的线性关系都显著。事实上，5 个自变量在预测日均营业额时可能都有贡献（读者可就 5 个自变量分别进行一元线性回归予以验证），只不过一些自变量的贡献与另一些自变量的贡献重叠了。

其次，多重共线性可能对参数估计值的正负号产生影响，特别是 β_i 的正负号有可能同预期的正负号相反，甚至会导致对回归系数的错误估计。因此，当存在多重共线性时，对回归系数的解释需要慎重。

2. 多重共线性的识别和处理

识别多重共线性的方法有多种，有些已超出本书的范围。这里只介绍几种简单的识别方法。

（1）对模型中各对自变量之间的相关系数进行显著性检验。如果有一个或多个相关系数是显著的，就表示模型中所使用的自变量之间显著相关，因而可能存在多重共线性。例如，根据例 10－1 的数据，计算的各自变量之间的相关系数及其检验结果如表 10－5 所示。

表 10－5　5 个自变量的相关系数及其检验

		x1	x2	x3	x4	x5
x1	皮尔逊相关性	1	.738**	.883**	-.623**	-.277
	Sig.（双尾）		.000	.000	.001	.179
	个案数	25	25	25	25	25
x2	皮尔逊相关性	.738**	1	.553**	-.538**	-.323
	Sig.（双尾）	.000		.004	.006	.115
	个案数	25	25	25	25	25
x3	皮尔逊相关性	.883**	.553**	1	-.523**	-.291
	Sig.（双尾）	.000	.004		.007	.158
	个案数	25	25	25	25	25
x4	皮尔逊相关性	-.623**	-.538**	-.523**	1	.095
	Sig.（双尾）	.001	.006	.007		.651
	个案数	25	25	25	25	25
x5	皮尔逊相关性	-.277	-.323	-.291	.095	1
	Sig.（双尾）	.179	.115	.158	.651	
	个案数	25	25	25	25	25

**. 在 0.01 级别（双尾），相关性显著。

检验结果表明，这 5 个自变量中，只有 x_5（距市中心距离）与其他 4 个自变量之间的关系不显著，而其他 4 个自变量之间两两均显著相关。因此，例 10－1 所建立的多元线性回归模型中可能存在多重共线性。

（2）考察各回归系数的显著性。当模型的 F 检验显著，几乎所有回归系数 β_i 的 t 检验却不显著时，则表示模型中可能存在多重共线性。本例的回归结果就出现了这种情况。

（3）分析回归系数的正负号。如果回归系数的正负号与预期的相反，则表示模型中可能存在多重共线性。本例中未出现这种情况。

（4）用容忍度（tolerance）和方差膨胀因子（variance inflation factor，VIF）来识别多重共线性。某个自变量的容忍度等于 1 减去该自变量为因变量而其余 $k-1$ 个自变量为预测变量时所得到的线性回归模型的决定系数，即 $1-R_i^2$。容忍度越小，多重共线性越严重。通常认为容忍度小于 0.1 时，存在严重的多重共线性。方差膨胀因子等于容忍度的倒数，即 $\text{VIF}=\dfrac{1}{1-R_i^2}$。显然，VIF 越大，多重共线性越严重。一般认为，VIF 大于 10 就存在严重的多重共线性。例如，从表 10－4 给出的结果看，容忍度均大于 0.1，VIF 均小于 10，这说明本例建立的回归模型的多重共线性并不严重。但如果用 VIF 大于 5 作为标准，本例中对应于 x_1 和 x_3 的 VIF 大于 5，可以认为这两个变量存在多重共线性。

一旦发现模型中存在多重共线性，就应采取某种解决措施。[①] 至于采取什么方法来解决，要看多重共线性的严重程度。比如，可以将一个或多个相关的自变量从模型中剔除，使保留的自变量尽可能不相关。如果要在模型中保留所有的自变量，就应该避免对单个参数 β_i 进行 t 检验，并且对因变量 y 值的推断限定在自变量样本值的范围内。

当自变量间存在多重共线性时，如果在建立模型之前就有选择地确定进入模型的自变量，则可以避免多重共线性问题。

10.3.2 变量选择与逐步回归

在建立多元线性回归模型时，不要试图引入更多的自变量，除非确实有必要。究竟哪些自变量应该引入模型呢？变量选择的方法主要有**向前选择**（forward selection）、**向后剔除**（backward elimination）、**逐步回归**（stepwise regression）等。

1. 向前选择

向前选择法是从模型中没有自变量开始，然后按下面的步骤选择自变量来拟合模型。

首先，分别拟合因变量 y 对 k 个自变量 x_1，x_2，…，x_k 的一元线性回归模型，共有 k 个，然后找出 F 统计量的值最大的（或 P 值最小的）模型及其自变量 x_i，并将该自变量首先引入模型（如果所有模型均无统计上的显著性，则运算过程终止，没有模型被拟合）。

其次，在模型已经引入 x_i 的基础上，再分别拟合引入模型外的 $k-1$ 个自变量 x_1，…，x_{i-1}，x_{i+1}，…，x_k 的回归模型，即自变量组合为 x_i+x_1，…，x_i+x_{i-1}，x_i+x_{i+1}，…，x_i+x_k 的 $k-1$ 个回归模型。然后分别考察这 $k-1$ 个模型，挑选出 F 统计量的值最大的

① 处理多重共线性问题有很多办法，感兴趣的读者可参考有关回归方面的书籍。

（或 P 值最小的）含有两个自变量的模型，并将 F 值最大的（或 P 值最小的）那个自变量 x_j 引入模型。如果除 x_i 之外的 $k-1$ 个自变量中没有一个是统计上显著的，则运算过程终止。如此反复进行，直至模型外的自变量均无统计显著性为止。

向前选择法的特点是：只要某个自变量被引入模型，这个变量就一定会保留在模型中。

2. 向后剔除

与向前选择法相反，向后剔除的基本过程如下。

首先，拟合因变量对所有 k 个自变量的回归模型。然后考察 p（$p<k$）个去掉一个自变量的模型（这些模型中的每一个都有 $k-1$ 个自变量），使模型的 SSE 值减小最少的自变量（F 统计量的值最小或 P 值最大）被挑选出来并从模型中剔除。

其次，考察 $p-1$ 个去掉一个自变量的模型（这些模型中的每一个都有 $k-2$ 个自变量），使模型的 SSE 值减小最少的自变量被挑选出来并从模型中剔除。如此反复进行，直至剔除一个自变量不会使 SSE 显著减小为止。这时，模型中所剩的自变量都是显著的。

向后剔除法的特点是：只要某个自变量被从模型中剔除，这个变量就不会再进入模型。

3. 逐步回归

逐步回归是避免多重共线性的另一种有效方法①，它将上述两种方法结合起来筛选自变量。前两步与向前选择法相同。不过在新引入一个自变量后，它会对模型中所有的自变量重新进行考察，看看有没有可能剔除某个自变量。如果在新引入一个自变量后，前面引入的某个自变量对模型的贡献变得不显著，这个自变量就会被剔除。按此方法不停地引入变量并考虑剔除以前引入的变量的可能性，直至引入变量已经不能使 SSE 显著减少（这个过程可通过 F 检验来完成）。

逐步回归法的特点是：在前面的步骤中引入的自变量在后面的步骤中有可能被剔除，而在前面的步骤中剔除的自变量在后面的步骤中也可能重新进入模型。

例 10-3

沿用例 10-1。用逐步回归法建立日均营业额（y）与周边居民人数（x_1）、人均用餐支出（x_2）、周边居民月平均收入（x_3）、周边餐馆数（x_4）和距市中心距离（x_5）的回归方程。

解 下面的文本框给出了用 SPSS 进行逐步回归的操作步骤。

---

① 除了逐步回归外，岭回归（ridge regression）也是一种专门用于多重共线性数据分析的回归方法。它实际上是一种改良的最小二乘法，通过放弃最小二乘法的无偏性，以损失部分信息、降低精度为代价来寻求效果稍差但回归系数更符合实际的回归方程。当然，由于多重共线性，有些重要的解释变量也可能无法进入分析中。

逐步回归

第 1 步：选择【分析】→【回归-线性】，进入主对话框。

第 2 步：在对话框中将因变量选入【因变量】，将所有自变量选入【自变量】，并在【方法】下选择【步进】。

第 3 步：点击【选项】，在【步进法条件】下选中【使用 F 的概率】，在【进入】框中输入引入变量所要求的显著性水平（默认值为 0.05，一般不用改变），在【除去】输入剔除变量所要求的显著性水平（默认值为 0.10，一般不用改变）。点击【继续】回到主对话框。点击【确定】。

（注：需要预测时，点击【保存】，在【预测值】下选中【未标准化】（输出点预测值）；在【预测区间】下选中【平均值】和【单值】（输出置信区间和预测区间）；在【置信区间】中选择所要求的置信水平（默认值为 95%，一般不用改变）。需要残差分析时，在【残差】下选中所需的残差，如【未标准化】。需要输出标准化残差的直方图和正态概率图时，点击【图】，在【标准化残差图】下选中【直方图】和【正态概率图】。）

SPSS 输出的逐步回归结果如下列各表所示。

表 10-6 最先引入的自变量是周边居民人数 x_1（模型 1），其次是人均用餐支出 x_2（模型 2），而其他 3 个自变量（周边居民月平均收入、周边餐馆数和距市中心距离）均被移出模型。

表 10-6　变量的进入和移出标准

输入/除去的变量[a]			
模型	输入的变量	除去的变量	方法
1	x1	.	步进（条件：要输入的 F 的概率 <=.050，要除去的 F 的概率 >=.100）。
2	x2	.	步进（条件：要输入的 F 的概率 <=.050，要除去的 F 的概率 >=.100）。
a. 因变量：y			

表 10-7 给出了两个回归模型的一些主要统计量，包括多重相关系数 R、多重决定系数 R^2、调整的多重决定系数 R_a^2 以及估计标准误差 s_e 等。

表 10-7　两个模型的主要统计量

模型摘要				
模型	R	R 方	调整后 R 方	标准估算的错误
1	.851[a]	.723	.711	13.2182
2	.903[b]	.816	.799	11.0193
a. 预测变量：(常量), x1				
b. 预测变量：(常量), x1, x2				

表 10－7 显示，只含有周边居民人数一个自变量的回归方程的 $R^2=0.723$；含有周边居民人数和人均用餐支出两个自变量的回归方程的 $R_a^2=0.799$。这表明两个模型的拟合程度都比较高。

表 10－8 给出了回归的方差分析表。两个模型 F 检验的显著性水平均接近 0，表明两个模型都是显著的。

表 10－8　两个模型的方差分析表

ANOVA[a]						
模型		平方和	自由度	均方	F	显著性
1	回归	10508.924	1	10508.924	60.147	.000[b]
	残差	4018.558	23	174.720		
	总计	14527.482	24			
2	回归	11856.120	2	5928.060	48.821	.000[c]
	残差	2671.361	22	121.426		
	总计	14527.482	24			
a. 因变量：y						
b. 预测变量：(常量), x1						
c. 预测变量：(常量), x1, x2						

表 10－9 给出了两个模型参数的估计值，即回归系数和**标准化回归系数**（standardized coefficients）①，以及用于检验的 t 统计量和相应的显著性水平，检验结果均显著。VIF 显示共线性基本上不存在了。

表 10－9　模型参数的估计和检验

系数[a]										
		未标准化系数		标准化系数	t	显著性	B 的 95.0% 置信区间		共线性统计	
模型		B	标准错误	Beta			下限	上限	容差	VIF
1	(常量)	-6.101	4.960		-1.230	.231	-16.361	4.159		
	x1	.322	.042	.851	7.755	.000	.236	.408	1.000	1.000
2	(常量)	-10.793	4.368		-2.471	.022	-19.852	-1.735		
	x1	.196	.051	.517	3.818	.001	.090	.302	.455	2.197
	x2	.175	.053	.451	3.331	.003	.066	.285	.455	2.197
a. 因变量：y										

① 计算标准化回归系数时，首先将因变量和各个自变量进行标准化，然后根据标准化后的值进行回归，得到的方程称为标准化回归方程，该方程中的回归系数就是标准化回归系数，用 $\bar{\beta}$ 表示。标准化偏回归系数 $\bar{\beta}_i$ 的含义是：在其他自变量取值不变的条件下，自变量 x_i（这里是指原始数据）每变动一个标准差，因变量平均变动 $\bar{\beta}_i$ 个标准差。

根据上面的回归结果，可考虑使用二元线性回归模型，其估计方程为：

$$\hat{y}=-10.793+0.196x_1+0.175x_2$$

10.4 利用回归方程进行预测

建立多元线性回归模型后，可根据给定的 k 个自变量，求出因变量 y 的均值的置信区间和个别值的预测区间。由于置信区间和预测区间的计算公式复杂，这里不再给出。利用 SPSS 很容易给出结果。

例 10-4

沿用例 10-1。利用逐步回归得到的回归方程 $\hat{y}=-10.793+0.196x_1+0.175x_2$，求日均营业额的 95%的置信区间和预测区间。

解 SPSS 逐步回归得到的日均营业额的 95%的置信区间和预测区间如表 10-10 所示。

表 10-10　日均营业额的置信区间和预测区间

	餐馆编号	y	PRE_1	RES_1	LMCI_1	UMCI_1	LICI_1	UICI_1
1	1	53.2	50.73	2.47	43.81	57.66	26.85	74.61
2	2	18.5	-4.00	22.50	-11.88	3.87	-28.18	20.17
3	3	11.3	25.69	-14.39	20.57	30.80	2.27	49.11
4	4	84.7	67.52	17.18	51.02	84.02	39.33	95.71
5	5	7.3	7.76	-.46	-.94	16.46	-16.69	32.21
6	6	17.9	17.36	.54	11.39	23.33	-6.26	40.98
7	7	2.5	3.40	-.90	-4.03	10.84	-20.63	27.44
8	8	27.3	30.56	-3.26	25.84	35.28	7.22	53.90
9	9	5.9	9.51	-3.61	3.59	15.42	-14.10	33.11
10	10	23.9	39.97	-16.07	34.50	45.43	16.47	63.46
11	11	69.4	59.25	10.15	49.60	68.90	34.44	84.06
12	12	20.6	18.03	2.57	12.48	23.58	-5.49	41.55
13	13	1.9	-7.14	9.04	-15.59	1.32	-31.50	17.23
14	14	3.0	11.72	-8.72	6.20	17.24	-11.79	35.23
15	15	7.3	2.33	4.97	-5.07	9.73	-21.69	26.35
16	16	46.2	24.52	21.68	18.46	30.58	.88	48.16
17	17	78.8	78.02	.78	61.20	94.85	49.64	106.40
18	18	11.1	11.48	-.38	4.60	18.35	-12.39	35.34
19	19	8.6	25.32	-16.72	20.44	30.20	1.95	48.69
20	20	48.9	48.96	-.06	42.36	55.56	25.17	72.74
21	21	22.1	27.18	-5.08	21.07	33.30	3.52	50.84
22	22	11.1	11.48	-.38	4.61	18.35	-12.38	35.35
23	23	8.6	25.31	-16.71	20.44	30.19	1.95	48.68
24	24	48.9	48.95	-.05	42.36	55.55	25.17	72.74
25	25	22.1	27.19	-5.09	21.07	33.31	3.53	50.85

表 10－10 中的 PRE_1 是用周边居民人数和人均用餐支出两个自变量得到的日均营业额的点估计值；RES_1 是预测的残差 $y_i-\hat{y}_i$；LMCI_1 和 UMCI_1 是置信区间的下限和上限；LICI_1 和 UICI_1 是预测区间的下限和上限。

图 10－2 和图 10－3 分别给出了标准化残差的直方图和正态 P-P 图。可以看出，标准化残差基本上服从正态分布。

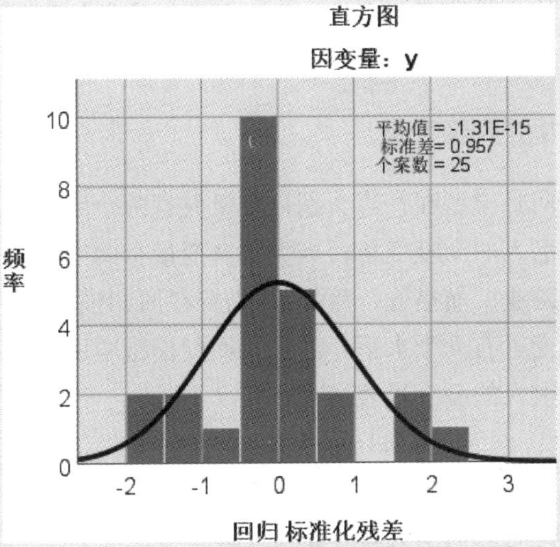

图 10－2　标准化残差的直方图

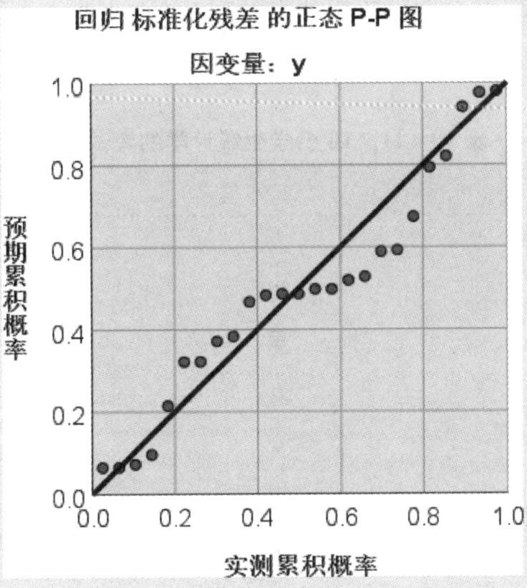

图 10－3　标准化残差的正态 P-P 图

10.5 哑变量回归

前面介绍的回归自变量都是数值型的。但实际问题中，有时需要利用类别自变量来处理问题，比如，性别（男、女），贷款企业的类型（家电、医药、其他）。由于这些类别变量的取值本身是用文字描述的，要把它们放入回归模型，必须先将文字用代码来表示，这种代码化的类别自变量称为**哑变量**（dummy variable）或**虚拟变量**。在回归模型中使用哑变量时称为哑变量回归或虚拟变量回归。

10.5.1 在模型中引入哑变量

怎样将哑变量引入回归模型呢？当类别自变量只有两个水平（取值）时，比如，性别（男、女），可在回归中引入一个哑变量；当类别自变量有两个以上水平时，比如，服务企业的类型（零售业、旅游业、航空业，等等），需要在回归模型中引入一个以上的哑变量。一般而言，如果类别自变量有 k 个水平，需要在回归模型中引入 $k-1$ 个哑变量。对于有 k 个水平的类别自变量，引入的哑变量表示为：

$$x_1=\begin{cases}1, & \text{水平 } 1\\ 0, & \text{其他水平}\end{cases},\quad x_2=\begin{cases}1, & \text{水平 } 2\\ 0, & \text{其他水平}\end{cases},\quad \cdots,\quad x_{k-1}=\begin{cases}1, & \text{水平 } k-1\\ 0, & \text{其他水平}\end{cases}$$

下面通过一个例子说明如何引入哑变量。

例 10-5

为研究考试成绩与性别之间的关系，随机抽取 10 名学生，得到统计学的考试成绩如表 10-11 所示。

表 10-11　10 名学生统计学的考试成绩

考试成绩（y）	性别	性别（x）
96	女	0
68	男	1
51	男	1
78	女	0
81	女	0
72	男	1
76	女	0
45	男	1
65	女	0
95	女	0

为将“性别”这一变量引入回归模型，需要引入下面的哑变量：

$$x=\begin{cases}1，男性\\0，女性\end{cases}$$

对于性别变量的两个水平（男、女），将哪个水平指定为 1，哪个水平指定为 0，完全是任意的。这里将"男"指定为 1，"女"指定为 0，得到引入哑变量的数据如表 10－11 的最后一列所示。

10.5.2　含有一个哑变量的回归

下面通过一个例子说明将一个哑变量引入回归后如何解释回归结果。

例 10－6

沿用例 10－1。假定在影响日均营业额的因素中，还要考虑"交通方便程度"变量，并设其取值为"方便"和"不方便"。为便于理解，原来的 5 个自变量我们只保留人均用餐支出一个数值自变量。假定调查得到的数据如表 10－12 所示。

表 10－12　25 家餐馆的日均营业额、人均用餐支出和交通方便程度数据

	餐馆编号	日均营业额	人均用餐支出	交通方便程度
1	1	53.2	168.6	方便
2	2	18.5	22.5	方便
3	3	11.3	109.4	不方便
4	4	84.7	277.0	方便
5	5	7.3	17.4	不方便
6	6	17.9	93.0	方便
7	7	2.5	21.5	不方便
8	8	27.3	114.5	方便
9	9	5.9	61.3	不方便
10	10	23.9	129.8	方便
11	11	69.4	159.4	方便
12	12	20.6	91.0	方便
13	13	1.9	6.1	不方便
14	14	3.0	60.3	不方便
15	15	7.3	51.1	不方便
16	16	46.2	73.6	方便
17	17	78.8	171.7	方便
18	18	11.1	38.8	不方便
19	19	8.6	105.3	不方便
20	20	48.9	161.5	不方便
21	21	22.1	122.6	不方便
22	22	11.1	38.8	方便
23	23	8.6	105.3	不方便
24	24	48.9	161.5	不方便
25	25	22.1	122.6	不方便

建立以下两个模型，并比较引入哑变量和不引入哑变量对回归结果的影响。

（1）日均营业额与人均用餐支出的一元线性回归模型。

（2）日均营业额与人均用餐支出和交通方便程度的二元线性回归模型。

解 日均营业额与人均用餐支出的一元线性回归结果如表10－13至表10－15所示。

表10－13　日均营业额与人均用餐支出回归模型的主要统计量

模型摘要				
模型	R	R 方	调整后 R 方	标准估算的错误
1	.833[a]	.694	.681	13.8962
a. 预测变量：（常量），人均用餐支出				

表10－14　日均营业额与人均用餐支出回归模型的方差分析

ANOVA[a]						
模型		平方和	自由度	均方	F	显著性
1	回归	10086.070	1	10086.070	52.231	.000[b]
	残差	4441.411	23	193.105		
	总计	14527.482	24			
a. 因变量：营业额						
b. 预测变量：（常量），人均用餐支出						

表10－15　日均营业额与人均用餐支出回归模型的参数估计和检验

系数[a]						
模型		未标准化系数		标准化系数	t	显著性
		B	标准错误	Beta		
1	（常量）	-5.752	5.251		-1.095	.285
	人均用餐支出	.324	.045	.833	7.227	.000
a. 因变量：营业额						

表10－13给出的$R^2=69.4\%$，表明人均用餐支出解释了日均营业额误差的69.4%；表10－14给出的显著性水平接近0（实际值为2.34E-7），表明模型显著；表10－15给出的回归系数$\hat{\beta}_1=0.324$，表示人均用餐支出每变动1元，日均营业额平均变动0.324万元。

现在建立引入"交通方便程度"这一类别变量的二元线性回归模型，看看对回归结果有什么影响。设人均用餐支出为x_1，交通方便程度为x_2，引入下面的哑变量：

$$x_2=\begin{cases}0，方便\\1，不方便\end{cases}$$

下面的文本框给出了用SPSS进行哑变量回归的操作步骤。

哑变量回归

使用 SPSS 进行哑变量回归时，不需要将分类自变量的取值类别虚拟化为 0 和 1，直接使用类别即可。具体操作步骤如下：

第 1 步：选择【分析】→【一般线性模型-单变量】，进入主对话框。

第 2 步：将因变量（本例为“日均营业额”）选入【因变量】，将哑变量（本例为“交通方便程度”）选入【固定因子】(如果模型中还含有数值自变量，将数值自变量（本例为“人均用餐支出”）选入【协变量】)。

第 3 步：点击【模型】，并点击【构建项】，将哑变量选入【模型】(若模型中含有数值自变量，将其也选入【模型】)；在【建模项】下选择【主效应】。点击【继续】回到主对话框。

第 4 步：点击【选项】，在【输出】下选中【参数估计】(估计模型中的参数)。点击【继续】回到主对话框。

第 5 步：(需要预测和残差分析时）点击【保存】，在【预测值】下选择【未标准化】；在【残差】下选择【未标准化】。点击【继续】回到主对话框。点击【确定】。

SPSS 输出的回归结果如表 10－16 和表 10－17 所示。

表 10－16　日均营业额与人均用餐支出和交通方便程度回归的模型检验

主体间效应检验					
因变量：　营业额					
源	III　类平方和	自由度	均方	F	显著性
修正模型	11267.238[a]	2	5633.619	38.015	.000
截距	8.157	1	8.157	.055	.817
人均用餐支出	7074.116	1	7074.116	47.736	.000
交通方便程度	1181.168	1	1181.168	7.970	.010
误差	3260.243	22	148.193		
总计	32009.610	25			
修正后总计	14527.482	24			
a. R　方　=.776　（调整后　R　方　=.755　）					

表 10－16 的第 1 行给出了回归模型的显著性检验。由于显著性水平接近 0（实际值为 7.272E-8），表明日均营业额与人均用餐支出和交通方便程度的二元回归模型显著。“交通方便程度”这一类别变量的效应检验的显著性水平为 0.01，表明它对日均营业额的影响显著。人均用餐支出检验的显著性水平接近 0（实际值为 6.15E-7），表明人均用餐支出对日均营业额的影响也显著。表的下方给出的调整的多重决定系数 $R_a^2=0.755=75.5\%$，表明人均用餐支出和交通方便程度共同解释了日均营业额变差的 75.5%，比不加入交通方便程度变量时的 $R^2=69.4\%$ 高出了很多。这表明交通方便程度是影响日均营业额的一个重要因素。

表 10-17　日均营业额与人均用餐支出和交通方便程度回归的参数估计和检验

参数估算值						
因变量：　营业额						
参数	B	标准误差	t	显著性	95% 置信区间	
					下限	上限
截距	6.164	6.243	.987	.334	-6.782	19.111
人均用餐支出	.286	.041	6.909	.000	.200	.372
[交通方便程度 =不方便]	-14.619	5.178	-2.823	.010	-25.358	-3.880
[交通方便程度 =方便]	0[a]	.	.	.	.	.
a. 此参数冗余，因此设置为零。						

表 10-17 给出了回归模型的参数估计和检验结果。人均用餐支出和交通方便程度的回归系数均显著。得到的二元回归方程为：

$$\hat{y}=6.164+0.286x_1-14.619x_2$$

为解释回归方程中各系数的含义，先考察含有一个数值自变量（人均用餐支出 x_1）和一个哑变量（交通方便程度 x_2）的回归方程 $E(y)=\beta_0+\beta_1x_1+\beta_2x_2$。

当方程中含有一个哑变量时，为合理地解释 β_1 和 β_2，先考虑 $x_2=0$（交通"方便"）的情形，用 $E(y|\text{方便})$ 表示已知交通"方便"时的日均营业额，则有：

$$E(y|\text{方便})=\beta_0+\beta_1x_1+\beta_2\times0=\beta_0+\beta_1x_1$$

同样，对于交通"不方便"（$x_2=1$）时，则有：

$$E(y|\text{不方便})=\beta_0+\beta_1x_1+\beta_2\times1=(\beta_0+\beta_2)+\beta_1x_1$$

通过比较可以看到，这两个方程的斜率都是 β_1，但截距则不同。当交通"方便"时，方程的截距是 β_0；当交通"不方便"时，方程的截距是 $\beta_0+\beta_2$。

β_0 表示交通"方便"时的期望日均营业额。

$\beta_0+\beta_2$ 表示交通"不方便"时的期望日均营业额。

β_1 表示人均用餐支出每变动 1 元，交通"方便"或交通"不方便"时日均营业额的平均增加值。

β_2 表示交通"不方便"时的期望营业额与交通"方便"时的期望营业额的差值，即 $(\beta_0+\beta_2)-\beta_0=\beta_2$。

如果 β_2 是正的，表示交通"不方便"时的日均营业额高于交通"方便"时的日均营业额；如果 β_2 是负的，表示交通"不方便"时的日均营业额低于交通"方便"时的日均营业额；如果 $\beta_2=0$，表示交通"不方便"时的日均营业额与交通"方便"时的日均营业额之间没有差别。

根据本例得到的二元线性回归方程 $\hat{y}=6.164+0.286x_1-14.619x_2$ 可知：

- $\hat{\beta}_0=6.164$ 表示：交通"方便"时，日均营业额的期望值为 6.164 万元。
- $\hat{\beta}_0+\hat{\beta}_2=6.164-14.619=-8.455$ 表示：交通"不方便"时，日均营业额的期望值为 -8.455 万元。

● $\hat{\beta}_1=0.286$ 表示：人均用餐支出每变动 1 元，交通“方便”或交通“不方便”时，日均营业额的平均增加值为 0.286 万元。

● $\hat{\beta}_2=-14.619$ 表示：交通“不方便”时日均营业额的期望值比交通“方便”时日均营业额的期望值低 14.619 万元。

因此，当 $x_2=0$（交通“方便”）时，有：

$$\hat{y}=6.164+0.286x_1$$

当 $x_2=1$（交通“不方便”）时，有：

$$\hat{y}=(6.164-14.619)+0.286x_1=-8.455+0.286x_1$$

实际上，将“交通方便程度”作为哑变量引入模型为预测日均营业额提供了两个方程：一个对应于交通“方便”时的日均营业额，一个对应于交通“不方便”时的日均营业额。这两个方程的唯一区别是截距不同，而它们的截距的差值正是交通“不方便”时和交通“方便”时的日均营业额期望值的差值（−8.455 万元）。

根据日均营业额与人均用餐支出和交通方便程度的二元线性回归方程，预测的日均营业额及其残差如表 10 - 18 所示。

表 10 - 18　根据人均用餐支出和交通方便程度预测的日均营业额及其残差

	餐馆编号	日均营业额	人均用餐支出	交通方便程度	PRE_1	RES_1
1	1	53.2	168.6	方便	54.46	-1.26
2	2	18.5	22.5	方便	12.61	5.89
3	3	11.3	109.4	不方便	22.88	-11.58
4	4	84.7	277.0	方便	85.50	-.80
5	5	7.3	17.4	不方便	-3.47	10.77
6	6	17.9	93.0	方便	32.80	-14.90
7	7	2.5	21.5	不方便	-2.30	4.80
8	8	27.3	114.5	方便	38.96	-11.66
9	9	5.9	61.3	不方便	9.10	-3.20
10	10	23.9	129.8	方便	43.34	-19.44
11	11	69.4	159.4	方便	51.82	17.58
12	12	20.6	91.0	方便	32.23	-11.63
13	13	1.9	6.1	不方便	-6.71	8.61
14	14	3.0	60.3	不方便	8.82	-5.82
15	15	7.3	51.1	不方便	6.18	1.12
16	16	46.2	73.6	方便	27.25	18.95
17	17	78.8	171.7	方便	55.34	23.46
18	18	11.1	38.8	不方便	2.66	8.44
19	19	8.6	105.3	不方便	21.71	-13.11
20	20	48.9	161.5	不方便	37.80	11.10
21	21	22.1	122.6	不方便	26.66	-4.56
22	22	11.1	38.8	方便	17.29	-6.19
23	23	8.6	105.3	不方便	21.70	-13.10
24	24	48.9	161.5	不方便	37.80	11.10
25	25	22.1	122.6	不方便	26.67	-4.57

思维导图

多元线性回归的建模过程

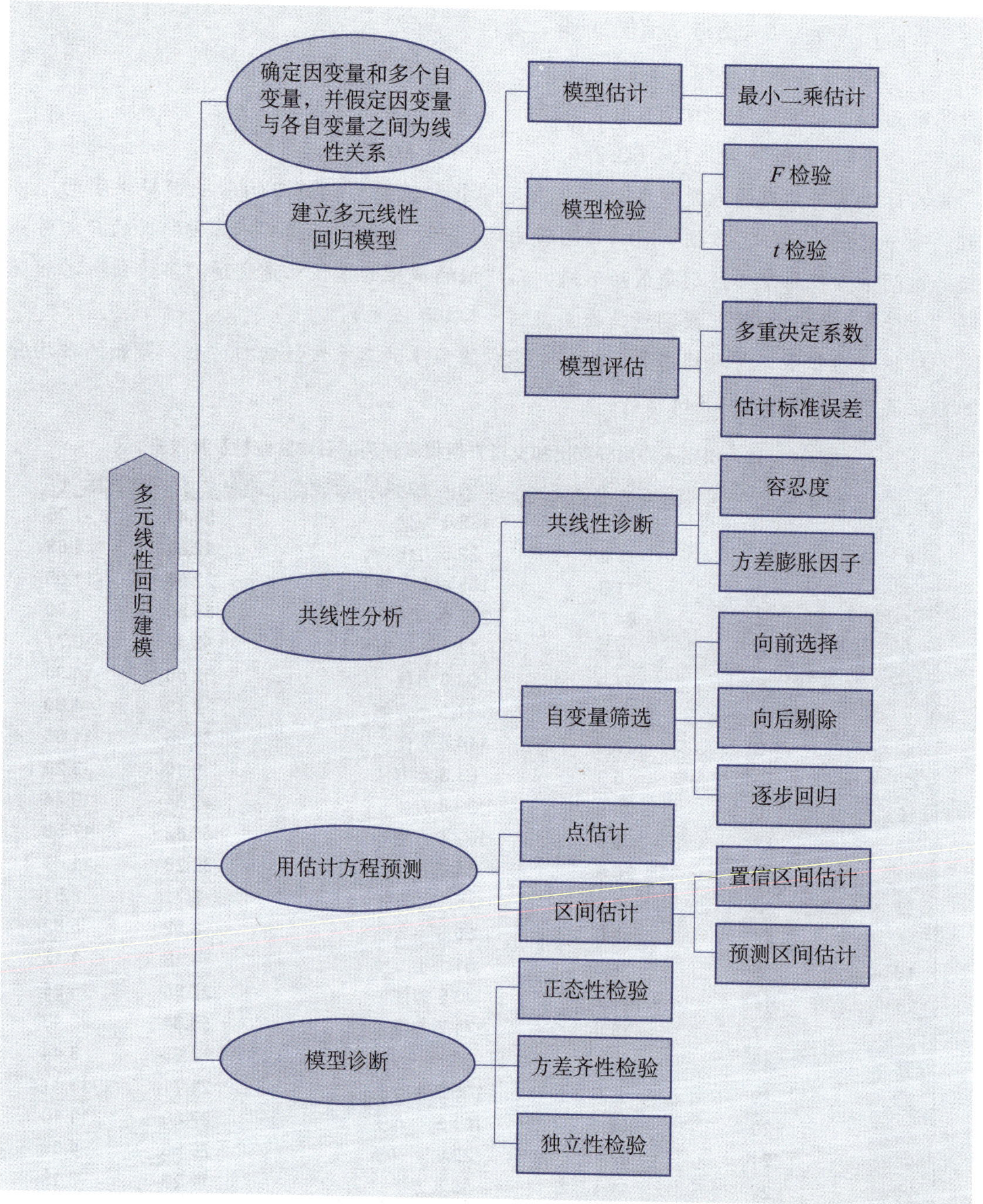

主要术语

- **多元线性回归模型**（multiple linear regression model）：描述因变量 y 如何依赖于自变量 x_1，x_2，…，x_k 和误差项 ε 的方程。一般形式为：$y=\beta_0+\beta_1x_1+\beta_2x_2+\cdots+\beta_kx_k+\varepsilon$。
- **估计的多元线性回归方程**（estimated multiple linear regression equation）：根据样本数据求出的多元线性回归方程的估计。一般形式为：$\hat{y}=\hat{\beta}_0+\hat{\beta}_1x_1+\hat{\beta}_2x_2+\cdots+\hat{\beta}_kx_k$。
- **多重决定系数**（multiple coefficient of determination）：多元线性回归中回归平方和占总平方和的比例，反映因变量 y 取值的变差中能被估计的多元线性回归方程所解释的比例。
- **调整的多重决定系数**（adjusted multiple coefficient of determination）：用样本量 n 和自变量的个数 k 进行调整的决定系数，记为 R_a^2。
- **多重共线性**（multicollinearity）：回归模型中两个或两个以上的自变量彼此相关。
- **哑变量**（dummy variable）：又称虚拟变量，用数字代码表示的回归模型中的类别自变量。

思考与练习

一　思考题

10.1　简述多元线性回归建模的基本步骤。

10.2　解释多重决定系数和调整的多重决定系数的含义和作用。

10.3　解释多重共线性的含义。

10.4　多重共线性对回归模型有哪些影响？

10.5　多重共线性的判别方法主要有哪些？

10.6　在多元线性回归中，选择自变量的方法有哪些？

10.7　解释哑变量回归中各参数的含义。

二　练习题

10.1　一家电器销售公司的管理人员认为，每月的销售额是广告费用的函数，并想通过广告费用对月销售额做出估计。下面是近 8 个月的销售额与广告费用数据。

月销售额 y（万元）	电视广告费用 x_1（万元）	报纸广告费用 x_2（万元）
96	5.0	1.5
90	2.0	2.0
95	4.0	1.5
92	2.5	2.5
95	3.0	3.3
94	3.5	2.3
94	2.5	4.2
94	3.0	2.5

（1）用月销售额作为因变量，电视广告费用作为自变量，建立估计的回归方程。

（2）用月销售额作为因变量，电视广告费用和报纸广告费用作为自变量，建立估计的回归方程，并说明回归系数的意义。

（3）上述（1）和（2）所建立的估计方程中，电视广告费用的系数是否相同？对其回归系数分别进行解释。

（4）根据（1）和（2）所建立的估计方程，说明它们的R^2的意义。

10.2　某农场通过实验取得的早稻收获量与春季降雨量和春季温度的数据如下。

收获量 y（kg/hm²）	降雨量 x_1（mm）	温度 x_2（℃）
2 250	25	6
3 450	33	8
4 500	45	10
6 750	105	13
7 200	110	14
7 500	115	16
8 250	120	17

建立早稻收获量对春季降雨量和春季温度的二元线性回归方程，并对回归模型的线性关系和回归系数进行检验（$\alpha=0.05$）。判断模型中是否存在多重共线性。

10.3　一家房地产评估公司想对某城市的房地产销售价格（y）与地产估价（x_1）、房产估价（x_2）和使用面积（x_3）建立一个模型，以便对销售价格做出合理预测。为此，收集了 20 栋住宅的房地产评估数据如下。

房地产编号	销售价格 y（元/m²）	地产估价 x_1（万元）	房产估价 x_2（万元）	使用面积 x_3（m²）
1	6 890	596	4 497	18 730
2	4 850	900	2 780	9 280
3	5 550	950	3 144	11 260
4	6 200	1 000	3 959	12 650
5	11 650	1 800	7 283	22 140
6	4 500	850	2 732	9 120
7	3 800	800	2 986	8 990
8	8 300	2 300	4 775	18 030
9	5 900	810	3 912	12 040
10	4 750	900	2 935	17 250
11	4 050	730	4 012	10 800
12	4 000	800	3 168	15 290

续表

房地产编号	销售价格 y (元/m^2)	地产估价 x_1 (万元)	房产估价 x_2 (万元)	使用面积 x_3 (m^2)
13	9 700	2 000	5 851	24 550
14	4 550	800	2 345	11 510
15	4 090	800	2 089	11 730
16	8 000	1 050	5 625	19 600
17	5 600	400	2 086	13 440
18	3 700	450	2 261	9 880
19	5 000	340	3 595	10 760
20	2 240	150	578	9 620

用 SPSS 进行逐步回归，确定估计方程，并给出销售价格的预测值及 95%的置信区间和预测区间。

10.4　为分析某行业中的薪水有无性别歧视，从该行业中随机抽取 15 名员工，相关的数据如下。

月薪 y（元）	工龄 x_1（年）	性别 x_2（1=男，0=女）
1 548	3.2	1
1 629	3.8	1
1 011	2.7	0
1 229	3.4	0
1 746	3.6	1
1 528	4.1	1
1 018	3.8	0
1 190	3.4	0
1 551	3.3	1
985	3.2	0
1 610	3.5	1
1 432	2.9	1
1 215	3.3	0
990	2.8	0
1 585	3.5	1

进行回归并对结果进行分析。

第 11 章 时间序列预测

问题与思考：如何预测国内生产总值？

在生活和工作中经常需要做出预测。比如，预测一只股票的价格走势，预测下一年度的销售额，等等。研究时间序列的主要目的就是进行预测，也就是根据已有的时间序列数据预测未来的变化。选择时间序列预测方法的关键是确定已有序列的变化模式，并假定这种模式会延续到未来。下面是我国 2015 年 1 季度—2023 年 4 季度国内生产总值的变化趋势图。

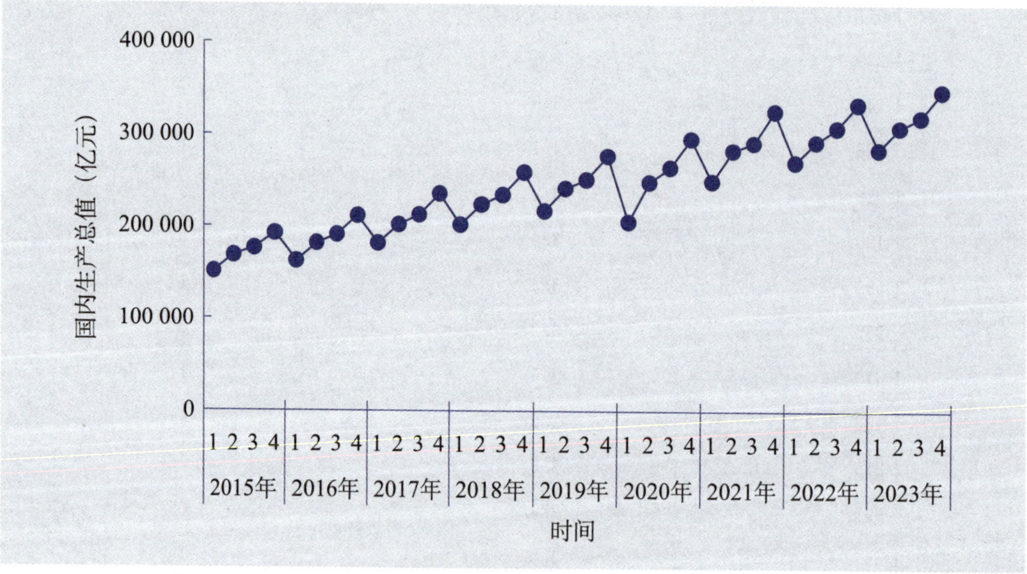

根据上面的图形，你认为国内生产总值包含什么成分？应该选择什么方法来预测下一年份各季度的国内生产总值？本章内容将回答这些问题。

明年的企业销售额会达到多少？下个月的汽车销售价格会下降吗？这只股票明天会上涨吗？现实生活中经常会关心以后的事，也就是要对未来做出预测。而做出预测的依据之一是这些现象在过去的一段时间里是如何变化的，这就需要考察时间序列的变化模式，并假定这种模式在未来一段时间会得到延续，进而建立适当的模型进行预测。

11.1 时间序列的成分和预测方法

时间序列（time series）是按时间顺序记录的一组数据。其中观察的时间可以是年份、季度、月份或其他任何时间形式。为便于表述，本章中用 t 表示观察的时间，$Y_t(t=1,2,\cdots,n)$ 表示时间 t 的观测值。

11.1.1 时间序列的成分

时间序列的变化可能受一种或几种因素的影响，导致它在不同时间取值的差异，这些影响因素就是时间序列的组成要素（components）。一个时间序列通常由 4 种要素组成，即趋势、季节变动、循环波动和不规则波动。

趋势（trend）是时间序列在一段较长时期内呈现出来的持续向上或持续向下的变动。比如，你可以想象一个地区的 GDP 是逐年增长的，一个企业的生产成本是逐年下降的，这些都是趋势。趋势在一定观察期内可能呈线性变化，但随着时间的推移也可能呈现出非线性变化。

季节变动（seasonal fluctuation）是时间序列呈现出的以年为周期长度的固定变动模式，这种模式年复一年重复出现。它是诸如气候条件、生产条件、节假日或风俗习惯等各种因素影响的结果。农业生产、交通运输、旅游、商品销售等都有明显的季节变动特征。比如，一个商场在节假日的打折促销会使销售额增加，铁路和航空客运在节假日会迎来客流高峰，一个水力发电企业会因水流高峰的到来而发电量猛增，这些都是季节变动引起的。

循环波动（cyclical fluctuation）也称周期波动，它是时间序列呈现出的非固定长度的周期性变动。比如，人们经常听到的景气周期、加息周期这类术语就是所谓的循环波动。循环波动的周期可能会持续一段时间，但与趋势不同，它不是朝着单一方向的持续变动，而是涨落相间的交替波动，比如经济从低谷到高峰，又从高峰慢慢滑入低谷，而后又慢慢回升；它也不同于季节变动，季节变动有比较固定的规律，且变动周期为一年，而循环波动则无固定规律，变动周期多在一年以上，且周期长短不一。观察循环波动需要的时间序列非常长，就大多数商务与经济数据而言，由于数据量的限制，难以找出波动的周期，因此，当序列较短时，可不必考虑循环波动。

不规则波动（irregular variation）也称随机波动，它是时间序列中除去趋势、季节变动和循环波动之后剩余的波动。随机波动是由一些偶然因素引起的，通常夹杂在时间序列中，致使时间序列产生一种波浪形或振荡式变动。随机波动的因素不可预知，也不能控制，因此在分析时通常不予单独考虑。

时间序列的 4 个组成部分，即趋势（T）、季节变动（S）、循环波动（C）和不规则波动（I）与观测值的关系可以用**乘法模型**（multiplicative model）表示，也可以用**加法模型**（additive model）表示。其中较常用的是乘法模型，其表现形式为：

$$Y_t = T_t \times S_t \times C_t \times I_t \tag{11.1}$$

图 11－1 给出了含有不同成分的时间序列图。

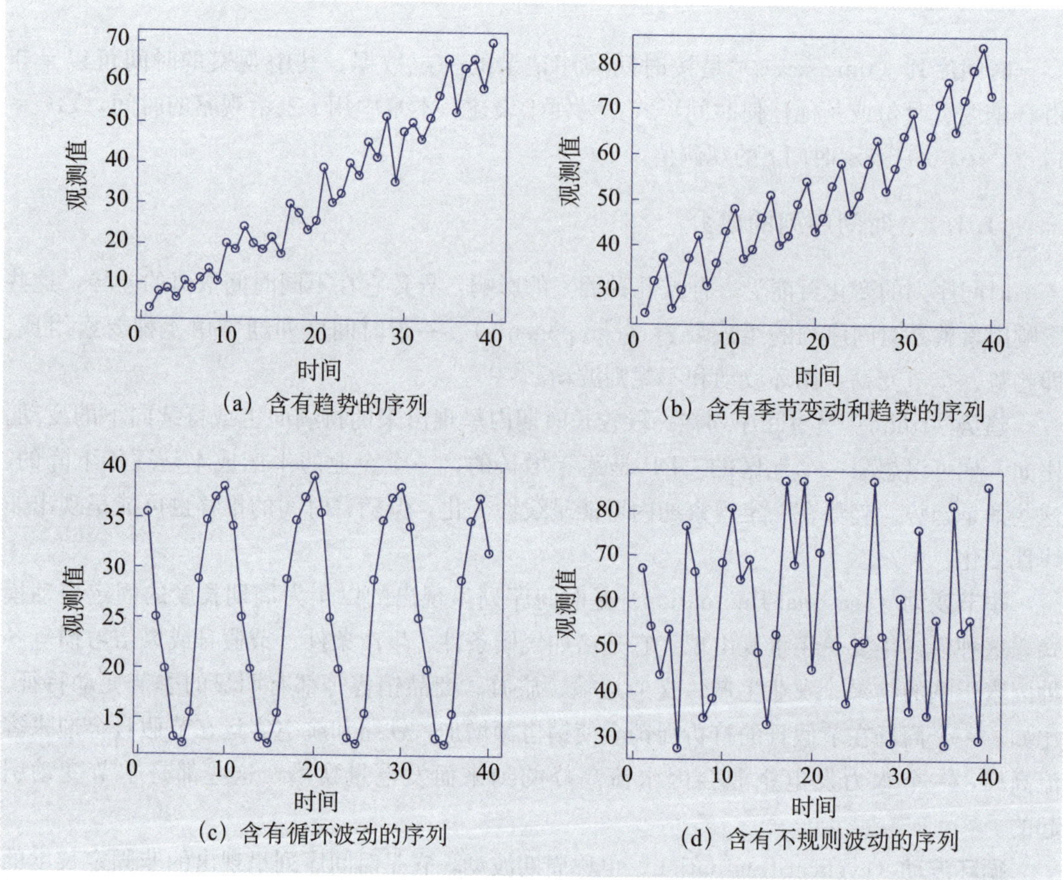

(a) 含有趋势的序列　(b) 含有季节变动和趋势的序列

(c) 含有循环波动的序列　(d) 含有不规则波动的序列

图 11－1　含有不同成分的时间序列

一个时间序列可能由一种成分组成，也可能同时含有几种成分。观察时间序列的图形可以大致判断时间序列所包含的成分。下面通过几个实际的时间序列来观察其所包含的成分。

例 11－1

表 11－1 是某电子产品制造企业 2008—2024 年的净利润、产量、管理成本和销售价格的时间序列，绘制图形观察其所包含的成分。

表 11-1　某电子产品制造企业 2008—2024 年的经营数据

	年份	净利润（万元）	产量（万台）	管理成本（万元）	销售价格（元）
1	2008	1751	56	60	233
2	2009	2938	63	74	213
3	2010	3126	129	121	230
4	2011	3250	173	127	223
5	2012	3814	246	172	240
6	2013	4616	248	219	208
7	2014	4125	407	228	209
8	2015	5386	484	255	208
9	2016	5313	706	224	198
10	2017	6250	950	227	223
11	2018	5623	1363	232	205
12	2019	6001	1502	200	215
13	2020	6564	1755	182	227
14	2021	6682	2479	174	235
15	2022	7501	3366	210	222
16	2023	6886	4559	207	215
17	2024	7766	6281	224	225

图 11-2 画出了 4 个时间序列的折线图。

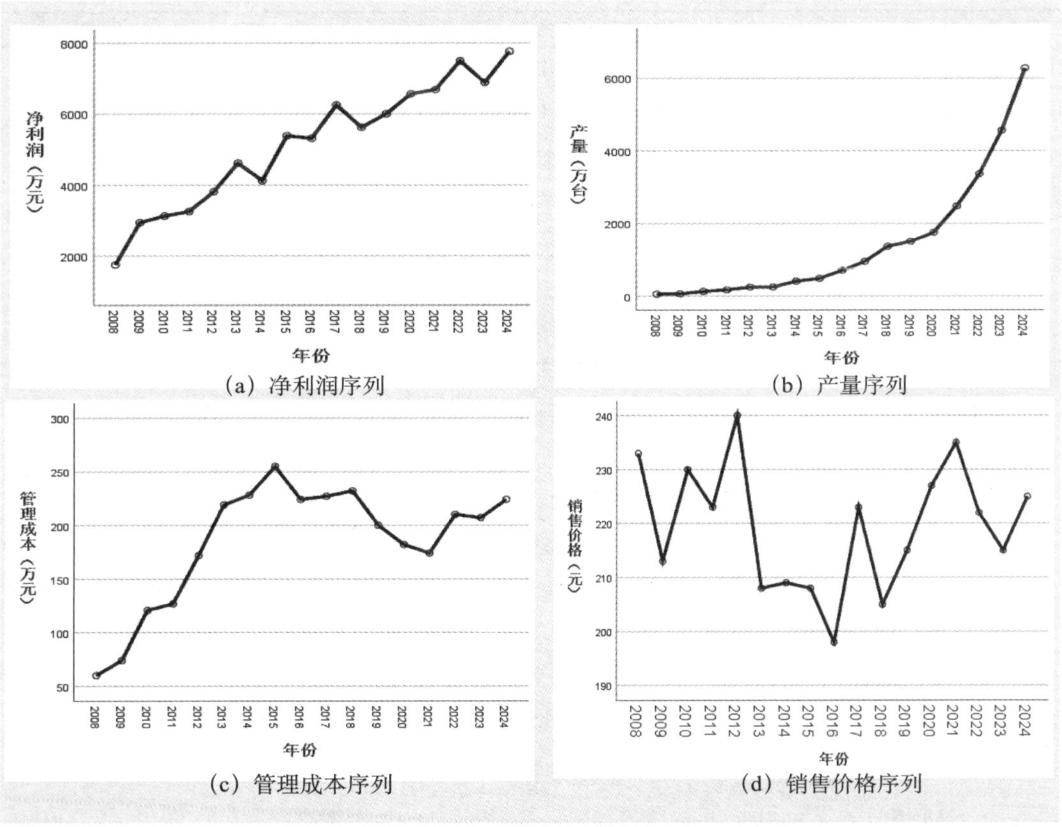

图 11-2　表 11-1 中 4 个时间序列的折线图

图 11-2 显示，净利润呈现一定的线性趋势；产量呈现一定的指数变化趋势；管理成本呈现一定的多阶曲线变化形态；销售价格则没有明显的模式，呈现出一定的随机波动。

11.1.2 预测方法的选择与评估

时间序列预测的基本步骤大致如下：

第 1 步：确定时间序列所包含的成分。

第 2 步：找出适合该时间序列的预测方法。

第 3 步：对可能的预测方法进行评估，以确定最佳预测方法。

第 4 步：分析预测的残差，检查预测模型是否合适。

含有不同成分的时间序列所适用的预测方法是不同的。选择什么方法，首先取决于历史数据的变化模式，即时间序列所包含的成分；其次取决于所能获得的历史数据的多少，有些方法只要有少量的数据就能进行预测，而有些方法则要求有较多的数据；最后取决于所要求的预测期的长短，有些方法只能进行短期预测，而有些则可以进行相对长期的预测。表 11-2 列出了本章介绍的预测方法及其适合的数据模式、对数据的要求和预测期的长短等。

表 11-2 预测方法的选择

预测方法	适合的数据模式	对数据的要求	预测期
简单指数平滑	随机波动	5 个以上	短期
Holt 指数平滑	线性趋势	5 个以上	短期至中期
一元线性回归	线性趋势	10 个以上	短期至中期
指数模型	非线性趋势	10 个以上	短期至中期
多项式函数	非线性趋势	10 个以上	短期至中期
Winters 指数平滑	趋势和季节变动	至少有 4 个周期的季度或月度数据	短期至中期
分解预测	趋势、季节和循环波动	至少有 4 个周期的季度或月度数据	短期、中期、长期

在选择了预测方法并利用该方法进行预测后，反过来需要对所选择的方法进行评估，以确定方法是否合适。

一种预测方法的好坏取决于预测误差的大小。预测误差是预测值与实际值的差值，度量方法有**平均误差**（mean error）、**平均绝对误差**（mean absolute deviation）、**均方误差**（mean square error）、**平均百分比误差**（mean percentage error）和**平均绝对百分比误差**（mean absolute percentage error）等，其中较为常用的是均方误差。当对于同一个时间序列有几种可供选择的预测方法时，以预测误差最小者为宜。

均方误差是误差平方和的平均数，用 MSE 表示，计算公式为：

$$\mathrm{MSE}=\frac{\sum_{i=1}^{n}(Y_i-F_i)^2}{n} \tag{11.2}$$

式中，Y_i 为第 i 期的实际值，F_i 为第 i 期的预测值，n 为预测误差的个数。

除比较误差大小外，还可以绘制残差图分析使用的模型是否合适。在残差图中，如果各残差围绕零轴随机分布，没有固定模式，则说明使用的模型是合适的，残差离零轴越近，表示所选择的模型越好。

11.2 平稳序列的预测

平稳序列（stationary series）是指不含趋势、季节变动和循环波动的序列，其波动主要是随机成分所致，序列的均值不随时间的推移而变化，图 11－1（d）就是一个平稳序列。平稳序列的预测方法有**简单平均**（simple average）、**移动平均**（moving average）、**简单指数平滑**（simple exponential smoothing）、**Box-Jenkins 方法**（如 ARIMA 模型）等。前几种方法通过对时间序列进行平滑来消除其随机波动，因而也称为平滑法。本节主要介绍简单指数平滑法。

简单指数平滑预测是加权平均的一种特殊形式，它把第 t 期的实际值 Y_t 和第 t 期的平滑值 S_t 加权平均来作为第 $t+1$ 期的预测值。随着观测值的时间离当前时期越来越远，其权数也呈现指数下降，因而称为指数平滑。

就简单指数平滑而言，第 $t+1$ 期的预测值是第 t 期的实际值 Y_t 和第 t 期的平滑值 S_t 的线性组合，其预测模型为：

$$F_{t+1}=\alpha Y_t+(1-\alpha)S_t \tag{11.3}$$

式中，F_{t+1} 为第 $t+1$ 期的预测值，Y_t 为第 t 期的实际值，S_t 为第 t 期的平滑值，α 为平滑系数（$0<\alpha<1$）。

由于在开始计算时，还没有第 1 期的平滑值 S_1，因此通常可以设 S_1 等于第 1 期的实际值，即 $S_1=Y_1$，或者设 $S_1=(Y_1+Y_2+Y_3)/3$。使用 SPSS 做指数平滑预测时，系统会自动确定一个适当的初始值 S_1。

使用简单指数平滑法预测的关键是确定一个合适的平滑系数 α，因为不同的 α 对预测结果会产生不同影响。当 $\alpha=0$ 时，预测值只是重复上一期的预测结果；当 $\alpha=1$ 时，预测值就是上一期的实际值。α 越接近 1，模型对时间序列变化的反应就越及时，因为它对当前的实际值赋予了比预测值越大的权数。同样，α 越接近 0，意味着对当前的预测值赋予越大的权数，因此模型对时间序列变化的反应就越慢。使用 SPSS 做指数平滑预测时，系统会自动确定一个适当的 α 值。

简单指数平滑法的优点是只需要少数几个观测值就能进行预测，方法相对简单，其缺点是预测值往往滞后于实际值，而且无法考虑趋势和季节变动。

例 11－2

沿用例 11－1。采用简单指数平滑法预测 2025 年的销售价格，计算出预测误差，将实际值和预测值绘制成图形进行比较，并绘制残差图分析模型的适用性。

解 下面的文本框给出了用 SPSS 做指数平滑预测的操作步骤。

指数平滑预测

使用 SPSS 进行时间序列预测时，首先需要对观测值序列附加时间因素。方法是选择【数据】→【定义日期和时间】，在【个案是】下根据需要选择序列的时间形式，如【年】【年，季度】等，在【第 1 个个案是】下指定第一个观测值的开始时间，如 2008。这样，SPSS 会在观测值序列之后加上时间变量。

第 1 步：选择【分析-时间序列预测】→【创建传统模型】，进入主对话框。

第 2 步：将预测变量选入【因变量】。在【专家建模器】下选择【指数平滑】，点击【条件】，在【模型类型】下选择【简单】（进行简单指数平滑预测），点击【继续】返回主对话框。

（注：做 Holt 指数平滑预测时，选择【霍尔特线性趋势】。做 Winters 指数平滑预测时，选择【温特斯加性】或【温特斯乘性】。如果序列的趋势不依赖于序列的水平，选择【温特斯加性】；如果序列的趋势依赖于序列的水平，选择【温特斯乘性】。）

第 3 步：点击【保存】，在【保存】下选择需要输出的结果（变量），如【预测】（点预测值）、【LCL】和【UCL】（置信区间下限和上限）、【NResidual】（残差）等。点击【选项】，在【预测期】下选中【评估期结束后的第 1 个个案到指定日期之间的个案】，进行简单指数平滑和 Holt 指数平滑预测时，在【日期】框内输入要预测的时期。比如要预测 2025 年的值，在【年】中输入要预测的年份，如 2025。进行 Winters 指数平滑预测时，在【日期】下的【年】中输入要预测的年份，在【季度】中输入要预测的季节值个数，比如要预测 2025 年 1—4 季度的值，在【年】中输入 2025，在【季度】中输入 4。

第 4 步：点击【图】，在【每单个模型的图】下选择图中要绘制的变量，如拟合值等（注：预测值是对未来的预测，拟合值是对历史数据的预测）。点击【确定】。

SPSS 输出的预测结果如表 11-3 所示。表中给出了销售价格的预测值、预测区间（下限 LCL 和上限 UCL）及预测的残差（NResidual）。

表 11-3 销售价格的简单指数平滑预测

	年份	销售价格	YEAR_	预测_销售价格_模型_1	LCL_销售价格_模型_1	UCL_销售价格_模型_1	NResidual_销售价格_模型_1
1	2008	233	2008	221.7	196.1	247.4	11.3
2	2009	213	2009	222.3	196.7	248.0	-9.3
3	2010	230	2010	221.8	196.2	247.5	8.2
4	2011	223	2011	222.3	196.6	247.9	.7
5	2012	240	2012	222.3	196.7	248.0	17.7
6	2013	208	2013	223.3	197.7	249.0	-15.3
7	2014	209	2014	222.5	196.8	248.1	-13.5
8	2015	208	2015	221.7	196.0	247.4	-13.7
9	2016	198	2016	220.9	195.3	246.6	-22.9
10	2017	223	2017	219.6	194.0	245.3	3.4
11	2018	205	2018	219.8	194.2	245.5	-14.8
12	2019	215	2019	219.0	193.3	244.6	-4.0
13	2020	227	2020	218.8	193.1	244.4	8.2
14	2021	235	2021	219.2	193.6	244.9	15.8
15	2022	222	2022	220.1	194.5	245.8	1.9
16	2023	215	2023	220.2	194.6	245.9	-5.2
17	2024	225	2024	219.9	194.3	245.6	5.1
18	.	.	2025	220.2	194.6	245.9	.

预测图及残差图如图 11－3 所示。

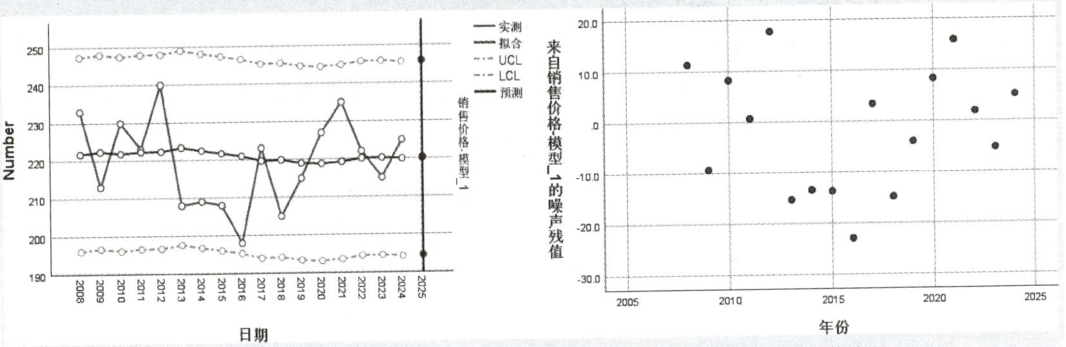

(a) 预测图　　　　(b) 残差图

图 11－3　销售价格的简单指数平滑预测

图 11－3 (a) 给出了实际值、拟合值、预测值及其置信区间。图 11－3 (b) 显示，各预测值的残差基本上以零轴为中心随机分布，表示所选择的预测方法是合适的。

11.3　趋势序列的预测

当序列存在明显的线性趋势时，可使用线性趋势模型进行预测。如果序列存在某种非线性变化形态，则可以使用非线性模型进行预测。

11.3.1　线性趋势预测

线性趋势 (linear trend) 是时间序列按一个固定的常数（不变的斜率）增长或下降。例如，图 11－2 (a) 有明显的线性趋势。序列中含有线性趋势时，可使用一元线性回归模型进行预测，也可以使用 Holt 指数平滑模型进行预测。

1. 一元线性回归预测

用 $\hat{Y}_t$ 表示 Y_t 的预测值，t 表示时间变量，一元线性回归的预测方程可表示为：

$$\hat{Y}_t = b_0 + b_1 t \tag{11.4}$$

式中，b_1 是趋势线的斜率，表示时间 t 改变一个单位时，观测值的平均改变量。趋势方程中的两个待定系数 b_0 和 b_1 根据最小二乘法求得。一元线性回归预测的误差可用估计标准误差（即残差的标准差）来衡量。

例 11－3

沿用例 11－1。用一元线性回归方程预测 2025 年的净利润，并给出各年的预测值和预测误差，将实际值和预测值绘制成图形进行比较，并绘制残差图分析模型的适用性。

解 设净利润为因变量，年份为自变量，根据最小二乘法求得的线性趋势方程为：

$$y=-677\ 624.235+338.679x$$

$b_1=338.679$，表示时间每变动一年，净利润平均变动 338.679 万元。将 2025 代入上述方程，即可得到 2025 年的预测值。表 11－4 给出了净利润各年的预测值（PRE_1）、残差（RES_1）和预测区间（下限 LICI 和上限 UICI）。

表 11－4　净利润的一元线性回归预测

	年份	净利润	PRE_1	RES_1	LICI_1	UICI_1
1	2008	1751	2443.0	-692.0	1494.2	3391.9
2	2009	2938	2781.7	156.3	1847.3	3716.1
3	2010	3126	3120.4	5.6	2198.7	4042.1
4	2011	3250	3459.1	-209.1	2548.3	4369.9
5	2012	3814	3797.8	16.2	2896.0	4699.5
6	2013	4616	4136.4	479.6	3241.7	5031.1
7	2014	4125	4475.1	-350.1	3585.5	5364.7
8	2015	5386	4813.8	572.2	3927.2	5700.3
9	2016	5313	5152.5	160.5	4266.9	6038.0
10	2017	6250	5491.1	758.9	4604.6	6377.7
11	2018	5623	5829.8	-206.8	4940.2	6719.5
12	2019	6001	6168.5	-167.5	5273.8	7063.2
13	2020	6564	6507.2	56.8	5605.4	7409.0
14	2021	6682	6845.9	-163.9	5935.1	7756.7
15	2022	7501	7184.5	316.5	6262.9	8106.2
16	2023	6886	7523.2	-637.2	6588.8	8457.6
17	2024	7766	7861.9	-95.9	6913.0	8810.8
18	2025	.	8200.6	.	7235.6	9165.6

预测图及残差图如图 11－4 所示。

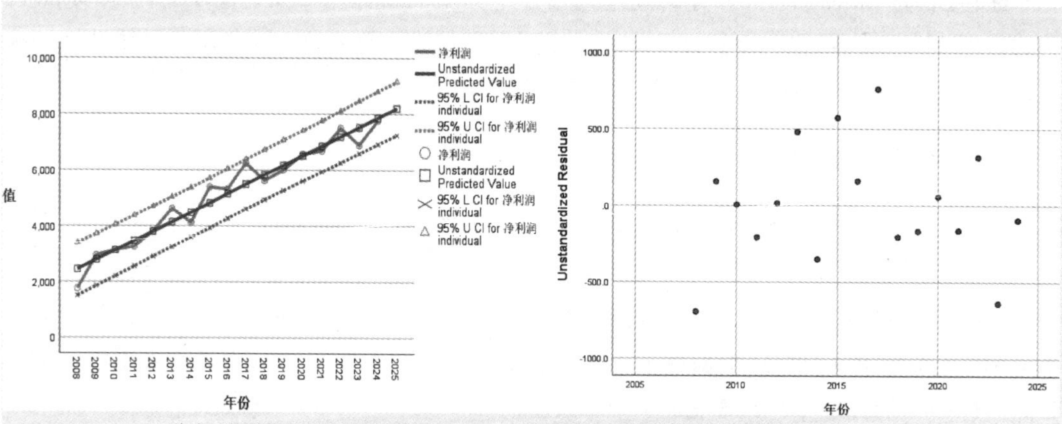

（a）预测图　　（b）残差图

图 11－4　净利润的一元线性回归预测

图 11-4 显示，残差基本上以零轴为中心随机分布，表示用一元线性回归模型预测是合适的。

2. Holt 指数平滑预测

Holt 指数平滑预测是以其提出者 C. C. Holt 的名字命名的，通常简称为 **Holt 模型**（Holt's model）。当时间序列存在趋势时，简单指数平滑的预测结果总是滞后于实际值。而 Holt 模型则克服了简单指数平滑的弱点，它将趋势成分也考虑进来，用平滑值对序列的线性趋势进行修正，建立线性平滑模型进行预测。Holt 模型使用两个参数（平滑系数）α 和 γ（取值均在 0～1 之间）和以下三个方程：

平滑值：$$S_t=\alpha Y_t+(1-\alpha)(S_{t-1}+T_{t-1}) \tag{11.5}$$

趋势项更新：$$T_t=\gamma(S_t-S_{t-1})+(1-\gamma)T_{t-1} \tag{11.6}$$

未来第 k 期的预测值：$$F_{t+k}=S_t+kT_t \tag{11.7}$$

式（11.5）中，S_t 是第 t 期的指数平滑值，Y_t 是第 t 期的实际值，α 是平滑系数（$0<\alpha<1$），S_{t-1}是第 $t-1$ 期的平滑值，T_{t-1}是第 $t-1$ 期的趋势值。式（11.5）实际上是对第 t 期平滑值 S_t 的修正，它把上一期的趋势值 T_{t-1}加到 S_{t-1}上，这样可以消除因趋势而产生的滞后，使其尽可能接近实际观测值 Y_t。

式（11.6）中，T_t 是第 t 期的趋势值，γ 是平滑系数（$0<\gamma<1$）。该方程实际上是对趋势的修正。T_t 表示成相邻两项平滑值之差（S_t-S_{t-1}），如果序列存在趋势，则新的观测值总是高于（上升趋势）或低于（下降趋势）前一期数值，同时由于随机波动的影响，需要用 γ 来平滑 S_t-S_{t-1}的趋势，再将平滑的结果加到前一期趋势的估计值 T_{t-1}与 $1-\gamma$ 的乘积上。

式（11.7）是用于预测的模型。它把修正的趋势值 T 加到修正的平滑值 S 上。k 是用于预测的时期数。当 $k=1$ 时，第 $t+1$ 期的预测值就是第 t 期的平滑值 S_t 加上第 t 期的修正趋势值 T_t。

由于在开始计算时，还没有初始的平滑值 S_1，因此通常可以设 $S_1=Y_1$，或者设 $S_1=\{(Y_2-Y_1)+(Y_4-Y_3)\}/2$。使用 SPSS 做 Holt 指数平滑预测时，系统会自动确定一个初始值 S_1，以及平滑系数 α 和 γ 的最佳组合。

例 11-4

沿用例 11-1。用 Holt 指数平滑模型预测 2025 年的净利润，将实际值和预测值绘制成图形进行比较，并绘制残差图分析模型的适用性。

解 表 11-5 是 SPSS 的输出结果，包括预测值及预测区间、预测的残差（NResidual）。

表 11-5　净利润的 Holt 指数平滑预测

	净利润	YEAR_	预测_净利润_模型_1	LCL_净利润_模型_1	UCL_净利润_模型_1	NResidual_净利润_模型_1
1	1751	2008	2352	1450	3253	-601
2	2938	2009	2631	1730	3532	307
3	3126	2010	3000	2099	3901	126
4	3250	2011	3351	2450	4252	-101
5	3814	2012	3680	2779	4581	134
6	4616	2013	4032	3131	4933	584
7	4125	2014	4428	3527	5330	-303
8	5386	2015	4737	3836	5638	649
9	5313	2016	5140	4239	6041	173
10	6250	2017	5496	4595	6397	754
11	5623	2018	5909	5008	6811	-286
12	6001	2019	6220	5318	7121	-219
13	6564	2020	6537	5635	7438	27
14	6682	2021	6878	5977	7779	-196
15	7501	2022	7197	6296	8098	304
16	6886	2023	7566	6665	8467	-680
17	7766	2024	7837	6936	8738	-71
18	.	2025	8169	7268	9070	.

预测图及残差图如图 11-5 所示。

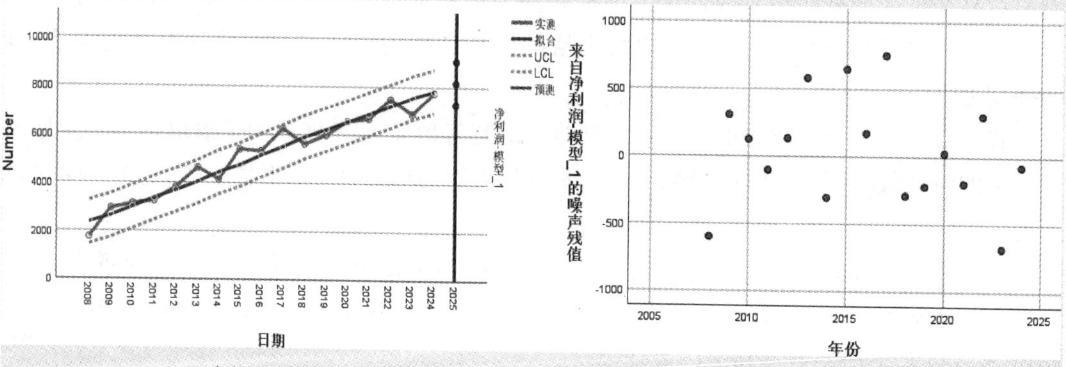

(a) 预测图　　(b) 残差图

图 11-5　净利润的 Holt 指数平滑预测

图 11-5 显示，残差基本上以零轴为中心随机分布，表示用 Holt 指数平滑模型预测是合适的。

11.3.2　非线性趋势预测

非线性趋势（non-linear trend）有各种各样复杂的形态。例如，观察图 11-2（b）和（c）就有明显的非线性形态。下面介绍几种常用的非线性预测方法。

1. 指数曲线

指数曲线（exponential curve）用于描述以几何级数递增或递减的现象，即时间序列的观测值 Y_t 按指数规律变化，或者说时间序列的逐期观测值按一定的增长率增长或衰减。图 11－2（b）的产量序列走势就呈现出某种指数变化趋势（读者可以用一元线性回归模型和指数模型分别进行预测，比较二者的预测效果）。指数曲线的方程为：

$$\hat{Y}_t=b_0\exp(b_1 t)=b_0 e^{b_1 t} \tag{11.8}$$

式中，b_0、b_1 为待定系数；exp 表示自然对数 ln 的反函数，e＝2.718 281 828 459。

也可以将式（11.8）写成算术形式，称为复合曲线，即

$$\hat{Y}_t=b_0 b_1^t \tag{11.9}$$

将指数曲线线性化（比如两端取对数）就可以按最小二乘法求得方程中的 b_0、b_1。

例 11－5

沿用例 11－1。用指数曲线预测 2025 年的产量，将实际值和预测值绘制成图形进行比较，并绘制残差图分析模型的适用性。

解 SPSS 提供了几种常用的非线性趋势模型，下面的文本框给出了曲线估计的操作步骤。

非线性趋势预测

第 1 步：选择【分析】→【回归-曲线估算】，进入主对话框。

第 2 步：在主对话框中将被预测变量选入【因变量】；在【自变量】下选中【时间】；在【模型】下选择所需的曲线，如指数曲线【指数】或指数曲线的算术形式【复合】、三阶曲线【三次】，等等。

第 3 步：点击【保存】，在【保存变量】下选中【预测值】（输出点预测值）、【残差】（输出残差）、【预测区间】（输出 95%的预测区间）；在【预测个案】下点击【预测范围】，在【年】框后输入要预测的时期。点击【继续】回到主对话框。点击【确定】。

SPSS 求得的指数曲线方程为：

$$\hat{Y}=6.368\text{E-}249\ e^{0.287t}$$

或表示成复合曲线形式：

$$\hat{Y}=6.368\text{E-}249\times 1.332^t$$

表 11－6 给出了产量各年的预测值（FIT_1）、预测残差（ERR_1）和置信区间（下限 LCL 和上限 UCL）。图 11－6 展示了产量的实际值和预测值的变化趋势。

表 11-6　产量的指数曲线预测

	年份	产量	FIT_1	ERR_1	LCL_1	UCL_1
1	2008	56	64.9	-8.9	46.7	90.0
2	2009	63	86.4	-23.4	62.6	119.3
3	2010	129	115.1	13.9	83.7	158.2
4	2011	173	153.3	19.7	111.9	209.9
5	2012	246	204.2	41.8	149.6	278.7
6	2013	248	272.0	-24.0	199.7	370.3
7	2014	407	362.2	44.8	266.5	492.4
8	2015	484	482.5	1.5	355.3	655.2
9	2016	706	642.7	63.3	473.5	872.4
10	2017	950	856.1	93.9	630.5	1162.5
11	2018	1363	1140.3	222.7	838.9	1550.1
12	2019	1502	1518.9	-16.9	1115.4	2068.3
13	2020	1755	2023.2	-268.2	1482.1	2761.8
14	2021	2479	2694.9	-215.9	1968.1	3690.1
15	2022	3366	3589.6	-223.6	2611.7	4933.8
16	2023	4559	4781.4	-222.4	3463.5	6600.7
17	2024	6281	6368.9	-87.9	4590.5	8836.2
18	2025	.	8483.4	.	6080.6	11835.5

预测图及残差图如图 11-6 所示。

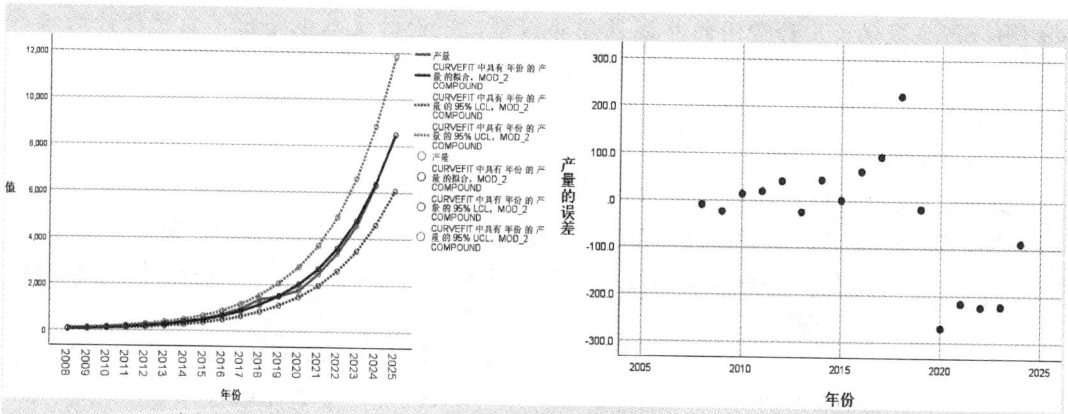

(a) 预测图　　(b) 残差图

图 11-6　产量的指数曲线预测

2. 多阶曲线

有些现象的变化形态比较复杂，它们不是按照某种固定的形态变化，而是有升有降，在变化过程中可能有几个拐点。这时就需要拟合多项式函数。当只有一个拐点时，可以拟合二阶曲线，即抛物线；当有两个拐点时，需要拟合三阶曲线；当有 $k-1$ 个拐点时，需要拟合 k 阶曲线。k 阶曲线函数的一般形式为：

$$\hat{Y}_t=b_0+b_1t+b_2t^2+\cdots+b_kt^k \tag{11.10}$$

将其线性化后可根据回归中的最小二乘法求得曲线中的系数 b_0，b_1，b_2，…，b_k。

例 11-6

沿用例 11-1。拟合三阶曲线预测 2025 年的管理成本，将实际值和预测值绘制成图形进行比较，并绘制残差图分析模型的适用性。

解 从图 11-2 (c) 可以看出，拟合管理成本的变化可利用二阶曲线（即抛物线，视为有一个拐点），也可以拟合三阶曲线（视为有两个拐点）。由 SPSS 得到的三阶曲线方程为：

$$\hat{Y}=-36.191+73.981t-6.767t^2+0.193t^3$$

表 11-7 给出了管理成本三阶曲线的预测值、残差及置信区间。

表 11-7　管理成本的三阶曲线预测、残差及置信区间

	年份	时间	管理成本	FIT_1	ERR_1	LCL_1	UCL_1
1	2008	1	60	31.2	28.8	-28.6	91.0
2	2009	2	74	86.2	-12.2	33.3	139.1
3	2010	3	121	130.1	-9.1	79.1	181.0
4	2011	4	127	163.8	-36.8	112.9	214.7
5	2012	5	172	188.6	-16.6	137.5	239.8
6	2013	6	219	205.7	13.3	154.7	256.7
7	2014	7	228	216.2	11.8	165.6	266.8
8	2015	8	255	221.2	33.8	171.1	271.4
9	2016	9	224	222.0	2.0	172.1	271.9
10	2017	10	227	219.6	7.4	169.5	269.8
11	2018	11	232	215.3	16.7	164.7	265.9
12	2019	12	200	210.1	-10.1	159.1	261.2
13	2020	13	182	205.3	-23.3	154.2	256.5
14	2021	14	174	202.0	-28.0	151.1	252.9
15	2022	15	210	201.4	8.6	150.5	252.3
16	2023	16	207	204.5	2.5	151.6	257.4
17	2024	17	224	212.6	11.4	152.9	272.4
18	2025	18	.	226.9	.	152.5	301.3

预测图及残差图如图 11-7 所示。

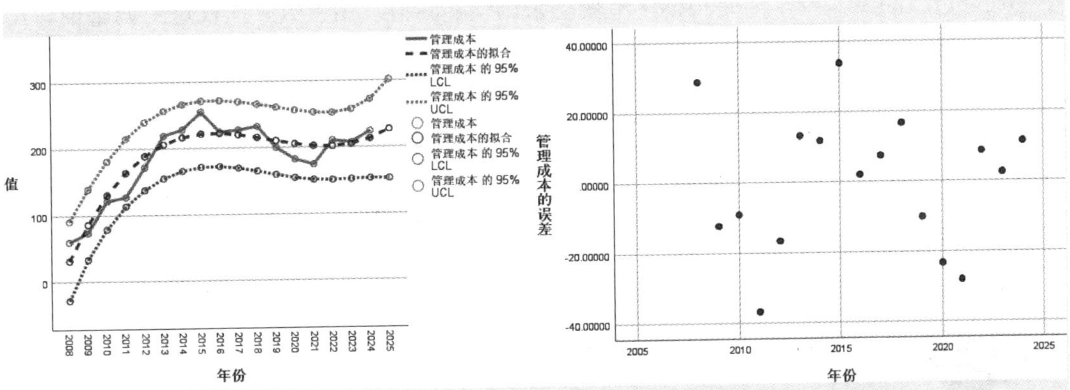

(a) 预测图　　　(b) 残差图

图 11-7　管理成本的三阶曲线预测

11.4 多成分序列的预测

如果时间序列同时包含趋势、季节变动和随机波动等多种成分，则可以使用 Winters 指数平滑模型和分解法等进行预测。

11.4.1 Winters 指数平滑预测

Holt 指数平滑模型适用于含有趋势成分但不含季节变动序列的预测。如果时间序列中既含有趋势成分又含有季节变动，则可以使用 Winters 指数平滑模型进行预测，通常简称为 **Winters 模型**（Winters's model）。

Winters 指数平滑模型包含三个平滑参数，即 α、γ、δ（取值均在 0～1 之间）和以下四个方程：

平滑值：$$S_t=\alpha\frac{Y_t}{I_{t-L}}+(1-\alpha)(S_{t-1}+T_{t-1}) \tag{11.11}$$

趋势项更新：$$T_t=\gamma(S_t-S_{t-1})+(1-\gamma)T_{t-1} \tag{11.12}$$

季节项更新：$$I_t=\delta\frac{Y_t}{S_t}+(1-\delta)I_{t-L} \tag{11.13}$$

未来第 k 期的预测值：$$F_{t+k}=(S_t+kT_t)I_{t-L+k} \tag{11.14}$$

式（11.14）称为 Winters 乘法模型。式中，L 为季节周期的长度，季度数据，$L=4$，月度数据，$L=12$；I 为季节调整因子。

式（11.11）用来求平滑值。Y_t/I_{t-L}是用季节调整因子 I_{t-L} 去除观测值 Y_t，以消除季节变动。

式（11.12）是对趋势值的修正。用参数 γ 加权趋势增量 S_t-S_{t-1}，用 $1-\gamma$ 加权前期趋势值 T_{t-1}，以此来对趋势值进行修正。

式（11.13）中，Y_t/S_t 是根据季节变动来调整实际值。用参数 δ 加权这一调整值，用 $1-\delta$ 加权前一个季度数据I_{t-L}，其结果就是第 t 期的季节调整因子。

式（11.14）是用于预测的模型。

使用 Winters 模型进行预测时，要求数据至少是按季度或月份收集的，而且需要有 4 个以上的季节周期（4 年以上的数据）。

使用 SPSS 做 Winters 指数平滑预测时，系统会自动确定一个初始平滑值 S_1，以及平滑系数 α、γ 和 δ 的最佳组合。

例 11－7

表 11－8 是一家饮料生产企业 2019—2024 年各季度的销售量数据。采用 Winters 模型预测 2025 年的销售量，将实际值和预测值绘制成图形进行比较，并绘制残差图分析模型的适用性。

表 11-8　某饮料生产企业 2019—2024 年各季度的销售量数据　　单位：万吨

年份	季度			
	1	2	3	4
2019	123	132	137	126
2020	130	138	142	132
2021	138	141	150	137
2022	143	147	158	143
2023	147	153	166	151
2024	159	163	174	161

解 表 11-9 给出了 SPSS 输出的结果，包括预测值、预测区间和预测误差，以及 2025 年各季度饮料销售量的预测值。

表 11-9　饮料销售量的 Winters 指数平滑预测

	销售量	YEAR_	QUARTER_	DATE_	预测_销售量_模型_1	LCL_销售量_模型_1	UCL_销售量_模型_1	NResidual_销售量_模型_1
1	123	2019	1	Q1 2019	123.17	119.20	127.14	-.17
2	132	2019	2	Q2 2019	131.34	127.37	135.31	.66
3	137	2019	3	Q3 2019	136.99	133.01	140.96	.01
4	126	2019	4	Q4 2019	126.32	122.35	130.29	-.32
5	130	2020	1	Q1 2020	129.74	125.76	133.71	.26
6	138	2020	2	Q2 2020	138.90	134.93	142.88	-.90
7	142	2020	3	Q3 2020	143.88	139.90	147.85	-1.88
8	132	2020	4	Q4 2020	131.88	127.90	135.85	.12
9	138	2021	1	Q1 2021	135.87	131.90	139.84	2.13
10	141	2021	2	Q2 2021	145.24	141.27	149.21	-4.24
11	150	2021	3	Q3 2021	148.77	144.80	152.74	1.23
12	137	2021	4	Q4 2021	138.28	134.31	142.25	-1.28
13	143	2022	1	Q1 2022	143.18	139.21	147.15	-.18
14	147	2022	2	Q2 2022	148.25	144.28	152.22	-1.25
15	158	2022	3	Q3 2022	156.14	152.17	160.11	1.86
16	143	2022	4	Q4 2022	143.73	139.76	147.70	-.73
17	147	2023	1	Q1 2023	149.63	145.66	153.61	-2.63
18	153	2023	2	Q2 2023	153.46	149.49	157.43	-.46
19	166	2023	3	Q3 2023	163.75	159.77	167.72	2.25
20	151	2023	4	Q4 2023	149.26	145.29	153.23	1.74
21	159	2024	1	Q1 2024	154.93	150.96	158.90	4.07
22	163	2024	2	Q2 2024	162.27	158.30	166.24	.73
23	174	2024	3	Q3 2024	175.12	171.15	179.09	-1.12
24	161	2024	4	Q4 2024	158.40	154.43	162.37	2.60
25	.	2025	1	Q1 2025	165.94	161.97	169.91	.
26	.	2025	2	Q2 2025	170.23	166.09	174.38	.
27	.	2025	3	Q3 2025	182.22	177.87	186.58	.
28	.	2025	4	Q4 2025	167.26	162.84	171.69	.

预测图及残差图如图 11-8 所示，图形显示，预测效果非常好。

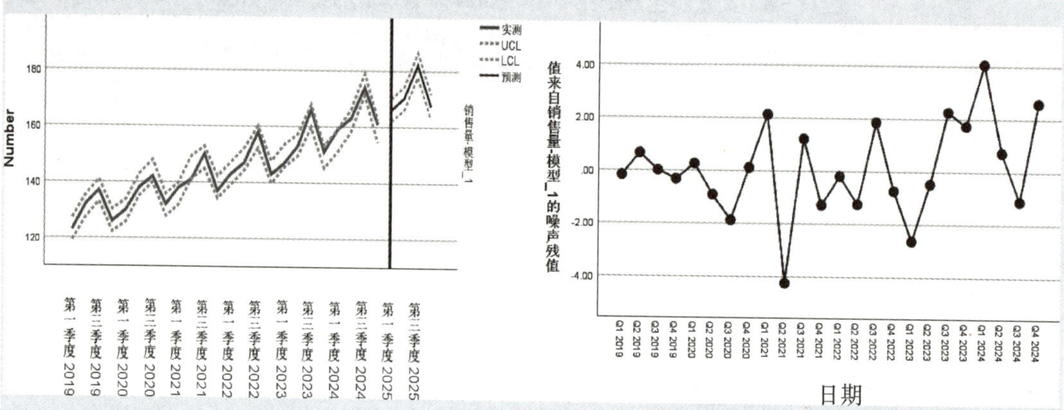

(a) 预测图　　(b) 残差图

图 11-8　饮料销售量的 Winters 指数平滑预测

11.4.2　分解预测

分解预测是先将时间序列的各个成分依次分解出来，然后进行预测。该方法适用于含有趋势、季节变动、循环波动等多种成分序列的预测。该方法相对来说容易理解，结果易于解释，而且在很多情况下能给出很好的预测结果，因此至今仍广泛应用。

采用分解法进行预测时，需要先找出季节成分并将其从序列中分离出去，然后建立预测模型进行预测。分解预测通常按下列步骤进行。

第 1 步：确定并分离季节变动。季节变动一般用季节指数（seasonal index）表示①，然后将季节变动从时间序列中分离出去，即用序列的每一个观测值除以相应的季节指数，以消除季节变动。

第 2 步：建立预测模型并进行预测。根据消除季节变动后的序列建立预测模型。当消除季节变动后的序列为线性趋势时，可用一元线性回归模型预测；为非线性趋势时，可选择适当的非线性模型进行预测。

第 3 步：计算出最后的预测值。将第 2 步得到的预测值乘以相应的季节指数，得到最终的预测值。

下面通过一个例子说明分解预测的过程。

例 11-8

沿用例 11-7。采用分解法预测 2025 年各季度的饮料销售量，将实际值和预测值绘制

① 季节指数可按移动平均趋势剔除法计算，其基本步骤是：(1) 计算移动平均值（季度数据采用 4 项移动平均，月度数据则采用 12 项移动平均），并将其结果进行中心化处理，也就是将移动平均的结果再进行一次 2 项移动平均，即得出中心化移动平均值（CMA）；(2) 计算移动平均的比值，也称为季节比率，即将序列的各观测值除以相应的中心化移动平均值，然后计算出各比值的季度平均值，即为季节指数。

成图形进行比较，并绘制残差图分析模型的适用性。

解 第 1 步：确定并分离季节变动。由于季节变动分离的计算过程比较烦琐，为节省篇幅，这里不再演示其计算过程。下面的文本框给出了用 SPSS 进行成分分解的操作步骤。

成分分解

先将观测值序列定义为【年，季度】的时间序列形式，然后按下列步骤操作。

第 1 步：选择【分析-时间序列预测】→【季节性分解】，进入主对话框。

第 2 步：将要分解的变量（本例为销售量）选入【变量】。在【模型类型】下选择【乘法】或【加法】（默认为乘法），点击【确定】。

根据上述步骤得到随机误差（ERR_1）、季节调整后的序列（SAS_1）、季节因子（SAF_1）以及趋势和循环成分（STC_1）。采用乘法模型得到的分解结果如表 11－10 所示。显然有：实际销售量＝随机误差(ERR_1)×季节调整后的序列（SAS_1)×季节因子(SAF_1)×趋势和循环成分（STC_1)。分解后的各成分图如图 11－9 所示。

表 11－10　饮料销售量的分解

	销售量	YEAR_	QUARTER_	DATE_	ERR_1	SAS_1	SAF_1	STC_1
1	123	2019	1	Q1 2019	.9762	124.9256	.9846	127.9697
2	132	2019	2	Q2 2019	1.0233	131.7442	1.0019	128.7473
3	137	2019	3	Q3 2019	.9944	129.5722	1.0573	130.3026
4	126	2019	4	Q4 2019	.9983	131.7789	.9561	132.0031
5	130	2020	1	Q1 2020	.9911	132.0352	.9846	133.2224
6	138	2020	2	Q2 2020	1.0197	137.7326	1.0019	135.0782
7	142	2020	3	Q3 2020	.9854	134.3011	1.0573	136.2969
8	132	2020	4	Q4 2020	1.0008	138.0541	.9561	137.9494
9	138	2021	1	Q1 2021	1.0058	140.1604	.9846	139.3568
10	141	2021	2	Q2 2021	.9992	140.7268	1.0019	140.8415
11	150	2021	3	Q3 2021	.9983	141.8674	1.0573	142.1135
12	137	2021	4	Q4 2021	.9985	143.2834	.9561	143.5005
13	143	2022	1	Q1 2022	1.0001	145.2387	.9846	145.2238
14	147	2022	2	Q2 2022	.9986	146.7152	1.0019	146.9258
15	158	2022	3	Q3 2022	1.0071	149.4336	1.0573	148.3765
16	143	2022	4	Q4 2022	1.0003	149.5586	.9561	149.5072
17	147	2023	1	Q1 2023	.9889	149.3013	.9846	150.9846
18	153	2023	2	Q2 2023	.9972	152.7035	1.0019	153.1330
19	166	2023	3	Q3 2023	1.0071	156.9999	1.0573	155.8943
20	151	2023	4	Q4 2023	.9966	157.9255	.9561	158.4603
21	159	2024	1	Q1 2024	1.0042	161.4891	.9846	160.8059
22	163	2024	2	Q2 2024	.9984	162.6842	1.0019	162.9414
23	174	2024	3	Q3 2024	.9961	164.5662	1.0573	165.2115
24	161	2024	4	Q4 2024	1.0122	168.3842	.9561	166.3465

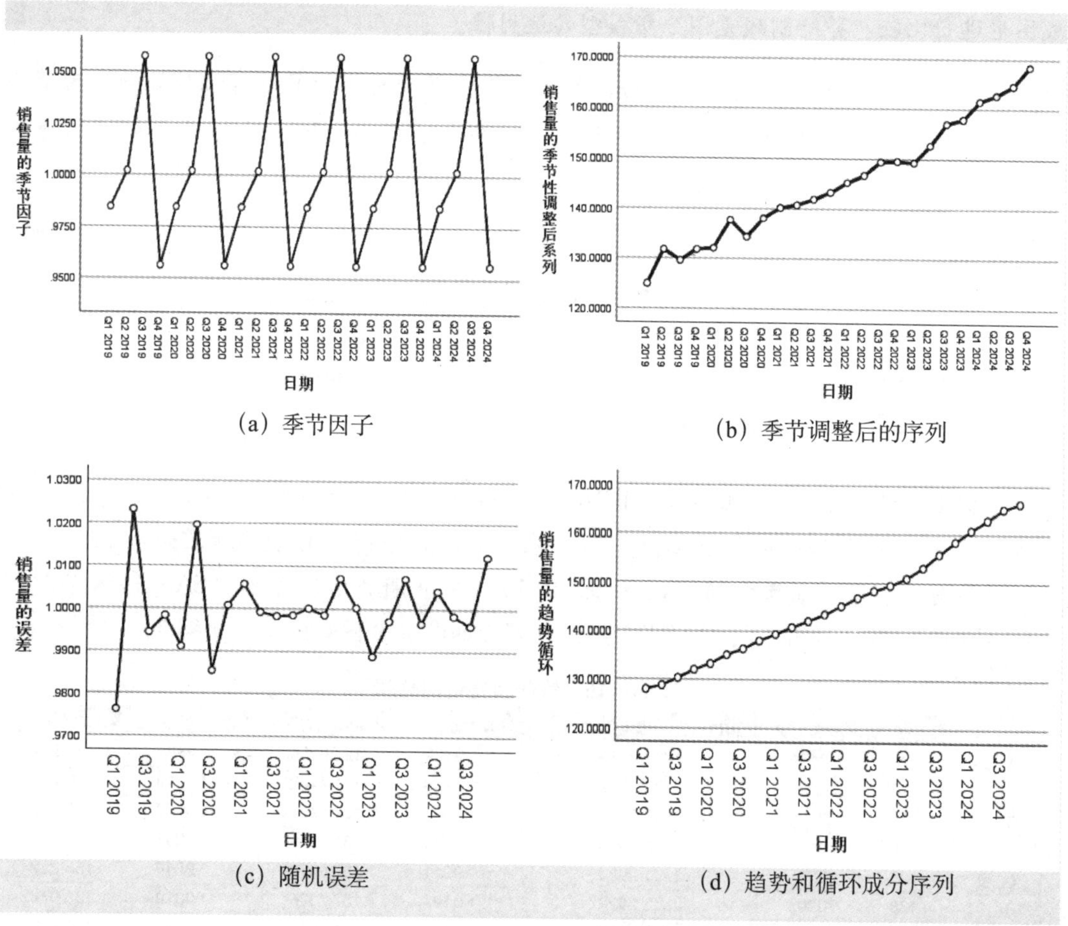

(a) 季节因子　　(b) 季节调整后的序列

(c) 随机误差　　(d) 趋势和循环成分序列

图 11-9　饮料销售量的分解图

第 2 步：建立预测模型并进行预测。为了进行预测，需要观察季节调整后的序列(SAS_1)的变化形态。从图 11-9 (b) 可以看出，经季节调整后，饮料销售量呈线性趋势，因此可建立一元线性回归模型进行预测（也可以根据趋势和循环成分(STC_1)序列建立线性模型，预测效果差不多）。以时间为自变量、SAS_1 为因变量，根据最小二乘法得到的线性趋势方程为 $\hat{Y}=124.868+0.168\,1t$。根据这一方程可以得到回归预测值。最后，将回归预测值乘以相应的季节因子(SAF_1)，即可得到最终预测值①，结果如表 11-11 所示。

① 回归预测值是不含季节因素的，它表示在没有季节因素的影响下饮料销售量的预测值。如果需要求含有季节因素的销售量的最终预测值，则应该将回归预测值乘以相应的季节指数。

表 11－11　饮料销售量的分解预测

	销售量	时间	DATE_	ERR_1	SAS_1	SAF_1	回归预测值	最终预测值	最终预测残差
1	123	1	Q1 2019	.98	124.93	.98	126.01	124.07	-1.07
2	132	2	Q2 2019	1.02	131.74	1.00	127.70	127.95	4.05
3	137	3	Q3 2019	.99	129.57	1.06	129.39	136.81	.19
4	126	4	Q4 2019	1.00	131.78	.96	131.08	125.34	.66
5	130	5	Q1 2020	.99	132.04	.98	132.78	130.73	-.73
6	138	6	Q2 2020	1.02	137.73	1.00	134.47	134.73	3.27
7	142	7	Q3 2020	.99	134.30	1.06	136.16	143.97	-1.97
8	132	8	Q4 2020	1.00	138.05	.96	137.85	131.81	.19
9	138	9	Q1 2021	1.01	140.16	.98	139.54	137.39	.61
10	141	10	Q2 2021	1.00	140.73	1.00	141.24	141.51	-.51
11	150	11	Q3 2021	1.00	141.87	1.06	142.93	151.12	-1.12
12	137	12	Q4 2021	1.00	143.28	.96	144.62	138.28	-1.28
13	143	13	Q1 2022	1.00	145.24	.98	146.31	144.06	-1.06
14	147	14	Q2 2022	1.00	146.72	1.00	148.00	148.29	-1.29
15	158	15	Q3 2022	1.01	149.43	1.06	149.70	158.28	-.28
16	143	16	Q4 2022	1.00	149.56	.96	151.39	144.75	-1.75
17	147	17	Q1 2023	.99	149.30	.98	153.08	150.72	-3.72
18	153	18	Q2 2023	1.00	152.70	1.00	154.77	155.07	-2.07
19	166	19	Q3 2023	1.01	157.00	1.06	156.46	165.43	.57
20	151	20	Q4 2023	1.00	157.93	.96	158.15	151.22	-.22
21	159	21	Q1 2024	1.00	161.49	.98	159.85	157.38	1.62
22	163	22	Q2 2024	1.00	162.68	1.00	161.54	161.85	1.15
23	174	23	Q3 2024	1.00	164.57	1.06	163.23	172.59	1.41
24	161	24	Q4 2024	1.01	168.38	.96	164.92	157.69	3.31
25	.	25	Q1 2025	.	.	.98	166.61	164.05	.
26	.	26	Q2 2025	.	.	1.00	168.31	168.63	.
27	.	27	Q3 2025	.	.	1.06	170.00	179.74	.
28	.	28	Q4 2025	.	.	.96	171.69	164.16	.

预测图和残差图如图 11－10 所示，图形显示，预测效果十分理想。

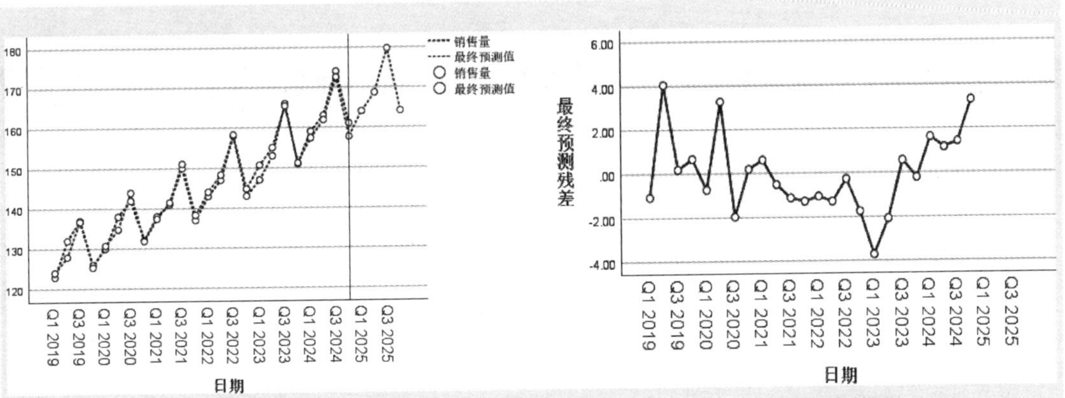

(a) 预测图　　(b) 残差图

图 11－10　饮料销售量的分解预测

思维导图

时间序列预测的程序和方法

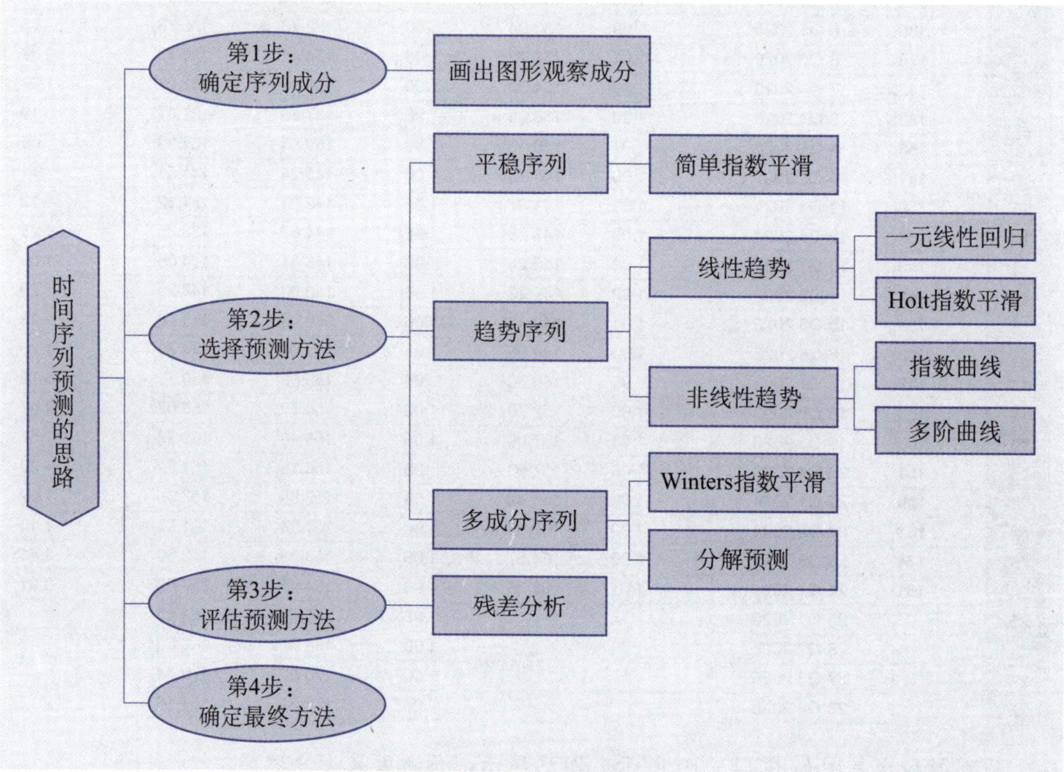

主要术语

- **时间序列**（time series）：按时间顺序记录的一组数据。
- **趋势**（trend）：时间序列在一段较长时期内呈现出来的持续向上或持续向下的变动。
- **季节变动**（seasonal fluctuation）：时间序列呈现出的以年为周期长度的固定变动模式，这种模式年复一年重复出现。
- **循环波动**（cyclical fluctuation）：也称周期波动，时间序列呈现出的非固定长度的周期性变动。
- **不规则波动**（irregular variation）：也称随机波动，时间序列中除去趋势、季节变动和循环波动之后剩余的波动。
- **平稳序列**（stationary series）：只含有随机波动的序列。

思考与练习

一　思考题

11.1　时间序列由哪几个要素组成？

11.2　简述时间序列不同预测方法的特点。

11.3　简单指数平滑预测和 Holt 指数平滑预测有何不同？

11.4　一元线性回归预测和 Holt 指数平滑预测适用于什么样的数据模式？

11.5　Holt 指数平滑预测和 Winters 指数平滑预测有什么不同？

11.6　简述分解预测的步骤。

二　练习题

11.1　2012—2023 年我国的居民消费价格指数（CPI，上年=100）数据如下所示。

年份	居民消费价格指数
2012	102.6
2013	102.6
2014	102.0
2015	101.4
2016	102.0
2017	101.6
2018	102.1
2019	102.9
2020	102.5
2021	100.9
2022	102.0
2023	100.2

（1）用简单指数平滑法预测 2024 年的 CPI。

（2）将预测值与原时间序列绘图进行比较。

（3）绘制预测的残差图，分析预测效果。

11.2　下面是某只股票连续 35 个交易日的收盘价格。分别拟合回归直线 $\hat{Y}_t=b_0+b_1t$、二阶曲线 $\hat{Y}_t=b_0+b_1t+b_2t^2$ 和三阶曲线 $\hat{Y}_t=b_0+b_1t+b_2t^2+b_3t^3$，并对结果进行比较。

时间 t	观测值 Y	时间 t	观测值 Y
1	372	3	374
2	370	4	375

续表

时间 t	观测值 Y	时间 t	观测值 Y
5	377	21	356
6	377	22	352
7	374	23	348
8	372	24	353
9	373	25	356
10	372	26	356
11	369	27	356
12	367	28	359
13	367	29	360
14	365	30	357
15	363	31	357
16	359	32	355
17	358	33	356
18	359	34	363
19	360	35	365
20	357		

11.3　下面是 2004—2022 年我国的居民消费水平数据（单位：元）。

年份	居民消费水平	年份	居民消费水平
2004	5 071	2014	17 220
2005	5 688	2015	18 857
2006	6 319	2016	20 801
2007	7 454	2017	22 968
2008	8 504	2018	25 245
2009	9 249	2019	27 504
2010	10 575	2020	27 439
2011	12 668	2021	31 013
2012	14 074	2022	31 899
2013	15 586		

(1) 分别采用 Holt 模型和指数曲线预测 2023 年的居民消费水平，并将实际值和预测值绘图进行比较。

(2) 绘制残差图分析预测效果，说明哪种方法更好。

11.4　一家贸易公司主要经营产品的外销业务，为了合理地组织货源，需要了解外销订单的变化状况。下面是 2020—2024 年各月份的外销订单金额（单位：万元）。

月份	年份				
	2020	2021	2022	2023	2024
1	54.3	49.1	56.7	64.4	61.1
2	46.6	50.4	52.0	54.5	69.4
3	62.6	59.3	61.7	68.0	76.5
4	58.2	58.5	61.4	71.9	71.6
5	57.4	60.0	62.4	69.4	74.6
6	56.6	55.6	63.6	67.7	69.9
7	56.1	58.0	63.2	68.0	71.4
8	52.9	55.8	63.9	66.3	72.7
9	54.6	55.8	63.2	67.8	69.9
10	51.3	59.8	63.4	71.5	74.2
11	54.8	59.4	64.4	70.5	72.7
12	52.1	55.5	63.8	69.4	72.5

采用 Winters 指数平滑模型预测 2025 年各月份的外销订单金额，并绘制预测图和残差图进行分析。

附录1 SPSS 中的常用概率函数

函数	表达式	返回结果
CDF. BINOM	CDF. BINOM(quant,n,prob)	二项分布的累积概率。实验次数为 n，每次实验成功的概率为 prob，成功次数小于等于 quant。
CDF. CHISQ	CDF. CHISQ(quant,df)	χ^2 分布的累积概率。自由度为 df，分位点小于等于 quant。
CDF. F	CDF. F(quant,df1,df2)	F 分布的累积概率。自由度为 df1 和 df2，分位点小于等于 quant。
CDF. HYPER	CDF. HYPER(quant,total,sample,hits)	超几何分布的累积概率。总体为 total，对应项大小为 hits，样本量为 sample，分位点小于等于 quant。
CDF. NORMAL	CDF. NORMAL(quant,mean,stddev)	正态分布的累积概率。均值为 mean，标准差为 stddev，分位点小于等于 quant。
CDF. POISSON	CDF. POISSON(quant,mean)	泊松分布的累积概率。均值为 mean，分位点小于等于 quant。
CDF. T	CDF. T(quant,df)	t 分布的累积概率。自由度为 df，分位点小于等于 quant。
CFVAR	CFVAR(numexpr,numexpr[, ...])	样本离散系数。此函数需要两个或更多参数。
IDF. CHISQ	IDF. CHISQ(prob,df)	χ^2 分布的分位点。自由度为 df，累积概率为 prob。
IDF. F	IDF. F(prob,df1,df2)	F 分布的分位点。自由度为 df1 和 df2，累积概率为 prob。
IDF. NORMAL	IDF. NORMAL(prob,mean,stddev)	正态分布的分位点。均值为 mean，标准差为 stddev，累积概率为 prob。
IDF. T	IDF. T(prob,df)	t 分布的分位点。自由度为 df，累积概率为 prob。

附录 2　SPSS 操作提示

本附录并非详细介绍 SPSS 所有操作技巧，有兴趣的读者可以参考有关 SPSS 操作方面的书籍。其实，SPSS 是一款基于 Windows 的统计软件，操作十分简单和便捷。读者只要有少量的 Windows 操作知识，就可以使用 SPSS 了。本书各章的例题中都给出了每种方法的详细操作步骤，因此，这里只对本书用到的部分 SPSS 方法做补充说明。

一、SPSS 简介

SPSS 是 IBM 公司推出的一系列用于统计分析、数据挖掘、预测和决策任务的软件产品及相关服务的总称，有 Windows 和 macOS 等版本。SPSS 的原名是"社会科学统计软件包"（Statistical Package for the Social Science），现已改名为"统计产品与服务解决方案"（Statistical Product and Service Solutions）。SPSS 的特点是操作比较方便，统计方法比较齐全，绘制图形、表格较为方便，输出结果比较直观，适合对社会科学研究中的数据进行分析处理。

SPSS 是较早引入我国并得到广泛使用的统计软件，目前已有中文版。它使用 Windows 的窗口方式展示各种管理和分析数据的方法，使用对话框展示各种功能选择项，只要掌握一定的 Windows 操作技能，对统计方法有一定了解，就可以使用该软件进行各种数据分析。SPSS 的基本功能包括数据管理、统计分析、图表分析、输出管理等。统计分析过程包括描述性统计、均值比较、一般线性模型、相关分析、回归分析、对数线性模型、聚类分析、数据降维、生存分析、时间序列分析、多重响应等几大类，每类中又分多个统计过程，比如回归分析中又分线性回归分析、曲线估计、Logistic 回归、Probit 回归、加权估计、两阶段最小二乘法、非线性回归等。SPSS 也有专门的绘图系统，可以根据数据绘制各种统计图形。

二、数据录入与读取

本书用到的 SPSS（26 中文版）主要涉及 3 个窗口：一是数据视图窗口，主要用于数据的录入、编辑和外部数据的调用；二是变量视图窗口，主要用于对变量进行编辑；三是结果输出窗口，主要用于对运算结果进行输出和编辑。

1. 外部数据文件的读取

启动 SPSS 时，系统会出现提示窗口。如果需要调用外部数据文件，点击【读取其他文件】，在指定的路径下打开相应的数据文件。如果要进入数据编辑视图，点击【关闭】。

外部数据文件也可以在数据视图窗口中打开。点击【文件-打开-数据】（或直接点击"打开数据文档"按钮），在【查找位置】中指定文件所在的路径；在【文件类型】中选择数据文件的类型，默认为 SPSS 文件，其中提供了多种文件类型，包括 Excel 文件、CSV 文件等，根据需要选择即可。如果数据文件本身就是 SPSS 格式，则会在窗口中显示其文件名，直接单击即可打开；如果是其他格式的数据，点击【文件类型】，会列出可以读取的数据格式，如 Excel 文件、CSV 文件等，选择相应的数据文件类型，即可在窗口显示其文件名，如图 1 所示。

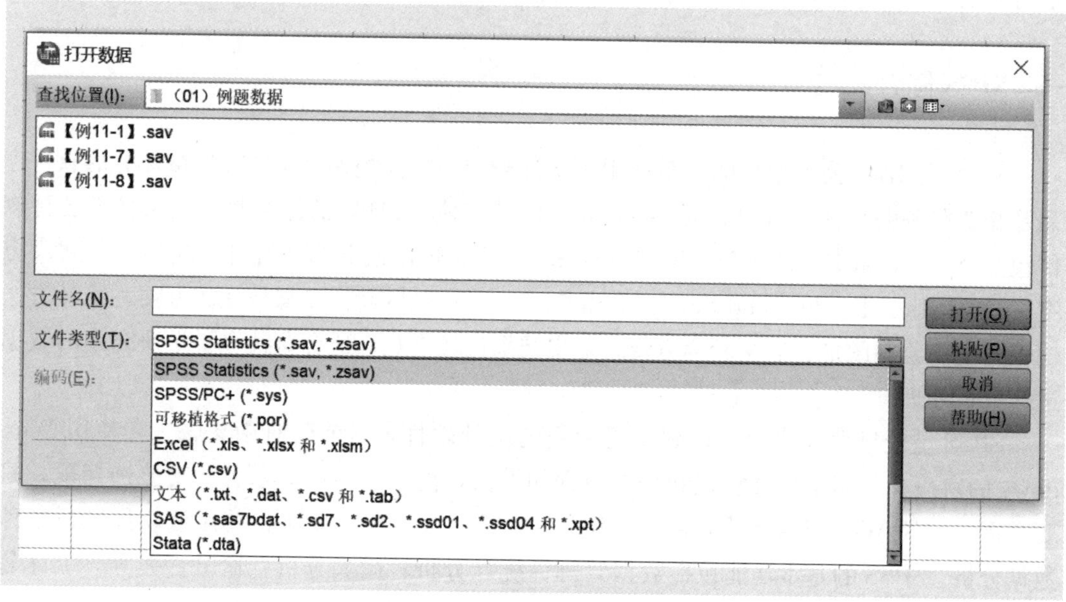

图 1　外部数据调用窗口

如果是 Excel 文件，双击文件名后会弹出一个对话框，默认【从第一行数据中读取变量名称】。如果 Excel 工作表中的第一行是变量名，比如"月生活费支出"，从第二行起为数据，则使用默认选项，SPSS 会将"月生活费支出"读为变量名。如果 Excel 工作表中的第一行就是数据，则将默认的"√"去掉，然后点击【确定】，如图 2 所示。

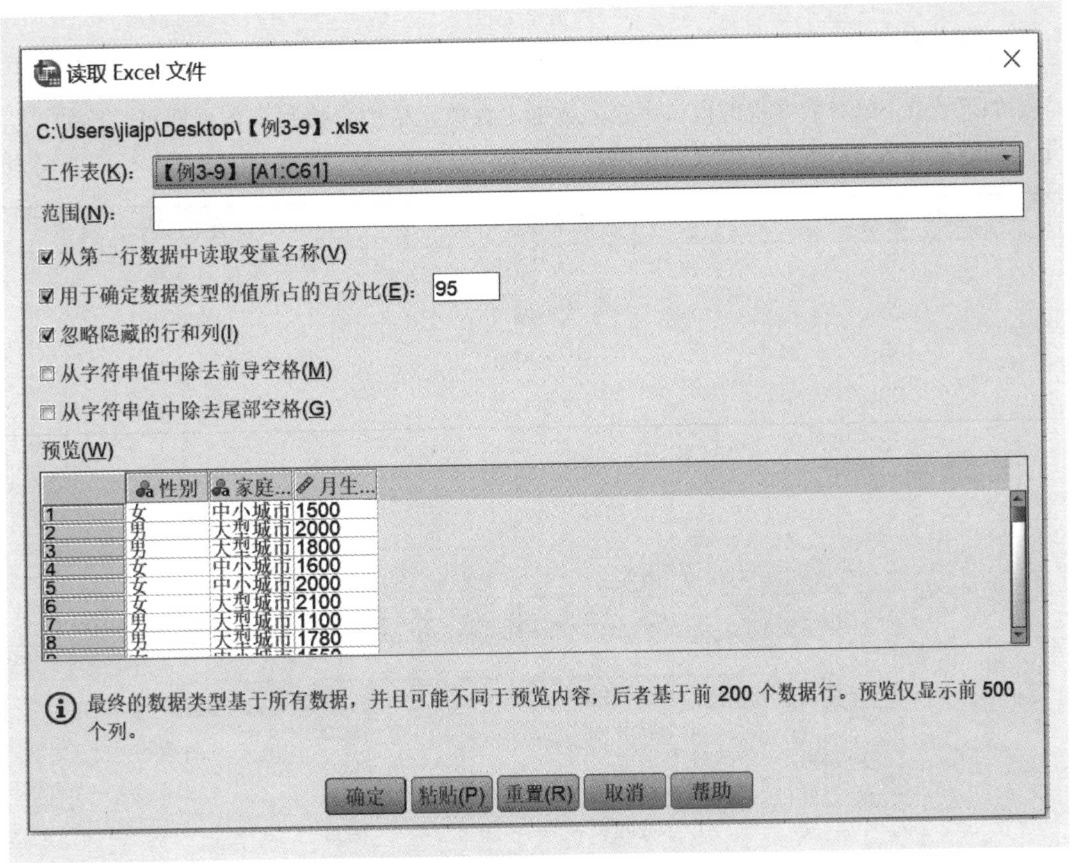

图 2　外部数据调用提示窗口

图 3 是打开一个文件后出现的【数据视图】窗口。

图 3　调用外部数据文件后的数据视图窗口

2. 数据录入与编辑

如果要在 SPSS 数据视图窗口中录入数据，在单元格中直接写入数据即可。比如，将下面的数据录入 SPSS 的数据视图窗口。

性别	家庭所在地	月生活费支出
女	中小城市	1 500
男	大型城市	2 000
男	大型城市	1 800
女	中小城市	1 600

结果如图 4 所示。

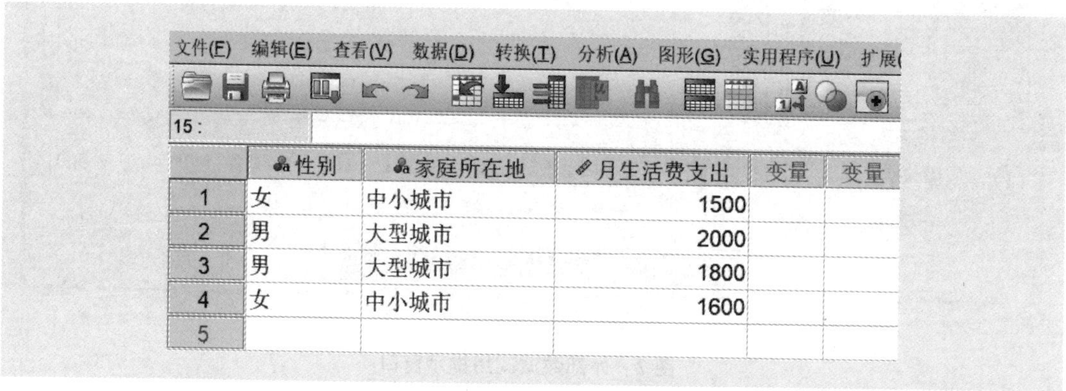

图 4　在数据视图窗口录入数据

如果要在录入数据的过程中插入新的变量，点击【编辑-插入变量】即可在选择的列前插入一个变量；如果要插入个案（数据行），点击【编辑-插入个案】，即可在选择的行上方插入个案。

如果要对变量名称、变量类型、宽度、保留的小数位数等进行修改，点击【变量视图】，双击单元格即可进行修改，如图 5 所示。

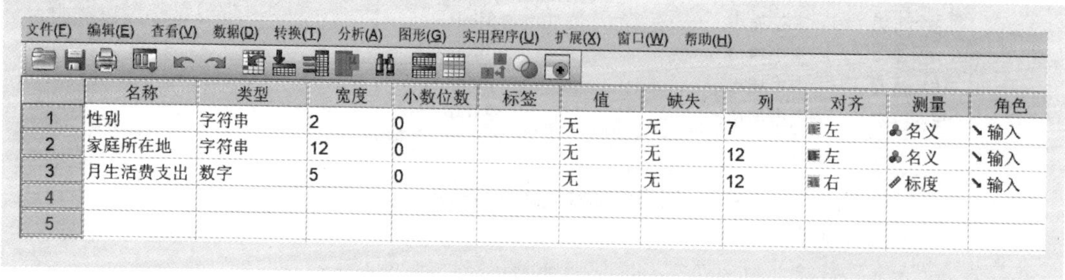

图 5　在变量视图窗口修改数据

为方便使用，需要对录入好的数据或修改后的数据进行保存。建议将数据文件保存为 SPSS 文件，以便于在 SPSS 中读取。当然也可以保存为其他格式的文件，如 Excel 格式、CSV 格式等。

三、输出结果的保存

在数据视图窗口中做数据分析或绘图，SPSS 会将分析结果或图像单独作为一个窗口弹出，如图 6 所示。

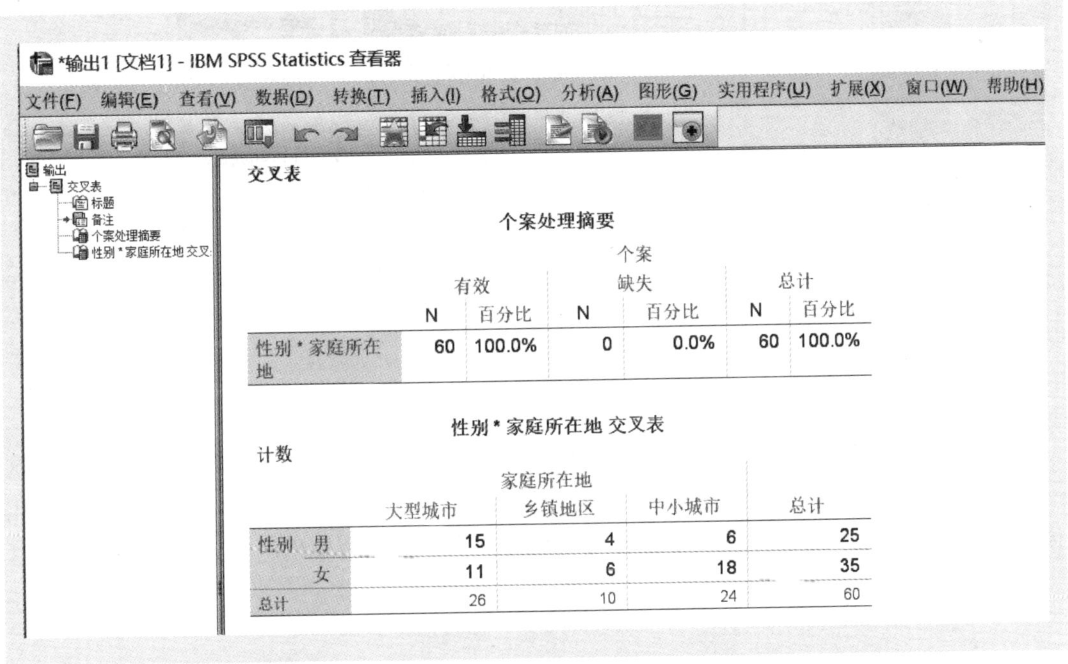

	个案					
	有效		缺失		总计	
	N	百分比	N	百分比	N	百分比
性别 * 家庭所在地	60	100.0%	0	0.0%	60	100.0%

		家庭所在地			总计
		大型城市	乡镇地区	中小城市	
性别	男	15	4	6	25
	女	11	6	18	35
总计		26	10	24	60

图 6　输出结果窗口

输出的图表均可以进行编辑，双击图表即可进入编辑状态。输出结果可作为单独的文件予以保存。

四、函数的使用说明

SPSS 提供了多个函数，但这些函数需要在数据文件中运行。因此，对于一个空的数据视图，需要在单元格中输入任意一个数据。比如，要计算正态分布的概率，点击【转换】→【计算变量】，如图 7 所示。

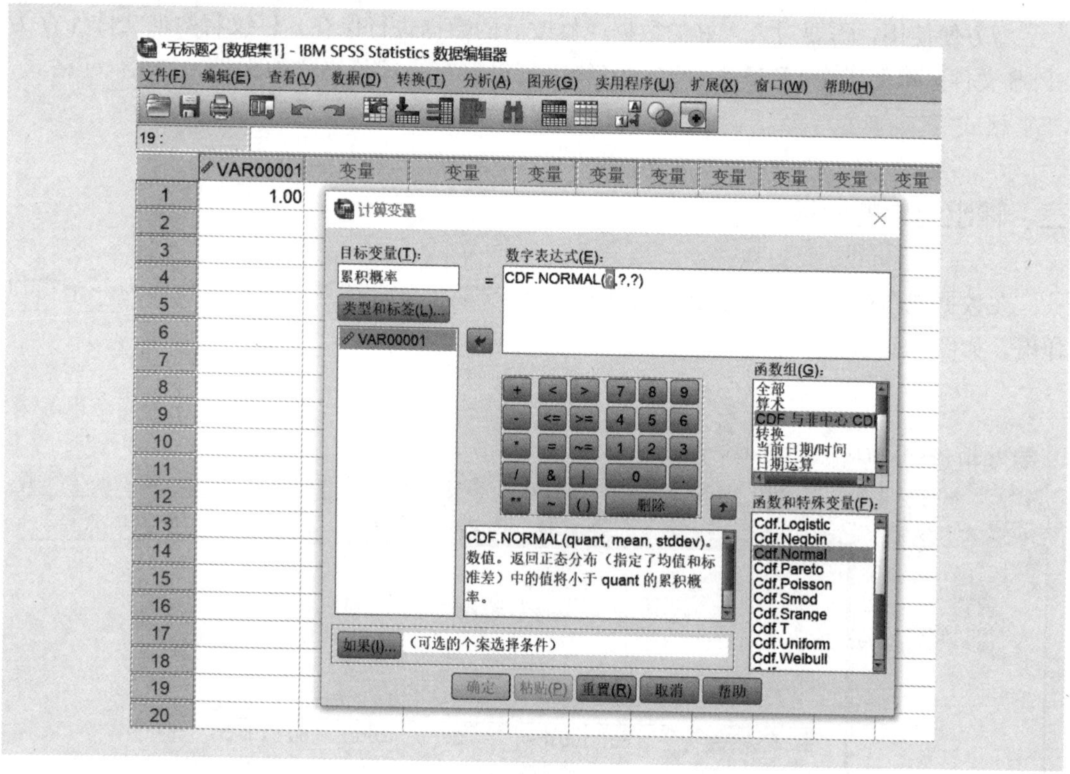

图 7　输出结果的窗口界面

【数字表达式】中为选定的函数表达式，也可以自己输入一个要计算的表达式。对这一表达式可以进行修改和编辑，以符合自己计算的需要。每个函数在下方都有参数和使用说明。要输出函数的计算结果，必须在【目标变量】中输入要输出的结果变量的名称。

参考文献

[1] 贾俊平. 统计学. 8版. 北京：中国人民大学出版社，2021.

[2] 贾俊平. 统计学——基于Excel. 4版. 北京：中国人民大学出版社，2022.

[3] 贾俊平. 统计学——基于R. 5版. 北京：中国人民大学出版社，2023.

[4] 吴喜之. 统计学——从数据到结论. 2版. 北京：中国统计出版社，2006.

[5] 张文彤，闫洁. SPSS统计分析基础教程. 北京：高等教育出版社，2004.

[6] William Navidi. 统计学——科学与工程应用. 杨文强，罗强，译. 北京：清华大学出版社，2007.

[7] 肯·布莱克. 商务统计学：第4版. 李静萍，等，译. 北京：中国人民大学出版社，2006.

[8] 戴维·R.安德森，丹尼斯·J.斯威尼，托马斯·A.威廉姆斯. 商务与经济统计. 张建华，王健，冯燕奇，等，译. 北京：机械工业出版社，2000.

[9] Terry Sincich. 例解商务统计学. 陈鹤琴，罗明安，译. 北京：清华大学出版社，2001.

[10] Mario F. Triola. 初级统计学：第8版. 刘新立，译. 北京：清华大学出版社，2004.

[11] 道格拉斯·C.蒙哥马利，乔治·C.朗格尔，诺尔马·法里斯·于贝尔. 工程统计学：第3版. 代金，魏秋萍，译. 北京：中国人民大学出版社，2005.

图书在版编目（CIP）数据

统计学：基于 SPSS / 贾俊平编著. -- 5 版.
北京：中国人民大学出版社，2025. 3. --（21 世纪统计学系列教材）. -- ISBN 978-7-300-33713-5

Ⅰ. C8

中国国家版本馆 CIP 数据核字第 2025PV8931 号

21 世纪统计学系列教材

统计学——基于 SPSS（第 5 版）

贾俊平　编著

Tongjixue——Jiyu SPSS

出版发行	中国人民大学出版社			
社　　址	北京中关村大街 31 号	**邮政编码**	100080	
电　　话	010－62511242（总编室）		010－62511770（质管部）	
	010－82501766（邮购部）		010－62514148（门市部）	
	010－62515195（发行公司）		010－62515275（盗版举报）	
网　　址	http://www.crup.com.cn			
经　　销	新华书店			
印　　刷	北京昌联印刷有限公司	**版　　次**	2014 年 7 月第 1 版	
开　　本	787 mm×1092 mm　1/16		2025 年 3 月第 5 版	
印　　张	18 插页 1	**印　　次**	2025 年 6 月第 2 次印刷	
字　　数	399 000	**定　　价**	49.00 元	

中国人民大学出版社　理工出版分社

教师教学服务说明

中国人民大学出版社理工出版分社以出版经典、高品质的统计学、数学、心理学、物理学、化学、计算机、电子信息、人工智能、环境科学与工程、生物工程、智能制造等领域的各层次教材为宗旨。

为了更好地为一线教师服务，理工出版分社着力建设了一批数字化、立体化的网络教学资源。教师可以通过以下方式获得免费下载教学资源的权限：

★ 在中国人民大学出版社网站 www.crup.com.cn 进行注册，注册后进入“会员中心”，在左侧点击“我的教师认证”，填写相关信息，提交后等待审核。我们将在一个工作日内为您开通相关资源的下载权限。

★ 如您急需教学资源或需要其他帮助，请加入教师 QQ 群或在工作时间与我们联络。

中国人民大学出版社　理工出版分社

教师 QQ 群： 229223561(统计2组) 982483700(数据科学) 361267775(统计1组)
教师群仅限教师加入，入群请备注（学校＋姓名）

联系电话： 010-62511967，62511076

电子邮箱： lgcbfs@crup.com.cn

通讯地址： 北京市海淀区中关村大街 31 号中国人民大学出版社 802 室（100080）